# 文史

2002 年第 2 輯

總第五十九輯

全國古籍出版規劃領導小組資助出版

中華書局編輯部編

中華書局出版

# 目　録

# CONTENTS

# 讀《莊子》劄記

晁 福 林

**執留之狗成思，猿狙之便自山林來。（《天地》）**

此句"留"字，趙諫議本、成玄英本作"狸"，成玄英謂"狸，有本作貁者，竹鼠也"。晋司馬彪注《莊子》兩說俱存，謂："貁，竹鼠也。一云，執留之狗，謂有能故被留繫，成愁思也。"清代學問家郭嵩燾分析司馬彪之說，指出如果留指竹鼠，字當作鼬（《說文》釋此字正作"竹鼠也"）。故此處"留"不當指竹鼠。郭氏贊成司馬彪後一說，謂此句文義爲"狗留繫思，脱然以去。猿狙之在山林，號爲便捷矣，而可執之以來，皆失其性者也"（郭慶藩《莊子集釋》卷五上引）。按，以繫釋留固然可依《說文》"留，止也"而證成其說，然依此則"執留"兩字（皆動詞）語義重迭，似非先秦語詞常例。又有釋留爲"釐牛"者（曹礎基《莊子淺注》第 173 頁，中華書局1982 年版），王先謙曾謂"留牛即釐牛，留、釐雙聲字，蓋釐牛身大，《逍遥游》篇所謂若垂天之雲者，此狗獨能執之，故謂之執留之狗，言狗以有能被繫而成愁思"（《莊子集解》卷三）。按，"釐牛"一詞未見于經籍，疑爲犁牛之誤。《山海經·南山經》有"留牛"，袁珂先生據"留犁音相近"，而疑即《東山經》之犁牛（袁珂《山海經校注》第 4 頁，上海古籍出版社1980 年版）。然而即便如此，則亦不可强通。犁牛大物，犬執之，未可信。總之，釋留爲竹鼠、爲繫留、爲釐牛，皆難通。比較而言，《釋文》所載另一說"本又作狸"，較爲可信。成玄英疏謂"執捉狐狸之狗，多遭繫頸而獵，既不自在，故成愁思"，從上下文義看，此釋是恰當的。《天地》篇孔子問老子，持"離堅白"之論的辯者算不算得是聖人，老子認爲這樣的辯者只是"胥易技繫勞形怵心"，猶作繭自縛，其愁思，猶被執縛的捕狸之狗不得自由而愁。與愁思的捉狐之犬相映成趣的是在山林中"逶迤放曠，跳擾便捷"（成疏語）的猿狙。本句的"便自山林"，意即猿狙的自由在于其活動于山林——自然，只有在自然中才會無拘無束，不會如捉狐之犬那樣愁思。

還應當特别說明的一點是，諸本此句後多有一"來"字，作"猿狙之便自山林來"。其實，這個地方的"來"字，可作一句讀，連于下句，爲呼唤孔丘之詞。這種用法，在《莊子》書中多有所見，如《在宥》篇"來！吾語女至道"，"來！余語女"等皆其例。此兩句標點，似應如此："執留之狗成思，猿狙之便自山林。來！丘，予告若。"對于理解本句很有參考價值的是《應帝王》篇所載陽子居與老聃的問答，老聃語謂："是于聖人也，胥易技繫，勞形怵心者也。且也，虎豹之文來田，猿狙之便執斄之狗來藉。"郭注云："此皆以其文章技能繁累其身，非涉虚以御乎無方也。""執斄之狗"的斄字，《釋文》"音來，李音狸"（《博雅音》卷八亦釋斄音狸）。這與《釋文》對于《天地》篇"執留之狗"留字"一本作狸"之釋可以相互印證。説明"執留之狗"實即"執狸之狗"。需要指出的是《應帝王》篇是並列的説明，而《天地》篇則是對比的説明。兩者在意義的表達上有所區別。

**機心存於胸中，則純白不備；純白不備，則神生不定；神生不定者，道之所不載也。吾非不知，羞而不爲也。（《天地》）**

　　此段爲《天地》篇所載子貢見抱甕老人之事的結論。論者常以此爲例説明莊子倒退反動的社會觀，實有誤于其間焉。是篇作者反對"機心"，其目的在于提倡不顧天下的毁譽而只顧自己全德，以行渾沌氏之術，但此並不能證明《天地》篇的作者反對文明與進步。此段所論實有儒家理論傾向。本段最後以孔子之語作總結，循古例抱甕而灌之素樸是"識其一，不知其二"，依郭注是"不知因時任物之易也"，依成疏是"不能順今而適變"。顯然本篇作者對純粹的不知時變的素樸持批判態度，既有肯定，又有批評，並非一味頌揚。顯然作者是主張因時而變的。

**達生之情者，不務生之所無以爲。（《達生》）**

　　此句是《達生》篇主旨所在，目的在于説明養生的道理。理解此句的關鍵是必須弄清楚"無以爲"的意蘊。那麽，它是什麽意思呢？前人或謂指"分外物"（郭注），其意蓋謂養生必須的範圍以外之物，後來發揮這個意思，或解釋爲"身外之物"（林雲銘《莊子因》），或解釋爲"爲無益之養"（宣穎《南華經解》），已經與郭象所云不能契合。今專家或解釋爲"無法做到"（曹礎基《莊子淺注》），超出了將其局限于"物"的舊説。愚以爲此處的"無以爲"必與《老子》的無爲思想有關。老子雖然没有明確講如何養生，但却竭力主張清静無爲。《老子》第十六章謂"夫物芸芸，各復歸其根。歸根曰静，是謂復命。復命曰常，知常曰明；不知常，妄作，凶"。這其中的"夫物芸芸，各復歸其根"一句，郭店楚簡《老子》甲本作"天道員員，各復其堇（根）"，更説明了人的個體生命是一個循環往復的過程。《老子》書中亦有"無以爲"之説，其第三十八章謂"上德無爲而無以爲"，韓非子説無以爲的意思是"不以無爲爲有常"（《韓非子·解老》），即不要刻意地去追求無爲，這樣才能使思想不受限制。《達生》篇所謂"不務生之所無以爲"，實即改造了老子的"無以爲"之論。固然，此篇認爲養生要看破生死、抛棄名位、無所用心，而一切順應自然，但是人要順應自然而養生，就必須調整自己的思慮和行爲，而絶不是自暴自棄而自取滅亡。這就在一定程度上改變了老子的無爲思想，而增加了"有爲"的因素。不過，在養生方面的"有爲"，《達生》篇是限定于養生所必須這個範圍之內的，至于那些"無可奈何"的事情，是不必去知道的。總之，此句意謂明曉養生實質的人，不追求養生的毫無作爲。

## 善養生者若牧羊然，視其後者而鞭之。（《達生》）

本句講養生猶牧羊，見落後者就鞭打它。這後一句和前句是什麽關係呢? 大體有三説：一，郭象注謂"鞭其後者，去其不及"，成玄英疏謂"鞭其後者，令其折中"。兩注之意皆相同，都指將落後的趕到中間去。二，《釋文》引崔氏説"而鞭"二字本作趨。趨字有傴僂不伸之義，故崔氏云："匿也；視其羸瘦在後者，匿著牢中養之也。"三，清末學問家郭嵩燾説其意謂"鞭其後，則前者于于然行矣。注視其後而前者不勞也，謹持其終者也"（郭慶藩《莊子集釋》卷七引）。兹三説都值得再探討。郭注成疏是講把落後的羊趕到中間去，但若論趕羊，固然可以將落後者趕到中間，但總有處在後面的羊，羊總不能都處在中間的位置，所以若只論去其不及云云，並沒有深入説明"視其後者而鞭之"與養生的關係。《釋文》引崔氏説是讓羊匿于羊圈中休息，但是這是討論"牧羊"，若在圈中，則非其所指。郭嵩燾之説爲林雲銘贊成，謂其意指"'不鞭其後'，不能勉其所不足"，此論頗有殺鷄給猴看的意思，然而此説與養生之意又相距較遠。分析此三説，雖然皆能言之成理，但與莊子原意似乎都有距離。愚以爲解釋此句應取老子"守中"意蘊進行説明。王弼本《老子》第五章謂"多言數窮，不如守中"，帛書甲、乙本皆作"多聞數窮，不若守于中"，可見守中是老子的基本思想之一。前人多從與儒家中庸思想相區別的思路出發，認爲守中，即守冲，亦即守虛。這個説法建立在守中的中，實爲冲的壞字的前提之下，郭店楚簡證明，老子確有"守中"之説，並且老子思想與儒家者言在許多問題上並無根本分歧，故而守中之意是有可能解釋爲尋求一個最佳點之意蘊的，與儒家中庸思想近似。郭店本《老子》甲本有"獸（守）中，篤也"的説法，這對于我們理解老子"守中"的意蘊十分重要。它説明守中之意即厚實、純一。《達生》篇在講"若牧羊然"之後曾舉兩例，第一例是曲高和寡的隱士單豹，他雖不與民争利，但其巖居之時却被虎吃掉，白白喪失了生命。第二例是奔走鑽營的張毅，因利欲熏心内熱而死。《達生》篇批評他們説："此二子者，皆不鞭其後者也。"所以説太高傲不行，太熱衷于名利也不行。以道家的理論進行分析，養生的關鍵在于守中，在于篤厚。本句"視其後者而鞭之"實指不及最佳點者要改變它。就此而言，郭注、成疏近于經旨，但其意蘊尚需進一步説明。

## 宇泰定者，發乎天光。（《庚桑楚》）

此句的"宇泰"，郭象釋"德宇泰然"，成疏"德宇安泰"與郭注同。後人或釋爲"靈宇"，或釋爲"心宇"，與郭、成兩説的"德宇"，實出一途，均將"宇"理解爲心靈。陳鼓應先生將此句今譯爲"心境泰定的人,便會發出自然的光輝"(《莊子今注今譯》第 606 頁,中華書局 1983 年版),實從郭注成疏而來。然而,古人也有不以心靈釋"宇泰"者,《釋文》引王氏説謂"宇,器宇也,謂器宇閑泰則静定也"。這時將宇釋爲器宇,實即指器具,"宇泰定"意即器具穩固便覺静定。以上兩説,都與本段文義不合。本段文義講天人關係,謂"人舍之,天助之。人之所舍,謂之天民;天之所助,謂之天子"。"天"對于人,實有某種主宰的作用,本段即謂"發乎天光者,人見其人,物見其物"。隱然在黑暗中的人和物,都得"天光"而顯現,而被認識。這本來是一種自然現象,本篇拿來説明人對于天的依賴。《莊子·天地》篇這樣來描述宇宙生成:"泰初有無,無有無名;一之所起,有一而未形。物得以生,謂之德;未形者有分,且然無間,謂之命;留動而生物,物成生理,謂之形;形體保神,各有儀則,謂之性。性修反德,德至同于初。同乃虚,虚乃大。"既然泰初有原始之義,所以泰一也就成爲造物主的代稱,近年發現的郭店楚簡《太一生水》,有力地證明了"太一"確是戰國中期的造物之神,所以《吕氏春秋·大樂》篇講"萬物所出,造于太一"。《太一生水》篇謂:"太一生水,水反輔大(太)一,是以成天。天反輔大(太)一,是以成地。天地□□□也,是以成神明。"太一生水、生地的過程是流動的,所以《鶡冠子·泰録》篇謂"流分而神生",宋陸佃注:"流分謂水也。天一生水,其于物爲精,精聚而後神從之。"在《周易》裏,泰爲天地交通運動之象,《泰卦》彖傳謂"天地交而萬物通也",象傳謂"天地交,泰"。宇爲空間概念,即"四方上下謂之宇"(《淮南子·齊俗訓》)。宇宙運轉變化,天地交通形成,此運動變化過程中一切尚處于混沌狀態,天地尚未形成,也就談不到天光的發出,但到宇宙天地形成之後,則天光就可以發出而照耀寰宇了,此即"宇泰定者,發乎天光"之意藴。所謂"宇泰",實即宇宙和泰一的省稱。天光,即日月星三光。關于天的作用,《淮南子·説山訓》謂:"受光于隙,照一隅;受光于牖,照北壁;受光于户,照室中無遺物,況受光于宇宙乎?天下莫不藉明于其前矣!"既然天下萬物皆藉明于天光之内,那麽"人見其人,物見其物"也就是順理成章的事情。


**殺盗非殺,人自爲種。(《天運》)**

此句之讀,頗有糾葛。郭注、成疏讀爲"殺盗非殺,人自爲種而天下耳",從孫詒讓始,專家多將人字連上讀,謂"殺盗非殺人,自爲種而天下耳"。按,將人連上讀,在戰國時似爲成語,《荀子·正名》謂:"'見侮不辱','聖人不愛己','殺盗非殺人也',此惑于用名以亂名者也。"楊注謂:"'殺盗非殺人',亦見《莊子》。"《墨子·小取》篇謂"愛盗非愛人也,不愛盗非不愛人也,殺盗人非殺人也"。可見將"殺盗非殺人"作爲成語,可以移于此處而讀,對于上句的釋讀是没有問題的。但是,如此讀却帶來下句不通的問題。下句則變成"自爲種而天下耳",似不成句而語意難曉,故或有謂下句的"天下"之前漏"役"字者,此句即作"自爲種而役天下耳”，此屬增字作解，不大可信。愚以爲郭注、成疏之讀仍不可廢，殺盜非殺人，得《荀子》《墨子》之證固可視爲戰國成語，但此處却未必套用此成語而讀。“殺盜非殺人”是在“人”的概念上進行邏輯演繹，同樣也可以在“殺”的概念上進行邏輯演繹，區别出普通的殺與殺盜之“殺”的不同。此句將人字連下讀，實爲必須，因爲“自爲種”三字上必須有主詞才通順，所以下句實當爲“人自爲種”。那麽，“種”字是什麽意思呢？《莊子集釋》引郭嵩燾説，用郭注成疏義謂“人自爲種類以成乎天下”，但如是解，則很難與“殺盜非殺”的意思聯繫起來。疑此處的“種”，與《胠篋》篇“捨夫種種之民”的種相類，皆有純樸之義。關于“種種之民”，《釋文》引李氏説“謹愨貌，一云淳厚也”。成疏謂“淳樸之人”。因爲種原本有萬物之始的意蘊，所以引伸爲淳厚、純樸。《莊子·胠篋》“捨夫種種之民，而悦夫役役之佞”，《釋文》引李氏説：種種“謹愨貌，一云淳厚也”，成疏“種種，淳樸之人”，從重從童之字每相通假。《大戴禮記·王言》“民敦工璞商愨女憧”，孔廣森注憧“願也”，王聘珍注“憧讀曰僮，無知也”。《淮南子·泛論訓》“古者人惇、工龐、商樸、女重”，高注“女重，貞無邪也”。俞樾云：“重本作童。《大戴記·王言》篇‘民敦、商愨、女憧’，即《淮南》所本也。童與憧通，今作重者，形聲相似而誤。”（《諸子平議》卷三十一）若以此釋，則本句的“人自爲種”之意當指，殺盜不認爲是殺，殺人者不以爲然，仍以純樸自詡。故而下句云“是以天下大駭”，十分驚奇害怕。“人自爲種”之下的“而天下耳”，因爲與下文的“天下”重複，故當爲衍文。此句爲：“禹之治天下，使民心變，人有心而兵有順，殺盜非殺，人自爲種，是以天下大駭，儒墨皆起。”此句意謂，禹治理天下的時候，使天下民心發生變化，人人懷有心機而以用兵爲順事，將人殺掉還以“殺盜非殺”爲藉口，甚至以純樸自詡，這就使得天下都感到驚懼，在這種情况下，儒墨兩家才起來救弊補偏。

**學者，學其所不能學也；行者，行其所不能行也；辯者，辯其所不能辯也；知止乎所不能知，至矣；若有不即是者，天鈞敗之。（《庚桑楚》）**

此句之意，郭注、成疏所論甚明，指人如果去做份内應該做到的事情，就算不得學、行、辯，“凡所能者，雖行非爲，雖習非學，雖言非辯”（郭注）。關于此句的誤解，多在這樣兩個方面：一是將“至矣”僅局限于“知止乎所不能知”；二是，將“至矣”理解爲贊美之辭。兹依次討論之。首先，“至矣”是對于前面四句話的總結，即“學其所不能學”、“行其所不能行”、“辯其所不能辯”、“知止乎所不能知”，四者都屬于“至矣”。關于這一點，只要細繹文意，便可自明，無須多辨。另外一點却需要略作説明，即此句是在贊美，抑或是在批評。所謂“至矣”之意，即《齊物論》所謂“至矣，盡矣，不可以加矣”，即達到了無以復加的頂點。從莊子順其自然的觀念看，“至矣”可能表現着對于絶對化的批評。本句的批評意蘊，如果聯繫到最後一句，便會看得十分清楚了。所謂“天鈞”，又見于《齊物論》“聖人和之以是非而休乎天鈞”，關于其意義,成疏謂:"天鈞者,自然均平之理也。夫達道聖人,虛懷不執,故能和是于無是,同非于無非,所以息智乎均平之鄉,休心乎自然之境也。"天鈞,就是不固執,不極端,進而作到"自然均平"。《庚桑楚》篇主旨之一是講保養"靈臺",辦法就是"藏不虞以生心",即無論什麼也不要放在心上,這樣才會使心靈保持生氣。相反,那些"學者"、"行者"、"辯者"、"知(智)者",不僅不能"不虞",而且還要將學、行、辯、知(智)之類推向極端頂點,認爲這就是人的本性所在,達不到這一點,就會"天鈞敗之",使自然本性遭到敗壞。總之,本段是講那些"學者""行者"之類的人,其殫精竭慮將事情推向極端的作法。這是從反面所做的說明,只是從下段開始才正面講述問題,謂"備物以將形,藏不虞以生心,敬中以達彼"。

**劵内者,行乎無名;劵外者,志乎期費。(《庚桑楚》)**

　　此句的"劵"字,今注本多誤爲"券",並由此而引發出誤釋。如謂"券"就是契據,由契可引伸出契合,宣穎《南華經解》即謂"券内"即"契合乎内"。或由契而引伸爲"求",謂"所求在我之分内"(林希逸《南華真經口義》)。所以今人解釋此上句之意即"只求與自己心性契合的,就必然自我滿足,做到不務虛名",下句之意即"追求與外界契合的,就必然貪多務得,總想爲人所重用"(曹礎基《莊子淺注》第352—353頁,中華書局1982年版),或者今譯此兩句爲"務内的人,所行沒有名迹;務外的人,志在于求財取用"(陳鼓應《莊子今注今譯》第610頁,中華書局1983年版)。這個字郭注、成疏雖然不誤,但却都訓釋爲"分也",謂"游于分内者,行不由于名""履道而爲于分内者"。這種解釋與劵字之義和經旨亦未愜。按,"劵"是一個在《說文》中就有的古字,訓爲"勞也"。段玉裁曾引古訓以證成《說文》之釋:"《輈人》'終日馳騁,左不楗',《書》楗或作劵。鄭云:'劵,今倦字也。'據此則漢時已倦行而劵廢矣。"(《說文解字注》第十三篇下)可見,劵與倦爲古今字,蓋因劵與券易混,所以避劵而另造出倦字。今分析經文"劵内"之義,可逕用《說文》"勞也"之釋,謂其意指勞于内,引伸即指保養内心,與上面的經文"藏不虞以生心"的意旨完全契合。此句的意思指,保養内心的人,其行動不追求名;致力于外的人,則會"窮極其財用"(俞樾說)。此句的"劵"字,郭嵩燾已正確地引用《說文》而釋爲勞(《莊子集釋》卷八上引),但在釋其意時却以"反觀""徇外"爲解,亦與經旨有距離,故而尚須辨析焉。

**故出而不反,見其鬼;出而得,是謂得死。滅而有實,鬼之一也。(《庚桑楚》)**

　　所謂"出而不反"者,前人多以"情識"爲釋,如成疏謂"夫出愚惑,妄逐是非之境而不能反本還原",《釋文》謂"情識外馳而反觀于内"。按,這種說法模糊,由下面的"見(現也)其鬼",可以推測,所出者爲人的魂靈,魂靈外出不返歸,那就使其鬼魂顯現。所謂"出而得",其意當指鬼魂得其居處。這樣的"死"，才是死得其所，不至于成爲孤魂野鬼。這裏釋其"鬼"爲魂靈，有無根據呢？本段所謂"滅而有實，鬼之一也"（《釋文》云此句之義謂"雖復行尸于世，與鬼何別！故云'鬼一'也"），即其確證。春秋戰國時期鬼魂觀念流行于世，關于此點，説詳拙作《春秋時期的鬼神觀念及其社會影響》（載《歷史研究》1995 年第 5 期）和《戰國時期的鬼神觀念及其社會影響》（載《中國史研究》1998 年第 2 期），此不贅述。可以看出，在當時社會風氣的影響下，《庚桑楚》篇的作者亦未能免俗焉。

**有生，黬也，披然曰移是。嘗言移是，非所言也。雖然，不可知者也。（《庚桑楚》）**

關于此句，專家的兩種解釋，皆據前人注疏。成疏謂："黬，疵也。無有此形質而謂之生者，直是聚氣成疵黬，非所貴者也。"專家或據此而釋黬爲疵，即黑痣，並進而説是面痣，下文所謂"移是"就是"把這個（指面痣）去掉"（曹礎基《莊子淺注》第 356 頁，中華書局 1982 年版）。郭注此句謂"直聚氣也"，專家或據此而譯此句作"有生命乃是氣的凝聚"，並且謂下面的"移是"是"是非不定"（陳鼓應《莊子今注今譯》第 616 頁，中華書局 1983 年版）。這兩種解釋，實皆誤解了郭注、成疏。其一，若釋黬爲痣，解此句爲去掉面痣，則經文"有生黬也"當作"有生黬者"，並且"移"字當作"除"或"去"，並且此句與下文連繫爲一體，主旨是講聚散的問題。若以除去面痣爲釋，殊不類焉。其二，郭注所云"直聚氣也"，非指生命爲氣的凝聚（觀《釋文》之解可明），解"移是"爲"是非不定"，雖合乎成疏，但亦牽强。愚以爲解釋此句的關鍵在于對"黬"的理解。《釋文》對它的解釋是正確的。其引司馬氏説謂"黬，有疵也，欲彼除之"，其引李氏説謂"《字林》云'釜底黑也'"。因爲釜底常有黑灰彙聚，所以這個現象類于氣體之聚，郭注"直聚氣也"便由此而發。成疏所謂"非所貴者也"，亦指此聚于釜底的黑灰，是值不得寶貴的。再談此句的"移是"二字。這兩個字是經旨的綫索，本節中多次出現，很值得注意。本節所載如下：一，"披然曰移是"；二，"嘗言移是，非所言也"；三，"爲是舉移是"；四，"請常言移是"；五，"移是，非今之人也，是蜩與學鳩同于同也"。這是兩類不同意義的"移是"。第一、三兩種爲一類，意指除去釜底黑灰；第二、四、五爲第二類，其意將個人生命看得很重要，總想以個人名節爲轉移。經文之旨在于説明，生命如同釜底灰一樣，是沒有什麼價值的，但人們却紛紛議論如何實現它的價值的問題，而"嘗言"（嘗通常）的移是並不作如是觀（即將生命過程看作如同除去釜底灰一樣），這不是我們所要説的"移是"，就是説了，人們也不能够理解。下文所云，大意舉例説明了生命中的一切都是不可移易的存在，如釜底黑灰，其聚散自有其常，是不可改變的。平常所説的"移是"，雖然將生命看得很了不起，但爲了是非和名節却可以犧牲生命，"以死償節"，這樣做就是一切以利益爲轉移。我們所講的"移是"，非如今的人所能理解，今之人所理解的"移是"，就如同蜩與學鳩在那裏吱吱喳喳紛紛然所發出的噪音一樣,是没有什麼意義的。本節的主題在于强調生命如同"鬮"一樣,並非高貴之物,只是一種聚散過程而已,不必自以爲是地將它看得那麼要緊。本節上文云"古之人,其知有所至矣。惡乎至? 有以爲未始有物者,至矣,盡矣,弗可以加矣",認定世界萬物皆起自于"未始有物",强調了虚無之旨,本節以"鬮"爲例所進行的論析,實即對此的進一步説明。

附帶説明一點的是,本節"今之人"前,據郭慶藩《莊子集釋》卷八知江南《古藏本》及李張二本俱有非字,細繹文義,可知作"非今之人"是正確的。

**道者,德之欽也;生者,德之光也;性者,生之質也。(《庚桑楚》)**

這裏莊子提出了三對範疇。關鍵在于對道、德兩者的理解。如果將"道者,德之欽也"弄清楚了,後兩名之義可迎刃而解。諸家理解之歧在于對道、德兩者關係的不同考慮,而這兩種不同考慮多表現在對于"欽"字的訓釋上。兹分別述之。

俞樾將德理解爲道之本,故釋欽爲廞之借字。廞爲陳之意,故此句意謂"所以生者爲德而陳列之即爲道"(《諸子平議》卷十九)。我們可以先來討論這一説法。道爲德之本,實爲道家思想的一個基本點,所以莊子及其後學亦堅持"失道而後德""夫體道者,天下之君子所繫焉"(《知北游》)。莊子所理解的"德"並非儒家所言的倫理道德,而是"得道",是合乎自然,即如《人間世》所云:"自事其心者,哀樂不易施乎前,知其不可奈何而安之若命,德之至也。"所以在莊子學派那裏,德實爲道的一種外在體現,這正如《天地》篇所謂"執道者德全,德全者形全,形全者神全。神全者聖人之道也"。由此看來,與其將道看作德之陳列,勿寧將德看作道之陳列更合適些。

另外一種説法是諸家多將"欽"解爲敬,將"道"理解爲修身之本。如成疏謂"道是所修之法,德是臨人之法。重人輕法,故欽仰于道",陳鼓應先生謂"道爲德所尊崇"(《莊子今注今譯》第619頁,中華書局1983年版)。然而此處易出現的歧義在于,"道者"是指有道之人,或是指道本身呢? 上引成疏和陳説顯然是將"道者"理解爲道本身的。王先謙却是理解爲有道之人的。他説:"道無可見,見其德之流行,則共仰爲有道之人,故曰道者德之欽。"(《莊子集解》卷六)從《莊子》關于"道"的稱謂看,將"道者",理解爲有道之人,顯然是不妥當的。《莊子》書中有"知道者"(《秋水》)、"爲道者""體道者"(《知北游》)、"治道者"(《繕性》),這才是關于道屬于人的稱謂,道字之前必冠以動詞,僅以"道者"稱人之例尚未見到。可以肯定,本句的"道者"是提示性的語詞,以引起下面對它的解釋。如此看來,將此句"道者,德之欽也",解爲"道爲德所尊崇"是否可以呢? 表面看來可以,深入考析一下便可以發現,此説亦有難通之處。既然得道即爲德,那麼"德"爲什麼還要去尊崇道呢? 可見將此處的"欽"解爲敬,亦不可通。

　　還有一種説法,將欽解爲“主、君”,謂“德以道爲主體,是從屬于道的,是道在人物身上的反映”(曹礎基《莊子淺注》第 359 頁,中華書局 1982 年版)。此説蓋從“欽”之敬的本義,引伸而爲主、爲君的,説無佐證,引伸未必爲是,可以不多討論。

　　愚以爲莊子此句的原義,還需細細探求。原來,過去人們都是以正常的正面的意思來品味此句的,而莊子(如果此篇是他寫的話。如果不是,那也没有關係,因爲我們所説的莊子實指莊子學派而言)却給人們開了個玩笑。恰如極睿智極恢諧的聖者對正襟危坐的學者幽了一默一樣。莊子在這裏正話反説,所以才讓後人摸不着頭腦。一般説來,固然可以肯定,莊子哲學裏,道是根本,而德是其外在表現。然而這個“道”並不是可以言説出來的、並不是可以看得見、摸得着的,而正如老子所言“道可道,非常道;名可名,非常名”。莊子所云的道是比老子所云更爲玄妙者,即“明見無值,辯不若默,道不可聞,聞不若塞,此之謂大得”,由此出發,道便“無所不在”,甚至道“在屎溺”,“在瓦甓”(《知北游》)。莊子原本是不正面解釋“道”的,也從不給它下個什麼定義,只是强調“夫恬炎(左心)寂漠,虛無無爲,此天地之平而道德之質也”(《刻意》)。既然一切都是虛幻,那麼道又何嘗不是如此? 就在本篇講“道者,德之欽也”之前,莊子明確地説“去、就、取、與、知、能六者,塞道也”,人世間的一切作爲,如争取、理解、知識、技能等,都只會給“道”造成壅塞。莊子所謂“道者,德之欽也”的意蘊也可以作如是觀:德指得道,指順乎自然,指不得已而動(正如本句下文所云“動以不得已之謂德”),道本來是可望而不可及的,可是人們偏偏要弄清楚它,正如渾沌因鑿得七竅而死一樣(《應帝王》“日鑿一竅,七日而渾沌死”),如果這樣的話,道的真諦也因此而會永遠得不到。《天道》篇謂“意之所隨者,不可以言傳也”,“知者不言,言者不知”。據此可以説,莊子之“道”乃是不可言傳者。總之,本句實應讀作“道者,德之欽也(邪)?”,“欽”之義類廞,即陳列不動,也就含有壅塞之義,後世以廞爲塞,其用法應該是起源很早的。現在我們可以正式説説本句的意思了。其意謂難道“道”是德壅塞的結果嗎? 實際上是説道並非德壅塞的結果。同樣,下面的一句應當讀作“生者,德之光也(邪)?”意謂萬物的化生,難道是德的光輝嗎? 實際上是説萬物的化生是自然的運行,是道的體現,與德並無糾葛,成疏謂“生化萬物者,盛德之光華也”,恰恰是將意思弄顛倒了。同樣成疏謂“自然之性者,是稟生之本也”,是説也將“性者,生之質也”的意思弄顛倒了。此句讀作“性者,生之質也(邪)?”意謂天性難道是生的本質嗎? 實際上是説,天性是本來就存在的,萬物的生或不生,與它的存在並没有什麼關係。

**介者拸畫,外非譽也;胥靡登高而不懼,遺死生也。夫復謵不餽而忘人,忘人,因以爲天人矣。(《庚桑楚》)**

　　“介者”之介,蓋通兀,爲刖者,郭注成疏所言已明。但“拸畫”之意尚在明暗之間。郭注:

"畫,所以飾容貌也。刖者之貌既已虧殘,則不復以好丑在懷,故挌而棄之。"成疏:"裝嚴服飾,本爲容儀,殘刖之人,形貌殘損,至于非譽榮辱,無復在懷,故挌而棄之。"兩説雖可自圓,但對于挌的解釋並不能令人滿意,俞樾指出其不通之處,謂"云'外非譽',似不當以容貌言"(《諸子平議》卷十九)。其所云甚有道理,王先謙《莊子集解》,陳鼓應《莊子今注今譯》皆從之。但俞樾所釋亦有問題在焉,他以《釋文》所引崔氏説"移畫,不拘法度也"爲據,謂"人既刖足,不自顧惜,非譽皆所不計,故不拘法度也"。然而"不拘法度",非獨爲刖者可獨有以至于達到"外非譽"之境界者,所以俞氏之釋尚嫌牽强。"挌"字,《釋文》"本亦作移","一云:移,離也。崔云:移畫,不拘法度也。"俞樾循此而説挌當通疲,"《漢書·司馬相如傳》'疲以陸離',師古注曰:'疲自放縱也。'即此挌字之義。"按,若依俞釋,則挌不應通疲,而當通迻,因爲只有如此方可與下面的畫字相連成義,而云"疲畫"則不辭矣。可以附帶説明的是,《漢書·司馬相如傳》"衍曼流爛疲以陸離"句,師古之釋僅爲其中一種,另有張揖釋謂"疲,衆貌,一曰罷極也"的説法。俞氏選擇顏師古説固然可以,但分析起來,張揖所引或説"罷極也",似乎更貼切些。由《釋文》所云"移,離也"可知是篇之挌字本當作迻。移、迻兩字之別,段玉裁已經辨明。段氏釋移字云:"今人但讀爲遷移,據《説文》則自此之彼字當作迻。"

　　本句的"畫",當讀若《論語·雍也》篇"今女畫"之畫,何晏《集解》引孔氏説謂"畫,止也",是爲畫字其義。本句之"介者挌畫"讀若介者迻畫,謂刖者走走停停,我們在上面曾指出顏師古注《漢書》引張揖説或謂"疲"爲罷極,似可理解爲走來走去而引起的"罷極"。如此,則釋挌爲疲之假雖不若逯釋爲迻之假,但卻亦可得通。刖者在人前走走停停,多引人輕蔑。《德充符》篇記兀者申徒嘉的情況,可爲明證。是篇載:"申徒嘉,兀者也,而與鄭子産同師于伯昏無人。子産謂申徒嘉曰:'我先出則子止,子先出則我止。'其明日,又與合堂同席而坐。子産謂申徒嘉曰:'我先出則子止,子先則我止。今我將出,子可以止乎,其未邪?且子見執政而不違,子齊執政乎?'"子産覺得和兀者一起外出令人耻笑,所以不願意和申徒嘉同行,這正如《德充符》篇所載申徒嘉之語"人以其全足笑吾不全足者多矣"。兀者引人輕蔑耻笑之處,正在于他于走走停停中所顯露出來的"不全足"的殘疾。然而兀者去掉了外形殘全的區別並充分體驗了人可貴的内在之德以後,卻往往能够將人們的非譽置之度外。這種心情,《德充符》篇通過孔子評論兀者王駘的語言表達得十分明確。是篇謂:"自其異者視之,肝膽楚越也;自其同者視之,萬物皆一也。夫若然者,且不知耳目之所宜,而游心乎德之和;物視其所一而不見其所喪,視喪其足猶遺土也。"其意謂從事情不同處去看,肝膽就像楚越那樣遙遠。從事情相同之處看,萬物都是一致的。之所以這樣,是因爲他不考慮耳目應當接受何種事物,而只考慮心靈在和順的道德境界中遨游。他只看見事物統一的地方,而不看事物喪失了什麼。因爲自己就是萬物之一體,所以如果失去了一只脚,那就只當作掉下一個土塊罷了。此即本句最後所言的"天人"相合的境界。

　　本句尚需辨析者,還有"復謵不餽而忘人"之義。關于"復謵",《釋文》謂"復者,溫復之謂也。謵,玩也"。以"玩"釋"謵"不確,"習"本義可指重復。《説文》"習,數飛也",實指鳥翅一上一下的重復運動,即今所謂復習之義,《論語·學而》篇"學而時習之"正用此義焉。"謵"于此句不必用其通假之義,用本義即可。復謵,即復習。《釋文》以翫釋謵,實誤(郭應藩《莊子集釋》卷八上引郭嵩燾説已指出"《釋文》謂音習,翫,誤")。復謵,意指"介(兀)者"的走來走去與"胥靡"的反復登高。關于"餽而忘人"之義,《釋文》謂:"夫人翫習者,雖復小事,皆所至惜。今溫復人之所習,既得之矣,而不還歸以餽遺之,此至愚不獲人之所習者也。"成疏循此思路亦謂"既不舍己效人,遂棄忘于愧謝,斯忘于人倫之道也",此釋實將餽釋爲報答,這便于餽字本義有關。另有郭嵩燾釋其爲"以言語餉人"(郭慶藩《莊子集釋》卷八上引),王先謙認爲"諸解皆非,郭説爲近"(《莊子集解》卷六),肯定此字爲報謝之意。按,如此解釋與成疏相近,皆與經義不符。實當作另外的訓釋。

　　此句"不餽而忘人"的餽字,《釋文》指出"元嘉本作愧",並謂即令作"餽",也是"一音愧"。故此字當讀若愧(或謂實即愧),"復謵不餽(愧)而忘人"意即兀者、胥靡重復于自己的事情已經習慣,並無羞愧的感覺,進而達到"忘人"的地步。《德充符》篇載兀者申徒嘉之語對于説明"忘人"爲何境界,很有參考價值。申徒嘉説"人以其全足笑吾不全足者多矣,我怫然而怒;而適先生之所,則廢而反。不知先生之洗我以善邪?吾之自寤邪?吾與夫子游十九年矣,而未嘗知吾兀者也",全德之人不以申徒嘉爲兀者,申徒嘉自己當然也不覺得自己是兀者。在莊子看來,不僅名聲("非譽")爲人的桎梏,就連人本身也是精神的桎梏,所以主張"以死生爲一條,以可不可爲一貫"(《德充符》)。這也才真是"忘人"的境界。總之,本句意謂兀者在人前的走來走去,實將人們的非譽置之度外;胥靡登高履險時而不畏懼,實將生死抛在一邊。他們重復于此而毫不羞愧進而達到忘人忘己的地步。正因爲如此,所以可以説他們是"天人"——與自然融合爲一的人。

# 《宋書》時誤補校（續一）

## 牛繼清　張林祥

41.（安帝義熙元年）七月庚辰，太白比晝見，在翼、軫。占曰："爲臣强，荆州有兵喪。"己未，月奄填星，在東壁。（卷二十五頁 730）

按七月庚辰朔，無己未。《晉書》卷十三《天文志下》、《魏書》卷一百五之二《天象志二》、之三《天象志三》同誤。疑"己未"爲乙未之訛，乙未十六日。

42.義熙二年二月己丑，月犯心後星。占曰："豫州有災。"（卷二十五頁 731）

按二月丁未朔，無己丑。《晉書》卷十三《天文志下》、《魏書》卷一百五之二《天象志二》同誤。《魏書》卷一百五之三《天象志三》逕作"二月"，疑"己丑"爲乙丑之訛，乙丑十九日。

43.（義熙二年）八月癸亥，熒惑犯斗第五星。丁巳，犯建星。（卷二十五頁 731）

按八月甲辰朔，癸亥（二十日）不當在丁巳（十四日）之前。《晉書》卷十三《天文志下》同。《魏書》卷一百五之三《天象志三》作天賜"二年（當義熙元年）八月，火犯斗；丁亥，又犯建"，"校勘記"云："疑這裏抄《宋志》，誤以義熙二年爲天賜二年，又訛'丁巳'爲'丁亥'。"

44.（義熙三年）二月庚寅，月奄心後星。（卷二十五頁 731）

按是月辛丑朔，無庚寅。《晉書》卷十三《天文志下》、《魏書》卷一百五之二《天象志二》均作"庚申"，庚申二十日，當是。此"庚寅"爲庚申之誤。

45.（義熙三年）五月己丑，太白晝見，在參。占曰："益州有兵喪，臣强。"（卷二十五頁 731）

按是月己亥朔，無己丑。《晉書》卷十三《天文志下》、《魏書》卷一百五之三《天象志三》同誤。疑爲"乙丑"之誤，乙丑二十七日。

46.是年（義熙三年）正月丁巳，鮮卑寇北徐，至下邳。（卷二十五頁 732）

按正月壬申朔，無丁巳。《晉書》卷十《安帝紀》、《魏書》卷二《太祖紀》、《北史》卷一《魏紀一》均不載；《晉書》卷十三《天文志下》但作"正月"。《資治通鑑》卷一一四晉紀三十六繫"南燕入寇"于二月，二月辛丑朔，丁巳十八日，當是。此"正月"爲二月之誤。

# 楚辭簡帛釋證

## 黃　靈　庚

　　静安先生之爲學，倡行“二重證據法”，即據出土地下之文物以釋證傳世之古籍。余幸生於静安先之後，見新出土於地下之戰國及秦漢簡牘帛書者日夥，以楚簡帛書文字言，先則有河南信陽市楚墓竹簡，有湖南長沙市戰國楚墓帛書，後則有湖北江陵市望山楚墓竹簡、天星觀楚墓竹簡、九店楚墓竹簡、包山楚墓竹簡及荆門市郭店楚墓竹簡等；秦簡牘有湖北睡虎地秦墓竹簡、四川青川木牘等；漢簡帛書極爲豐富，僅長沙馬王堆漢墓帛書就有數十種之多，後復有江陵張家山漢墓竹簡、安徽阜陽漢墓竹簡、山東銀雀山漢墓竹簡、甘肅武威漢簡等。若以文字計，無慮數十萬言以上。余以明汲古閣本洪興祖《楚辭補注》爲底本，以東漢王逸《楚辭章句》釋詞條目爲基礎，據楚、漢簡帛文字以釋證屈宋辭賦，復取徵於傳世文獻，取此“二重證據”之法，庶幾可以發明前賢剩義。故特舉數十事如下，以質正於世之同好也。

## 【惟】

　　《離騷》：“攝提貞於孟陬兮，惟庚寅吾以降。”注云：“惟，辭也。”案：洪氏《補注》本無此注，蓋脱誤也，據明黃省曾《章句》本、隆慶夫容館《章句》本補之。唐寫本《文選》殘卷本及《文選》李善注本、六臣本亦皆有此注，奎章閣六臣本“辭也”作“詞也”。辭、詞古通用字。惟者，思也。然《楚辭》用作語詞，惟、唯、維三字雜用不分。惟，又之詞也。戰國楚簡文但省作“隹”。郭店楚墓竹簡《緇衣》：“《尹誥》員：‘隹（惟）尹（伊）尹及湯，咸又（有）德。’”又：“《君牙》員：‘日俗雨，少（小）民隹（唯）曰悁；晋冬旨（耆）滄，少（小）民亦隹（唯）曰悁。’”又曰：“《吕型（刑）》員：‘非甬（用）臸，折（制）以型（刑），隹（唯）乍（作）五虐之型（刑）曰法。’”《語叢（三）》：“膳（善）日過我，我日過膳（善），賢者隹（唯）其止也以異。”皆其證。此謂又在庚寅之日降生也。

## 【謇謇】

　　《離騷》“余固知謇謇之爲患兮”，注曰：“謇謇，忠貞貌也。《易》曰：‘王臣謇謇，匪躬之故。’”唐寫本《文選》卷九四袁彦伯《三國名臣序贊一首》李善引王逸注《楚辭》：“謇謇，思忠信行艱也。”《慧琳音義》卷八五“謇謇”條引王逸《楚辭》注：“謇謇，威儀貌也。”又引《考聲》曰：

“謇謇，詞無避也。”《東雅堂昌黎集注》卷六《贈別元十八協律六首》注引王逸曰：“謇謇，忠正貌。”皆與此注異。蓋在唐宋之世，此注頗多異文，已爲後人所竄亂也。朱熹《集注》曰：“謇謇，難於言也。直詞進諫，己所難言，而君亦難聽，故其言之出有不易者，如謇吃然也。”朱氏此說多爲後世注家所採用，以爲訓“忠貞”之“謇”，實出“謇難”義也。案：舊注未可移易，朱說泥也。馬王堆漢帛書本《易經》作“王僕蹇蹇”，蹇，蓋蹇字別文。又，考郭店楚墓竹簡《性自命出篇》曰：“有其爲人之迎迎如也，不有夫柬柬之心則采；有其爲人之柬柬如也，不有夫恒怡之志則縵。”又曰：“君子執志必有夫㤅㤅之心，出言必有夫柬柬之信，賓客之禮必有夫齊齊之容，祭祀之禮必有夫齊齊之敬。”二例“柬柬”，皆言忠懇貌，蓋《離騷》之“謇謇”也。謇、柬古同元部，並見紐雙聲，音同義通。故“謇謇”之訓“忠貞”，與“謇難”之字無涉。其聲之轉也，或作拳拳，《三國志》卷八《魏書·公孫度傳》裴松之注引《魏名臣奏》載：“弘性果烈，乃心於國，夙夜拳拳，念自竭效。”《漢書》卷六二《司馬遷傳》：“拳拳之忠，終不能自列。”顏師古曰：“忠謹之貌。《劉向傳》作惓惓字，義同耳。”《文選》李善注引《禮記》鄭玄注：“拳拳，奉持之貌。”實亦忠誠懇切之意。或作恨恨，《文選》卷二九李陵《與蘇武詩》“恨恨不能辭”，五臣呂向注：“恨恨，相戀之情。”桂馥《札樸》卷五“恨恨”條曰：“恨恨即懇懇，言誠款也。慕容翰謂逸豆歸追騎曰：‘吾居汝國久，恨恨不欲殺汝。’”或作款款，《卜居》“吾甯悃悃款款樸以忠乎”，王逸注曰：“竭誠信也。”款款，即言忠懇之意。《漢書》卷六二《司馬遷傳》：“見主上慘愴怛悼，誠欲效其款款之愚。”《後漢書》卷一三《隗囂傳》：“將軍執操款款，扶傾救危。”《三國志》卷六二《吳書·胡綜傳》：“今臣款款，遠授其命。”皆其例。悃悃實亦同，《後漢書》卷二三《竇融傳》“悃悃安豐，亦稱才雄”是也。或作區區。《三國志》卷九《魏書·曹真傳》注引《魏末傳》：“令師、昭兄弟結君爲友，不可相捨去，副懿區區之心。”卷四八《吳志·三嗣主傳》注引陸機《辨亡論》：“是以忠臣競盡其謀，志士咸得肆力，洪規遠略，固不厭夫區區者也。”《後漢書》卷二六《伏湛傳》：“臣詩愚戇，不足以知宰相之才，竊懷區區，敢不自竭。”卷七○《孔融傳》：“孤與文舉既非舊好，又於鴻豫亦無恩紀，然願人之相美，不樂人之相傷，是以區區思協歡好。”或作叩叩，繁欽《定情詩》“何以致叩叩，香囊繫肘後”是也。謇謇、蹇蹇、柬柬、拳拳、款款、區區、悃悃、叩叩，皆言忠懇貌，一語之轉也。前修有言，蓋連語之字，義本存乎聲，不在其形。解者宜因聲以求義，固未可拘其文字形體也。


## 【九天】

《離騷》“指九天以爲正兮”，注曰：“九天謂中央八方也。”朱子《集注》曰：“九天，天有九重也。”朱珔復引《天問》“圜則九重”，以佐朱說。逸注說“九天”爲廣言之，而朱子以縱說之。游國恩氏謂“此九虛字，並非實指，與下文九畹、九死之九相類，皆取虛義。九天者，猶言至高之天,與《孫子·形篇》所言'善守者藏於九地之下,善攻者動於九天之上',其義無別"。聞一多《楚辭校補》曰:"九天,中央八方,各有神。此謂之九天之神耳。"姜亮夫《屈原賦校注》謂此九天"猶上天、蒼天云耳"。案:今考包山楚懷王左尹邵㳰大夫墓,其中棺椁上飾物有九層,均用絲織物。一、二兩層皆爲錦夾衾,三層爲錦帶,四層爲帛類網狀物,五層爲鳳鳥紋繡絹面綺裏夾衾,六層爲二小衾二中衾,七層爲一小衾二中衾,八層爲一中衾一小衾,九層爲鳳鳥紋絹面素絹裏夾衾。九層飾物,蓋九重天之象也。五、九二層,一處中位,一處極位,皆繡以鳳鳥,其爲導引亡魂來至之意。以地下實物徵驗之,朱子以九天爲九重天者,最切楚人天體宇宙觀。中央八方之説,蓋出於齊稷下學人,非楚人之舊説。然則此文"指九天以爲正",九天能平正人間之是非曲直者,信下文之"皇天"之比,指有意志之天尊神靈也。尋《九歌·少司命》"登九天兮撫彗星",又曰"蓀獨宜兮爲民正"。注云:"言司命執心公正,無所阿私,善者佑之,惡者誅之,故宜爲萬民之平正也。"此文"九天"之神,抑"登九天"之司命與?司命之神極受楚人膜拜,江陵天星觀楚番乘墓、包山楚左尹邵㳰墓,其簡文載所祭禱之天神,見於《九歌》者,但一司命耳。司命非唯主知生死,又輔天行化、誅惡護善,當得爲屈子平正之也。

## 【畮】

《離騷》"余既滋蘭之九畹兮,又樹蕙之百畮",注曰:"二百四十步爲畮。言己雖見放流,猶種蒔衆香,脩行仁義,勤身自勉,朝暮不倦也。"案:《説文·田部》:"六尺爲步,步百爲畮。秦田二百四十步爲畮。"此注蓋據秦之田制。秦制據三晉也。考山東銀雀山漢墓竹簡《孫子兵法·吳王問篇》云:"孫子曰:'范、中行氏制田,以八十步爲婉(畹),以百六十步爲畮,而伍稅之。智氏制田,以九十步爲婉(畹),以百八十步爲畮。韓、魏制田,以百步爲婉(畹),以二百步爲畮。趙氏制田,以百二十步爲婉(畹),以二百四十步爲畮。'"畮,古畮字。載晉六卿之田制各不相同。范、中行氏百六十步爲畮,智氏百八十步爲畮,韓、魏二百步爲畮,趙氏二百四十步爲畮。六卿分晉在晉昭公十二年,秦孝公任衛鞅執行新法,在秦孝公十二年以後,去六卿分晉有百又五十餘歲,趙氏"二百四十步爲畮"之田制,固先於秦。蓋許氏未見此文,故斷爲秦田也。又,鞅,衛人也。衛後亡於趙,鞅當諳知趙氏田制;及其相秦,説秦王,則秦亦以畮二百四十步爲律,取法於趙也。四川青川秦墓木牘《爲田律》曰:"田廣一步,袤八則爲畛。畮二畛,一百(陌)道。百畮爲頃,一千(阡)道,道廣三步。"胡平生據安徽阜陽漢簡,謂"三十步曰則",八則即二百四十步也。(胡説見《青川秦墓木牘"爲田律"所反映的田畮制度》,載《文史》第19輯)許云"步百爲畮",又少范、中行六十步,蓋姬周舊制。戰國之世,諸侯爲政,畮制增益,而終至於畮二百四十步,蓋公私二門以益田傾民力。私門增益畮制,以傾公室,猶陳成子"其於民也,上之請爵祿諸大臣,下之私大斗斛區釜以出貸,小斗斛區釜以收之",以從民欲、收民心之比。荆州張家山漢墓竹簡《算數書·啓廣》:"田從卅步爲啓廣,幾何而爲田一畝?曰:'啓八步。'術曰:'以卅步爲法,以二百四十步爲實。啓從亦如此。'"又,《少廣》、《大廣》、《里田》亦皆以二百四十步爲畝。則漢因趙、秦之制也。

【厚哀】

　　《離騷》"伏清白以死直兮,固前聖之所厚",注曰:"言士有伏清白之志,意死忠直之節者,固前世聖王之所厚哀也。"叔師以"厚"釋"厚哀",有清以前注家皆無置一詞。今世學者紛然詆訾,以斥舊注之非。徐仁甫《古詩別義》曰:"厚是動詞,即贊許。《章句》添一'哀'字,把'厚'變成副詞。"湯炳正《楚辭新探》曰:"這裏憑空加了個'哀'字,就把原來的'厚'字變成了副詞,失掉了本意。"郭在貽《楚辭要籍解題》曰:"在原文'厚'字後無端加上了個'哀'字,使'厚'字由原來的動詞變成爲副詞,大誤。"案:舊說實未可輕易,今人誤解之爾。察先秦兩漢之世,"哀"字有言愛憐義,《呂氏春秋·慎大覽第三·四曰報更篇》"人主胡可以不務哀士",《淮南子》卷一七《說林訓》"各哀其所生",高誘注並曰:"哀,愛也。"古書"哀"與"愛"多爲異文,以其同義也。《禮記》第一九《樂記》"肆直而慈愛者",鄭注:"愛,或爲哀。"《管子》卷二〇《形勢解第六四》"見愛之交,幾於不解",卷一《形勢篇第二》作"見哀之交"。《後漢書》卷一〇《皇后紀上·序言》:"進賢才以輔佐君子,哀窈窕而不淫其色。"同卷《和熹鄧皇后》:"夫人年高目瞑,誤傷后額,忍痛不言。左右見者怪而問之,后曰:'非不痛也,太夫人哀憐爲斷髮,難傷老人意,故忍之耳。'六歲能史書,十二歲通《詩》、《論語》。"卷二〇《祭肜傳》:"遇天下亂,野無烟火,而獨在冢側。每遇賊,見其尚幼而有志節,皆奇而哀之。"卷二三《竇融傳》:"若兵不早進,久生持疑,則外長寇讎,内示困弱,復令讒邪得有因緣,臣竊憂之。惟陛下哀憐!"卷二四《馬援傳》:"諸曹時白外事,援輒曰:'此丞、掾之任,何足相煩!頗哀老子,使得遨游。若大姓侵小民,黠羌欲旅距,此乃太守事耳。'"又:"……吾從弟少游常哀吾慷慨多大志,曰:'士生一世,但取衣食裁足,乘下澤車,御款段馬,爲郡掾史,守墳墓,鄉里稱善人,斯可矣。致求盈餘,但自苦耳。'當吾在浪泊、西里間,虜未滅之時,下潦上霧,毒氣重蒸,仰視飛鳶跕跕墯水中,臥念少游平生時語,何可得也!"《三國志》卷二四《魏書·高柔傳》:"又哀女兒,撫視不離。"《詩·關雎》毛《序》:"哀窈窕,思賢士。"以上"哀"字皆言愛憐之意也。考郭店楚墓竹簡《性自命出篇》曰:"凡至樂必悲,哭亦悲,皆至其情也。哀、樂,其性相近也,是故其心不遠。"又曰:"用情者哀樂爲甚。"《語叢(二)》曰:"憂生於思,哀生於憂。"蓋哀、樂本一事;憂極則見愛憐意,思極則生憂愁意,此詞義相反爲訓也,楚人固已知之。故"厚哀"連文,平列復語,皆言愛也。厚,非副詞。又,《漢書》卷六八《霍光傳》:"霍氏太盛,陛下即厚愛之,宜以時抑制,無使至亡。"《全晉文》卷六八夏侯湛《昆弟誥》:"翳厚愛平恕,以濟其寬裕。"據此,"厚哀"、"厚愛",皆古之習語也。

【錯、工巧】

　　《離騷》"固時俗之工巧兮，偭規矩而改錯"，注曰："錯，置也。言今世之工才智強巧，背棄規矩，更造方圓，必不堅固，敗材木也。"案：既訓錯爲置，而注文"更造方圓"云云，錯又別訓造也。蓋叔師猶夷未能決。錯，昔聲；作，乍聲。考從昔聲與從乍聲之字，古書多通用。《老子》二章"萬物作焉而不辭"，漢帛書《老子》乙種本"作焉"作"昔焉"。《易·繫辭上》"可以酬酢"，《釋文》："酢，京作醋。"《儀禮·大射儀》"以酢主人於西階上"，《釋文》酢作醋，曰："本亦作酢。"《儀禮·特牲饋食禮》"尸以醋主人"，鄭注："古文醋作酢。"《戰國策·趙策》"屬之離柞"，漢帛書本《戰國策縱橫家書》"離柞"作"杞譜"，《呂氏春秋·季秋紀第九·五曰精通》"昔爲舍氏覿臣之母"，《新序·雜事四》昔作昨日。《史記》卷三四《燕召公世家》"内措齊、晉"，《風俗通義·皇霸》作"内窄齊、晉"。皆其證。錯、作亦可通用也。作者，造也。蓋叔師固已知之，而未及詳考耳。然注文以"工巧"爲言"工才智強巧"，失之旨也。"工巧"連文，平列同義。巧，言工師、工匠也。《墨子》卷九《非儒下第三九》"巧垂作舟"，《事類賦》引作"工倕"。《莊子》卷三《胠篋篇第一〇》曰："擺工倕之指"，《釋文》："倕，堯時巧者也。"巧，即謂工。工巧，工匠之通名。《韓詩外傳》曰："忠易爲禮，誠易爲辭，賢人易爲民，工巧易爲材。"忠、誠對文，而賢人、工巧亦儷偶相對爲文。工巧，猶工匠。《漢書》卷二四《食貨志》："過使教田太常、三輔，大農置工巧奴與從事，爲作田器。"言工匠之奴作田器。工巧，即工匠。《顏氏家訓》第八《勉學篇》："人生在世，會當有業。農民則計量耕稼，商賈則討論貨賄，工巧則致精器用。"農民、商賈、工巧爲對文，工巧即工匠名也。又，第一九《雜藝篇》："下牢之敗，遂爲陸護軍畫支江寺壁，與諸工巧雜處。"言與衆工匠雜居。果以工巧爲工師巧詐，"工巧"之上亦不當冠以"諸"字。《太平廣記》卷二二五"淫淵浦"條："皆生埋巧匠於塚裏，又列燈蠋如皎日焉。先所埋工匠於塚内，至被開時皆不死。巧人於塚裏，琢石爲龍鳳仙人之像及作碑辭贊。"巧匠、工匠、巧人皆一，指工匠。巧，猶言工。又，卷三七一"曹惠"條："當時天下工巧，皆不及沈隱侯家老蒼頭忠孝也。"卷四六三"仙居山異鳥"條："是日，將駕巨梁，工巧丁役三百餘人縛拽鼓噪，震動遠近。"工巧，皆指工匠。《資治通鑑·宋紀》六："魏主徙長安工巧二千家於平城。"言遷徙工匠二千家於平城也。皆其證。此"固時俗之工巧兮，偭規矩而改錯"，言時世之工匠背棄規矩而改作也。

【澤】

　　《離騷》"芳與澤其雜糅兮"，王逸注曰："澤，質之潤也，玉堅而有潤澤。"案：玉以喻聖德，古人所習知也。郭店楚墓竹簡《五行篇》曰："不亡（忘）則明，明則見賢人，見賢人則玉色，玉色則型(形)，型(形)則智。聖之思也輕，輕則型(形)，型(形)則不亡(忘)，不亡(忘)則聰，聰則聞君子道，聞君子道則玉音，玉音則型(形)，型(形)則聖。"又曰："金聖(聲)而玉晨(振)之，又(有)悳(德)者也。金聖(聲)，善也；玉音，聖也。善，人道也；悳(德)，天□□。又(有)悳(德)者狀(然)句(後)能金聖(聲)而玉晨(振)之。"馬王堆漢帛書《五行篇》亦曰："金聲而玉振之，有德者也。金聲，善也；玉言，聖也。善，人道也；德，天道也。唯有德者然笱(後)能金聲而玉振之。"又《解》曰："雖(唯)有德者然笱(後)能金聲玉辰(振)之，金聲而玉辰(振)之者動□□□井(形)善於外。"蓋質者，性也，在內。性之善如玉，爲有德之君子也。故"質之潤"，猶"德之潤"，言善之外揚也。《易·説卦》"乾爲玉爲金"，《正義》曰："爲玉爲金，取其剛之清明也。"《詩·召南·野有死麕》"有女如玉"，毛《傳》："德如玉也。"鄭箋："如玉者，取其堅而潔白。"《秦風·小戎》"溫其如玉"，鄭箋："念君子溫然如玉，玉有五德。"《正義》曰："……《聘義》云：'君子比德於玉焉，溫潤而澤，仁也；縝密以栗，知也；廉而不劌，義也；垂之如墜，禮也。孚尹旁達，信也。'即引《詩》云'言念君子，溫然如玉'，玉有五德也。沈文又云：'叩之其聲清越以長，其終詘然，樂也；瑕不掩瑜，瑜不掩瑕，忠也；氣如白虹，天也；精神見於山川，地也；圭璋特達，德也。'凡十德。唯言五德者，以仁義禮智信五者，人之常。"據此，蓋注所謂"玉堅而潤澤"，但一言蔽之曰仁耳。

## 【常】

《離騷》："民生各有所樂兮，余獨好脩以爲常；雖體解吾猶未變兮，豈余心之可懲。"注曰："言萬民禀天命而生，各有所樂。或樂諂佞，或樂貪淫，我獨好脩正直，以爲常行也。"案：此四句常、懲二字協韻。然常，古屬陽部；懲，古屬蒸部。二字非韻也。戴震《屈原賦注》曰："懲，讀如長，蓋方音。"江有誥《楚辭韻讀》曰："常、懲謂陽蒸合韻。"聞一多《楚辭校補》曰："常、懲元音近，韻尾同，例可通叶。"諸説無據，不可信。孔廣森《詩聲類》曰："常，本恒字，漢人避諱改爲常耳。慎勿又據爲陽可通蒸也。"梁章鉅《文選旁證》曰："常，當作恒，與懲爲韻。此避漢諱改。"其説皆是也。惜無佐證耳。今考郭店楚墓竹簡文，凡謂固常字皆作恒。《老子》(甲種本)"知足之爲足，此恒足矣"；"是故聖人能輔萬物之自然，而弗能爲，道恒亡爲也"；"道恒亡名，樸雖微，天地不敢臣"。此三"恒"字，長沙馬王堆漢墓帛書甲、乙二本《老子》亦同，知其爲漢初本，蓋在文帝前矣，而今諸通行本《老子》皆改作"常"字。又，郭店楚墓竹簡《五行篇》："□而不傳，義恒□□。"《魯穆公問子思篇》："子思曰：'恒稱其君之亞(惡)者，可謂忠臣矣。'"《成之聞之篇》："古之用民者，求之於己爲恒。"《尊德義篇》："因恒則固。"又："凡動民必順民心，民心有恒。"皆用恒而不用常。蓋楚語如是矣。據此，《離騷》此常字當可校改爲恒字也。

## 【仁、義】

《離騷》：“夫孰非義而可用兮，孰非善而可服。”注曰：“服，服事也。言古世之人臣，誰有不行仁義而可任用，誰有不行信善而可服事者乎？言人非義則德不立，非善則行不成。”唐寫本《文選》無“服事也”之“服”字。案：服者，言事也。注“服事”之“服”，當羨文。《九章·懷沙》：“重仁襲義兮，謹厚以爲豐。”注曰：“言衆人雖不知己，猶重累仁德，及興禮義，修行謹善，以自廣大也。”注《騷》，以義爲“仁義”，又注《懷沙》，以義爲“禮義”。蓋隨文而設。此文以用賢立言，義、善皆指賢臣，謂有道之君，義者用之，善者使之服也。非專指人臣“仁義”之德行也。《懷沙》仁、義對文，義亦非指“禮義”也。“禮義”字今作儀。考郭店楚墓竹簡《尊德義篇》曰：“仁爲可親也，義爲可眷也，忠爲可信也，學爲可益也，教爲可類也。”《唐虞之道篇》曰：“堯舜之行，愛親尊賢，愛親故孝，尊賢故徔。孝之方，愛天下之民。徔之法，世亡隱直。孝，仁之冕也；徔，義之至也。六帝興於古，咸由此也。愛親忘賢，仁而未義也。尊賢遺親，義而未仁也。”《六德篇》：“仁，內也；宜（義），外也。禮樂，共也。內立父、子、夫也，外立君、臣、婦也。”據此，則義者，於君爲尊賢之謂，於臣爲忠君之謂；仁者，於父爲慈，於子爲孝悌之謂，二者又俱見之於禮。故析言之，仁、孝同義，義、徔爲類也。徔者，言讓賢也。此曰“義可用”，言舉賢任能也。然則若專於仁而無義，則偏私也；反之，若專於義而無仁，則傷親也。《懷沙》“重仁襲義”，於內行孝愛親，於外推賢讓能也。

## 【正枒】

《離騷》“不量鑿而正枒兮”，注曰：“正，方也。枒，所以充孔也。”案：正枒、量鑿爲驪偶文，皆述賓結構。注謂“正，方也”，蓋因《九辯》“圜鑿而方枒”而爲説。非也。《説文·正部》：“正，是也。从一，一止。足，古文正，从一、足，足亦止也。”甲骨、金文正作“𧾷”。朱駿聲曰：“此字本訓侯中也，象方形，即曰從止，亦知所止也。其實形體似正，因又誤製從足之字，所謂説誤於前，形變於後也。受矢者曰正，拒矢者曰乏，故文反正爲乏。《小爾雅·廣器》：‘鵠中者謂之正，正方二尺。’《周禮·司裘》司農注：‘方十尺曰侯，四尺曰鵠，二尺曰正，四寸曰質。’《毛詩·猗嗟傳》同。後鄭謂鵠與正乃皮布之異名，皆居侯三分之一，其制同四尺，故《周禮·大射儀》正亦鳥名，齊、魯之間名題肩爲正，正鵠皆鳥之捷黠者則非。《禮記》第三一《中庸》‘失諸正鵠’，注：‘畫布曰正，棲布曰鵠。’《疏》：‘正謂賓射之侯，鵠謂大射之侯。’”朱説是也。正訓侯中，引伸之爲方正。朱謂正“象方形”。亦非也。正，從▽或從□者，皆丁字之古文，亦正字之聲也，而非從一。故正通丁，言鐕也。俗作釘，木爲之者曰杆，金爲之者曰釘。釘者，所以固木也。名事相因，丁有入義，故受矢之侯謂之正也。《説文·木部》：“杆，橦也。”《通俗文》曰：“撞出曰杆。”俗作打。《廣雅·釋詁》：“打，刺也。”又曰：“打，擊也。”《釋言》：“打，掊也。”正枒，猶打柄。杅、打，皆漢世以還之俗字，蓋周秦之世但借正字爲之。亦作挣，言擊之使入也。挣柄，猶説挣筍頭也。正，洪引一本作進，進者，言入。正、進義同互易。雖非本書之舊，然存正字之古義也。

## 【高丘】

　　《離騷》"忽反顧以流涕兮，哀高丘之無女"，注曰："楚有高丘之山。女以喻臣。言己雖去，意不能已，猶復顧念楚國無有賢臣，心爲之悲而流涕也。或云，高丘，閬風山上也。無女，喻無與己同心。舊説：高丘，楚地名也。"《漢書》卷八七上《反離騷》"奚必云女彼高丘"，顏師古曰："女以喻士，高丘謂楚也。"《九歎·逢紛》："懷蘭蕙與蘅芷兮，行中壁而散之。聲哀哀而懷高丘兮，心愁愁而思舊邦。"注曰："言己放斥山野，發聲而唫，其音哀哀，心愁思者，念高丘之山，想歸故國也。"《惜賢》："望高丘而歎涕兮，悲吸吸而長懷。"注曰："言己遥望楚國而不得歸，心爲悲歎，涕出長思也。"《思古》："還顧高丘，泣如灑兮。"注曰："顧視楚國，悲感泣下，如以水灑地也。"三例高丘皆釋楚國，蓋劉向舊説也，故此注從之。于省吾《澤螺居楚辭新證》據此，徵以戰國《鄂君啓節》，謂高丘在今安徽西北、河南東南間，楚地名也。聞一多《楚辭校補》據"或云"，謂"閬風之上即帝宫，是高丘即帝宫所在，以其崑崙最上層，故謂高丘也"。明汪瑗《楚辭集解》曰："丘，土之高者，故高丘。或曰，高丘在閬風山上；或曰，高丘即高唐，楚之地名。"周孟侯《離騷草木史》曰："既云登閬風矣，又曰反顧興哀，則舊訓高丘爲閬風，謬矣。王叔師注'楚有高丘之山'是也。疑即楚之高唐山。"錢澄之《屈詁》曰："高丘，楚地，疑襄王前即有陽臺神女之説，故以寓言。"蔣驥《山帶閣注楚辭》曰："高邱，即指閬風。"屈復《楚辭新注》曰："高邱，楚地名。"劉夢鵬《屈子章句》曰："高丘，即《淮南子》所謂最高一重坵，太帝之居，原欲上徵開關者。"朱駿聲《離騷補注》曰："謂高丘即高唐，亦無根據。疑指閬風而言，《爾雅》所謂'三成崑崙丘'也。"詹安泰《離騷箋疏》謂高丘，楚之名山，喻楚之朝廷。真可謂衆説紛紜，而其根柢未出舊注三解。審屈賦凡言"反顧"者，皆有登高臨下、舒瀉愁思之意。上"忽反顧以遊目兮，將往觀乎四荒"。言登陞椒丘之上，反顧四荒也。《九章·涉江》"乘鄂渚而反顧兮，欸秋冬之緒風"。言登陟鄂渚之上，環顧下視也。高丘非閬風，其在閬風下。是以謂登閬風而後顧視高丘。舊注"或云"，非也。諸家以高丘爲高唐之山。蓋得其旨。高唐，即高陽，唐、陽古通用字。高陽，楚之始祖。丘，丘墓之謂。高丘，帝高陽之丘陵也。於楚，高丘非一處，漢北有"附禺"之山，顓頊居於此。《鄂君啓節·車節》謂："自鄂往，庚陽丘，庚方城，庚象禾，庚畐焚，庚鯀陽，庚高丘，庚下蔡，庚居巢，庚郢。"陽丘，譚其驤謂即漢時之堵陽，在今河南方城東六里。高丘，即《水經·淮水注》之高塘坡，在今安徽臨泉縣北。非也。陽丘，亦高陽之丘。於楚文王遷都前，楚都丹陽，即在丹、淅之間，以是其地有高丘，以郊祀始祖高陽也，蓋在"鮒魚”之山。後遷於紀南城，即在江陵，以是高丘亦南遷於近郢之高唐之山。且陽丘爲自郢往第一站，當近郢，不宜遠在方城之間也。當屈子之時，高丘即《鄂君啓節》之陽丘，郢之高唐之山。屈子之反本，亦當在此。於中土，高丘，則在濮水之間。《左傳》昭公十七年梓慎謂：“衛，顓頊之虛，故爲帝丘。”《水經·瓠子河注》：“河水舊東決，逕濮陽城東北，故衛也，帝顓頊之虛，昔顓頊自窮桑徙此，號曰商丘，或謂之帝丘。”蓋楚族之先自此出，其次經丹、淅，而後終於郢也；而濮上帝丘移至漢北附禺爲高丘，移至於江陵者爲陽丘也。然則高丘又在崑崙之墟、閬風之下。聞一多謂“古所謂崑崙，初無定處，諸民族各以其境大山爲崑崙”，據《高唐賦》“妾在巫山之陽、高丘之阻”，唐寫本《文選集注》引此謂同本篇“高丘”，乃謂楚之崑崙在巫山。其說甚韙。高丘在巫山，巫山爲楚之崑崙，楚先祖先公皆居於是。《大招》曰：“魂兮歸徠，定空桑只。”注曰：“空桑，瑟名也。《周官》云：‘古者被空桑而爲瑟。’言魂急徠歸，定意楚國，聽瑟之樂也。或曰，空桑，楚地名。”二說信同。空桑，地名；其地出琴瑟之材，而琴瑟亦謂之空桑。然據《大招》，空桑，宜從後一說，地名。空桑，或作窮桑，帝顓頊之虛，在魯西。楚有空桑之地，必因其先南徙而來。大凡部落先民之遷徙，必將其文化習俗、宗教祖廟，重建於新辟之地，且擇境内名山大川而建觀立廟，而其名猶仍其舊。楚之高丘、空桑、崑崙，當作如是觀。楚之空桑，宜在崑崙之山，與陽丘、高丘同實而異名也。高丘、陽丘、空桑，皆楚族之精神故居。所謂“定空桑”者，魂歸於高陽之居也。《招魂》：“魂兮歸徠，反故居些。”又曰：“歸來反故室，敬而無妨些。”所謂“故居”、“故室”，即高丘、空桑之謂也。楚族出於是，終當反歸於是。包山楚懷王左尹邵𧥜大夫墓竹簡記貞卜禱祀之辭曰：“舉禱楚先老僮、祝融、媸酓各兩粘，宜祭，管之高丠（丘）、下丠（丘）各一全豜。”高丘，楚之大宗廟，高陽、老僮以下先祖皆在焉，祭老僮用兩粘，而祭高坵用全豜，其禮優於老僮矣。其不言禱楚先高陽，而言高丠，則已概帝高陽矣。據此，楚祀遠祖自高陽始。其禱辭又曰：“舉酟吉之祟，宜祭，管之高丠（丘）、下丠（丘）各一全豜。”而省老僮等楚先，以“之高丠（丘）、下丠（丘）”概言之矣。舊注拘其君臣大義，謂高丘比楚國朝廷，求帝比求君。殊失之旨。又，注謂“女以喻臣”，亦誤。女者，帝高陽也，亦《山海經》卷一六《大荒西經》“有魚偏枯，名曰魚婦，顓頊死即復蘇”之“魚婦”也。“哀高丘之無女”，言反顧楚之空桑，未見高陽在也，故涕泣不已。高丠（丘）者，帝高陽之丠（丘）；下丠（丘）者，高陽以下之女先之居也。下女，蓋出高陽而與楚族非直系之親。高丘之於下丘，猶大宗之於小宗、旁宗。下女宓妃、簡狄、二姚皆出帝高陽，而於楚，俱屬旁親之祖也。故求高陽不遂，則下文“相下女之可遺”，轉求三神女也。

## 【索、莛篿】

《離騷》“索藑茅以莛篿兮”，注曰：“索，取也。莛，小折竹也。楚人名結草折竹以卜曰簞。”庚案：騫公《楚辭音》殘卷索作索。蓋其所見本如此。索取之索，已見秦簡。睡虎地秦墓竹簡《厩苑律》：“其乘服公馬牛亡馬者而死縣，縣診而雜買（賣）其肉，即入其盤、革、角，及賣索（索）入其買（價）錢。”《倉律》：“禾、芻稾積索（索）出日，上贏不備縣廷。出之未索（索）而已備者，言縣廷，廷令長吏雜封其廥，與出之，輒上數廷。”又曰：“□□□□□不備，令其故吏與新吏雜先索（索）出之。其故吏弗欲，勿强。其毋（無）故吏者，令有秩之吏、令史主，與倉□雜出之，索（索）而論不備。”《□□》：“甲、乙捕索（索）其室而得此錢，容（鎔）、來詣之。”又見漢簡。馬王堆漢墓帛書《法經·道法》：“死而復生，以禍爲福，孰知其極？反索之無刑（形），故知禍福之所從生。”《十大經·稱》：“行曾（憎）而索愛，父弗得子。行母（侮）而索敬，君弗得臣。”《道原》：“廣大弗務，及也。深微弗索，得也。”索，繩索字。索取之索，即索之假借也。又，騫公《楚辭音》殘卷本、龐元英《文昌雜録》引王逸注、《文選》本“小折竹”作“小破竹”，《楚辭音》“折竹”作“析竹”。《玉蠋寶典》卷八引王逸注曰：“楚人折竹結草以卜謂爲蓴也。”《漢書》卷八七上《揚雄傳》“又勤索彼瓊茅”，顏師古曰：“索，求也。筳篿，析竹所用卜也。”《後漢書》卷八二上《方術傳》“日者挺專、須臾、孤虚之術”，李賢注曰：“挺專，折竹卜也。《楚辭》曰：‘索瓊茅以筳專。’注云：‘筳，八段竹也。楚人名結草折竹曰專。’”《柳河東集》卷一四《天對》童注：“《楚辭》云：‘索瓊茅以筳篿’，注謂‘折竹卜曰篿’。”《御覽》卷七二六《方術部》“卜下”條引王注：“楚人折竹結草以卜謂爲篿也。”又引《荊楚歲時記》曰：“秋分以牲祠社，其供帳盛於仲春之月。社之餘胙悉貢饋鄉里，周於族。社餘之會，其在兹乎。此其會也，擲教於社神，以占來歲豐儉，或折竹以卜。”案：湯炳正《楚辭類稿》曰：“據《説文》云：‘筳，繚絲筦也。’是《離騷》之筳字當爲引申義而非本義。但王逸注所云：‘筳，小折竹也。’以文義推之，似是而非，疑當爲‘筳，小策也’之誤。‘策’即《楚辭·卜居》‘乃端策拂龜’之‘策’；亦即《周易·繫辭》言筮法所謂‘乾之策二百一十有六，坤之策百四十有四’之‘策’，皆指筮卦之工具而言。近年出土之中山壺銘文，‘策’作‘筯’，下半‘斦’即古‘析’字。因‘析’與‘策’古音皆爲支部之入聲字，故古書‘策’多作‘筯’。如今本《老子》二十七章‘善數者無籌策’，近年馬王堆出土帛書《老子》甲本作‘善數者不以檮筯’。‘筯’即‘策’字。因後人多見‘策’字，少見‘筯’字，故王逸注原作‘小筯也’之‘筯’被誤分爲‘竹析’二字，而抄校者又以意乙轉‘竹析’爲‘析竹’，遂誤成今本‘小析竹也’之注。從《楚辭音》作‘小破竹也’，知隋唐時尚作‘析竹’，不作‘折竹’，其誤猶未遠。而今作‘折竹’之本，乃一誤再誤之結果。至於王逸注下文云：‘楚人名結草折（析）竹以卜曰篿。’其中‘結草’即上承‘茅’字而來，‘析竹’即承‘筳’字而來。因‘茅’、‘筳’皆名詞，故解釋時加‘結’、‘析’以足其義。誤王注‘小策也’爲‘小析竹也’，除字形易混而外，或跟下文‘析竹’之文亦有關。但‘筳’字不能訓‘析竹’，亦猶‘茅’字之不能訓爲‘結草’。其義甚明，無容置疑。”湯又謂“八段竹”即“小段竹”之誤。其辨“筳”字之義者，甚是也。然此索藑茅、筳篿，屬儷偶語,皆述賓之結構也,故"筳"亦不得爲"小策"。筳,讀如挺,言取也,與索字同義。"結草折竹"云者,蓋亦取竹之意,非折斷也。葍茅,草也;簹,竹也,各爲一物。《説文·竹部》:"簹,圜竹器也。"當非本文之旨。簹,本作專。《寸部》:"專,六寸簿也。"段注:"六寸簿,蓋笏也。《釋名》:'笏,或曰簿,可以簿疏物也。'徐廣《車服儀制》曰:'古者貴賤皆執笏,即今手版也。'杜注《左傳》:'珽,玉笏也。若今吏之持簿。'《蜀志》:'秦宓見廣漢太守,以笏擊頰。'裴松之曰:'簿,手板也。'"初筮以草,後占以竹。其貞辭亦承此用二"曰"字爲別。包山楚簡文載竹制卜具有"彤筶",望山楚簡有"小籌",蓋亦筳簹之類也。

## 【兩曰、慕之】

　　《離騷》:"曰:'兩美其必合兮,孰信脩而慕之?思九州之博大兮,豈唯是其有女?'曰:'勉遠逝而無狐疑兮,孰求美而釋女?何所獨無芳草兮,爾何懷乎故宇?'"注曰:"靈氛言以忠臣而就明君,兩美必合,楚國誰能信明善惡,脩行忠直,欲相慕及者乎?己宜以時去也。"隋釋騫公《楚辭音》殘卷注下"曰"字云:"曰,靈氛之詞。"然則靈氛占辭何以用兩"曰"字分而言之?舊注未明,而前修説解紛紜,莫衷一是。洪氏《補注》曰:"再舉靈氛之言者,甚言其可去也。"汪瑗《楚辭集解》曰:"此靈氛因占兆吉,復推其説,以勸屈子之詞,而決其遠之志也。"王夫之《楚辭通釋》曰:"再言'曰'者,卜人申釋所占之義,謂原抱道懷才,求賢者自不能捨。"蔣驥《山帶閣注楚辭》曰:"再言'曰'者,叮嚀之辭。"又,清魯筆《楚辭達》曰:"此'曰'字乃原問辭,下章'曰'字,是靈氛答語。"戴震《屈原賦注》謂上"曰"下四語,屈原問卜之辭,下"曰"下四語,"靈氛之告以吉占也"。陳本禮《屈辭精義》亦以上"曰"字爲"原問卜之詞",下"曰"字爲"靈氛占詞"。案:皆未達其旨。靈氛占語所以分用兩"曰"字者,以貞問二卜故也。初用靈草以筮;後用簹竹以貞。二占之貞詞,用兩"曰"字以別之。上"曰"字以下"兩美其必合兮,孰信脩而慕之?思九州之博大兮,豈唯是其有女?"四句,用"葍茅"以筮之辭,此"曰"以下"勉遠逝而無狐疑兮,孰求美而釋女?何所獨無芳草兮,爾何懷乎故宇?"四句,用"筳簹"以卜之辭也。二占之辭皆合,故謂之"吉占"。《九章·惜誦》:"吾使厲神占之兮,曰'有志極而無旁',終危獨以離異兮,曰'君可思而不可恃'。"兩"曰"字,亦二占之占詞也。考殷商卜辭,有"習二卜"之法。詳參郭沫若《卜辭通纂·別録一·何叙甫》第十二片所釋。蓋習之爲言襲也。習、襲二字古書通用。《書·大禹謨》"卜不習吉",《左傳》哀公十年作"卜不襲吉";《周禮·地官·胥》"襲其不正者",鄭注:"故書襲爲習。"《老子》第五十二章"是謂習常",傅奕本、景龍本習作襲;《文選·齊竟陵文宣王行狀》"龜謀襲吉",李善注:"《尚書》曰:'乃卜三龜一習吉。'襲與習通。"皆其證。習二卜,猶言襲占二卜。尋《曲禮》有言"卜筮不過三"之遺制。《穀梁傳》哀公元年:"郊三卜,禮也。四卜,非禮也。五卜,强也。"楊士勛《穀梁傳》疏曰:"僖三十一年以十二月下辛卜正月上辛；不從，則以正月下辛卜二月上辛，不從，則以二月下辛卜三月上辛。所謂三卜，禮也。今以三月以前不吉，更以三月下辛卜四月上辛，則謂四卜，郊，非禮也。成十年以四月以前四卜不吉，又於四月下辛卜五月上辛，則五卜，强也。四卜，'非禮'，五卜變文'强'者，四卜雖失，猶去禮近，容有過失，故以'非禮'言之。若至五卜，則是知其不可而强爲之，去禮已遠，故以'强'釋之。"蓋古世貞卜有"三占從二"之法。或者"三人貞從二人"，如包山楚簡貞辭載聉㞋之月乙未之日貞卜有醓吉、石被裳、郦會三人，三人占皆吉；夏柰之月乙丑之日貞卜有五生、醓吉、苛嘉三人，三人占皆吉；臭月乙酉之日占卜有訾吉、苛光、郱產三人，三人占皆吉。或者一人三占從二，則必用"習卜"之法也。若二卜皆吉或皆凶，則止不再卜。若一吉一凶，則以第三卜決之。兩卜皆吉爲大吉，兩吉一凶者小吉，兩凶一吉者小凶，而兩卜皆凶爲大凶，故曰"卜筮不過三"。四卜，非禮；五卜，猶爲勉强不得已而爲。郭氏未審，謂"三龜爲一習"，非古世貞卜之旨。包山楚簡謂"屈宜習之以彤筓爲左尹邵坨貞"。筓字從竹，以"彤筓"貞卜，蓋亦折竹卜之法。習，即襲卜之謂，其法亦有"三筮二卜"之例。望山楚簡謂"瘟以黄靈習之"，黄靈，龜也，卜用龜；習者，亦襲卜也。以徵驗此文二用"曰"字之旨，當爲習卜之法也。又，《史記·龜策列傳》："卜先以造灼鑽，鑽中已，又灼龜首，各三；又復灼所鑽中曰正身，灼首曰正足，各三。""各三"者，謂占卜皆以三爲限。《易經》以三爻爲一卦，而演八卦之圖，亦是卜筮限於三之法也。然則二卜同，不必三卜。靈氛用二卜，以其皆吉，是以不卜三也。又，"慕之"與上文"占之"出韻，古今皆無定説。唯金小春曰："'慕之'當是'莫之思'之脱誤。'曰兩美其必合兮，孰信脩而莫之思'，思與上句'索藑茅以筵篿兮，命靈氛爲余占之'之'之'字押韻。"其説是也，足破千古疑獄。然金氏又曰："'曰兩美其必合兮，孰信脩而莫之思？ 思九州之博大兮，豈唯是其有女？' '莫之思'之下復有一個"思"字，兩'思'字相重而常遺其一。合俞樾《古書疑義舉例》第八十二條'字以兩句相連而誤脱'之例。後人未審，又改'莫之'爲'慕之'也。"謂誤自王逸始。尋《方言》卷一〇曰："凡言相憐哀，江濱謂之思。"憐哀平列，言憐愛，非謂悲哀。《方言》又曰："凡言相敬愛謂之亟，陳楚之間謂之憐。"憐哀，即憐愛。哀，亦愛也。思，猶憐愛義。舊注"相慕及"云云，即釋思字之義。蓋王氏本書猶作"莫之思"，而後敓一"思"字，復因王注改"莫之"爲"慕之"。此金氏亦未之審耳。


【吉日】

　　《離騷》："靈氛既告余以吉占兮，歷吉日乎吾將行。"注曰："言靈氛既告我以吉占，歷善日吾將去君而遠行也。"《九歌·東皇太一》："吉日兮辰良，穆將愉兮上皇。"注曰："日謂甲乙，辰謂寅卯。"古者舉事必擇日，睡虎地秦簡《日書》有吉日、忌日，吉日行事則吉，忌日行事必凶。然吉凶與否，未必有一定之數，在人所擇耳。據包山楚簡文《卜筮祭禱記録》，卜筮禱詞有日者有二十四例，乙未日者三、癸丑日者二、癸卯日者一、乙丑日者三、己酉日者三、乙卯日者九，丙辰日者二、乙亥日者一。於甲乙，乙居多，凡十六見，其次己三見、癸三見、丙二見。邵㢟卜筮必擇吉日，蓋楚俗以乙、己、癸、丙爲日之吉者乎？以甲、丁等爲凶日，故屈子言甲日之朝去離郢都，蓋亦以甲爲凶日也。又，九店楚墓竹簡《日書》曰："凡春三月，甲乙丙丁，不吉；壬癸，吉。凡夏三月，丙丁庚辛，不吉；甲乙，吉。凡秋三月，庚辛壬癸，不吉；丙丁，吉。凡冬三月，壬癸甲乙，不吉；庚辛，吉。凡吉日，利以祭祀，禱祠。"則知日之吉凶，因四時而異矣。又曰："凡吉日，利以祭祀，禱祠。"楚人祠祀東皇太一，當在春時，其吉日者必擇壬、癸也。朱季海但據《湘中記》"其俗八月上辛日把以祓神"，謂"然稱吉日，其上辛與"？蓋亦斷矣。

## 【屯】

《離騷》"屯余車其千乘兮"，注曰："屯，陳也。"案：《説文·屮部》："屯，難也。屯象屮木之初生屯然而難，从屮貫一屈曲之也。一，地也。""屯然而難"，狀屮木始出土鬱結屈申之貌，而移言於愁思菀結不暢，分別字作忳也。引申之爲屯聚、屯積。馬王堆漢墓帛書《十大經·雌雄節》："皇后屯歷，吉凶之常，以爲辯（辨）雌雄之節，乃分禍福之鄉（向）。"屯歷者，言聚歷也。或借作敦，睡虎地秦簡《法律問答》："已閱及敦（屯）車食若行到縣（䌛）所乃亡，皆爲'乏縣（䌛）'"。1957年出土於安徽壽縣的戰國《鄂君啓節》："屯三舟爲一舿。"言聚合三舟爲一舿也。屯車，同屯舟，蓋楚之通語也。積蓄之器曰囤；人所聚居曰邨，俗作村。皆其分別文。又，厚酒曰醇，人厚重曰惇，重聚磊堆曰垖。音義並通也。

## 【䎄】

《離騷》"齊玉䎄而並馳"，注曰："䎄，錭也，一云車轄也。乃屯歛我車，前後千乘，齊以玉爲車轄。並馳左右，言從己者衆，皆有玉德，宜輔千乘之君也，即道千乘之車也。"《文選》本"䎄，錭也，一云車轄也"作"䎄，轄也"。案：唐寫本《文選》卷五九謝玄暉《始出尚書一首》李善注引王逸注曰："䎄，轄也。"《漢書》卷八七上《揚雄傳》"肆玉釱而下馳"，晋灼曰："釱，車鐕也。"釱、䎄一字，蓋以金爲之，故從金。又，包山楚墓竹簡袄作袄，知䎄亦古字，非俗字也。然則作䎄者，不辭也。䎄，借爲緤。䎄，大聲；緤，世聲。大、世古通用字。《春秋傳》桓公九年《正義》曰："諸經稱世子及衛世叔申，《經》作世字，《傳》皆作大。"孔《疏》曰："古者世之與大，字義通也。"《左傳》襄公二十九年"衛世叔儀"，襄公十九年作"大叔儀"。《公羊傳》文公十三年"世室屋壞"，《左傳》、《穀梁傳》並作"大室"。《左傳》昭公二十五年"樂大心"，《公羊傳》作"樂世心"。《禮記》第二《曲禮下》"不敢與世子同居"，鄭注："世，或爲大。"《晏子春秋》卷七《外篇上·景公坐路寢曰誰將有此晏子諫第十》"今公家驕汏"，《荀子》卷二《榮辱篇第四》"驕汏"語作"驕泄"。汏,大聲;泄,世聲。皆其證。比例推之,軗、紲亦通用字也。《廣雅·釋詁》:"紲,係也。"王念孫《疏證》曰:"《說文》:'紲,系也。'系與係同,亦作繫。紲之言曳也。"紲、曳亦古通用字。《文選》卷三四《七發》"清升踰跐",卷一七《洞簫賦》作"踰曳"。《左傳》僖公二十四年"行者爲之靮紲之僕",《國語》卷一〇《晋語四》作羈紲。《素問·六元正紀大論》"嘔咄",韓愈《譴瘧鬼詩》作"嘔洩"。《左傳》僖公四年"漏泄",襄公四年作"漏洩"。《禮記》第六《月令》"發泄",《後漢書》卷六《順帝紀》作"發洩"。《詩·板》"無然泄泄",《爾雅》作"洩洩"。皆其比。故大、曳亦通用也。愢,曳聲,或作忕,大聲是也。《釋名》云:"紲,制也,牽制之也。"《玉篇》云:"凡繫縲牛馬皆曰紲。"字亦作緤。上文"登閬風而緤馬"是也。或作靾。《士喪禮記》"乘車革靾",鄭注:"靾,韁也。"僖公二十四年《左傳》"臣負羈紲",杜預注:"紲,馬韁也。"《正義》引服虔云:"一曰犬繩曰紲。"《少儀》"犬則執緤,牛則執紖,馬則執靮",鄭注曰:"緤、紖、靮皆所以繫制之者。"《論語》第五《公冶長篇》"雖在縲紲之中",《疏》云:"縲,黑索也。紲,攣也。所以拘罪人。蓋紲爲繫之通名,凡繫人繫物皆謂之紲,不專屬一物也。"其說是也。車紲謂之軗,猶舟舵謂之杕。《淮南子》卷一七《說林訓》"心有所說毀舟爲杕",高注:"杕,舟尾也。"即舵字也,俗或作柁,亦作柂。《淮南子》卷一二《道應訓》"佽非謂柂船者曰",高注:"柂,欚也。"《史記》卷一一七《司馬相如傳》"揚桂枻",《集解》引徐廣曰:"枻,檝也。"欚以制舟,故名杕、名柂也,音近而義通。玉軗,即玉紲,以玉飾之也。"齊玉軗而並馳",猶《東君》"撰余轡兮高馳翔"。齊玉軗,言整勒韁繩也。

## 【上皇】

　　《九歌·東皇太一》"穆將愉兮上皇",注曰:"穆,敬也;愉,樂也。上皇,謂東皇太一也。言己將脩祭祀,必擇吉良之日,齋戒恭敬,以宴樂天神也。"案:穆將愉者,言敬且樂也。《論衡》卷二六《實知篇第七八》:"將,且也。"《廣雅·釋詁》:"將,且也。""穆將愉",亦猶《詩·有女同車》"美且都"、《魚麗》"旨且多"、《論語》第八《泰伯》"驕且吝"、"貧且賤"等句法也。注以"上皇"爲"東皇太一"者,蓋古有其說。如睡虎地秦墓竹簡《日書》"毋以子卜筮,害於上皇"是也。聞一多氏《九歌解詁》謂此"上皇",亦即《莊子》卷四《天運篇第一四》"治成德備,監照下土。天下戴之,此謂上皇"之"上皇"。果如其說,此言敬且樂兮上皇,則不成其辭矣。且此篇所祭東皇太一之神,始終未曾出場,全篇皆祭神之巫敬事太一神之詞。上皇,固非謂東皇太一神也。上皇者,蓋章皇之音轉,言祭祀之貌。上、章,古書通用。《史記》卷二六《曆書》"商橫君灘三年",司馬貞《索隱》:"商橫,《爾雅》作上章。"是商、上相通之證。又,《易·兌·九四》"商兌未寧",漢帛書本商作章。《晏子春秋·內篇·諫上》"弦商",《韓非子·外儲說左下》作"弦章"。此商、章相通之例。比例可推,上、章二字古亦可通用也。又,考包山楚簡二·一〇"郘㻤上連囂”之“戲上”，天星觀楚墓竹簡作“戲章”。是其相通之確證。《説文》第一篇上《示部》：“禜，門内祭先祖所旁皇也。从示、彭聲。”禜，促言之；緩言之曰旁皇，連語，言行不定貌。以狀祀事則曰禜，或作祊字。段注曰：“《郊特牲》曰‘索祀祝於祊，不知神之所在。於彼乎，於此乎，或諸遠人乎？祭於祊。尚曰，求諸遠者與？’此旁皇之説也。”其字又作彷徨、徘徊、盤桓等。章皇，亦旁皇之義。促言之曰蕩，言寬緩戲遊之意。《文選》卷八《上林賦》“章皇周流”，李善注曰：“章皇，猶彷徨也。”以狀祭祀則字作禜，緩言之作彷徨；或言蕩，亦作章皇。一聲之轉亦作章回、低回、嬋媛等，皆根於盤屈舒緩之義。

## 【隱思】

《九歌·湘君》：“横流涕兮潺湲，隱思君兮陫側。”注曰：“言己雖見放棄，隱伏山野，猶從側陋之中，思念君也。”洪氏《補注》：“隱，痛也。《孟子》曰：‘惻隱之心。’”案：洪氏訓隱爲憂痛義者，是也。逸注非也。“隱”，郭店楚墓竹簡《唐虞之道篇》作忶，從心旁，從乚。乚，古隱字。蓋訓痛者之隱，本作忶也。然洪氏於“思”字亦未有説耳。思亦訓憂痛也。求之屈賦，思訓憂，固有内證。如，《九章》第四篇曰“抽思”，抽者，引也；思者，愁也。即篇末“道思作頌”之道思也，並謂舒憂之意。其首句曰：“心鬱鬱之憂思兮，獨永歎乎增傷。”憂思，平列復語，思亦憂也。《悲回風》：“糺思心以爲纕兮，編愁苦以爲膺。”思心、愁苦爲對文，思亦憂愁之義也。注曰：“言動以憂愁自繫結也。”王氏亦以思爲訓愁也。《大招》“魂乎歸徠，思怨移只”，思怨，言愁怨也。《九辯》“蓄怨兮積思”，怨、思對舉，思亦猶怨也。皆其例。若徵之先秦古籍，則思訓憂猶夥矣。《小雅·正月》“癙憂以瘵”，《雨無正》作“鼠思以泣”，癙憂、鼠思同，思即言憂也。《禮記》第一九《樂記》“亡國之音哀以思”。哀以思，言哀且憂也。如是，則不勝舉耳。郭店楚墓竹簡文《語叢篇（二）》曰：“思生於性，憂生於思，哀生於憂。”是知憂、思、哀三字對文雖則有别，然混言之皆可訓憂也。此“隱思”連文，二字平列，言憂愁之意。

## 【成堂】

《九歌·湘夫人》“㡗芳椒兮成堂”，注曰：“布香椒於堂上。”洪氏《補注》曰：“㡗，古播字，本作㭨。《漢官儀》曰：‘椒房，以椒塗壁，取其温也。’”又引一本作“播芳椒兮盈堂”。聞一多《楚辭校補》謂成訓飾義，曰：“成猶飾也。《儀禮·士喪禮》‘獻素，獻成亦如之’。注：‘飾治畢爲成。’成與素對舉，未飾者爲素，已飾者爲成。粉飾屋壁也稱成。《考工記·匠人》‘白盛’，注云：‘盛之言成也。以蜃灰堊墻，所以飾成宮室。’《周禮·掌蜃》‘共白盛之蜃’，注：‘盛猶成也。謂飾墻使白之蜃也。’‘播芳椒兮成堂’，是用椒末和泥來粉飾堂壁，即所謂椒房。”朱季海《楚辭詁》亦用此説。姜亮夫《屈原賦校注》以成爲盛，言盛滿也。皆失之。案：成者，就也，言飾就謂之成,然不得飾謂之成也。聞氏引古訓改易之而强爲之解。成訓飾,與播布義犯復。又,《楚辭》無盈滿義爲盛者也。成堂,當作盈堂,言滿堂也。楚人名滿曰盈。成,即盈字之借。九店楚墓竹簡《日書》曰:"乃涅(盈)其志。"又曰:"尻之不涅(盈)志。"郭店楚墓竹簡文,凡盈滿字皆作涅。如《老子》(甲種本):"金玉涅(盈)室,莫能守也。"又曰:"恃而涅(盈)之,不若已。"又曰:"長短之相型也,高下之相涅(盈)。"又曰:"保此道者不谷(欲)尚涅(盈)。"(乙種本)曰:"大涅(盈)若中,其用不窮。"《太一生水篇》:"翟(一)缺翟(一)涅(盈),以紀爲萬物經。"《語叢篇(四)》:"金玉涅(盈)室不如謀,衆强甚多不如時。故謀爲可貴。"皆是也。涅,從水,呈聲。呈音直貞切,古聲屬定紐、耕部。盈音以成切,古屬喻紐四等,實亦歸定紐、耕部。成音是征切,古屬禪紐、耕部。定禪爲旁紐雙聲。涅(盈)、成二字音同。涅,《説文》雖未收,蓋盈字古文也。復考《老子》"金玉涅室",今諸通行本皆作"金玉滿堂"。蓋楚語但言"涅(盈)室"而罕言"滿堂"也。如《離騷》"薋菉葹以盈室兮,判獨離而不服"是也。此以叶韻故,乃易爲"涅(盈)堂"也。又,屈賦盈滿字亦多作盈,少言滿。如《離騷》"户服艾以盈要兮",《天問》"何由並投,而鯀疾脩盈",《大招》"魂乎無往,盈北極只","室家盈庭,爵禄盛只"。皆是也。盈,蓋楚語也。又,《九懷·匡機》:"美玉兮盈堂。"嵇康《聲無哀樂論》:"夫賓會盈堂,酒酣奏琴。"《初學記》卷一八傅玄《太子少傅箴》:"正人在側,德義盈堂。"《類聚》卷五七崔瑗《七蠲》:"紅顔溢坐,美目盈堂。"卷六六劉騊駼《上書諫鑄錢事》:"絳鄉盈堂,文綺縵野。"陸景《典語》:"竊窕盈堂,美女侍側。"《廣弘明集》卷三七釋智果《夢賦》:"列燕姬而滿側,湊秦女而盈堂。"《資治通鑑》卷七一《魏紀三》:"於是蕃門車馬雲集,賓客盈堂。"盈堂,古之習語。古書絶無言"盛堂"之例。據此,《東皇太一篇》"芳菲菲兮滿堂",當作"盈堂";而《少司命篇》"滿堂兮美人",宜爲"盈室"也。今作"滿堂",蓋漢世避惠帝諱也。黄省曾本、夫容館本、王鏊本、朱燮元本、大小雅堂本亦並作盈,猶存古本之舊也。

## 【聲色】

　　《九歌·東君》:"羌聲色兮娛人,觀者憺兮忘歸。"注曰:"言日色光明,旦耀四方,人觀見之,莫不娛樂,憺然意安而忘歸也。"注未釋"聲色"之義。洪氏《補注》、朱熹《集注》同引聲色一作色聲,明正德黄省曾本、隆慶五年夫容館本並作"色聲"。案:作"色聲"者,蓋因本篇下文因分叙祀神之樂與"靈保"之色而改也,舊本當作"聲色"也。單用之,聲色孰先孰後,皆無定。郭店楚墓竹簡《性自命出篇》曰:"目之好色,耳之樂聽(聲)。"《語叢(一)》曰:"容色,目司也;聖(聲),耳司也。"皆是也。若偶用合言之必爲"聲色",而無倒作"色聲"者。《書·仲虺之誥》:"惟王步近聲色。"《禮記》第六《月令》:"毋躁,止聲色。"又曰:"身欲寧,去聲色。"第三《中庸》:"吾聞國之昏不由聲色,必由姦利;好樂聲色者;淫也。"《莊子》卷三《天地篇第一二》:"且夫趣捨聲色以柴其內。"卷五《達生篇第一九》："凡有貌象聲色者,皆物也。"《荀子》卷三《非十二子篇第六》："酒食聲色之中,則瞞瞞然。"皆其證。聲色,古之習語。聲者,平聲;色者,入聲。古書駢語平聲在前,仄聲在後也。此一定之例,罕有出此者。《離騷》"湯禹儼而祇敬兮",叔師以下注家皆以"湯禹"爲指殷湯與夏禹,唯姜亮夫氏《重訂屈原賦校注》謂"古書決無倒'禹湯'爲'湯禹'者",而釋湯爲大,謂湯禹爲大禹。姜説非是。湯禹、禹湯古本一詞,皆指商湯與夏禹。宋玉《釣賦》："宋玉對曰:'昔者堯舜湯禹之釣也,以賢聖爲杆,道德爲綸,仁義爲鈎,利禄爲餌,四海爲池,萬民爲魚,釣道微矣。'"《呂氏春秋·審分覽第五·一曰審分篇》："堯舜之臣不獨義,湯禹之臣不獨忠。"《韓非子》卷一九《五蠹篇第四九》："然則今有美堯舜湯禹之道於當今之世者,必爲新聖笑矣。"《漢書》卷八〇《宣五王傳》："大王誠賜咳唾,使得盡死,湯禹所以成大功也。"卷二四《食貨志》："土地人民之衆不避湯禹,加以亡天災數年之水旱,而畜積未及者,何也?"《論衡》卷二六《知實篇》："雖湯禹之察不能過也。"唐武則天《蔡州鼎銘》："唐虞繼踵,湯禹乘時。"皆以倒言"湯禹"者,則不可謂"古書決無倒言"之事也。《世説新語》第二五《排調》云:"諸葛令、王丞相共爭姓族先後,王曰:'何不言"葛王",而言"王葛"?'令曰:'譬言"驢馬",不言"馬驢",驢寧勝馬邪?'"余嘉錫曰:"凡以二名同言者,如其字平仄不同,而非有一定之先後,如夏商、孔顔之類,則必以平聲居先,仄聲居後,此乃順乎聲音自然,在未有四聲之前,固已如此,故言'王葛'、'驢馬',不言'葛王'、'馬驢',本不以先後爲勝負也。如公穀、蘇李、嵇阮、邢魏、徐庾、燕許、王孟、韓柳、元白、温李之類。"其説妙發古人之旨。聲色、湯禹,皆其例也。湯音吐郎切,平聲;禹音王矩切,上聲;平聲湯字居先,而上聲禹字居後也。王逸注《九思》:"吕傅舉兮殷周興。"曰:"吕,吕望;傅,傅説。兩賢舉用而二代以興也。"聞一多《楚辭校補》曰:"'吕傅'疑當作'傅吕',傳寫誤倒也。上文'思文丁兮聖明哲'先武丁,後文王,此云'傅吕舉兮殷周興',先傅説,後吕望,二句相承爲之也。"聞説亦非。吕音力舉切,上聲;傅音方遇切,去聲。上聲吕字居先,而以去聲傅字居後也。又,《莊子·人間世》:"禹舜之所紐也。"《荀子》卷一八《賦篇第二六》:"法禹舜而能淹迹者耶?"賈誼《上疏陳政事》:"雖使禹舜復生,而爲陛下計,亡以易此。"《鹽鐵論》第一四《誅秦篇》:"禹舜,堯之佐也。湯文,夏商之臣也。"以上三例"禹舜"連文,以禹上聲;舜音舒閏切,去聲。上聲禹字在前,去聲舜字在後,未較其時代之先後也。由此推之,屈賦中之蘭蕙、蘭芷、荃蕙、草木、雲霓、霰雪、鸞皇、鷄鶩、燕雀、鳧雁、鳥獸、時世、關梁、媒理、江夏、幼艾等,皆同其例也。據此,"聲色"與"色聲"之辨,庶幾可得定論矣。

【悵】

《九歌·河伯》:"日將暮兮悵忘歸,惟極浦兮顧懷。"注曰:"言崑崙之中,多奇怪珠玉之樹,觀而視之,不知日暮。言己心樂志説,忽忘還歸也。"注以"悵"爲"心樂志説"之義。洪氏《補注》:"此言登崑崙以望四方,無所適從,惆悵歎息,而忘歸也。悵,失志也。"聞一多《楚辭校補》云:"劉永濟氏疑悵當爲憺。案劉説是也。此涉《山鬼》'怨公子兮悵忘歸'而誤。知之者,王注曰'言己心樂志悦,忽忘還歸也','心樂志悦'與悵字義不合。《東君》'觀者憺兮忘歸',注曰'憺然意安而忘歸',《山鬼》'留靈脩兮憺忘歸',注曰'中心憺然而忘歸'。樂悦與安閒義近。此注以'心樂志悦'釋憺,猶彼注以'意安'釋憺也。且《東君》曰'心低佪兮顧懷',兩篇皆曰'憺忘歸'、又曰'顧懷',此其詞句本多相襲,亦可資互證。"案:悵,改作憺,失之無據,且不成其義。悵,讀作暢。《史記》卷一二七《日者列傳》"悵然噤口不能言",《索隱》:"悵音暢。"悵,從長聲;長、暢二字古多通用。《詩·秦風·小戎》"文茵暢轂",毛傳:"暢轂,長轂也。"《廣雅·釋詁》亦云:"暢,長也。"包山楚墓竹簡二·五四簡"不對長陵邑之死",長陵即陽陵也。陽,易聲。比例可知,暢、悵二字例得通用。《風俗通義·聲音》:"其道行和樂而作者命其曲曰暢,暢者,言其道之美暢。"是以暢字有"心樂志悦"之意,猶今云暢快也。憺訓安閒,與訓悦樂之義者終隔一層。

【秦弓】

《九歌·國殤》:"帶長劍兮挾秦弓,首身離兮心不懲。"注曰:"言身雖死,猶帶劍持弓,示不捨武也。"未釋"秦弓"之義。洪氏《補注》曰:"《漢書·地理志》云:'秦地迫近戎狄,以射獵爲先。又,秦有南山檀柘,可爲弓幹。'"雖未明言,蓋以"秦弓"爲秦產之弓也。金開誠《屈原集校注》:"秦弓,秦地制造的弓,指好弓。"蓋承洪説也。案:秦、楚,敵仇之國也;秦產之弓,焉得輸送爲楚所資用歟? 蓋秦式之弓,在戰國之世爲優於六國者,六國皆仿製之,其名猶爲"秦弓"也。考曾侯乙墓遺策簡文載有"秦弓",然悉作"郲弓",凡十七見,楚俗秦字從邑作郲。然則此"郲弓"云者,非必出自秦者之弓也,楚人取式於秦者也。上文"吴戈"亦然,言楚人取式於吴者也。

【短兵】

《九歌·國殤》"車錯轂兮短兵接",注曰:"短兵,刀劍也。言戎車相迫,輪轂交錯,長兵不施,故用刀劍以相擊也。"《後漢書》卷一上《光武帝紀》"賊追急,短兵接",李賢曰:"短兵,謂刀劍也。"《文選》卷五《吴都賦》"長殳短兵",劉淵林注:"短兵,刀劍也。"案:劉、李當出此注。洪氏《補注》曰:"《司馬法》曰:'弓矢,圉;殳、矛,守;戈、戟,助。凡五兵,長以衛短,短以救長。'"此出第三《定爵篇》。中華書局1983年版標點本《補注》作"弓矢、圉殳、矛、守戈、戟助"。大誤,不成其文也。短兵者,所以守也。《司馬法》第二《天子之義篇》曰:"長兵以衛,短兵以守。"《管子》第二八《參患篇》:"弩不可以及,與短兵同實;短兵待遠矢,與坐而待死者同實。"《史記》卷七《項羽本紀》:"乃令騎皆下馬步行,持短兵接戰。"卷一一○《匈奴傳》:"其長兵則弓矢,短兵則刀鋋。"《集解》引韋昭注曰:"鋋似矛,鐵柄。"《索隱》引《埤蒼》曰:"鋋,小矛鐵矜。"《漢書》卷四九《晁錯傳》:"此弓弩之地也,短兵百不當一。"卷六四《吾丘壽王傳》:"禁民不得挾弓弩,則盜賊執短兵,短兵接則衆者勝。"《六韜·犬韜·戰步》:"長兵彊弓居前,短兵弱弩居後。"又,《商君書》第一九《境內篇》:"五百主,短兵五十人;二五百主,將之主,短兵百;千石之令,短兵百人;八百之令,短兵八十人;七百之令,短兵七十人;六百之令,短兵六十人;國封尉,短兵千人;將,短兵四千人。戰及死吏,而輕[到]短兵,能一首則優。"則短兵者,蓋將及令之衛士也。

## 【凌余陣、躐余行】

　　《九歌·國殤》"凌余陣兮躐余行",注曰:"凌,犯也。躐,踐也。言敵家來侵,凌我屯陣,踐躐我行伍也。"案:"凌余陣"、"躐余行",猶《離騷》"飲余馬"、"總余轡"句法,言余凌(敵)陣,余躐(敵)行也。余,非領格,主格也。注謂"凌我屯陣,踐躐我行伍",非也。洪氏《補注》曰:"顏之推云:'《六韜》有天陳、地陳、人陳、雲鳥之陳。《左傳》有魚麗之陳。行陳之義,取於陳列耳。俗作阜旁車,非也。'"其說是也。然"陣"字見山東銀雀山漢墓竹簡,則前漢已有矣。陳、陣,古今字。《孫子兵法》佚文有《八陣篇》,曰:"孫子曰:用八陣戰者,因地之利,用八陣之宜。用陣三分,誨(每)陣有鋒,誨(每)鋒有後,皆待令而動。鬭一,守二。以一侵敵,以二收。敵弱以亂,先其選卒以乘之。敵强以治,先其下卒以誘之。車騎與戰者,分以爲三,一在於右,一在於左,一在於後。易則多其車,險則多其騎,厄則多其弩。險易必知生地、死地,居生擊死。"又有佚文《勢備篇》,曰:"黃帝作劍,以陣象之。羿作弓弩,以勢象之。禹作舟車,以變象之。湯、武作長兵,以權象之。凡此四者,兵之用也。何以知劍之爲陣也?旦暮服之,未必用也。故曰:陣而不戰,劍之爲陣也。劍無鋒,雖孟賁之勇不敢□□□。陣無鋒,非孟賁之勇也敢將而進者,不知兵之至也。劍無首鋋,雖巧士不能進□□。陣無後,非巧士敢將而進者,不知兵之情者。故有鋒有後,相信不動,故人必走。"則復有劍陣也。又,《孫臏兵法》有《十陣篇》,曰:"凡陣有十:有方陣,有圓陣,有疏陣,有數陣,有錐行之陣,有雁行之陣,有鈎行之陣,有玄襄之陣,有火陣,有水陣。此皆有所利。方陣者,所以剸也。圓陣者,所以槫也。疏陣者,所以吠也。數陣者,爲不可掇。錐行之陣者,所以決絶也。雁行之陣者,所以接身也。鈎行之陣者,所以變質易慮也。玄襄之陣者,所以疑衆難敵也。火陣者,所以拔也。水陣者,所以倀固也。"又《威王問篇》曰:"田忌問孫子曰:'錐行者何也?雁行者何也?篡卒力士者何也?勁弩趨發者何也?飄風之陣者何也?衆卒者何也?'孫子曰:'錐行者,所以衝堅毀銳也。

雁行者,所以觸側應□也。篡卒力士者,所以絶陣取將也。勁弩趨發者,所以甘戰持久也。飄風之陣者,所以回□□□也。衆卒者,所以分功有勝也。'"則於十陣之外復有飄風之陣,古之陣亦多矣。

## 【上下未形】

　　《天問》"上下未形,何由考之",注曰:"言天地未分,溷沌無垠,誰考定而知之也。"注蓋以上爲天,下爲地。其説是也。《漢書》卷六二《司馬遷傳》"白黑乃形",師古曰:"形,見也。"郭店楚墓竹簡《太一生水篇》曰:"太一生水,水反補(輔)太一,是以成天;天反補(輔)太一,是以成地;天地復相補(輔),是以成神明;神明復相補(輔)也,是以成陰陽;陰陽復相補(輔)也,是以成倉(滄)然(熱);倉(滄)然(熱)復相補(輔)也,是以成濕澡(燥);濕澡(燥)復相補(輔)也,成歲而止。"又曰:"下,土也,而謂之地;上,氣也,而謂之天。"然則"上下未形",蓋在"太一生水"之先也。太一者,道也。可大亦可小,《遠遊》曰:"道可受兮,不可傳。其小無内兮,其大無垠。"蓋其始小,變而爲大,是爲水。水之爲物,茫茫渾渾,無東無西,無上無下,故亦謂之曰"渾淪"也。然後水之分,輕揚上而爲氣,是以成天,重濁下而爲土,是以成地也。此洪水創世神話之要義也。是故《九歌》諸神爲宇宙之神格化,究其篇次,始《東皇太一》,即道之神也;次《雲中君》、《湘君》、《湘夫人》、《河伯》,即水之神也,雲爲氣,蓋亦水之屬耳。次《大司命》、《少司命》,即"神明"之神也。次《東君》,即"陰陽"之神也。而《山鬼》、《國殤》、《禮魂》三种,不在宇宙神之内,蓋所謂楚俗"淫祀"之屬也。此"上下未形",蓋指道藏於"水"狀之時者爲説也。《後漢書》卷四〇《班彪傳》:"太極之原,兩儀始分,烟烟熅熅,有沈而奧,有浮而清,沈浮交錯,庶類混成。"《列子》卷一《天瑞篇第一》曰:"氣形質具而未相離,故曰渾淪。渾淪者,言萬物相渾淪而未相離也。視之不見,聽之不聞,循之不得,故曰易也,易無形埒,易變而爲一,一變而爲七,七變而爲九,九變者,究也。乃復變而爲一。一者,形之始也。清輕者上爲天,濁重者下爲地,沖和氣者爲人。故天地含精,萬物化生。"則皆與楚簡異義也。

## 【東南何虧】

　　《天問》"八柱何當東南何虧",注曰:"言天有八山爲柱,皆何當值?東南不足,誰虧缺之也。"案:郭店楚墓竹簡《太一生水篇》曰:"[天不足]於西北,其下高以强;地不足於東南,其上[下以弱,不足於上]者,有餘於下;不足於下者,有餘於上。"蓋天傾西北而地不滿東南之説,爲戰國之世之通説也。然則何以如是耶?《淮南子》卷三《天文訓》:"昔者共工與顓頊爭爲帝,怒而觸不周之山,天柱折,地維絶。天傾西北,故日月星辰移焉;地不滿東南,故水潦塵埃歸焉。"則推究之以爲共工與顓頊爭帝所致。而《太一生水篇》究之曰:"天地名字並立,故過其方,不思相當。"方,正也。過其方者,蓋言天地不相均平之意。謂水氣上揚者不足於西北,而足於東南,故地以土補之於西北;水氣重濁者足於西北,而不足於東南,故天以氣補之於東南。是以曰"不思相當"。而氣者,生成天之水也。此說古樸,先於《淮南子》也。又,洪氏《補注》曰:"《淮南》云:'天有九部八紀,地有九州八柱。'《素問》曰:'天不足西北,故西北方陰也,而人右耳不如左明也。地不滿東南,故東南方陽也,而人左手足不如右強也。'又曰:'天不足西北,左寒而右涼;地不滿東南,右熱而左温。'注云:'中原地形,西北高,東南下。今百川滿湊東之滄海,則東西南北高下可知。'"今考《淮南子》無此語。《類聚》卷六《州部》引《河圖括地象》曰:"天有九部八紀,地有九州八柱。"《書鈔》卷一五七《地部·一》"地有八柱"條引《河圖》亦曰:"天有九部八紀,地有九州八柱,天地精通,神明列序也。"據此,洪氏誤以《河圖》爲《淮南》也。

## 【顧菟】

《天問》"厥利維何,而顧菟在腹",注曰:"言月中有菟,何所貪利,居月之腹而顧望乎。"洪氏《補注》曰:"《靈憲》曰:'月者,陰精之宗,積而成獸,象兔,陰之類,其數偶。'《蘇鶚演義》云:'兔十二屬,配卯位,處望日,月最圓,而在出於卯上。卯,兔也。其形入於月中,遂有是形。'《古今注》云:'兔口有缺。'《博物志》云:'兔望月而孕,自吐其子。'故《天對》云:'玄陰多缺,爰感厥兔。不形之形,惟神是類。'"《類聚》卷一《天部上》"月條"引《靈憲》"象兔"作"象蛤兔",與洪氏所引者異也。《博物志》卷四《物性》曰:"兔舐毫望月而孕,口中吐子。舊有此說,余目所未見。"洪氏引《博物志》則敚"舐毫"二字,亦多歧異也。《論衡》卷三《奇怪篇第一五》:"天之怪子,與復育同道乎? 兔吮毫而懷子,及其子生,從口中而出。"茂先所謂"舊有此說",蓋因此也。然則漢世說月中有兔與蟾蜍二物。馬王堆漢墓帛畫月中畫有兔與蟾蜍者是也。《御覽》卷四《天部》"月"條引《春秋元電命》曰:"月之爲言闕也。兩設以蟾蜍與兔者,陰陽雙居,明陽以制陰,陰以倚陽。"《論衡》卷一一《說日篇第三二》:"儒者曰:'月中有兔、蟾蜍。'"卷一五《順度篇》:"月中之獸,兔、蟾蜍也。"《類聚》卷一《天部上》"月"條引《五經通義》:"月中有兔與蟾蜍何? 月,陰也。蟾蜍,陽也。而與兔並明,陰繫陽也。"又引傅咸《擬天問》曰:"月中何有,白兔擣藥,興福降祉。"皆是也。蓋周秦但有兔耳。兔爲十二生肖之一,屬卯,已見睡虎地秦墓竹簡《日書》,曰:"子,鼠也;丑,牛也;寅,虎也;卯,兔也;辰,(缺獸名);巳,蟲也;午,鹿也;未,馬也;申,環也;酉,水也;戌,老羊也;亥,豕也。"此蓋先秦舊說,非出自秦也。《淮南子》卷一六《説山訓》:"孕婦見兔而子缺唇。"《論衡》卷二《命義篇第六》:"故妊婦食兔,子生缺唇。"月中有兔者,因兔缺之謂歟?

【順欲】

《天問》"順欲成功,帝何刑焉",注曰:"帝,謂堯也。言鯀設能順衆人之欲,而成其功,堯當何爲刑戮之乎。"洪興祖《補注》:"《書》云:'方命圮族。'《國語》云:'鯀違帝命。'則所謂'順欲'者,順帝之欲也。《山海經》云:'鯀竊帝之息壤以堙洪水,帝令祝融殺鯀于羽郊。'"案:皆牽合之説。言鯀既不順堯命,則"順欲"不得訓爲"順帝之欲"也。且增益"帝之"二字以强解,終非原旨。順欲,蓋作川谷。郭店楚墓竹簡凡言順者皆作川,言欲者皆作谷。如,《成之聞之篇》:"君之治人倫以川(順)。"又曰:"谷(欲)人之敬己也,則必先敬人。"又曰:"言慎求之於己,而可以川(順)天常矣。"《尊德義篇》:"善民必衆,衆未必治,不治不川(順),不川(順)不平。"《老子》(甲種本):"不谷(欲)以兵强天下。"又曰:"聖人谷(欲)不谷(欲),不貴難得之貨。"《成之聞之篇》曰:"則民谷(欲)其智之述也。"又曰:"則民谷(欲)其福之大也。"此例甚多,不煩悉舉。《管子》第四七《正世篇》曰:"春秋夏冬,天之時也;山陵川谷,地之枝也。"蓋平治山川者,必以治水爲要務。成功者,言事成功遂也。鯀之治水亦有其功,此與儒者所稱者異也。謂鯀治水疏導川谷而成其功,帝復何刑之耶?姜亮夫《屈原賦校注》云:"順欲二字,疑爲川谷二字之形訛。下文'川谷何洿',亦用川谷二字,'川谷成功,帝何刑焉'者,言鯀治水,已曾分別川谷,堯何以尚加之顯刑也?"其説與余合也,惜其無書證耳。

【康回】

《天問》"康回馮怒,墜何故東南傾",注曰:"康回,共工名也。《淮南子》言共工與顓頊争爲帝,不得,怒而觸不周之山,天維絶,地柱折,故東南傾也。"案:逸注引《淮南》,出卷四《墜形訓》,然稱其書,皆省"子"字。《路史》卷二《共工氏傳》曰:"屈原曰:'康回馮怒地東南傾。'王逸曰:'康回,共工氏之名也。'"《初學記》卷五《總載地第一·東傾右動》引王逸注:"共工怒觸不周山,地柱折,故傾也。"《事類賦注》卷二《地部·地》"分之九則"條注引王逸曰:"康回,共工也。"則引文多歧異。洪氏《補注》曰:"《列子》曰:'帝憑怒。'注云:'憑,大也。'《春秋傳》曰:'震電馮怒。'注云:'馮,盛也。'《方言》云:'憑,怒也。楚曰憑。'注云:'恚怒貌。'引'康回憑怒'。然則馮、憑一也。《列子》曰:'共工氏與顓頊争爲帝,怒而觸不周山,折天柱,絶地維,故天傾西北,日月星辰就焉;地不滿東南,百川水潦歸焉。'注云:'共工氏興霸於伏羲、神農間,其後苗裔恃其强,與顓頊争爲帝。'又,《淮南》言:'共工之力觸不周之山,使地東南傾。'注云:'非堯時共工。傾,猶下也。'"蓋共工之傳説,大略備於此。然其引書皆未出漢世。馬王堆漢墓帛書《黄帝四經·經法·正亂篇》曰:"其上帝未先而擅興兵,視之(蚩)尤、共工屈其脊,使甘其俞。"山東銀雀山漢墓殘簡《孫臏兵法》:"昔者神戎(農)戰斧(補)遂,黄帝戰蜀禄(涿鹿),堯伐共工。"雖皆出漢墓,實周秦古書傳之於漢者,故不必爲堯世諱也。又,長沙子彈庫楚帛書曰:"共攻(工)夸步,十日四寺(時)。"據儒書稱,夸步者,禹也。而楚曰共工,共工即禹父鮌也。康回、共工,皆鮌之音轉也。據《方言》,憑、馮訓滿、訓盛,皆楚語也。郭店楚墓竹簡《太一生水篇》曰:"下,土也,而謂之地;上,懸(氣)也,而謂之天。道,亦其字也。青(請)昏(問)其名。以道從事者必託其名,古(故)事成而身長。聖人之從事也,亦託其名,古(故)杠(功)而身不傷。天地名字並立,古(故)忰(過)其方,不思相□□□□於西北,其下高以勥(強);地不足於東南,其上□□□□□□□者,又(有)舍(餘)於下;不足於下者,又(有)舍(餘)於上。"此蓋共工與顓頊爭帝神話之哲學原型。

## 【伊尹説九主】

《天問》"緣鵠飾玉,后帝是饗",注曰:"后帝,謂殷湯也。言伊尹始仕,因緣烹鵠鳥之羹,脩玉鼎,以事於湯。湯賢之,遂以爲相也。"洪氏《補注》曰:"《史記》:'阿衡欲干湯而無由,乃爲有莘氏媵臣,負鼎俎,以滋味説湯,致於王道。'《淮南》云:'伊尹憂天下之不治,調和五味,負鼎俎而行。'注云:'負鼎俎,調五味,欲其調陰陽,行其道。'《孟子》云:'吾聞以堯、舜之道要湯,未聞割烹也。'伊尹負鼎干湯,猶太公屠釣之類,於傳有之。孟子不以爲然者,慮後世貪鄙之徒,託此以自進耳。若謂初無負鼎之説,則古書皆不可信乎?"案:洪引《史記》,見卷三《殷本紀》,又曰:"伊尹,處士,湯使人聘迎之,五反然後肯往從焉,言素王及九主之事。"《集解》:"劉向《別録》曰:'九主者,有法君、專君、授君、勞君、等君、寄君、破君、國君、三歲社君,凡九品,圖畫其形。'"何爲"九主"?語焉不詳。考馬王堆漢墓帛書有《九主篇》,曰:"湯用伊尹,既放夏桀以君天,伊尹爲三公,天下大(太)平。湯乃自吾,吾(五)至(致)伊尹,乃是其能,吾(五)達伊尹。伊尹見之,□□於湯曰:'者(諸)侯時有雠罪,過不在主。干主之不明,虞(御)下蔽上,□法亂常,以危主者,恒在臣。請明臣法,以繩適臣之罪。'湯曰:'非臣之罪也。主不失道,□□□□□□□主法,以繩適主之罪。'乃許伊尹。伊尹受令(命)於湯,乃論洢(海)內四邦□□□□□□□□□□圖,□智(知)存亡若會符者,得八主。八主適惡。勸(專)授之君一,勞□□□君一,寄一,破邦之主二,滅社之主二,凡與法君爲九主。"此佚篇也。其九主,多與劉向所稱大異其趣也。

## 【繁鳥】

《天問》"何繁鳥萃棘,負子肆情",注曰:"言解居父聘吳,過陳之墓門,見婦人負其子,欲與之淫泆,肆其情欲,婦人則引《詩》刺之曰:'墓門有棘,有鴞萃之。'故曰'繁鳥萃棘'也。言墓門有棘,雖無人,棘上猶有鴞,汝獨不愧也。"案:注謂解居父事,則根柢已誤,故一無可取。王静安先生曰:"'繁鳥萃棘'以下,當亦記上甲事,書闕有間,不敢妄爲之説。"可謂審矣。繁,衆也。鳥,即玄鳥之鳥;繁鳥,指亥、恒、微諸人,殷人以鳥爲其族之圖騰,甲骨文亥、微或從鳥可證。萃,集也。《詩·墓門》"有鴞萃止",毛《傳》:"萃,集也。"《方言》卷三:"凡草木刺人,江湘之間謂之棘。"棘,喻凶險也。《易·坎·上六》"係用徽纆,寘於叢棘,三歲不得。凶"。王弼注:"險陷之極,不可升也。嚴法峻整,難可犯也。宜其囚執,寘於思過之地,三歲,險道之夷也,險終乃反,故三歲不得;自脩三歲,乃可以求復,故曰'三歲不得,凶'也。"叢棘,喻凶險也。此謂殷先公亥、恒、微皆淫於有易氏女,如置身於凶險之地也。負,通作婦。《爾雅·釋蟲》:"蟠,鼠負。"《釋文》:"負又作婦。"《説文·虫部》鼠負作鼠婦。《漢書》卷四〇《周亞夫傳》"亞夫爲河内守時,許負相之",顏師古曰:"許負,河内溫人,老嫗也。"許負即許婦。皆其證。婦,指有易氏女,始與亥、恒通,後與微通。子,則微也。父子共淫一婦,故斥爲婦子肆情也。


【唾遠】

《天問》"受壽永多夫何久長",注曰:"言彭祖進雉羹於堯,堯饗食之以壽考,彭祖至八百歲,猶自悔不壽,恨枕高而唾遠也。"案:《全後漢文》卷三七應劭《風俗通》(今本無,見《御覽》卷三八七引):"彭祖壽年八百歲,猶恨唾遠。"據此注意,枕高唾遠,言損壽也。然其義頗爲費解,辭書亦未收。考《全三代上古文》卷一六彭祖《攝生養性論》:"養生之法:不遠唾,不驟行,耳不極聽,目不久視,坐不至疲,臥不及極。"則"枕高"者,猶偃臥至極之意。洪氏《補注》曰:"《莊子》曰:'彭祖得之,上及有虞,下及五伯。'又曰:'吹呴呼吸,吐故納新,熊經鳥伸,鳥壽而已矣。此導引之士,養形之人,彭祖壽考者之所好也。'"蓋以導引之術可以免"枕高"之患也。《雲笈七籤》卷一一《瓊室章第二一》:"氣亡液漏非己形。"注曰:"《仙經》云:'閉房練液,不多言,不遠唾。'反是也。"卷一二《上經部第一》:"玉池清水灌靈根。"注曰:"口爲玉池太和宮,唾爲清水美且鮮。唾而咽之雷電鳴,舌爲靈根常滋榮。"卷三二《養性延命録》引《黄庭經》曰:"玉池清水灌靈根,審能脩之可長存。名曰飲食自然。"注曰:"自然者,則是華池。華池者,口中唾也。呼吸如法,咽之則不飲也。"又引《老君尹氏内解》曰:"唾者,漱爲醴泉,聚爲玉漿,流爲華池,散爲精汋,降爲甘露。故口爲華池,中有醴泉,漱而咽之,溉藏潤身,流利百脉,化養萬神,肢節毛髮宗之而生也。"又引仙人曰:"若欲延年少病者,誠勿施精,施精命夭殘。勿大溫消骨髓,勿大寒傷肌肉,勿咳唾失肌汁,勿卒呼驚魂魄,勿久泣神悲蹙,勿恚怒神不樂,勿念内志恍惚,能行此道,可以長生。"《雜戒忌禳災祈善》曰:"用精令人氣力乏,多睡令人目盲,多唾令人心煩,貪美食令人泄痢。"又曰:"凡唾不用遠,遠即成肺病,令人手重、背痛、咳嗽。"又引老君曰:"飲玉泉者,令人延年除百病。玉泉者,口中唾也。"卷三五《禁忌篇》引《抱朴子》曰:"是以養性之方,唾不至遠,行不疾步,耳不極聽,目不極視,坐不至疲,臥不至懅。"卷五六《諸家氣法部·元氣論》引《老子節解》云:"唾者,溢爲醴泉聚,流爲華池府,散爲津液,降爲甘露,漱而咽之,溉藏潤身,通宣百脉,化養萬神,肢節毛髮,堅固長春,此所謂内金漿也,可以養神明,補元氣矣。"則不"遠唾"者,謂固津液也。故養形之人以"不唾遠"爲戒也。

## 【五帝】

《九章·惜誦》"令五帝以枅中兮",注曰:"五帝,謂五方神也。東方爲太皥,南方爲炎帝,西方爲少昊,北方爲顓頊,中央爲黄帝。"夫容館本爲皆作謂。案:謂、爲義同,戰國楚帛書謂女皇生子四,又曰"四神相代,乃步以爲歲,是隹四時:倀(長)曰青榦,二曰朱單,三曰黄(皇)難,四曰澁墨榦"。此四神,猶東(太皥)、南(祝融)、西(少昊)、北(顓頊)四帝也。蓋女皇者,中央黄帝也。五帝之分,蓋出於五行之説,皆天之神也。然至漢世以後,多雜讖緯之説。《周禮·太宰之職》"祀五帝,則掌百官之誓戒",鄭注:"祀五帝,四郊及明堂。"《正義》曰:"五帝者:東方青帝靈威仰,南方赤帝赤熛怒,中央黄帝含樞紐,西方白帝白招拒,北方黑帝汁光紀。"《史記》卷一《五帝本紀》"文祖者,堯大祖也",《索隱》引《尚書帝命驗》曰:"五府,五帝之廟。蒼曰靈府,赤曰文祖,黄曰神斗,白曰顯紀,黑曰玄矩。"《正義》引《尚書帝命驗》注曰:"文祖者,赤帝熛怒之府,名曰文祖。火精光明,文章之祖,故謂之文祖。周曰明堂。神斗者,黄帝含樞紐之府,名曰神斗。斗者,主也。土精澄静,四行之主,故謂之神斗。周曰太室。顯紀者,白帝招拒之府,名曰顯紀。紀,法也。金精斷割萬物,故謂之顯紀。周曰總章。玄矩者,黑帝汁光紀之府,名曰玄矩。矩,法也。水精玄味,能權輕重,故謂之玄矩。周曰玄堂。靈府者,蒼帝靈威仰之府,名曰靈府。周曰青陽。"皆是也。

## 【讎】

《九章·惜誦》"專惟君而無他兮,又衆兆之所讎",注曰:"交怨爲讎。言己專心思欲竭忠情以安於君,無有他志,不與衆同趨,故爲衆所怨讎,欲殺己也。"四部叢刊本《楚辭補注》"交怨"作"父怨"。案:交者,蓋"父"之誤也。《慧琳音義》卷九"怨讎"條引《楚辭》曰:"父怨曰讎。"則唐人所見本亦作"父怨爲讎"。《説文·言部》:"讎,䜺也。"引申爲匹對、爲怨仇。《慧琳音義》卷一八"怨讎"條引《三蒼》曰:"怨偶曰讎。"《文選》卷六《魏都賦》"讎校篆籀",李善注:"《風俗通》曰:'案劉向《別録》:讎校,一人讀書,校其上下,得繆誤爲校;一人持本,一人讀書,若怨家相對。'"則仇、讎二字同義也。然析言之有異耳。《周禮·典瑞》鄭注"難仇讎",《正義》曰:"仇爲怨,讎爲報。"《詩·谷風》"反以我爲讎",《正義》:"讎者,至怨之稱。"蓋怨之深者,莫甚"父怨"也,而父怨必報者,義也。郭店楚簡《尊德義》"爲父絶君"。又曰"不爲君絶父"。是戰國之世,父讎大於君也。《申鑒》第二《時事篇》曰:"或問復仇。曰:'古義也。'曰:'縱復仇可乎?'曰:'不可。'曰:'然則如之何?'曰:'有縱有禁,有生有殺,制之以義,斷之以法,是謂義法並立。'曰:'何謂也?''依古復仇之科,使父仇避諸異州千里,兄弟之仇,避諸異郡五百里,從父從兄弟之仇,避諸異縣百里;弗避而報者無罪,避而報之,殺。犯王禁者罪也,復仇者義也,以義報罪。從王制,順也;犯制,逆也,以義順生殺之。凡以公命行止者,不爲弗避。'"《史記》卷三一《吳太伯世家》:"子胥、伯嚭鞭平王之尸,以報父讎。"卷七七《魏公子傳》:"自王以下欲求報其父仇,莫能得。"《漢書》卷五二《灌夫傳》:"願取吳王若將軍頭以報父仇。"卷六一《蘇武傳》:"昆莫既健,自請單于報父怨,遂西攻破大月氏。"《後漢書》卷六七《何顒傳》:"友人虞偉高有父仇未報,而篤病將終,顒往候之,偉高泣而訴。顒感其義,爲復仇。"《列子》卷五《湯問篇》:"魏黑卵以暱嫌殺丘邴章,丘邴章之子來丹謀報父仇。"皆此類也。故言讎者,甚於仇也。考周秦之世,言報仇者古多用讎,睡虎秦簡《日書(甲)·稷辰》:"弋獵、報讎、攻軍、圍城,始殺可取不可鼠(予)。"《星》:"百事凶,可以敫人、攻讎。"《五月》:"此欜百事凶,可以敫人、攻讎。"攻讎,亦報讎也。皆其證。至兩漢以後,則多用"仇"矣。此古今語之異也。

## 【蔽】

《九章·惜誦》"又蔽而莫之白",注曰:"言己懷忠貞之情,沈没胸臆,不得白達,左右壅蔽,無肯白達己心也。"案:注以蔽爲壅蔽。非也。蔽讀作敝。敝,猶言終也。《易·歸妹象傳》"君子以永終知敝"。《禮記》第三四《緇衣》"故言必慮其所終,而行必稽其所敝"。終、敝皆對文,敝亦終也。《左傳》襄公十三年:"國之禍難,誰知其敝?"王引之《經義述聞》釋敝爲終。甚是。又,《左傳》昭公四年"君子作法於涼其敝,猶貪作法於貪,敝將若之何"。二敝字亦釋終義。考郭店楚簡《六德篇》:"參(三)者,君子所生與之立,死與之邀(敝)也。"此言死與之終盡也。山東銀雀山漢墓竹簡《孫臏兵法·奇正篇》:"形勝之變,與天地相敝而不窮。"此言與天地相盡而不窮也。敝皆同蔽。敝而,言終然也,卒然也。此謂又終焉莫之白也。

## 【厲神】

《九章·惜誦》"吾使厲神占之兮",注曰:"厲神,蓋殤鬼也。《左傳》曰:'晋侯夢大厲,搏膺而踊也。'"案:注所引《左傳》,見成公十年:"晋侯夢大厲,被髮及地,搏膺而踊,曰:'殺余孫,不義。余得請於帝矣!'壞大門及寢門而入。公懼,入于室。又壞户。公覺,召桑田巫。巫言如夢。公曰:'何如?'曰:'不食新矣。'公疾病,求醫于秦。秦伯使醫緩爲之。未至,公夢疾爲二豎子,曰:'彼,良醫也。懼傷我焉,逃之。'其一曰:'居肓之上,膏之下,若我何?'醫至,曰:'疾不可爲也。在肓之上、膏之下,攻之不可,達之不及,藥不至焉,不可爲也。'公曰:'良醫也。'厚爲之禮而歸之。六月,丙午,晋侯欲麥,使甸人獻麥,饋人爲之。召桑田巫,示而殺之。將食,張,如厠,陷而卒。小臣有晨夢負公以登天,及日中,負晋侯出諸厠,遂以爲殉。"杜預

注："厲，鬼也，趙氏之先祖也。"又，昭公七年："鄭子產聘于晋。晋侯疾，韓宣子逆客，私焉，曰：'寡君寢疾，于今三月矣，並走羣望，有加而無瘳。今夢黄熊入于寢門，其何厲鬼也?'對曰：'以君之明，子爲大政，其何厲之有? 昔堯殛鯀于羽山，其神化爲黄熊，以入于羽淵，實爲夏郊，三代祀之。晋爲盟主，其或者未之祀也乎?'韓子祀夏郊，晋侯有間，賜子產莒之二方鼎。"此厲鬼，鯀神所化。皆非此文稱"厲神"之意。《禮記》第二三《祭法篇》云：王立七祀，五曰泰厲；諸侯立五祀，五曰公厲；大夫立三祀，一曰族厲。鄭注："厲，主殺罰。"古者蓋凡死於非命者皆謂之厲。包山楚簡二三九、二四一號："陳乙以共命爲左尹佗貞：既腹心疾，……思攻解於祖與兵死。"《禮記》第二《曲禮下》："死寇曰兵。"《釋名·釋喪制》："戰死曰兵，言死爲兵所傷也。"《淮南子》卷一七《說林訓》"兵死之鬼憎神巫"，高誘注："兵死之鬼，善行病人。"皆是也。而主兵死者曰厲神。注謂"殤鬼"，即兵死者，而非厲神也。九店楚簡第四四簡曰："敢告□綸之子武夷：'爾居復山之㠱(基)，不周之野，帝胃(謂)爾無事，命爾司兵死者。'"武夷，蓋主兵死者之厲神也。

## 【糳】

《九章·惜誦》"糳申椒以爲糧"，注曰："申，重也。言己雖被放逐，而棄居山澤，猶重糳蘭蕙，和糅衆芳以爲糧，食飲有節，脩善不倦也。"洪氏《補注》引糳一作鑿，曰："《左傳》：'粢食不鑿。'鑿，精細米。《説文》曰：'糲米一斛舂九斗曰糳。'"糳本字，鑿借字也。《離騷》"精瓊靡以爲粻"，注曰："精，鑿也。"鑿亦即糳也。《説文》又曰："毇，糲米一斛舂爲八斗也。"段氏《説文》"糳"注曰："此糲米亦兼粟米、稻米言也。《詩·生民·召旻·音義》、《左傳》桓公二年《音義》皆引《字林》：'糳，子沃反。糲米一斛舂爲八斗也。'與《九章算術》、毛《詩》、鄭《箋》皆合。然許在張蒼之後、鄭吕之前，斷無乖異。各本'八斗'譌爲'九斗'，繆誤顯然。"案：洪説未誤，段氏未之審耳。今考湖北睡虎地秦墓竹簡《秦律十八種·倉律》曰："粟一石六斗大半斗，舂之爲糲米一石；糲米一石爲糳米九斗；九斗爲毇(毇)米八斗。稻禾一石。有米委賜，稟禾稼公，盡九月，其人弗取之，勿鼠(予)。爲粟廿斗，舂爲米十斗；十斗粲，毇(毇)米六斗大半斗。麥十斗，爲麵三斗。叔(菽)、荅、麻十五斗爲一石。稟毇(毇)粺者，以十斗爲石。"又考荆州張家山漢墓竹簡《算術書·程禾》曰："程曰：'禾粟一石爲粟十六千泰(大)半斗，舂之爲糲米一石，糲米一石爲糳米九斗，糳米[九]斗爲毇(毇)米八斗。'王程曰：'稻禾一石爲粟廿斗，舂之爲米十斗，爲毇(毇)粲米六斗泰(大)半斗。'程曰：'麥、菽、荅、麻十五斗一石，稟毇(毇)糳者，以十斗爲一石。'"二文相同，蓋秦之舊制，漢世因之，故知許書未誤。據此，糲米一石舂爲八斗者，毇米也；舂爲九斗者，糳米也。且粟、稻出米之比率皆異，亦未可一概而論也。若段氏得見漢簡，當亦不作此校也。

## 【奇服】

《九章·涉江》“余幼好此奇服兮”，注曰：“奇，異也。或曰，奇服，好服也。”案：二解而一辭，蓋以美惡故也。奇服爲異服得，惡語也。《周禮·閽人》“奇服怪民不入宮”，鄭注：“奇服，非常服。《春秋傳》曰：‘尨奇無常，怪民狂易。’”孔疏：“案閔二年，晉使太子申生伐東山，皋落氏衣以偏衣，佩之金玦，罕夷曰：‘尨奇無常，金玦不復。’先丹木曰‘狂夫阻之’是也。”《國語》卷七《晉語一》“是故賜我奇服，而告我權”，韋昭注：“奇服，偏裻；權，金玦也。”《史記》卷四三《趙世家》：“且服奇者志淫，則是鄒魯無奇行也。”則以奇服爲惡者也。《新書》卷一《服疑篇》：“制服之道，取至適至和以予民，至美至神進之帝。奇服文章，以等上下而差貴賤。”《文選》卷一九《洛神賦》“奇服曠世，骨像應圖”。則以奇服爲好服者也。屈子當用此義。又，《淮南子》卷一四《詮言訓》：“聖人無屈奇之服。”高注：“奇，長也。”則以奇服爲長大之服。又不同矣。古者佩服冠帶必皆擇日。九店楚簡曰：“凡盍日，利以折（製）衣裳。”又曰：“凡建日，利以帶劍、冠。”又曰：“丑、寅、卯、辰、巳、午、未、申、酉、戌、亥、子，是謂禾日，利以冠、車馬、折（製）衣裳、帶劍、冠、吉。”睡虎地秦簡《日書（乙種）》：“贏陽之日，裻（製）冠帶。”又曰：“復秀之日，冠，帶劍，裻（製）衣常，皆可吉。”皆是也。屈子好此奇服，當亦擇日行之。《日書（甲種）》又曰：“庚寅生子，女爲賈；男好衣佩而貴。”屈子生於庚寅之日，而曰“吾幼好此奇服兮，年既老而不衰”，日者可謂言中矣。

## 【陰陽】

《九章·涉江》“陰陽易位，時不當兮”，注曰：“陰，臣也。陽，君也。言楚王惑蔽羣佞，權臣將代君，與之易位，自傷不遇明時而當暗世。”案：陰陽之義博也，不翅於君臣。漢帛書《十大經·稱篇》：“凡論必以陰陽□大義。天陽地陰。春陽秋陰。夏陽冬陰。晝陽夜陰。大國陽，小國陰。重國陽，輕國陰。有事陽而無事陰。信（伸）者陽屈者陰。主陽臣陰。男陽女陰。父陽子陰。兄陽弟陰。長陽少陰。貴陽賤陰。達陽窮陰。取（娶）婦姓（生）子陽，有喪陰。制人者陽，制於人者陰。客陽主人陰。師陽役陰。言陽黑（默）陰。予陽受陰。諸陽者法天，天貴正，過正曰□□□□□祭乃反。諸陰者法地，地之德安徐正静，柔節先定，善予不争。此地之度而雌之節也。”其是之謂也。君陽臣陰，但其一端耳。又，《經法·四度篇》：“君臣易立（位）胃（謂）之逆，賢不宵（肖）並立胃（謂）之亂，動静不時胃（謂）之逆，生殺不當胃（謂）之暴。逆則失本，亂則失職，逆則失天，暴則失人。失本則□，失職則侵，失天則几（飢），失人則疾。周睘（遷）動作，天爲之稽。天道不遠，入與處，出與反。臣君當立（位）胃（謂）之静，賢不宵（肖）當立（位）胃（謂）之正，動静參於天地胃（謂）之文，誅□時當胃（謂）之武。静則安，正則治。文則明,武則强。安得本,治則得人,明則得天,强則威行。參於天地,闔(合)於民心。文武並立,命之曰上同。審知四度,可以定天下,可安一國。順治其內,逆用於外,功成而傷。逆治其內,順用其外,功成而亡。内外皆逆,是胃(謂)重央(殃),身危爲僇(戮),國危破亡。外内皆順,命曰天當,功成而不廢,後不奉(逢)央(殃)。聲華□□者用也。順者動也,正者事之根也。執道循理,必從本始,順爲經紀,禁伐當罪,必中天理。怀(倍)約則窘,達刑則傷。怀(倍)逆合當,爲若又(有)事,雖無成功,亦無天央(殃)。毋□□□□,毋御死以生,毋爲虛聲,聲洫(溢)於實,是胃(謂)滅名。極陽以殺,極陰以生,是胃(謂)逆陰陽之命。極陽殺於外,極陰生於內。已逆陰陽,有(又)逆其立(位)。大則國亡,小則身受其央(殃)。"此文可引爲"陰陽易位"之注脚。

## 【東遷】

《九章·哀郢》"甲之鼂吾以行",注曰:"甲,日也。朝,旦也。屈原放出郢門,心痛而思,始去正以甲日之旦而行,紀時日清明者,刺君不聰明也。"案:九店楚墓竹簡《日書》:"凡春三月,甲、乙、丙、丁不吉,壬、癸吉。"又曰:"刑層、𦉈(夏)層、享月,春不可以東徙。"又曰:"𦉈(夏)層、八月、九月,不可以南徙。"楚月𦉈(夏)層,即仲春二月也。則知二月東徙、南徙,皆不可。上文又曰"方仲春而東遷"。據此,屈子仲春二月甲日以東徙,日非吉,正干日者之忌,必凶多吉少矣。故篇中言"仲春"、言"甲之鼂",非純以紀時,蓋有寓意日之禁忌矣。注謂"始去正以甲日之旦而行,紀時日清明者,刺君不聰明"者,則非其義也。

## 【上洞庭而下江】

《九章·哀郢》"上洞庭而下江",注曰:"言己憂愁,身不能安處也。"蔣驥《山帶閣注楚辭》曰:"上下謂左右。《禮》東向西向之席,俱以南方爲上。今自荊達岳,東向而行,洞庭在其南,故以洞庭爲上而江爲下也。"游國恩氏因此爲《〈楚辭〉中沅湘洞庭諸水斷在江南證》,以堅此說。實非也。案:楚俗以左爲上、右爲下,異於中國禮制也,故未可因儒家之禮以説之。上者,謂逆水行也。下者,順水流也。洞庭之水,自南向北注於江,屈原由江入洞庭,則曰上。《鄂君啓節·舟節》記水路自鄂往湘,以湘水在鄂之西南,舟行必先西上江,而後南折洞庭,故曰"上江,内(入)湘"也。又曰:"上江,帝(適)木關,帝(適)郢。"木關、郢,皆在鄂之西,故舟行逆江而上也。《涉江》曰"乘舲船余上沅兮",《七諫·哀命》曰"上沅湘而分離"。皆其證。由洞庭順流而東,故曰"下江"也。蓋屈子順江夏之水行至中途,取陸路至江,而後運舟上洞庭也。無何,復下江,至鄂渚而止也。

## 【不聞】

《九章·抽思》“蓀詳聾而不聞”，注曰：“君耳不聽，若風過也。”案：注以“不聞”爲“不聽”，以聞、聽混言不別也。考《說文·耳部》：“聞，知聲也。从耳，从昏。䎽，古文从昏。”段注：“往曰聽，來曰聞。《大學》：‘心不在焉，聽而不聞。’”其說是也。往者，從也；來者，受也。耳從之曰聽，故聽有聆審、順從、平治之義。耳受之曰聞，故聞有聞知、通達、聲聞之義。郭店楚簡《老子(丙)》曰：“聖(聽)之不足䎽(聞)，而不可既也。”聞、聽相對爲文，用其析義，不可混也。然則周秦之世耳聞曰聞，漢世以還則多用聽，則此注非翅混言，亦所以分別古今異語矣。

## 【本迪】

《九章·懷沙》“易初本迪兮，君子所鄙”，注曰：“[本，常也。迪，道也。]鄙，恥也。言人遭世偶，變易初行，遠離常道，賢人君子之所恥，不忍爲也。”夫容館本有“本，常也；迪，道也”之注，《補注》本無此注。案：《史記·集解》引王逸注曰：“由，道也。”《正義》曰：“本，常也。言人遭世不道，變易初行，違離常道，君子所鄙。”張守節所釋，蓋亦舊注原文。據此，舊本當有此注也。然劉宋之世，迪作由也。《補注》本注文以“本迪”爲“遠離常道”。而唐世所見本舊注以“本由”爲“違離常道”。然則“本”字無言“遠離”或“違離”之義也。朱熹《集注》曰：“易初，變易初心也。本迪，未詳。”蓋“於其所不知則闕疑”之意耳。王夫之《楚辭通釋》曰：“易，變也。初本迪，始所立志，本所率由也。”則以“易”字獨立成句，“初本迪”三字爲句。戴震《屈原賦注》亦曰：“初之本迪，猶工有規畫繩墨矣。”唯考諸屈賦，斷無此類句法。湯炳正《楚辭今注》曰：“洪興祖《楚辭考異》、朱熹《楚辭集注》皆謂一本無初字，易本迪，猶言改變本來的道路。”審此四句字法，無初字者實亦不可通。蔣驥《山帶閣注楚辭》曰：“易初本迪，謂改變其初時本然之道也。”陳本禮《屈辭精義》曰：“本迪，本於先人之道。”錢澄之《屈詁》曰：“本迪，本然當行之道也。”以上諸說所增“先人”、“當行”諸字，皆非本文所有，實詰鞠不通。又，聞一多曰：“案本疑當作變。變、卞古通。此蓋本作‘易初卞迪’，卞迪即變道。”姜亮夫《屈原賦校注》曰：“此句疑原作‘易由初本兮’，後人因不審易由之義，變爲易初，而又誤作迪也。”姜又謂“易由，猶今言夷猶、夷由，謂行事不決也”。其率臆改字，亦皆非屈賦本意。劉永濟《屈賦通箋》謂“本由”作“不由”，謂不由，不道也。此說有思致也。不、本二字古文極似，古書亦多有互訛。如，《漢書》卷五七下《司馬相如傳》“天下之壯觀，王者之不業”，不業即丕業，言大業也。顏師古曰：“字或作本。”此作“本”不辭，或本“本”字，當即“不”字之訛也。是其例。然三覆劉氏之說猶有剩義。“易初”與“不由”爲對文，皆述賓詞組，若作“不由”，言不道，則爲偏正詞組。今考郭店楚墓竹簡及馬王堆漢帛書文字，凡言背畔者字多作“伓”，實“倍”字古文也。如，《緇衣篇》：“信而結之，則民不伓(倍)。”《忠信之道篇》：“忠人亡偽，信人不伓(倍)；君子如此，故不皇（誑）生，不伓（倍）死也。”又曰：“至忠亡僞，至信不伓（倍），夫此之謂此。”《老子》（甲種本）：“絶智棄辯，民利百伓（倍）。”《窮達以時篇》：“善伓（倍）己也。”《語叢篇（二）》：“念生於欲，伓（倍）生於念。”馬王堆漢墓帛書《式法》第三《天地》：“凡徙、[娶]婦，右天左地貧，左地右天吉，伓（倍）地逞天辱，伓（倍）天逞地死，並天地左右之大吉。凡戰，左天右地勝，伓（倍）天逆地勝而有□關，伓（倍）地逆天大敗。”《經法·四度篇》：“伓（倍）約則窘，達刑則傷。伓（倍）逆合當，爲若又（有）事，雖無成功，亦無天央（殃）。”皆其證。故《懷沙》之“不”，當“伓”，言背畔之義。迪，雖可訓道，然則訓“常道”，亦頗有增字爲解之嫌。“伓迪”，當作“伓由”。由者，言本也。郭店楚墓竹簡《成之聞之篇》：“苟不從其杳（由），不反其本，未有可得也者。”又曰：“苟不從其杳（由），不反其本，雖强之弗内矣。”以上二語，皆“由”、“本”相爲對文，其義正同。“伓由”者，猶言“背本”之意耳，與言“易初”之意正同。“易初伓（倍）由”一句，但言違初背本之意耳。舊注釋爲“違離常道”，今作“遠離常道”者，遠當違字之訛。可知漢時舊本，“本”字，猶作“伓”者未誤矣。唯其釋“由”爲“常道”，則已誤由爲迪矣。後世據由、本二字同訓爲注，注語則羼入正文，而誤作“伓本由”矣，又不知伓字之義而删之，遂誤作今本之“本由”、“本迪”者矣。幸二千多年前之竹簡文字今得重見，此千年未決之訟亦得由此決矣。本、由二字既然同義，“伓（倍）由”亦可解“背本”。則今本《懷沙》“本由”抑或“伓（倍）由”之誤，亦可通矣，何以非改“伓（倍）本”者不可耶？蓋古人屬詞綴文，必遵循其時語言之習，屈原賦此《懷沙》，焉得例外？尋周秦兩漢古籍，但見“倍本”，而絶無言“倍由”也。如《逸周書》第二十四《文儆解》：“遂時不遠，非本非標，非微非煇，壞非壞不高，水非水不流，嗚呼，儆之哉！倍本者槁。”《全漢文》卷三九劉向《新序》：“晉襄公之孫周爲晉國，休戚不倍本也。”《史記》卷四九《外戚世家》：“數讓武帝姊平陽公主曰：‘帝非我不得立，已而棄捐吾女，壹何不自喜而倍本乎！’”卷一三〇《太史公自序》：“民倍本多巧，姦軌弄法，善人不能化，唯一切嚴削爲能齊之。作《酷吏列傳》第六十二。”“倍本”或作“背本”，亦不見有作“背由”矣。如《左傳》成公九年：“言稱先職，不背本也；樂操土風，不忘舊也。”成公十二年：“不背本，仁也；不忘舊，信也。”哀公七年：“景伯曰：‘吳將亡矣，棄天而背本，不與，必棄疾於我。’乃與之。”《國語》第三《周語下》：“爲晉休戚，不背本也。”《吕氏春秋》第六《上農》：“若民不力田，墨乃家畜，國家難治，三疑乃極，是謂背本反則，失毀其國。”《史記》卷五六《陳丞相世家》：“平曰：‘非魏無知，臣安得進？’上曰：‘若子可謂不背本矣。’乃復賞魏無知。”《漢書》卷二二《禮樂志》：“夫奢泰則下不孫而國貧，文巧則趨末背本者衆。”卷二四《食貨志上》：“貪背本而趨末，食者甚衆，是天下之大殘也。”卷六八《金日磾傳》：“前遭故定陶太后背本逆天，孝哀不獲厥福，乃者吕寬、衛寶復造奸謀，至於反逆，咸伏厥罪。”卷七四《魏相傳》：“民多背本趨末，或有飢寒之色，爲陛下之憂，臣相罪當萬死。”《三國志》卷二五《魏書·高堂隆傳》：“末俗背本，所由來久。”卷二七《王昶傳》:"人若不篤於至行,而背本逐末,以陷浮華焉,以成朋黨焉。"卷四三《蜀志·吕凱傳》:"上以報國家,下不負先人,書功竹帛,遺名千載,何期臣僕吴越,背本就末乎!"《梁書》卷一〇《鄧元起傳》:"且我老母在西,豈容背本?"皆其證。屈原是語言大師,其時作《懷沙》,亦必遵其時語言習慣,亦決勿生造出"怀(倍)由"之語,使後人費猜也。

## 【悲慕】

《九章·悲回風》"掩此哀而不去",注曰:"心常悲慕。"案:"悲慕"連文,平列復語,慕,猶悲也。此義漢魏習見也。《三國志》卷五《魏書·后妃傳》注引《魏書》:"后以漢光和五年十二月丁酉生。每寝寐,家中髣髴見如有人持玉衣覆其上者,常共怪之。逸薨,加號慕,内外益奇之。"卷五七注引《翻別傳》:"不見宫闕百官之富,不睹皇輿金軒之飾,仰觀巍巍衆民之謡,傍聽鐘鼓侃然之樂,永隕海隅,棄骸絶域,不勝悲慕,逸豫大慶,悦以忘罪。"慕釋悲痛、哀怨者,相反爲訓也。此義蓋肇於漢。《史記》卷一〇八《韓長孺傳》:"梁王恐,日夜涕泣以思慕,不知所爲。"《漢書》卷九《元帝紀》:"頃者有司緣臣子之義,奏徙郡國民以奉園陵,令百姓遠棄先祖墳墓,破産失業,親戚别離,人懷思慕之心,家有不安之意。"思者,言哀也,愁也。"思慕"連文,平列復語,言哀愁也。卷八一《匡衡傳》:"陛下秉至孝,哀傷思慕,不絶於心,未有游虞弋射之宴,誠隆於慎終追遠,無窮已也。"卷七三《韋玄成傳》:"皇帝思慕悼懼,未敢盡從。"卷九八《元后傳》:"案根骨肉至親,社稷大臣,先帝棄天下,根不悲哀思慕,山陵未成,公聘取故掖庭女樂五官殷嚴、王飛君等,置酒歌舞,捐忘先帝厚恩,背臣子義。"以上"思慕"亦皆言悲愁之意也。《全後漢文》卷七五蔡邕《東留太守胡碩碑》:"痛心絶望,切怛永慕,乃相與衰經,庭位號咷。"永慕,言永傷也。卷七六蔡邕《太傅胡廣碑》:"故吏濟陰池喜感公之義,率慕《黄鳥》之哀,推尋雅意,彷徨舊土,休續丕烈,宜宣於此。"言率傷《黄鳥》之哀也。卷七九蔡邕《濟北相崔君夫人誄》:"切切喪主,瘠羸衰衰,情兮長慕,涕兮無極。"長慕,言永悲也。卷九三繁欽《與魏太子書》:"陘其清激悲吟,雜以怨慕,詠北狄之遐征,奏胡馬之長思。"怨慕,亦平列復語,言哀怨也。卷一〇〇無名氏《平輿令薛君碑》:"身殁言存,是謂不朽,於我吏民,悲慕無已。"《全三國文》卷一九曹植《卞太后誄》:"百姓噓唏,嬰兒號慕,若喪考妣,天下縞素。"《古文苑》卷一九邯鄲淳《度尚曹娥碑》:"時娥年十四,號慕思盱,哀吟澤畔,旬有七日,遂自投江死,經五日,抱父尸出。"《宋書》卷一五《禮志二》:"吾煢煢,當復何時一得叙人子之情邪! 思慕煩毒,欲詣陵瞻侍,以盡哀慎。"又:"孤煢忽爾,日月已周,痛慕摧感,永無逮及。"又:"今者謁陵,以叙哀慕,若加衰經,進退無當,不敢奉詔。"《晋書》卷三一《左貴嬪傳》:"中外俱臨,同哀並慕,涕如連云,泪如湛露。"卷三七《安平王孚傳》:"庶永百齡,諮仰訓導,奄忽殂隕,哀慕感切。"《全晋文》卷一九王劭《書》:"劭白,明便夏節,哀慕崩摧,肝心抽絶,煩冤彌深,不自忍任,痛當奈何!"卷二五王羲之《雜帖》:"兄靈柩垂至,永惟崩慕,痛貫心膂,痛當奈何!"又:"得長風書,靈柩幽隔卅年,心想平昔,痛慕崩絶,豈可居處。"卷八三謝安《與某書》:"安頓首頓首,每念召,一旦知窮,煩冤號慕,觸事崩絶,尋繹荼毒,豈可爲心?"又:"此月向終,惟祥變在近,號慕崩痛,煩冤深酷,不可居處。"卷一一二陶潛《士孝傳贊·高柴樂正子春孔奮黃香》:"黃香,江夏人也。九歲失母,思慕骨立,事父竭力以致養。"《庶人孝傳贊·江革廉范汝郁殷陶》:"父母終,思慕毀立,推財與兄弟,隱於草澤,君子以爲難。"卷一四六無名氏《簡文帝哀策文》:"攀龍虬以號慕,撫素脣以泣血。"《梁書》卷四七《孝行傳·滕曇恭》:"每至忌日,思慕不自堪,晝夜哀慟。"以上或言"號慕",或言"思慕",或言"怨慕",或言"痛慕",皆平列復語,慕言哀痛之意也。

## 【居】

《悲回風》:"愁鬱鬱之無快兮,居戚戚而不可解。"劉師培《楚辭考異》謂《文選·古詩十九首》注引居誤作君。案:今覆藏奎章閣本、四部叢刊本《文選》六臣注、中華書局 1974 年據宋淳熙尤袤本影印李善注《文選》、胡克家宣統三年會文堂據嘉慶十四年按宋淳熙本石印六臣注《文選》及四明林氏刻本李善注《文選》、乾隆四十六年據宋尤袤刊本李善注《文選》皆作居字未誤。唯同治八年金陵書局刻印本李善注《文選》居誤作君。此蓋劉氏所據本也。然審王逸舊注"思念憔悴,相連接也"云云,居訓思念,亦非其義也。聞一多《楚辭校補》謂居爲思字之譌。考居、思二字音形並殊,無由致譌。居,蓋讀作苦也,二字同古聲,音近相譌。苦有愁苦之義。《涉江》"固將愁苦而終窮",《招魂》"長離殃而愁苦",愁苦,平列復語也。曹子建《九愁賦》"愁戚戚其無爲",句式同此,"愁戚戚",即此"苦戚戚"也。二者可資相校。又,徐復《後讀書雜記》謂居即平居,"猶言平日"。然則居與上句愁字爲對文,若訓平日,則非其義也。

## 【傾寤】

《悲回風》:"依風穴以自息兮,忽傾寤以嬋媛。"注曰:"心覺自傷,又痛惻也。"舊注以"心覺"釋"傾寤"。殊不可曉。朱季海《楚辭解故》蓋申王說,謂"傾寤連文,傾亦寤也"。傾讀作頚,訓明。"頚寤",謂"警覺、明寤"之意。其說牽合,不可信也。案:傾,通作頃,實爲驚。《書·禹貢》"西傾,因桓是來",《漢書》卷二八《地理志》引傾作頃。《左傳》宣公八年"葬我小君敬嬴",《公羊傳》作頃嬴。《天問》"既驚帝切激",驚一作敬。敬、驚、頃、傾四字通用也。傾寤,即驚寤也。左貴嬪《離思賦》"驚寤號誂,心不自聊";《搜神記》卷一六"母忽然驚寤"。《類聚》卷三四潘岳《寡婦賦》"但驚寤兮無聞"。驚寤,古之習語也。

## 【潔楹】

《卜居》"以潔楹乎",注云:"順滑澤也。"中華書局 1983 年點校本《補注》"順滑澤也"標點作"順,滑澤也"。非也。《文選》呂向注:"潔楹,謂同諂諛也。"案:其說雖得之,然未及字義訓詁。戴震《屈原賦注》:"絜楹,施繞之稱。凡度直曰度,圍曰絜;莊周書所謂'絜之百圍',賈誼所謂'度長絜大'是也。楹,柱也。堂上有東西楹。"戴氏以絜爲計度之義者,是也。絜訓圍繞以度之,故絜亦有阿順、曲奉之意。然以楹爲柱,則扞格不合。楹,讀作逞。《左傳》昭公二三年"胡子髡、沈子逞滅",《公羊傳》逞作楹。是其證。逞者,言迎也。湖北張家山漢簡《式法》:"天一曰困,逞之者死。"又曰:"凡徙、娶婦,右地左天吉,怀(倍)地逞天辱,怀(倍)天逞地死。"以上逞字,皆言迎也。故絜逞者,謂曲迎之意也。

## 【鈞】

《卜居》"千鈞爲輕",注云:"遠忠良也。"《文選》呂向注:"隨俗顚倒,重小人,輕君子也。三十斤曰鈞。"案:《説文·金部》:"鈞,三十斤也。"《周禮·大司寇》"入鈞金",鄭注:"三十斤曰鈞。"五臣因許書及鄭注也。然《管子》卷八《小匡篇第二〇》"小罪入以金鈞",尹知章注:"三十金曰鈞。"則與漢儒異矣。湖北張家山漢簡《算數書》:"廿四朱(銖)一兩,三百八十四朱(銖)一斤,萬一千五百廿朱(銖)一鈞。"據此,三十斤爲一鈞也。《後漢書》卷二七《趙典傳》"今郭汜爭睚眥之隙,以成千鈞之讎",李賢注:"三十斤爲鈞。千鈞,言其重。"《文選》卷二一左思《詠史詩》"賤者雖自賤,重之若千鈞",李善注:"千鈞,喻重也。"

## 【長勤】

《遠遊》:"惟天地之無窮兮,哀人生之長勤。"注曰:"傷己命禄,多憂患也。"案:舊注以"長勤"爲"多憂患"之意。甚是也。然未及字義訓詁。考"長勤"與"無窮"爲對文,勤,非劬勞之謂,古有窮盡之義。《淮南子》卷一《原道訓》"旋縣而不可究,纖微而不可勤",高注:"勤,盡也。"同篇又曰:"布施而不既,用之而不勤。"不既、不勤爲對文,勤亦猶既也,言窮盡之義。高注勤訓勞者,非也。此文"長勤",言常窮也。長,猶言常也,古書通用。《説文·二部》:"恒,常也。"段注曰:"常當作長,古長久字袛作長,淺人稍稍分別,乃或借下裙之常爲之。故至《集韻》乃有'一曰久也'之訓,而《篇》、《韻》皆無之。此俗字之不可不正者也。"其說亦偏頗。長沙子彈庫戰國楚帛書"卉木亡常",常即長字。郭店楚墓竹簡《性自命出篇》:"凡動性者,物也;逢性者,兑也;交性者,故也;萬(厲)性者,宜也;出性者,勢也;養性者,習也;長性者,道也。"所謂"長性",即"常性"也。常,非俗字。《晏子春秋·外篇·重而異者》"此國之常患也",《羣書治要》作"此治國之長患"。又《史記》卷八四《屈原列傳》"寧赴常流",《索隱》曰:"常流,猶長流也。”皆二字相通之證。常勤，即賦家屢稱言“不永”、“有終”之意。又，陶潜《閒情賦》“感人生之長勤”，典用此文。長勤，言常窮之意也。

## 【彗星】

《遠遊》“攬彗星目爲旍兮”，注云：“引援孛光以翳身也。”案：彗星，災星也。《史記》卷六《秦始皇本紀》“七年，彗星先出東方，見北方”，《正義》：“彗音似歲反。《孝經内記》云：‘彗在北斗，兵大起。彗在三台，臣害君。彗在太微，君害臣。彗在天獄，諸侯作亂。所指其處大惡。彗在日旁，子欲殺父。’”卷二七《天官書》“三月生彗星”，《正義》：“彗星者，一名埽星，本類星，末類彗。小者數寸長，長或竟天，而體無光，假日之光，故夕見而東指，晨見而西指。若日南北，皆隨日光而指。光芒報及爲災變，見則兵起；除舊布新，彗所指之處弱也。”注以“孛光”釋“彗”，孛，亦彗星也。然析言之有別。《漢書》卷四《文帝紀》“有長星出於東方”，文穎注：“孛、彗、長三星，其占略同，然其形象小異。孛星光芒短，其光四出蓬蓬孛孛也。彗星光芒長，參參如埽彗。長星光芒有一直指，或竟天，或十丈，或三丈，或二丈，無常也。大法：孛、彗星多爲除舊布新，火災；長星多爲兵革事。”漢帛書《天文氣象占》繪有彗星圖皆有本有末，本皆圖圓核形，末則異形也，凡二七種：曰赤灌、白灌、天箭、鑱、彗星、浦彗、蒲彗、秆彗、埽彗、厲彗、竹彗、蒿彗、苫彗、苫髮彗、甚彗、瘨彗、抐彗、干彗、蚩尤旗、翟彗等。則此文“攬彗星目爲旍”者，蓋爲“蚩尤旗”也。《天官書》又曰：“蚩尤之旗，類彗而後曲，象旗。”覆驗此圖，畫“蚩尤旗”如“〼”，信哉。又，《漢書》卷八七揚雄《羽獵賦下》“曳彗星之飛旗”，《全三國文》卷四四阮籍《大人先生傳》“建長星以爲旗兮”，“揚清風以爲旗兮”，《全晉文》卷一〇一陸雲《九愍·脩身》“佩日月以爲旗”，皆因襲於此文。

## 【隕零】

《九辯》“蕭瑟兮草木摇落”，注曰：“陰令促急，風疾暴也。華葉隕零，肥潤去也。”案：作“陰令”者不辭。令，當冷字之訛。然則“陰冷”之語未見唐世以往，唐詩始見之。如雍陶《和劉補闕秋園寓興六首》“水木夕陰冷”是也。且“陰冷”者，不可言“促急”。考《文選》卷一三《秋興賦》李善注引王逸注：“陰氣促急，風暴疾也。”據此，“陰冷”當作“陰氣”。陰氣者，寒風也，亦古書習見。《禮記》第六《月令》：“孟冬行秋令，則陰氣大勝。”《史記》卷四《周本紀》：“陰迫不能蒸。”《集解》引韋昭注曰：“陽氣在下，陰氣迫之，使不能升也。”卷二五《律書》：“庚者，言陰氣庚萬物，故曰庚。”皆是也。“陰氣促急”，文從字順也。又，《文選》卷一三《秋興賦》李善注引王逸注：“花葉隕落，肥潤去也。”花，後起俗字。舊本當作華。又，零、落，皆墮也。然古書雖有“隕零”之詞，不施於草木，如《三國志》卷二《魏書·文帝紀》注引《魏氏春秋》“先黃髮而隕零”是也。施於草木者言“隕落”，《類聚》卷二二《人部六》“質文”條引阮瑀《文質論》“若乃陽春敷華，遇衝風而隕落”是也。肥者，言葉盛之貌。以“肥”字形況草木之盛茂者，蓋於此始見，而盛於唐也。儲光羲《采菱曲》：“濁水菱葉肥，清水菱葉鮮。”岑參《過梁州奉贈張尚書大夫公》：“芄芄麥苗長，藹藹桑葉肥。”高適《自淇涉黃河塗中作十二首》：“孟夏桑葉肥，穠陰郊長津。”杜甫《陪鄭廣文遊何將軍山林十首》：“綠垂風折笋，紅綻雨肥梅。”韋處厚《盛山十二詩·茶嶺》：“千叢因此始，含露紫英肥。”李清照《如夢令》：“知否？知否？應是綠肥紅瘦。”皆是也。肥潤者，或作肥澤。《全後漢文》卷四六崔寔《政論》“置之茂草則肥澤繁息”者是也。

## 【剥切】

　　《九辯》“忼慨絕兮不得”，注曰：“中情悲恨，心剥切也。”案：《慧琳音義》卷四九“忼慨”條、卷五五“慷慨”條同引王逸《楚辭》注曰：“中情悲恨，心切剥也。”古者無作“剥切”，但作“切剥”。《九思·憫上》“思怫鬱兮肝切剥”，《隸釋》八引漢無名氏《金鄉長侯成碑》“昆嗣切剥，哀慟感情”，十二漢無名氏《李翊夫人碑》“□切剥兮年不榮”，《全晉文》卷一〇〇陸雲《與戴季甫書八首》“追慕切剥，不能自勝”。皆其例。據例，則作“切剥”者是也。且注文皆用七字韻語。曰：

　　　　涕潺湲兮下霑軾。注云：泣下交流，濡茵席也。
　　　　忼慨絕兮不得。注云：中情悲恨，心剥切也。
　　　　中瞀亂兮迷惑。注云：思念煩惑，忘南北也。
　　　　私自憐兮何極。注云：哀祿命薄，常含感也。
　　　　心怦怦兮諒直。注云：志行中正，無所告也。

　　席、切、北、感、告協韻。若作切，則出韻也。剥與上席及下北、惑、告爲鐸、職、屋合韻。

## 【九十】

　　《九辯》“太公九十乃顯榮兮”，注曰：“呂尚耆老，然後貴也。”案：郭店楚簡《窮達以時篇》曰：“呂望爲牂來澧戰監門棘地，行年七十而屠牛於朝訶（歌），舉以爲天子師，遇周文也。”此思孟之遺說。則以七十遇文王而顯榮也。又，《說文·老部》：“耆，老也。从老、旨省聲。”《禮記》第一《曲禮上》：“六十曰耆。”而《後漢書》卷二六《韋彪傳》“君年在耆艾”，李賢注引《禮記》曰：“七十曰耆。”據此，蓋王氏舊本“九十”作“七十”也。《說苑》卷八《尊賢》：“太公望，故老婦之出夫也，朝歌之屠佐也，棘津迎客之舍人也，年七十而相周，九十而封齊。”蓋調和之說。豈有九十衰翁任國政之事乎？然諸葛亮《陰符經序》：“太公九十非不遇，蓋審其主焉。”則已誤矣。

## 【九關】

《招魂》"虎豹九關，啄害下人些"，注云："言天門凡有九重，使神虎豹執其關閉，主啄齧天下欲上之人而殺之也。"案：九關，注謂"執其關閉"，九讀如敊。郭店楚簡《緇衣》："《寺(詩)》員：'皮(彼)求我則，女(如)不我得；執我敊敊，亦不我力。'"引《詩》，見《小雅·正月》，然"敊敊"作"仇仇"。敊，從考、從戈，考亦聲。《說文》未見。蓋從考者，言究也，求也。從戈，象武事也。以武事求其偶字作敊。此猶取字從耳從又之義，皆繫於武事也。敊字古蓋有執禁之義。漢帛書本《易·鼎·九二》"我救有疾"，今本救作仇。救蓋敊字異文，或通作救。《周禮·地官·司徒》"司救"鄭注："救，禁也。以禮防禁人之過者也。"是其例。敊關，言禁執關門也。馬王堆漢帛畫於天門左右兩側各畫有一豹，即此"虎豹敊關"之意也。

## 【文】

《招魂》"被文服纖麗而不奇些"，注云："文，謂綺繡也。"案：綺，文繒也。五彩備曰繡。綺繡皆以文別，故曰文也。《釋名·釋采帛》："綺，攲也。其文攲邪，不順經緯之縱橫也。有杯文，形似杯也；有長命，其綵色相間，皆橫終幅，此之謂也。言長命者，服之使人命長，本造者之意也。有棊文方文如棊也。"又曰："繡，脩也。文脩脩然也。"《詩·終南》"黻衣繡裳"，毛《傳》："五采備謂之繡。"綺繡，屢見於戰國楚墓。如，江陵馬山 M1 有彩條紋綺，即所謂"長命"綺也。信陽長臺關 M1 有杯紋綺、復合菱形紋綺。即所謂"杯文"綺也。又，江陵馬山 M1 有對鳳對龍繡、有蟠龍飛鳳紋繡與龍鳳相搏繡、有龍鳳虎紋繡、有鳳鳥花卉紋繡等，皆極精美。

# 《宋書》時誤補校（續二）

## 牛繼清　張林祥

47.（義熙六年）五月丙子，循、道覆敗撫軍將軍、豫州刺史劉毅於桑落洲，毅僅以身免。（卷二十五頁 732）

按《晉書》卷十《安帝紀》原作："（五月）戊子，衛將軍劉毅及盧循戰于桑落洲，王師敗績。"下文尚有"己未"、"乙丑"、"丙寅"諸日。然五月壬子朔，無戊子，"校勘記"云："五月壬子朔，無戊子，《通鑑》一一五作'戊午'，以下文'己未''乙丑'日序推之，作'戊午'者是。"《南史》卷一《宋本紀上》作"壬午"，當亦爲"戊午"之誤。又義熙五年正月庚戌劉毅遷衛將軍，《晉紀》亦作"衛將軍"。此文"丙子"爲"戊午"之誤；"撫軍將軍"爲"衛將軍"之誤。

48.（義熙六年）十一月，劉鍾破賊軍於南陵。癸丑，益州刺史鮑陋卒于白帝，譙道福攻没其衆。庚戌，孫季高襲廣州，剋之。（卷二十五頁 732）

按是月己酉朔，癸丑（初五日）不當在庚戌（初二日）前，失序。《晉書》卷十《安帝紀》、《宋書》卷一《武帝紀上》不繫日。《資治通鑑》卷一一五《晉紀》三十七同誤。

49.（義熙四年）六月己丑，太白犯太微西上將。己卯，又犯左執法。（卷二十五頁 733）

按六月癸亥朔，己丑（二十七日）不當在己卯（十七日）之前。《晉書》卷十三《天文志下》作"乙卯，又犯左執法"，而月內無乙卯，"校勘記"云："當從《宋志》作'己卯'。"《魏書》卷一百五之三《天象志三》作："六月，金犯上將，又犯左執法。"不繫日，序亦如之。疑"己丑"爲乙丑之誤，乙丑三日，合序。

50.（義熙六年）五月甲子，月奄斗第五星。占同三月。己亥，月奄昴。（卷二十五頁 733）

按是月壬子朔，甲子十三日，無己亥。《晉書》卷十三《天文志下》、《魏書》卷一百五之二《天象志二》皆同。下文有"六月己丑"條，疑"己亥"爲乙亥之誤，乙亥二十四日。

51.（義熙六年）七月己亥，月犯輿鬼。占曰："國有憂。"一曰："秦有兵。"（卷二十五頁 734）

按是月辛亥朔，無己亥。《晉書》卷十三《天文志下》同誤。《魏書》卷一百五之二《天象志二》作永興二年（當義熙六年）"七月乙亥，月犯輿鬼"，乙亥二十五日，當是。

# 安都丞與武夷君

## 劉　昭　瑞

近些年考古出土的材料中常常有文獻中不經見或過去不大被人注意的神名出現,從戰國簡牘帛書到漢晋時期乃至更晚時代的出土材料中,都時有所見。有的神名儘管懸隔上千年,但却會出現在性質類似的材料中,而有的神名却具有較强地域性和時代性的特徵,這反映了古代社會底層信仰既有穩定性的一面,又有頗具變化的一面。本文所要討論的安都丞與武夷君,是這方面的兩個比較顯著的例子。就出土新材料看,在不同時期而性質相同的材料中,兩位神有時同時出現,這反映出在古人眼中,他們在神格上有一定的相似性,這也是本文把他們放在一起討論的理由。當然,兩位神相比較起來,武夷君的名氣要大得多,由于關于他的祭祀與傳說不絕于史書及人們的口碑,即使沒有出土的新材料,也可以大致描繪出他的神龍踪影,而新材料的出現,則提供了一些更新的認識。安都丞則不然,不論是關于他的文獻材料還是新出土的材料,所能給予人們的認識,都無法和武夷君相比,所以至今也就沒有任何研究他的文字出現。但是,如果仔細梳理一下有限的一些文獻材料及新出土材料,還是可能找出一些令人感到饒有趣味的東西。

安都丞最早見于湖北江陵高臺十八號漢墓所出木牘,[①]據木牘紀年文字,墓屬西漢文帝前元七年,即公元前 173 年。所出木牘一組共四件,據簡報描述,原埋葬時用絲綢捆在一起,置于椁頭箱東南部,甲在最上,乙與丙居中且正面相向而叠,丁在最下。關于這四件木牘文字的性質,簡報作者認爲,甲爲路簽、乙爲給地君報到書、丙爲告地書、丁爲遣策;嗣後黃盛璋先生又有考證,並按四件木牘內容重新調整其先後秩序,即簡報原編爲丙號的,改爲乙。[②]與安都丞相關的文字見于甲、乙兩件木牘,甲號牘正面墨書六字:

　　　　“安都　　　江陵丞印”

“安都”二字大字直書于木牘的上端,“江陵丞印”四字兩行寫于木牘的下端,黃考以爲該木牘係封函性質,亦即所謂“檢”,《說文》:“檢,書署也。”段注云:“書署,謂表署書函也。”《廣韻》:“書檢者,印窠封題也。”“安都”、“江陵丞印”六字表明,該文件是由江陵丞簽署後發往安都的,甲號木牘則是整個文件的“檢”,也即題署。按漢代公文慣例,安都在這裏應是地名。

安都丞見于乙號木牘,黃考以爲該牘是移文正文。木牘正、背面均書有文字,正面墨書

文字四行,背面僅二字。文云:

> 七年十月丙子朔,庚子,中鄉起敢言之:新安大女
> 燕言,與大奴甲、乙,[大]婢妨徙安都,謁告安都,受
> 名數,書到,爲報,敢言之。
> 十月庚子,江陵龍氏丞敢移安都丞。亅亭手(?)(正面)
> 産才(?)(背面)。

從該牘文字内容看,至"江陵龍氏丞敢移安都丞"文意已完,丞字後有一"亅",可能爲隔斷符號,居延漢簡中常見之。正面末二字及背面二字義不明。第三行首字"名",簡報所附照片及摹文該字已殘,簡報釋爲小,黃釋爲名,應是。《漢書·萬石張叔列傳》:"關東流民二百萬口,無名數者四十萬。"顏師古注云:"名數,若今户籍。"又《漢書·孔光傳》記光之父霸于元帝時被徵,"徙名數于長安",後"霸還長子福名數于魯,奉夫子祀",均指户籍的遷移。木牘文字義與此同,記新安大女燕與奴婢三人自新安移其户籍至安都,由官方給予證明並記録在案。

所謂"安都丞"之安都,看起來應爲地名,漢代文獻中也確實有名安都的設置,《史記·齊悼惠王世家》"文帝十六年,更以齊悼惠王子安都侯志爲濟北王",《漢書·地理志》缺記安都,正義云"安都故城在瀛州高陽縣西南三十九里",即今河北高陽西南。簡報作者曾懷疑木牘文中的安都是否即瀛州的安都,因爲二者相距太遠。這一懷疑有一定的道理。另外可以補充的是,安都在西漢爲侯國,安都侯國之設又與木牘時代相若,而西漢時侯國並無設丞之例,這一點也否定了木牘安都爲安都侯國説。胡平生先生則以爲安都是新安的舊名,而另一種可能是該女本籍爲新安,她的丈夫的籍貫爲安都,但未説其地望。[③]黃盛璋先生文也以爲安都是該女本籍,亦未説其地望。魏晋以後的文獻中數見安都,如南朝梁時梓潼郡下有安都縣,見《梁書·顧協傳》,又見《文選》卷五《蜀都賦》李善注;又關中的武功,《隋書·地理志上》記西魏曾于此設安都郡,隋初廢。此兩處的安都爲後置,和木牘中的安都顯然没有關係。

那麽,木牘中既然記安都有丞,按之漢代官制,安都至少應該是縣級行政設置,如果説《漢書·地理志》漏記了安都侯國以外的另一安都,至少在同時代的其他文獻中應該有記載,但這一時期的文獻中並没有第二個安都。既然漢代文獻中没有確切可以指爲木牘中安都的地名,則我們可以换一種思路來尋求安都的意義。如果聯繫漢、魏以後的出土相關材料看,安都實際上應該等同于西漢同類材料中的"地下丞"、"土主"類語,是虛擬的,表現的是人們對死後世界的認識。

過去考古發現並獲得學術界公認的與高臺木牘類似的材料有三件,即江蘇邗江胡場五號漢墓所出前71年紀年木牘、[④]湖北江陵鳳凰山十號墓所出前153年紀年木牘、[⑤]鳳凰山一六八號墓所出前167年紀年木牘。[⑥]還有兩件曾被認爲也屬同類性質木牘的,一件爲長沙馬

王堆三號西漢墓所出紀年木牘、另一件爲雲夢龍崗六號秦墓所出紀年木牘,但迄今尚有爭議。⑦鳳凰山一六八墓木牘有"江陵丞敢告地下丞"語,文末則徑稱"主";十號墓有"地下主"語;胡場五號墓則稱之爲"土主"。安都爲虚擬的地名,可以由下述材料來證明,這些材料雖然晚到南朝時期,但却足以説明問題,並且從這一時期的材料中開始見到安都丞與武夷王共見的現象。

發現于廣東始興的南朝劉宋元嘉十九年(442)嬋女地券,⑧地券記嬋女死,告諸地下神"買此冢地,縱[廣]五[畝],于中掘鑿嬋女尸喪",所告諸神,與安都丞、武夷王並稱的還有蒿里父老、墓鄉有秩、[左]右冢侯、[丘丞]墓伯、地下二千石等。以上諸神在券文中均兩見。券文中述諸神的職責是:"並皆興聽嬋女于此地中掘土作冢葬埋。"其土地神的意義極爲明顯。廣東出土的類似性質的安都丞與武夷王還見于仁化縣所出的宋元嘉二十一年(444)佚名地券,⑨這兩塊地券的格式及作用和晋以來江南地區的同類地券都極爲相似,我們曾認爲地券主人是隨信奉東晋南朝時期道教教派之一的清水道的孫恩、盧循軍隊南移的家屬。⑩安都丞與武夷王並見的地券,還見于武昌東北郊何家大壪193號墓所出南朝齊永明三年(485)劉覬地券,⑪所見神名更爲繁複,其中並有叢辰十二神名目,安都丞與武夷王的神格則與上舉相同。

安都丞的來龍去脉可以説是一個謎,漢晋以前的文獻中不見記載,南北朝以後的文獻也難以覓得其踪影。根據現有的材料,就地域而言,上舉材料都出于江南地區,也就是説在江南地區,安都丞得到了人們的尊奉。從時代上看,西漢初年安都丞的信仰已經形成。因此,至少從漢代的材料中可以看出,安都丞信仰圈與我們現在所熟知的泰山神信仰圈是極其相似的,儘管信仰範圍的大小也許遠不能與後者相比,並且在南北朝時期的材料中表現出來已被弱化爲一個普通的土地神,但漢代時在"死者的歸宿"這一主要特徵上兩者是相同的。當然,泰山是實有其地,安都則是虚擬的,但這並不意味着就妨礙了人們對它的向往。下述一些有限的文獻材料可能可以加深我們對這一點的認識。

《晋書·李雄載記》云:

咸和八年,雄生瘍于頭,六日死,時年六十一,在位三十年。僞謚武帝,廟曰太宗,墓號安都陵。

李雄在成都建立大成國,其李氏家族和巴氏的天師道有很深的關係,前人早有論述。《晋書》又記:"雄母羅氏死,雄信巫覡者之言,多有忌諱,至欲不葬。"雄立國,又延請著名青城山道士范長生爲丞相,尊稱范賢,又加號爲"天地太師",《晋書·周訪傳》記:"賢爲李雄國師,以左道惑百姓,人多事之。"那麽,李雄死後的陵墓號爲"安都陵",應該有一定的信仰背景,這裏的"安都"可能就是"安都丞"意義上的安都,反映的是他對安都這一理想之國的向往。翻檢南北朝時史書,可以找到以一些以安都爲名的人,如對南朝劉宋政局有很大影響的薛安都、南齊高祖重臣侯安都,史書分別有他們的傳,其中侯安都爲始興曲江人。取名有一定意義,古今皆然,"安都"二字想必在當時人看來是有某些特殊意義的。

安都一語還被用來音譯當時人所知道的外國地名,如北齊魏收所撰《魏書・西域傳》大秦國條中,記大秦國都城名"安都城",文云:

> 大秦國,一名黎軒,都安都城。……其王都城分爲五城,各方五里,周六十里。王居中城。城置八臣以主四方,而王城亦置八臣,分主四域。

此處的安都,乃譯音,亦譯安提阿或安條克(Antioch),故址在今土耳其東南部奧倫特河下游左岸,城爲公元前300年左右塞琉古一世所建,並成爲塞琉西王國都城。以後爲東羅馬都城。《史記・大宛列傳》索隱引《康氏外國傳》記大秦,"其國城郭皆青水精爲,及五色水精爲壁。人民多巧,能化銀爲金"。史書中對安都王城的描寫可謂令人歆慕,問題是當時人用"安都"二字作爲大秦國的都城名,是不是用的"安都丞"意義上的安都,關于這一點不好作過多的推測,但它至少反映出,當時人們對"安都"一語並不陌生,以之對譯充滿理想色彩的異國都城名並非不可能。上舉見于漢及南北朝史籍中的以"安都"命名的地名或亦當屬此例。

漢代以降流行的泰山崇拜,近些年人們已經做過不少研究,不煩縷述。泰山信仰還流傳到了日本,並頗有影響,[12]至今在京都東北比叡山西麓的赤山禪院還保留有泰山府君堂,其中供奉有神像,造型爲武神形象,左手執弓,右手握箭。據日本學者的研究,他的傳入和圓仁入唐求法有關。類似泰山神信仰而形成的信仰圈,文獻中還可以找到例子,如《三國志・魏書・烏丸傳》裴注引《魏書》記烏丸民俗:"貴兵死,斂尸有棺,始死則哭,葬則歌舞相送。肥養犬,以采繩嬰牽,並取亡者所乘馬、衣物、生時服飾,皆燒以送之。特屬累犬,使護死者神靈歸乎赤山。赤山在遼東西北數千里,如中國人以死之魂神歸泰山也。"這是赤山神信仰圈;又近代考古發現的吐魯番所出高昌時期衣物疏,典型而又完整的,一般都書有"若欲求,海東頭;若欲覓,海西壁"一句,文句中的"海"即東海,我們曾認爲所反映的是當時當地人死後對"東海"的向往,[13]易言之,也就是東海崇拜。實際上,中國古代社會應該存在着無數個類似的地下世界的信仰圈,只不過泰山信仰表現得最爲突出而已。

由上述看來,漢代以來,江南地區完全可能存在着一個安都神的信仰圈,當然,也期待將來能有更多的考古材料進一步證實這一點。

關于武夷的信仰可以説得上源遠流長。

最早記載武夷神的文獻,是已爲人們熟知的《史記・封禪書》及《漢書・郊祀志》等,稱爲武夷君,祀用乾魚,漢武帝時與其它一些神受到官方祭祀,《郊祀志》記成帝時丞相匡衡奏請罷諸祀,其中包括武夷神,但歷代民間信奉祭祀可以説一直綿延不絕。

　　考古材料中所見到的武夷神,最早的當屬湖北江陵九店五十六號楚墓出土竹簡所載,該墓屬戰國晚期早段,武夷神見于編號四三、四四兩簡,文字連讀,夷字從弓又從土,寫作"彊"(下文均轉寫作夷),整理者稱之爲"告武夷"簡。[14]其文云:

　　　　[□]敢告□繪之子武夷:"爾居逯(復)山之臨,不周之埜(野),帝胃(謂)爾無事,命爾司兵死者。含(今)日某𥶖(將)欲飤(食),某敢吕(以)亓(其)妻□妻女(汝),

　　　　塈尚芳糧吕(以)謹嘉(犠)某于武夷之所:君昔受某之塈尚芳糧,囟(思)某迲(來)歸飤(食)故□。"

文中逕稱"武夷",或以"爾"稱之,似乎並不大恭敬;但同簡尊稱時又呼之爲"君"。關于該神的職掌,簡文說爲"司兵死者",這是文獻所不記的。該神的居處活動範圍,漢代文獻中也不見記,後來的文獻望文生義,以武夷山當之。而簡文說:"爾居復山之臨,不周之野。""復山之臨",李家浩先生讀爲"復山之基",意即復山脚下。饒宗頤先生有文對簡中的復山及武夷均有考,並指出西漢早期的武夷神有社神之義。[15]下文試對復山另外作一些説明,並結合其他材料,進一步談一談武夷神在後來的一些變化。

　　復山所在,案之文獻,古有大復山,爲淮水所出。《漢書·地理志》南陽郡"平氏"縣下班固云:"《禹貢》桐柏大復山在東南,淮水所出,東南至淮浦入海。"《説文》淮字下:"水出南陽平氏桐柏大復山,東南入海。"《漢書·郊祀志》記西漢宣帝神爵元年于平氏設常祠四時祭祀淮水,《水經注》卷三十淮水下記南陽平氏縣大復山南有淮源廟。徐少華先生有文曾考西周銅器銘文中的復國、包山楚簡的鄩地、西漢復陽侯國等均在此處,[16]蓋因大復山得名。譚其驤先生《中國歷史地圖集》定大復山在今桐柏縣城與平氏鎮之間,戰國時則屬楚方城。因此,若以九店楚簡中的復山,當上述的大復山,恐怕更合理一些。至于簡文中的不周,整理者以爲即見于文獻中共工怒觸的不周之山,歷代文獻都以爲在今昆侖山脉。古代文獻中還有爲有娀氏所居的不周,《史記·殷本紀》"有娀氏之女"下索隱引《淮南子》云:"有娀在不周之北。"所引《淮南子》文見該書《墜形篇》,記有娀氏一女名簡翟,乃殷之祖,所謂"天命玄鳥,降而生商"即指此女。正義引《記》云:"桀敗于有娀之墟。"又云:"有娀當在蒲州也。"唐之蒲州在今山西永濟縣西蒲州鎮。蒲州古又名蒲坂,爲舜都。近見有文考共工所觸的不周山即永濟縣境内靠近黄河彎曲處的蒲山。[17]從古音角度分析,"不周"有可能是"蒲"的緩讀,急讀爲"蒲",則蒲州説似有一定的道理。若據簡文所述,武夷所居的復山與不周之野應該在不大的地理範圍之内才對,但就現在已知的材料而言,包括上舉對復山及不周山地理位置的不同理解,還不足以解決這一問題。也許武夷神話的創造者的想象並不一定受時間和空間的限制,如果這樣的話,反而更加符合神話創作的一般模式。

　　漢代考古材料中所見到的武夷神,首推馬王堆三號墓所出的所謂"太一避兵圖"帛畫,[18]

　　其中有神,手執武器,頭戴山形冠,題記名之曰"武弟子",李家浩先生讀爲"武夷子",[19] 子爲尊稱。該神旁又有"百刃毋敢起"等題記,和九店楚簡說武夷爲"司兵死者"有相通之處。馬王堆三號墓紀年木牘爲"十二年二月乙巳朔戊辰",學者推爲西漢文帝十二年,即公元前 168年,帛畫亦爲西漢早期物,其對武夷神的理解和戰國楚人是一致的,一定意義上可以説是戰爭之神。《史記·封禪書》等書所記也應該是這個意義上的武夷君。但見于東漢時的出土材料中,武夷神的性質已發生了變化,即在鎮墓文中成爲了一般的土地神,並且都稱爲"武夷王"。這類材料共三見,都出現在陳叔敬鎮墓文中。[20]

　　　傳世陳叔敬朱書陶瓶鎮墓文共三件,文字基本相同,但在各鎮墓文所記的神名中分別有"東冢公伯"、"西冢公伯"、"北冢公伯",應爲同墓中所出,推測原應有五件,即四方與中央各一件,埋葬時則置于不同的方位。東漢時同墓出多件鎮墓文的例子並不鮮見,如河南靈寶張灣 5 號墓共出五件有文字陶瓶、[21] 又陝西潼關吊橋楊氏墓群 5 號墓共出四件,[22] 陳叔敬墓鎮墓文亦當同此例,可惜的是出土地點不明。在三件陶瓶中,以日本中村不折氏舊藏的一件保存較爲完好,文字朱書于陶瓶腹部,共十四行,今依原行款録其文如下:

> 熹平元年十二月四日
> 甲申,爲陳叔敬等
> 立冢墓之根。爲
> 生人除殃,爲死人
> 解適(謫)。告北冢公
> 伯、地下二千石、倉
> 林君、武夷王,生
> 人上就陽,死人下歸
> 陰,生人上就高臺,
> 死人深自藏。生死
> 各自異路。急如律
> 令。
> 善者陳氏吉昌,惡
> 者五精自受其殃。急急。

在三件陳叔敬鎮墓文中,武夷神都被尊稱爲武夷王,比起戰國及西漢早期的君、子之稱來,似乎更加受人尊崇,但實際上已從戰爭之神淪落爲一般的地下神,這一變化可能發生在西漢早期以後。西漢立國,承平日久,戰爭去人日遠,大約僅僅武夷神的"司兵死者"的作用依稀保留在人們的記憶中,所以還能出現在東漢時期的鎮墓文中。就這一點上説,武夷神的作用和他在戰國及西漢早期的作用還是有相通之處。上舉三件陳叔敬鎮墓文中,都有與武夷王並稱的倉林君,並且不見于出土的漢代其他鎮墓文中。倉應作蒼,文獻中有蒼林,乃黄帝之子,《國語·晋語四》記司空季子云黄帝之子二十五人,"唯青陽與蒼林氏同于黄帝,故皆爲姬姓"。除此以外,其他文獻中關于蒼林的記事都是出于《晋語》,没有更多的事迹可尋,因此還很難說上舉鎮墓文中的倉林君就是《晋語》中的蒼林氏。雖然在文獻中找不到可以對證的材料,但倉林君的性質在鎮墓文中也是清楚的,即他同冢公、地下二千石、武夷王一樣,都是地下官吏,是人們訴求的對象,有約束和保護死者靈魂的責任。有意思的是,如前文在討論安都丞時所舉出的南朝時期的鎮墓文中看到的,從南朝開始,與武夷神並舉的是安都丞,也即是說他取代了蒼林君,其象徵意義和過程現在還不清楚。

　　安都丞與武夷王並舉還見于更晚時期的出土材料中。1973 年在江西南昌北郊發掘的唐昭宗大順元年(890)墓中,出土有字文物,除紀年墨書柏人木俑外,還有一件紀年墨書木地券,出土位置都在棺蓋伸出的前檐下,墓主人爲熊氏十七娘。[23]木券文字有殘缺,據報告録文,券文前半段爲:

　　　　維大唐□□庚戌九月甲申朔,十三日丙申,洪州南昌縣敬德坊殁亡故人熊氏十七娘,□□□□命已終,别無餘犯。今用銅錢玖萬玖千玖百玖十玖貫,□□□□百匹,就蒿裏(里)父老、□(安)都承(丞)、武夷王買得此地□,東至□□,西至□□,南至丙丁,北至壬癸,中央戊己,上至天蒼,下至地磺(陽)。

武夷王還單見于出土的唐、宋時期地券中,如 1964 年發現于江蘇鎮江市陽彭山的武周延載元年(694)伍松超磚券,[24]云:"向地下先(仙)人、蒿里□老、左右承(丞)、墓伯、土下二千石、□□□、武夷王,買此冢地。"不過,券文中武夷王前三字適缺,不知所缺是否爲安都丞。羅振玉《地券徵存》著録一件南漢大寶五年(960)馬氏買地石券,記出于廣州,首行爲道教符籙,券文中稱武夷王爲"地主",云"于地主武夷王邊買得"某處地,末又云"賣地主神仙武夷王",又列其他諸神名。上舉兩件地券表明,至少在唐五代時,武夷神完全蜕變爲類似土地公的雜神。1965 年發現于江西南城縣李營的北宋嘉祐二年(1067)陳氏六娘地券,[25]文有云"陳氏六娘,行年七十八歲,命歸黄泉路,忽被太山勅召,靈魂禁司,土公土母、土后土歷(吏)、地下二千石、墓門亭長、蒿里父老、武夷王等"云云,在這裏,武夷王又成了泰山神下屬的官吏,看起來武夷神的身份還是極富變化的。

　　武夷神什麼時候和福建建安的武夷山發生了關係,應該說現在還是不大清楚,但過去不明白究竟是山因神名還是神因山名,現在根據已知的出土材料,如饒宗頤先生所說,可以大致認定是山因神名,以前有人認爲武夷本名虎夷,是唐人諱虎而改,饒宗頤先生亦已指出此說非是。[26]那麼,究竟是什麼人最早把武夷神帶到武夷山地區的呢? 推測應該和早期天師道徒的南遷有關。

　　關于天師道徒在武夷山地區的活動，我們曾有叙述，[27]這些天師道徒用武夷神之名來名所居之山，應該有相當大的可能性。武夷神也確實見于早期道教文獻之中，如《雲笈七籤》卷十九《三洞經教部》引《老子中經》"第四十一神仙"文云：

　　　　《經》曰：鬼箭十二，可以辟兵，常思心中十二支莖上與肺連，以意挹之，名曰鬼箭。兆常行之，五兵自辟，凶惡自亡。……天神皆助真也，雷公擊鼓也，太白揚光，白帝持弩，蚩尤辟兵，青龍守門，武夷在庭，螣蛇玄武，主辟凶殃。[28]

所引《老子中經》，一名《珠宫玉歷》，今存明正統《道藏》太清部，題《太上老君中經》，爲二卷，敦煌抄本中亦有該經寫本殘卷，編號爲 P3784，題《老子中經》。關于該經的成書時代，國內學者有以爲可以早到魏晋時期的，[29]國外學者則有以爲成書在四世紀後半期到五世紀中期之間的，[30]儘管意見不一致，但至遲在南朝宋、齊時已經成書是没有問題的，由此可見道教中人將武夷神納入道教神仙譜系中是相當早的。從《老子中經》文中武夷神的作用看，也保留有早期武夷神的特點，即和兵事有關。唐代文獻記載表明，武夷神也被稱作地官，並與其他道教神並列，見陸鴻漸所撰《武夷山記》，[31]云"武夷君，地官也。相傳每于八月十五日大會村人于武夷山上，置幔亭，化虹橋，通山下。村人既往，是日，太極玉皇、太姥魏真人、武夷君三座空中，告呼村人爲曾孫"，因奏"《人間可哀》之曲"。魏真人即魏華存，道書又稱魏夫人，著名女道士，其父魏舒，《晋書》有傳。關于魏夫人的事迹，史籍記其在西晋末南渡，活躍于東晋前期的江南地區，可見她也許曾在武夷山隱修過，並將道教信仰及其他民間諸神傳說傳播于武夷山地區，當然其中也應包括有關武夷神的傳說。武夷山一稱，最早似見于南朝梁蕭子開所撰的《建安記》，但已佚，殘文見《太平御覽》卷四十七所引，文云："武夷山，顧野王謂之地仙之宅。"[32]顧野王撰有《建安地志》，見《陳書》本傳，則唐代的武夷神爲地官之說自有所本。由以上所述推測，武夷君與武夷山發生聯繫，可能是從西晋之末開始，從此武夷山也就成爲了江南地區道教重要叢林之一。

　① 湖北省荆州地區博物館：《江陵高臺 18 號墓發掘簡報》，《文物》1993 年第 8 期。
　② 《江陵高臺漢墓新出"告地策"、遣策與相關制度發覆》，《江漢考古》1994 年第 2 期。
　③ 《雲夢龍崗六號秦墓墓主考》及該文注釋⑦，《文物》1996 年第 8 期。
　④ 揚州博物館、邗江縣圖書館：《江蘇邗江胡場 5 號漢墓》，《文物》1981 年第 11 期。
　⑤ 長江流域第二期文物考古工作人員訓練班：《湖北江陵鳳凰山西漢墓發掘簡報》，《文物》1974 年第 6 期圖版五；又裘錫圭《湖北江陵鳳凰山十號漢墓出土簡牘考釋》，《文物》1974 年第 7 期。
　⑥ 紀南城鳳凰山一六八號漢墓發掘整理組：《湖北江陵鳳凰山一六八號漢墓發掘簡報》，《文物》1975 年第 9 期；又湖北省文物考古研究所：《江陵鳳凰山一六八號漢墓》，《考古學報》1993 年第 4 期。
　⑦ 最近對前一件木牘的討論，見李家浩：《毋尊、縱及其他》，《文物》1996 年第 7 期；陳松長：《馬王堆三號漢墓紀年木牘性質的再認識》，《文物》1997 年第 1 期。對後一件木牘性質的認識，見黄盛璋：《雲夢龍崗 6 號木牘與告地

策》，《中國文物報》1996 年 7 月 14 日第 3 版，又《揭開告地策諸謎——從雲夢龍崗秦墓、邗江胡場漢墓木牘談
起》，《故宮文物月刊》第 14 卷第 8 期，1996 年，臺北；又胡平生：《雲夢龍崗六號秦墓墓主考》，《文物》1996 年第 8
期，皆以爲係告地策；劉信芳《關于雲夢龍崗秦牘"沙羨"的地望問題》（《文物》1997 年第 11 期）一文曾堅持原來
的說法，認爲是"冥判"，但在最近出版的作者編寫的《雲夢龍崗秦簡》（科學出版社，1997 年 7 月）一書第 45 頁
注釋②采劉國勝"辟死"爲人名說，則可能對告地策說及冥判說有所懷疑。

⑧ 廖晋雄：《廣東始興發現南朝買地券》，《考古》1989 年第 6 期。

⑨ 楊豪：《廣東晋南朝隋唐墓葬》，見廣東省博物館、香港中文大學文物館：《廣東出土晋至唐文物》，1985 年，香港。

⑩ 劉昭瑞：《嬭女地券與早期道教的南傳》，《華學》第 2 輯，中山大學出版社，1996 年。

⑪ 湖北省博物館：《武漢地區四座南朝紀年墓》，《考古》1965 年第 4 期。

⑫ 坂出祥伸：《日本文化の中の道教——泰山府君信仰を中心に》，中村璋八編《安居香山追悼·緯學研究論叢》，
平河出版社，1993 年，東京。

⑬ 劉昭瑞：《關于吐魯番出土隨葬衣物疏的幾個問題》，《敦煌研究》1993 年第 3 期。

⑭ 湖北省文物考古研究所、北京大學中文系：《九店楚簡》，中華書局，2000 年 5 月。下所録簡文均采該書李家
浩先生所作釋文，不另注明。

⑮ 《説九店楚簡之武彊（君）與復山》，《文物》1997 年第 6 期。關於此簡性質及其他問題的討論，選參見李零：《古
文字雜識（二則）》，《第三届國際中國古文字研討會論文集》，香港中文大學中國文化研究所、中文系，1997 年；
夏德安：《戰國時代兵死者的禱辭》，《簡帛研究譯叢》，第二輯，湖南人民出版社，1998 年；李家浩：《九店楚簡"告
武夷"研究》，第一届簡帛學術討論會論文，2000 年 3 月，臺北，稿本。

⑯ 《古復國復縣考》，史念海主編：《中國歷史地理論叢》1996 年第 1 期，西安。

⑰ 鄭貞富：《不周山即蒲山考》，《河南大學學報》1993 年第 4 期。

⑱ 周世荣：《馬王堆漢墓的"神祇圖"帛畫》，《考古》1990 年第 10 期。

⑲ 《論〈太一避兵圖〉》，《國學研究》第 1 卷，北京大學出版社，1993 年。

⑳ 陳叔敬朱書陶瓶鎮墓文，各家著録共三件，文字大致相同，應爲同一墓中所出，有"東冢公伯"文字者，文字殘較
甚，器舊藏日本静岡市小杉惣市氏，現保管于東京國立博物館，曾公開展出，但未正式發表過，日本東海大學文
學部渡部武教授曾據展出品目驗録文，編入《鎮墓文·衣物疏集成（初篇）》（稿本，1999 年 2 月）。有"西冢公伯"
文字的陶瓶，見于劉玉成主編《中國書法全集》第二卷（榮寶齋，1992 年），原物所在今不詳。有"北冢公伯"文字
陶瓶，日本中村不折氏舊藏，見其所著《禹域出土墨寶書法源流考》（西東書房，1927 年）上册著録，器藏日本書
道博物館。

㉑ 河南省博物館：《靈寶張灣漢墓》，《文物》1975 年第 11 期。

㉒ 陝西省文物管理委員會：《潼關吊橋漢代楊氏墓群發掘簡記》，《文物》1961 年第 1 期。

㉓ 江西省博物館：《江西南昌墓》，《考古》1977 年第 6 期。

㉔ 劉興：《武周延載伍松超地券》，《文物》1965 年第 8 期。

㉕ 薛堯：《江西南城、清江和永修的宋墓》，《考古》1965 年第 11 期。

㉖ 同⑮。

㉗ 同⑩。

㉘ 《道藏要籍選刊》本頁 145 下，上海古籍出版社，1989 年。

㉙ 《道藏提要》編號 1158，中國社會科學出版社，1991 年。

㉚ 加藤千惠：《〈老子中經〉と内丹思想の源流》，《東方宗教》第 87 號，1994 年。

㉛ 《雲笈七籤》卷九十二《贊頌部·贊頌歌》所録"人間可哀"之曲一章並序"。

㉜ 此條材料吳之邨《武夷名實考》一文已引，見《東南文化》1996 年第 3 期。

# 《宋書》時誤補校(續三)

## 牛繼清　張林祥

52.(義熙八年)七月癸亥,月奄房北第二星。占同上。甲申,太白犯填星,在東井。占曰:"秦有大兵。"乙未,月犯井鉞。八月戊申,月犯泣星。(卷二十五頁735)

按七月己巳朔,無癸亥;甲申十六日;無己未。《晉書》卷十三《天文志下》略同,中無甲申;《魏書》卷一百五之三《天象志三》甲申條同;卷之二《天象志二》癸亥條繫正月,然《宋志》上文本有"正月庚戌"條,《魏志》當屬抄録誤置。下文有"八月戊申"條,"癸亥"、"己未"當日干支有誤。

53.(義熙八年)十月辛亥,月奄天關。占曰:"有兵。"十月丁丑,填星犯東井。占曰:"大人有憂。"(卷二十五頁735)

按十月戊戌朔,無丁丑。且"十月"重出,與例不合。《晉書》卷十三《天文志下》作"十一月丁丑";《魏書》卷一百五之三《天象志三》作:"十一月,土犯井。"十一月丁卯朔,丁丑十一日。此後"十""月"間脱"一"字。

54.(義熙十年)五月壬寅,月犯牽牛南星。乙丑,歲星犯軒轅大星。占悉同上。(卷二十五頁736)

按是月己未朔,無壬寅。後有"乙丑"(初七日),當爲"壬戌"之誤,壬戌四日。《晉書》卷十三《天文志下》、《魏書》卷一百五之二《天象志二》同誤。

55.(義熙十一年)十一月癸亥,月入畢。占同上。乙未,月入輿鬼而暈。(卷二十五頁737)

按十一月庚辰朔,無癸亥。《晉書》卷十三《天文志下》同誤;《魏書》卷一百五之二《天象志二》作"戊午",亦無。下有"乙未"(十六日)條,"癸亥"當日干支有誤。

56.晉恭帝元熙元年正月丙午,三月壬寅,月犯太微。占悉同上。乙卯,辰星犯軒轅。(卷二十五頁739)

按該段《晉書》卷十三《天文志下》作:"恭帝元熙元年正月丙午,三月壬寅,五月丙申,月皆犯太微,占悉同上。乙卯,辰星犯軒轅。"《魏書》卷一百五之二《天象志二》亦有泰常四年(當元熙元年)"五月丙申,月犯太微";卷一百五之三《天象志三》泰常"四年五月,辰星又犯軒轅"。則今本《宋志》極可能脱"五月丙申"條,以致"乙卯"條訛繫"三月"條下。

57.(元熙元年)七月,月犯歲星。己卯,月犯太微。太白晝見。占悉同上。(卷二十五頁739)

按是月己丑朔,無己卯。《晉書》卷十三《天文志下》同誤。《魏書》卷一百五之三《天象志三》:泰常"四年(當元熙元年),自正月至秋七月,月行四犯太微"。正月丙午、三月壬寅、五月丙申、七月己卯恰四,説明月份不誤。疑爲"乙卯"之誤,乙卯二十七日。

# 《小爾雅》考實

楊　琳

　　《小爾雅》的書名、作者及成書時代至今仍是一團亂麻。本文在詳細研讀《小爾雅》内容及認真核查原始資料的基礎上，對其書名、作者及成書時代進行了新的考辨，訂正了前人在這些問題上的諸多錯誤，並試圖證明《小爾雅》非一人一時之作，其主體部分纂輯于西漢，東漢至宋元遞有增益。文字以《四部叢刊》本《孔叢子》爲據，叢刊本脱落者以《説郛》本爲據，主要參考文獻及其簡稱見文後。

## 一　《小爾雅》之書名

　　《小爾雅》之名最早見于《漢書》顔師古注本，其《藝文志·孝經家》有“《小爾雅》一篇”。顔注本流行廣，故世人多知《小爾雅》之名。然《漢書》别本作“《小雅》”，故人或以爲此書本名爲《小雅》，《小爾雅》之名乃後世别稱。王先謙《漢書補注》云：“官本無爾字，引宋祁曰：‘小字下邵本有爾字。’錢大昕云：‘李善《文選注》引《小爾雅》皆作《小雅》，此書依附《爾雅》而作，本名《小雅》，後人僞造《孔叢》，以此篇竄入，因有《小爾雅》之名，失其舊矣。宋景文（琳按：宋祁謚景文）所引邵本亦俗儒增入，不可據。’”錢大昕語見其《三史拾遺》卷三。猝讀之下，似覺錢氏之説不無道理，然考之典籍，知其非是。關于《小爾雅》采入《孔叢子》的時間，錢氏認爲僞造《孔叢子》之時即已采入，朱駿聲也説“《孔叢》一書，不著前志，殆魏晋人依托，而撼取《小爾雅》入之”（《〈小爾雅約注〉序》），有些人甚至指明是漢魏之際的王肅采入的，[①]這種觀點比較流行；另有一些人認爲其采入在唐代以後。[②]這兩種看法都只是猜測，沒有多少根據。我們認爲《小爾雅》采入《孔叢子》當在南北朝末期至隋代這一段時間。何以明之？北魏酈道元（466—527）《水經注》卷六《涑水》云：“《孔叢》曰：猗頓，魯之窮士也。”又卷二十五《泗水》云：“《孔叢》曰：夫子墳塋方一里。”皆稱《孔叢》，不稱篇名，此古人稱引《孔叢子》之慣例，後世《藝文類聚》、《太平御覽》都是如此。但《水經注》卷十三《㶟水》（㶟傳本作濕，濕爲㶟之形誤。）云：“按《爾雅》：純黑反哺謂之慈烏，小而腹下白、不反哺者謂之雅烏，白頭而群飛者謂之燕烏，大而白頭者謂之蒼烏。”《爾雅》無此文，而見于《小爾雅·廣鳥》，[③]學者皆謂此《爾雅》爲

《小爾雅》之誤。酈道元引稱《小爾雅》而不稱《孔叢》，表明引用之時《孔叢》之中尚無《小爾雅》，《小爾雅》單行于世。正因如此，《隋書·經籍志一·論語類》既有"《小爾雅》一卷"，又有"《孔叢》七卷"；《舊唐書·經籍志上·小學類》既有"《小爾雅》一卷，李軌撰"，《論語類》又有"《孔叢子》七卷"；《新唐書·藝文志一·小學類》既有"李軌解《小爾雅》一卷"，《論語類》又有"《孔叢》七卷"；《小爾雅》皆無撰者，《孔叢子》則《隋書》和《舊唐書》皆稱孔鮒撰。可知唐代以前(包括唐代)《小爾雅》一直有單行本傳世。然而唐初編的《藝文類聚》卷八十二《菜蔬》下引《孔叢子》曰："菜謂之蔬。"語出《小爾雅·廣物》。可知唐代初年《小爾雅》已采入《孔叢子》。而晋代李軌已有《小爾雅略解》，可見錢大昕説《小爾雅》之名出自偽造《孔叢》者之手是不能成立的。再説《孔叢》既爲偽托，其所采《小爾雅》自當用其本名，何故反易新名而示人以馬脚？錢氏之説不足信也審矣。

　　唐以前人稱引《小爾雅》，或稱《小雅》，或稱《爾雅》，甚至稱爲《廣雅》。究其原委，稱《小雅》者，簡稱也；稱《爾雅》、《廣雅》者，或出字形訛誤，或出引者誤記。爾字古或作尒。《玉篇》："尒，亦作爾。"《説文》："尒，詞之必然也。"段玉裁注："尒之言如此也。後世多以爾字爲之。"尒字戰國中山王鼎已見，後世亦常使用，如東漢《白石神君碑》、曹魏《三體石經》、晋王羲之、唐顔真卿、北宋米芾等人書法作品中皆有尒字。④因小與尒形近，故訛作尒。《文選·枚乘〈七發〉》"血脉淫濯"李善注："《爾雅》曰：淫，過也。"而在司馬相如的《上林賦》"所以禁淫也"句下李善注云："《小雅》曰：淫，過也。"《爾雅》無"淫，過也"之訓，由或作《小雅》知"爾"爲傳抄翻刻中造成的"小"字之誤。又王文考(名延壽)《魯靈光殿賦》"昭列顯于奎之分野"李善注："《爾雅》曰：分，次也。"胡克家《文選考異》云："袁本'爾'作'小'。案：'小'是也。茶陵本亦誤'爾'。"《爾雅》一本作《小雅》，亦"爾"爲"小"誤之顯證。他如《文選·班固〈西都賦〉》"上反宇以蓋戴"李善注引《爾雅》："蓋、戴，覆也。"《爾雅》無此文，而見于《小爾雅·廣詁》。《詩·小雅·十月之交》"不慭遺一老"，《釋文》引《爾雅》："慭，願也，强也，且也。"《爾雅》無此文，而見于《小爾雅·廣言》。"爾"均爲"小"之訛誤。《左傳·昭公八年》"猶將復由"杜預注："由，用也。"孔穎達疏："'由，用'《釋詁》文。"孔疏所言"《釋詁》文"均指《爾雅·釋詁》，然《爾雅》無此訓，而見于《小爾雅·廣詁》及《廣雅·釋詁四》，則孔氏當是一時誤記。玄應《一切經音義》卷三引《廣雅》："何、揭，擔也。"又卷十七引《爾雅》："可、揭，擔也。"而卷二十二、二十四並引《小爾雅》："何、揭，擔也。"《爾雅》、《廣雅》均無此文，而見于《小爾雅·廣言》，則《廣雅》當是《小爾雅》一時誤記，《爾雅》則是《小雅》訛誤。宋翔鳳《訓纂》卷六云："唐以前人引《小爾雅》有三名，其作《小爾雅》者，據其本名也。亦作《小尒疋》者，古今字。有作《爾雅》者，以與《爾雅》同爲一家，故冒《爾雅》之號，猶《易緯》爲《易》、《逸禮》爲《禮》也。有作《小雅》者，省文，猶《齊論語》、《魯論語》，後人亦稱《齊論》《魯論》也。""同爲一家"説未愜人意，餘説甚確。

《小爾雅》之名義,宋咸《小爾雅注》釋之云:"經傳字義有所未暢,繹而言之,于《爾雅》爲小焉。"此謂其篇幅小于《爾雅》,故稱《小爾雅》,所言甚確。或云"比起《爾雅》的價值要小,所以稱爲《小爾雅》"。[5]未爲在理。

## 二 《小爾雅》之作者

唐代以前(包括唐代)典籍從未提及《小爾雅》作者爲誰。其題漢孔鮒撰者,或謂"《宋史·藝文志》云孔鮒《小爾雅》一卷,題名作者孔鮒始此"。[6]此說未當。北宋王堯臣等撰《崇文總目》卷一《小學類上》(《叢書集成初編》本)已載"《小爾雅》一卷,孔鮒撰",則題名孔鮒撰者始于北宋。宋人之所以題孔鮒撰是因爲《小爾雅》單行本至宋已佚,而幸存于《孔叢子》之中,《孔叢子》,《隋書·經籍志》題"陳勝博士孔鮒撰",因此《小爾雅》的作者也就題成了孔鮒。歷史上確有孔鮒其人。據《史記·孔子世家》記載,孔鮒爲孔子八世孫,"爲陳王涉博士,死于陳下"。但漢代典籍中從未有誰說過孔鮒有什麼著作傳世。明代程榮在《漢魏叢書》本《孔叢子》的序言中引用明代李濂的話說:"秦併六國,召鮒爲魯國文通君,拜少傅。始皇三十四年,丞相斯議令燔書,鮒懼遺典之滅亡也,方來之無徵也,違令之禍烈也,乃與其弟子襄歸,藏書壁中,隱居嵩山之陽。無何,陳涉起,爲楚王,聘鮒爲博士,鮒以目疾辭,退而著是書。"說得有板有眼,煞有介事,然而于古無徵,純屬向壁虛構之辭。當代學者中竟有人相信孔鮒爲《小爾雅》的作者,說什麼孔鮒任陳涉博士之時,"或因《爾雅》早已散亂,博士又必然講求名物訓詁,于是仿《爾雅》之例另成《小爾雅》,似甚可能"。[7]我們上面講了,《小爾雅》是《孔叢子》傳世好幾百年後才收進去的,說《孔叢子》的作者爲孔鮒,已是僞托,進而將《小爾雅》的著作權也歸于孔鮒,更是無稽之談。沒有任何證據能證明孔鮒爲《小爾雅》的作者。

有人提出"《小爾雅》的編者有可能是西漢元、成時期的博士孔驩(孔安國孫)和他的兒子孔子立"。[8]然未見任何證據,無從取信。

總之,根據現有資料,我們只能得出《小爾雅》最初纂輯者佚名的結論。

## 三 《小爾雅》之成書時代

### (一)現有觀點及其論據的考查

《小爾雅》作者雖不可考,但其成書時代還是有迹可求的。歸納起來,主要有三種觀點。

相信《小爾雅》作者爲孔鮒的人認爲書成于秦代。根據我們上面的分析,這種觀點是站不住的,孔鮒與《小爾雅》沒有關係。

　　相信《小爾雅》爲僞造《孔叢子》者所僞造的人認爲書成于漢魏之際。持這種觀點的清代有臧庸(見其《小爾雅徵文》一文)、《四庫全書總目》(見卷四十三《小學類存目一》)等,現代學者信從此説的很多。如王力《中國語言學史》云:"現存的《小爾雅》是把《孔叢子》第十一篇抽出單行的。《孔叢子》是僞書,因此《小爾雅》也是僞書。"⑨何九盈《中國古代語言學史》云:"清人考證的結果,認爲《孔叢子》中的《小爾雅》是僞書。這種性質的僞書,只不過作者'僞',時代'僞'而已,如果我們不把它看成是孔鮒的作品,把它放在魏晋之前的東漢末年來處理,它就不'僞'了。"⑩一些權威辭書也持此見。如《中國大百科全書·語言文字卷》(1988)"小爾雅"條云:"現存的《小爾雅》是從《孔叢子》第十一篇抄出別行,已經與《藝文志》不同。……今本《孔叢子》有宋仁宗嘉祐中宋咸注,題孔鮒撰。孔鮒爲秦末陳涉博士,清人已定爲僞書,可能出自漢末。《小爾雅》既見于《孔叢子》中,時代也不會很早。"我們上面已經辨明,《小爾雅》采入《孔叢子》是在《孔叢子》問世好幾百年之後,因《孔叢子》之僞而認定《小爾雅》亦僞是缺乏説服力的。

　　第三種觀點認爲今傳《小爾雅》就是《漢書·藝文志》所載之《小爾雅》,至于具體成書時代,此派一般不作明確表態,只是籠統地説成"古小學遺書"。如清代胡承珙《〈小爾雅義證〉自序》云:"毛公傳《詩》,鄭仲師(衆)、馬季長(融)注《禮》,亦往往有與《小爾雅》合者,特以不著書名,後人疑其未經援及。然如《説文》所引之'㤉',則固明明在《小爾雅》矣。"今人可以《四庫大辭典》(吉林大學出版社1996)爲代表,其"小爾雅"條云:"《小爾雅》成書甚早,書成于《爾雅》之後不久,漢世此書已見徵引,魏晋以後徵引尤多。晋人李軌爲之作注解,李氏注解之本至宋已佚。宋人遂從《孔叢子》第十一篇中將《小爾雅》抄出,而成別行之本。此本與《漢志》所載者不當大異,乃魏晋人僞造《孔叢子》時,摭取流行于其時的《小爾雅》納之書中,故《小爾雅》並非僞書,確爲古小學之遺書也。"這一派的論據主要有兩條,一是説漢儒注經不少地方與《小爾雅》相合,表明漢儒引據過《小爾雅》;二是認爲《説文》提名引用過《小爾雅》。

　　這兩條證據都是有問題的。漢儒注經既然没有一處注明援據《小爾雅》,又怎知是漢儒據《小爾雅》釋經而非後人纂輯《小爾雅》時搜集了漢儒之訓呢?持《小爾雅》爲後世僞造觀點的人同樣可以拿《小爾雅》與漢儒注經的"相合"作爲僞造的證據。這樣的論證實際上是陷入了"鷄生蛋還是蛋生鷄"的怪圈,説明不了什麽問題。

　　《説文》稱引《小爾雅》被此派人視爲《小爾雅》爲"古小學遺書"的力證。如胡樸安《中國訓詁學史》云:《小爾雅》成書"至遲亦在許叔重之前,以《説文》所引之'㤉'字知之"。⑪遲鐸《〈小爾雅〉初探》云:"(《説文》)所引《爾雅》,實爲《小爾雅》。這説明東漢的許慎已見到《小爾雅》一書。……此等例證,雖係寥寥,但仍爲考究成書年代的重要資料。"⑫所謂《説文》徵引過《小爾雅》,只有下面一例:"㤉,事有不善言㤉也。《爾雅》曰:'㤉,薄也。'"由於今本《爾雅》

中没有這樣的話,而《小爾雅·廣言》中有"涼,薄也"的條目,于是他們認定許慎引的就是《小爾雅》。這其實是一厢情願的説法。我們先來看看研究《説文》的學者持何態度。段玉裁注云:"'爾雅'二字淺人所增耳。'㵤,薄也'許以足上文意有未盡之語。"張舜徽約注云:"今《爾雅》無此文,惟《廣雅·釋詁》有之(按:見卷一下),明此非許原文,乃後人所附注輾轉傳鈔,後乃竄入説解正文者。"可見這樣的證據未必能得到大家的認可。我們認爲古本《爾雅》中可能有此文。北宋郭忠恕《汗簡》卷中之二:"㵤,力向切,見古《爾雅》。"這一記載可證《爾雅》本有"㵤,薄也"之訓。也許有些人會説這裏的"古"可能是"小"字之誤。《汗簡》卷下之一云:"飈,見古《爾雅》。"《爾雅·釋天》:"北風謂之涼風。"《釋文》:"涼,本或作古飈字。"可見郭忠恕是有根據的,"古《爾雅》"不誤。看來《説文》中所引的"㵤,薄也"確爲《爾雅》佚文,因此,無論此文屬後世注文竄入還是許慎本人所引,以此來證明漢儒已引用《小爾雅》是靠不住的。事實上《説文》另有"涼,薄也"之文,與《小爾雅》完全一致,許慎要引的話在此處引用才合適。《小爾雅》各本都作"涼",硬要説"涼""㵤"通假,然後又説《爾雅》爲《小爾雅》之誤,未免過于强迫材料了。有些人還以這一材料爲據,進而得出《説文》采用《小爾雅》的地方很多的結論,説:"《説文·冘部》引《爾雅》曰:'㵤,薄也',正是《小爾雅·廣言》之文。前人已經指出這一事實。事實上,《説文》直接采用《小爾雅》的地方很多,只是以其不爲經典而没有言明,唯獨'㵤'訓一條因誤成了《爾雅》之文才作了明用,可見《小爾雅》對《説文》的影響。"[13]這種説法更是誤上加誤。

有些人還提出班固稱引過《小爾雅》。如趙伯義《〈小爾雅〉概説》一文中説:"依現存資料,《小爾雅》在東漢已經廣泛流傳,不僅《漢書·藝文志》有著録,而且班固、許慎均引用過《小爾雅》的義訓。"[14]論者説班固《白虎通》引《爾雅》曰:"無夫無妻並謂之寡,丈夫曰索,婦人曰釐。"《爾雅》無此文,而見于《小爾雅·廣義》,故《爾雅》爲《小爾雅》之誤。然遍檢各種版本的《白虎通》,不見有此引文。《詩·周南·桃夭序》孔穎達疏云:"《白虎通》云:'鰥之言鰥鰥無所親。'則寡者,少也,言男子少匹對耳。故《鴻雁》傳:'偏喪曰寡。'此其對例也。婦人無稱鰥之文,其男子亦稱寡。《襄公二十八年傳》曰:'崔杼生成及强而寡。'故《爾雅》云:'無夫無妻並謂之寡,丈夫曰索,婦人曰釐。'"此蓋《白虎通》稱引《小爾雅》説之所本,實則誤解文意,引《爾雅》者乃孔疏,非《白虎通》。

總之,前人論證大都似是而非或在疑似之間,致使問題至今仍懸而未決。

**(二)今本《小爾雅》與古本《小爾雅》一脉相承**

儘管"古小學遺書"説者没有拿出可靠的證據,但根據筆者的研究,這一認識有其正確的因素。

梁啓超在《中國近三百年學術史》中總結清儒辨僞的重要方法時説:"從著録傳授上檢

查,古書流傳有緒。其有名的著作,在各史《經籍志》中都有著録,或從別書記載他的淵源,若突然發現一部書,向來無人經見,其中定有蹊蹺。如先秦書不見《漢書·藝文志》,漢人書不見《隋書·經籍志》,唐以前(書)不見《崇文總目》,便十有九靠不住。"⑮《小爾雅》並不是"向來無人經見",而是一部"流傳有緒"的著作。《漢書》、《隋書》、新舊《唐書》以至北宋《崇文總目》等,都對《小爾雅》有明確的記載,我們今天的版本是從宋代版本傳下來的,所以《小爾雅》在傳承上是沒有什麼可疑的。

　　《小爾雅》撰者古來無傳,北宋人始稱孔鮒撰,説明當時《小爾雅》已附《孔叢子》流傳,不復有單行本。宋初編的《太平御覽》(編撰于977—983)卷八三〇《尺寸》《量》《秤》類目下全引《小爾雅》中《度》《量》《衡》的内容,皆稱"《孔叢子》",不稱"《小爾雅》"。晁公武《郡齋讀書後志》卷一云:"《小爾雅》一卷,右孔氏古文也,見于孔鮒書。""孔鮒書"即《孔叢子》。陳振孫《直齋書録解題》卷三《小學類》:"《小爾雅》一卷,《漢志》有此書,亦不著名氏,《唐志》有李軌解一卷,今《館閣書目》云孔鮒撰,蓋即《孔叢子》第十一篇也。……當時好事者抄出別行。"王應麟《漢書藝文志考證》:"《小爾雅》一篇,孔鮒撰,十三章,申衍詁訓,見《孔叢子》。"這都充分表明,宋人雖言《小爾雅》一卷,實則當時已無單行本,故皆云見《孔叢子》,《御覽》徵引也只稱《孔叢子》。蓋唐末五代時期戰亂頻仍,單行本《小爾雅》亡于戰亂。《孔叢》本與古傳之單行本長期並存,二本不當有大異,否則唐代學者不至無所質疑辨説。

　　其次,《小爾雅》中有一些詞義比較生僻古奧,不是後世掇拾者所能采集或想得到的。如《廣詁》:"歷,久也。"漢唐舊詁中没有訓歷爲久的資料,但有文獻可徵。《書·召誥》:"有夏服天命,惟有歷年。"孫星衍疏:"歷者,《釋詁》云:'艾,歷也。'《詩傳》云:'艾,久也。'是歷亦爲久也。"又《君奭》:"弗克經歷嗣前人恭明德。"孫星衍疏:"言弗能常久繼前王恭慤顯明之德。"又《大誥》:"洪惟我幼沖人,嗣無疆大歷服。"周秉鈞易解:"言我年幼之人繼承了遠大悠久之事業。"《楚辭·遠游》:"聊仿佯而逍遥兮,永歷年而無成。"王逸注:"身以過老,無功名也。""永歷"猶言永久,謂年紀久老。《爾雅·釋詁下》:"艾,歷也。"郭璞注:"長者多更歷。"以歷爲經歷,《漢語大字典》據此在"艾"下立有"經歷"的義項,典籍未見艾有經歷義,郭説未可信從。

　　又如《廣言》:"輈,輿也。"輈之輿義亦古訓所無,清儒疏證皆牽强難通。王煦疏云:"車蔽謂之轓,車轅謂之輈,車底謂之輿,輿又爲車之通名,故云'轓、輈、輿也'。"此説無謂。宋翔鳳《訓纂》:"轓,輿之一物,輈在輿下,此通釋輿則非,疑當作'轓、輈、輿、車也',傳寫者脱耳。"亦未能解證輈有車義。且輿自有車義,何必言輿下脱車?《漢語大字典》和《漢語大詞典》"輈"下皆有"車"義,舉例爲《楚辭·九歌·東君》:"駕龍輈兮乘雷,載雲旗兮委蛇。"此輈指車無可置疑,古訓惟見《小爾雅》。

　　又如《廣言》:"翼,送也。"翼之訓送,亦古訓所無,然文獻有徵。送有追逐義。《詩·鄭風·

大叔于田》:"抑縱送忌。"毛傳:"發矢曰縱,從禽曰送。"孔穎達疏:"送謂逐後,故知從禽。""從禽"謂追逐獵物。《孫臏兵法·十陣》:"往者弗送,來者弗止。"張震澤注:"謂敵雖往來,不分散隊伍以追逐也。"翼有驅逐義。《詩·召南·騶虞》"壹發五豝"毛傳:"虞人翼五豝以待公之發。"孔穎達疏:"由虞人驅翼五豝,以待公之發矢故也。《多士》云:'敢翼殷命。'注云:'翼,驅也。'則此翼亦爲驅也。"驅逐與追逐義同,故訓翼爲送。

其他如《廣詁》:"牣,塞也。"《廣言》:"戰,交也。""縮,抽也。"《廣名》:"疾甚謂之阽。"《廣器》:"較謂之幹。"《衡》:"兩有半曰捷,倍捷曰舉。"這些義訓不見于其他訓詁資料,要是魏晉以後的人編纂《小爾雅》的話,這樣一些古義僻義的出現是不大可能的。

另外,漢末人王肅曾徵引過《小爾雅》。《詩·小雅·賓之初筵》"發彼有的"孔穎達疏云:

《周禮》鄭衆、馬融注皆云"十尺曰侯,四尺曰鵠,二尺曰正,四寸曰質",則以爲侯皆一丈,鵠及正、質于一侯之中爲此等級,則亦以此質爲四寸也。王肅亦云"二尺曰正,四寸曰質",又引:"《爾雅》云:'射張皮謂之侯,侯中者謂之鵠,鵠中者謂之正,正方二尺也。正中謂之槷,方六寸也。'槷則質也,舊云方四寸,今云方六寸,《爾雅》説之明,宜從之。"

此肅意唯改質爲六寸,其餘同馬鄭也。

王肅徵引的《爾雅》內容傳本中沒有,而見于《小爾雅·廣器》,則孔疏《爾雅》當是《小雅》之訛。如果此說可以成立,那麼這是我們迄今所知的最早徵引《小爾雅》的資料。

從以上幾個方面來看,今本《小爾雅》與古本《小爾雅》的傳承關係是難以否認的,僅僅因爲後人將《小爾雅》收在《孔叢子》中而否認這種傳承關係是缺乏説服力的。

### (三)今本《小爾雅》中後人增益的內容

我們知道,《漢書·藝文志》是根據西漢劉歆的《七略》編寫的,《小爾雅》既然著錄于《漢書·藝文志》,其成書當不晚于西漢末年。但今本《小爾雅》中有不少內容卻是東漢以後才有的,這些內容應該是東漢以後的人不斷增益的。現將這類內容臚列如下。

有些義項或詞語最早見于東漢。《廣言》:"閡,限也。"張衡《西京賦》:"右有隴坻之隘,隔閡華戎。"東漢以前未見用例。《廣器》:"戈,句孑戟也。"《周禮·考工記·冶氏》"戈廣二寸"鄭玄注:"戈,今句孑戟也。"《釋名·釋兵》:"戈,句孑戟也。"鄭玄云"今句孑戟",知"句孑戟"乃東漢之名,東漢以前典籍未見。《廣詁》:"岸,高也。"本義爲河流高岸。《説文》:"岸,水厓而高者。"引申而有高大義。《漢書·江充傳》:"充爲人魁岸。"東漢以前未見用例。《廣詁》:"囚、禁,錄也。"囚、禁訓錄,即訓爲拘捕。錄之拘捕義最早見于東漢。《漢書·叙傳上》:"諸所賓禮皆名豪,懷恩醉酒,共諫伯宜頗攝錄盜賊。"後世多見。《世説新語·方正》:"梅頤嘗有惠于陶公,後爲豫章太守,有事,王丞相遣收之。侃曰:'天子富于春秋,萬機自諸侯出,王公既得錄,陶公何爲不可放?'乃遣人于江口奪之。"

《廣名》:"空棺謂之櫬。"《説文》:"櫬,棺也。"此爲引申義。王筠《句讀》:"櫬,附身棺也。……天子之棺四重,諸公三重,諸侯再重,大夫一重,士不重,其親身一重謂之櫬。"櫬從親聲,本義爲最裏面裝尸體的一重棺材。《左傳·襄公四年》:"秋,定姒薨,不殯于廟,無櫬。"杜預注:"櫬,親身棺。"親身棺謂之櫬,猶親身衣謂之襯,櫬、襯皆因親而得名。櫬之本義既爲親身棺,何以會有空棺之義呢?《左傳·僖公六年》載:"冬,蔡穆侯將許僖公以見楚子于武城。許男面縛銜璧,大夫衰絰,士輿櫬。楚子問諸逢伯。對曰:'昔武王克殷,微子啓如是。武王親釋其縛,受其璧而被之,焚其櫬而命之,使復其所。'楚子從之。"後世降服、認罪及以死進諫者紛紛效法。《后漢書·梁冀傳》:"絮初逃亡,知不得免,因輿櫬奏書冀門。"《晋書·王浚傳》記吳主孫皓降王浚之事云:"乃備亡國之禮,素車白馬,肉袒面縛,銜璧牽羊,大夫衰絰,士輿櫬。"《周書·顏之儀傳》:"(顏之儀)乃輿櫬詣朝堂,陳帝八失。"先秦時期的"輿櫬"只是一種個别的仿古行爲,所以楚子不解其意。東漢以降却成了一種風氣,一種儀式,這種儀式中所"輿"之"櫬"自然都是空棺,故《小爾雅》訓爲"空棺謂之櫬"。所以此訓應出現在東漢以後。事實上櫬義爲親身棺或棺材,並不包含有無尸體的義素。無尸者固可謂之櫬,有尸者亦可謂之櫬,正如今"棺材"一詞一樣。陸機《挽歌》詩云:"嘆息重櫬側,念我疇昔時。"此櫬則指有尸者。《小爾雅》據"輿櫬"儀式而訓櫬爲空棺,並不確切。

《廣器》:"衡,軛也。軛上謂之烏啄。""烏啄"一詞最早見《釋名·釋車》:"槅,扼也,所以扼牛頸也。馬曰烏啄,下向(案:當作'向下',下文即作'向下')叉馬頸,似烏開口向下啄物時也。"或以爲"烏啄"已見毛傳。《詩·大雅·韓奕》:"王錫韓侯,淑旂綏章,簟茀錯衡,玄衮赤舄,鉤膺鏤錫,鞹鞃淺幭,鞗革金厄。"毛傳:"厄,烏蠋也。"《釋文》作"烏喝",故有些人以爲即《小爾雅》及《釋名》所言之烏啄。我們認爲毛傳原本當作"烏蠋"。鄭箋云:"鞗革,謂轡也,以金爲小環,往往纏扼之。"孔穎達疏:"毛以厄爲厄蟲,則金厄者以金接轡之端,如厄蟲然也。"從鄭箋釋厄爲小環而對車軛説未置一詞來看,其時尚無作喝之異文。《爾雅·釋蟲》:"蚅,烏蠋。"《御覽》卷九五〇引孫炎亦云:"蚅,一名烏蠋也。"蠋蟲善于卷曲如環。《詩·豳風·東山》:"蜎蜎者蠋,烝在桑野。"毛傳:"蜎蜎,蠋貌。"《説文》:"蜎,肙也。"王筠《句讀》:"肙字從肉,蟲無骨也。從口者,肙掉尾向前,其曲如環也。"引申而有曲撓義。《字彙》:"蜎,撓也。"詩言"蜎蜎"正謂蠋蟲之卷曲。因蠋善卷曲如環,故詩人用以喻指馬籠頭上連接繮繩及嚼子的金屬小環。詩云"鞗革金厄",鞗革即馬籠頭,則金厄自以籠頭上之環爲諧。且上文已言"錯衡",下文不當另出衡下之軛。要之,毛傳"烏蠋"不誤,未可與《小爾雅》"烏啄"牽附,"烏啄"仍以《釋名》爲最早出處。

有些義項最早見于魏晋以後的著作。《廣詁》:"局,近也。"此義目前所知最早之例見三國時期。曹丕《與朝歌令吳質書》:"涂路雖局,官守有限。"《廣詁》:"强,益也。"王煦疏:"賈誼書《傅職》云：'飲酒而醉，食肉而飽，飽而强食。'《漢書·律曆志》：'正數之外益以餘數曰强。'所謂微强、少强、大强是也。"葛其仁《疏證》："算法以有餘爲强。"胡承珙《義證》説同。然皆無書證。益有多餘之義。《説文》："益，饒也。"段玉裁注："凡有餘曰饒。"强亦有多餘義，故訓强爲益。王煦所引賈誼書文見《新書·傅職》，類似語亦見《大戴禮記·保傅》："飽而强，饑而慊。"王聘珍《解詁》："强，暴也，謂暴殄也。""飽而强食"謂飽則糟蹋食物，可知此例與强之益義無關。所引《漢書》文《律曆志》所無，王氏當是誤記。《晋書·天文志》云："西交于奎十四少强。"此强固爲多餘義，然乃唐代文例。《漢語大字典》在"强"的多餘義下引二證：《詩·周頌·載芟》："侯主侯伯，侯亞侯旅，侯强侯以。"鄭玄箋："父子餘夫俱行，强有餘力者相助。"《木蘭詩》："策勛十二轉，賞賜百千强。"前一例難以成立。詩中的"主、伯、亞、旅、强、以"指各種類別的人，"强"毛傳釋爲"强力也"，指强壯有力之人，與"以"（讀爲駘，老弱之人）相對，解爲多餘則不通。後一例可以成立（或釋爲鏹之假借，亦備一説）。一般認爲《木蘭詩》爲北朝民歌。强之多餘義使用漸多是在唐代。敦煌俗賦《燕子賦》："海龍王第三女，髮長七尺强。"《孔子項託相問書》："當時便欲酬倍價，每束黃金三兩强。"《廣言》："蕪，草也。"此義最早見于南北朝。南朝宋顏延之《秋胡詩》："寢興日已寒，白露生庭蕪。"《廣詁》："没，無也。"葛其仁《疏證》："《史記·酷吏傳》：'張湯始爲小吏，乾没。'如淳曰：'得利爲乾，失利爲没。'釋没爲失去義，非是。乾没之没乃貪求之義，非失去義。"[16]胡承珙《義證》："没者，亦與蔑一聲之轉。《晋書》'乞伏暮末'，《宋書》又作'乞佛茂蔓'，亦其例也。"此説無證。王煦疏引郝敬《讀書通》云："俗謂無爲没。南齊豫章王嶷臨終謂諸子曰：'我無後當共相勉屬。''無後'即没後也。"引文見《南史·齊豫章文獻王嶷傳》，原文作："吾無後，當共相勉勵，篤睦爲先。"此説雖似可通，然《廣言》又有"没，終也"之訓，則二條同義，不當另出。若解没爲"没有"之義，則其義始見于唐代，[17]如張祜《偶題》詩："惟恨無賀老，謫仙長在没人知。"然則此條或爲唐人所增。《禮記·禮器》："五獻之尊，門外缶，門内壺，君尊瓦甒。"鄭玄注："壺大一石，瓦甒五斗，缶大小未聞也。"按《小爾雅·量》中云："豆四謂之區，區四謂之釜，釜二有半謂之藪，藪二有半謂之缶。"《小爾雅》明明有缶量之大小，鄭玄何以説"缶大小未聞"？這似乎表明鄭玄之時《小爾雅》中尚無此語，當是魏晋以後所增。

説郛本《廣言》："晞、烯，乾也。"烯字《説文》所無，典籍亦未見用例。字典中最早見于《玉篇》："烯，亦晞字。"據此則烯字當爲唐宋時所增，故本或無之。

有些話明顯是後人增補的。《衡》："鈞四謂之石，石四謂之鼓，然則鼓四百八十斤也。"大多數版本無"然則鼓四百八十斤也"之語，這顯然是後人據上文推算的語氣，非原文所有。《量》："一手之盛謂之溢，兩手謂之掬，掬一升也。"説郛本、漢魏本無"掬一升也"之語。宋咸在"兩手謂之掬"下注云："一升也。"（本或作"半升也"）宋咸既在掬下注一升，明原文無"掬一升也”之語。《廣烏》：“去陰就陽謂之陽烏，鴻雁是也。”説郛本、漢魏本、宋咸注烏作鳥，鴻作鳩。《書·禹貢》：“彭蠡既豬，陽鳥攸居。”孔安國傳：“隨陽之鳥，鴻雁之屬。”此蓋叢刊本所據。然《廣烏》篇所釋皆爲不同種類之烏，不及其他鳥名，故原文應以陽烏爲是。陽烏古有二義。《文選·左思〈蜀都賦〉》：“羲和假道于峻歧，陽烏回翼乎高標。”李善注：“《春秋元苞命》曰：‘陽成于三，故日中有三足烏。烏者，陽精。’”此爲神話中三足烏。《本草綱目》卷四十七《禽一·陽烏》引唐陳藏器曰：“陽烏出建州，似鸛而殊小，身黑，頸長而白。”此爲烏之一種。《小爾雅》所言皆爲現實中不同種類之烏，故應指後者。《小爾雅》全書無舉例之例，蓋陽烏訛作陽鳥，後人因據孔傳增“鴻雁是也”四字。鴻之水旁手寫常作連筆，近似一撇，故訛作鳩。《廣烏》：“小而腹下白、不反哺者謂之雅烏。白項而群飛者謂之燕烏，白脰烏也。雅烏，鷽也。”末尾“白脰烏也雅烏鷽也”等語皆後人增補。《水經注》卷十三引《爾雅》云：“純黑反哺謂之慈烏，小而腹下白、不反哺者謂之雅烏，白頭而群飛者謂之燕烏。”此文《爾雅》所無，《爾雅》當爲《小雅》之誤。從《水經注》所引無“白脰烏也雅烏鷽也”之語，知此文補入在酈道元之後。《廣獸》云：“鳥之所乳謂之巢，鷄雉所乳謂之窠，鹿之所息謂之場，兔之所息謂之窟，魚之所息謂之潛。潛，槮也，積柴水中，而魚舍焉。”《小爾雅》此處爲整齊七字句，被釋詞無作進一步解釋者，則今本“潛，槮也，積柴水中，而魚舍焉”之語當是後人增補。凡一篇末尾之補充性文字往往出自後人增補，非原文所有，如《廣烏》末尾之“白脰烏也。雅烏，鷽也”，《衡》末尾之“然則鼓四百八十斤也”，皆是。蓋篇末有空，便于補入也。《爾雅·釋器》“槮謂之涔”，《釋文》云：“《爾雅》舊文並《詩》傳並米旁作，《小爾雅》木旁作，其文云：‘魚之所息謂之橬。橬，槮也，積柴水中而魚舍焉。’郭因改米從木。”《詩·潛》下《釋文》曰：“《小爾雅》云：‘魚之所息謂之橬。橬，槮也，謂積柴水中令魚依之止息，因而取之也。’郭景純因改《爾雅》從《小爾雅》，作木傍參。”則陸德明所見《小爾雅》已有“橬，槮也，積柴水中而魚舍焉”之語。陸氏謂郭璞從《小爾雅》改槮爲橬，乃據後人增補而想當然。《爾雅·釋器》“槮謂之涔”郭璞注云：“今之作者聚積柴木于水中，魚得寒入其裏藏隱，因以薄圍捕取之。”知郭氏所見《爾雅》必是作槮，故以“聚積柴木”作解。

另外，《小爾雅》中還有一些訓釋相同的條目分列于不同篇目的情況。如《廣詁》：“勵，勸也。”又《廣言》：“勵，勉也。”勸、勉同義。《廣詁》：“索、略，取也。”《廣言》：“索、略，求也。”求、取同義。《廣言》：“荷，擔也。”“何，任也。”荷、何同詞，擔、任同義。《廣詁》：“户、悛、格、扈，止也。”《廣言》：“艾、盡，止也。”同訓爲止而分列兩篇。若《小爾雅》出自一人之手，不大可能出現這種同義條目分列兩處的情況，所以其中一條應爲後世所增。

孫恒改編《切韻》而《切韻》亡，宋人重刊《玉篇》而《玉篇》原貌盡廢。即便是影響很大的

《說文》，北宋徐鉉等人在校訂時直接在正文中補入 19 個字頭，另增 402 個字頭作爲"新附"，還爲每個字增補了反切。像《小爾雅》這種資料匯集性質的没有撰著人的數頁小書（全書包括被訓釋詞與訓釋詞約 1930 字），在流傳過程中更是很難保持一成不變，每一個抄寫者、每一個閱讀者都有可能成爲該書的修訂者和增補者。北宋宋咸對《孔叢子》作過一番整理。他說"士大夫號藏書者所得本皆豕亥魚魯，不堪其讀。臣凡百購求，以損益補竄"（《注〈孔叢子〉序》）。"損益補竄"的過程中難免將後世的訓釋補入《小爾雅》。南宋淳熙年間，王𤫉見《孔叢子》"近世鮮所流傳"，"訛[舛]至多"，遂"旁證遠取，凡刊誤幾六百字"（叢刊本《孔叢子》後記），誰能保證王𤫉没有攙雜進《小爾雅》原本所無的内容呢？我們看今天的不同版本，條目多少就互有出入。如叢刊本《廣言》："獲、干，得也。""適，閑也。""褻，外也。"不少版本没有這些條目。又《廣言》："囚、禁，録也。"不少版本没有囚字。漢魏本《廣言》："惎，忌也。"又："整，願也。"叢刊本無此二條。《廣詁》："勿、蔑、微、曼、末、没，無也。"叢刊本無曼字。《廣詁》："淫溢沉滅，没也。"叢刊本無溢字。《廣言》："走、卬，我也。"叢刊本無走字。《廣言》："惎、忌，教也。"叢刊本無忌字。這種或有或無的情況有些可能是一本脱落，有些可能就是一本有後人增補。比如"走"訓爲"我"實即走卒義用于自謙之稱，這種用法最早見于東漢。《文選·班固〈答賓戲〉》："走亦不任厠技于彼列。"李善注引服虔曰："走，孟堅自謂也。"又《張衡〈東京賦〉》："走雖不敏，庶斯達矣。"薛綜注："走，公子自稱走使之人，如今言僕矣。"可見"走"是東漢以後增益的。清代王寶仁搜集了唐代學者徵引《小爾雅》的 23 則佚文，爲今傳各本所無，説明從唐至宋《小爾雅》的内容又有所增删。阮元在爲葛其仁《疏證》寫的序言中説："吳師道《國策補注》所引有出今本外者，則其爲後人删節久矣。"吳師道爲元人，其所徵引有些不見今本，説明從宋代至元明，《小爾雅》仍有增删。所以無論從《小爾雅》内容本身來看還是從情理來推斷，今本《小爾雅》應該是一部在古本《小爾雅》基礎上遞相增益而成的著作。書名《小爾雅》，其最初成書必在《爾雅》之後。《爾雅》一般認爲成書于秦漢之際，而《小爾雅》在《漢書·藝文志》中已經著録，可以推知其最初成書應在西漢。

李零先生指出："早期的古書多由'片斷'即零章碎句而構成，隨時所作，即以行世，常常缺乏統一的結構，因此排列組合的可能性很大，添油加醋的改造也很多，分合無定，存佚無常。作者的自由度比較大，讀者的自由度也比較大。這使它的年代構成變得非常複雜。"[⑱]《小爾雅》的成書過程也可以印證李先生的這一説法。

---

① 趙伯義《〈小爾雅〉成書年代述評》，《河北師院學報》1986 年 4 期。

② 錢劍夫《中國古代字典辭典概論》145 頁，商務印書館 1986 年。又劉葉秋《中國字典史略》40 頁，中華書局 1987

③ 此篇篇名，《説郛》本、《漢魏叢書》本、明顧元慶《文房五雅全書》本皆作《廣烏》，《四部叢刊》本及清人各注本皆

作《廣烏》，篇中所釋僅爲各種不同種類之烏，不及其他烏名，應以《廣烏》爲是，作鳥者烏字之誤。

④ 請參洪鈞陶編《草字編》第一册 38—39 頁，文物出版社 1983 年。

⑤ 見注②劉著 41 頁。

⑥ 石雲孫《論胡承珙的〈小爾雅義證〉》，《古籍研究》1995 年 2 期。

⑦ 見注②錢著 146 頁。

⑧ 黃懷信《一部很有價值的古典辭書——〈小爾雅〉》，《辭書研究》1988 年 1 期。

⑨ 19 頁，山西人民出版社 1981 年版。

⑩ 34 頁，河南人民出版社 1985 年版。

⑪ 61 頁，中國書店 1983 年版。

⑫ 《陝西師範大學學報》1985 年 4 期。

⑬ 同注⑧。

⑭ 《古籍整理研究學刊》1993 年 1 期。

⑮ 249—250 頁，中國書店 1985 年版。

⑯ 請參蔣禮鴻《義府續貂》（增補本）"乾没"條，中華書局 1987 年。

⑰ 請參［日］太田辰夫《中國語歷史文法》281 頁，蔣紹愚、徐昌華譯，北京大學出版社 1987 年；向熹《簡明漢語史》下册 425 頁，高等教育出版社 1993 年。

⑱ 李零《從簡帛發現看古書的體例和分類》，《中國典籍與文化》2001 年 1 期。


## 主要參考文獻

1．《小爾雅》：《四部叢刊》影印明翻宋本《孔叢子》本，簡稱"叢刊本"；宛委山堂《説郛》本，據上海古籍出版社 1998 年版《説郛三種》；《漢魏叢書》本，上海商務印書館 1925 年影印，簡稱"漢魏本"。

2．《小爾雅》一卷，北宋宋咸注，《叢書集成初編》據明顧元慶《顧氏文房小説》排印本。該書自序作於 1058 年。

3．《孔叢子釋文》一卷，附於《四部叢刊》影印明翻宋本《孔叢子》，蓋爲宋咸《孔叢子注》之一部分。

4．《小爾雅疏》八卷，清王煦撰，簡稱"疏"。《邵武徐氏叢書初刻》本，《叢書集成續編》影印（見第 20 册），上海書店出版社 1994 年版。該書自序作於 1800 年。

5．《小爾雅訓纂》六卷，清宋翔鳳撰，簡稱"訓纂"。《廣雅書局叢書》本，《叢書集成續編》影印（見第 20 册）。該書自序作於 1807 年。

6．《小爾雅疏證》五卷，清葛其仁撰，簡稱"疏證"。《叢書集成初編》據《咫進齋叢書》排印本。該書自序作於 1814 年。

7．《小爾雅義證》十三卷，補遺一卷，清胡承珙撰，簡稱"義證"。《聚學軒叢書》本，《叢書集成續編》影印（見第 20 册）。該書自序作於 1827 年。

8．《小爾雅補釋》一卷，張舜徽撰，簡稱"補釋"。收入張舜徽《舊學輯存》，齊魯書社 1988 年版。文成於 1942 年。

# 陸機事迹雜考

## 曹 道 衡

考訂陸機的生平和作品繫年問題，最大的困難似乎在於現存許多史料的雜亂、牴牾和不可信。這是因爲較早的王隱、臧榮緒諸家之書均已散佚，只剩下零星的佚文，而一些典籍所引，又往往有删節，難免有誤。唐修《晋書》由於撰述年代較晚，又如劉知幾在《史通》中所指出的那樣好雜採小説，難以盡信。至於陸機本人的集子，亦早已散佚。現今所存的《陸機集》，乃宋人所輯，不但所存無多，而且有一些文章顯然不可能是陸機所作。例如：《晋平西將軍孝侯周處碑》，把周處卒年説成元康九年（299），而周處陣亡實爲元康七年（297）；文中還提到了東晋元帝"建武"、"太興"兩個年號，已在陸機死後十幾年。因此從清初顧炎武以來，就認定爲僞作。其實題爲陸機所作的文章，其可疑者決不止這一篇。如所謂《吳大帝誄》（見《藝文類聚》卷十三）和《孫權誄》（見《太平御覽》卷一及《宋書·樂志一》），恐怕均非陸機手筆，因爲"誄"本是人剛死去時生人對他的哀悼文辭。《文心雕龍·誄碑》："大夫之材，臨喪能誄。誄者累也，累其德行，旌之不朽也。"（按此語本於《毛詩·定之方中》傳）蕭統《文選序》："美終則誄發。"這都是説臨喪而作。按：吳大帝孫權死於太元二年（即魏齊王芳嘉平四年252），下距陸機生年（261）有九年之久，他怎麼可能爲孫權作誄？再説陸機一生所逢君主之喪只可能有兩次：一次是吳景帝孫休之死，此事發生在永安七年（即魏元帝咸熙元年264）。當時陸機不過四歲，不可能作誄。另一次是晋武帝之死，此事在太熙元年（290），陸機年三十一，倒是可能作誄的。但文中説："將熙景命，經營九圍；登迹岱宗，班瑞舊圻；上玄匪惠，早零聖暉。"從這些話看來，所誄的是一位有志統一全國，而没有成功就死去的君主。這當然不能用在晋武帝身上。所以這篇《吳大帝誄》也不可能是陸機哀悼别的君主而被人誤作《吳大帝誄》。在這篇殘缺的文章中，寫了孫權出殯的儀式，更非陸機所能目睹。看來它是一篇"吳大帝誄"，却不是陸機手筆。在現存陸機詩文中還有没有其他例子，這也很難説，所以要考證其生平及作品繫年，有較大困難。在這裏筆者只是想把平時研讀陸機作品時的一些想法寫出來就正於專家和廣大讀者。

# 一、關於陸機的入洛

陸機入洛時間一般都根據《三國志·吳志·陸遜傳》裴注引《機雲別傳》:

> 晋太康末,俱入洛,造司空張華,華一見而奇之,曰:"伐吳之役,利在獲二俊。"遂爲之延譽,薦之諸公。太傅楊駿辟機為祭酒,轉太子洗馬、尚書著作郎。

《機雲別傳》本屬"雜傳"一類書,並非正式的史籍,所以記事往往不很確切,如這段話中說陸機曾任"尚書著作郎"就是一例。因爲陸機曾做過著作郎,也曾任尚書中兵郎,但既不是同一時間;而且據《晋書·職官志》,晋武帝時尚書郎分爲三十四曹郎,其中有"左右中兵"而無著作郎。至於著作郎一職,漢魏本屬祕書監所轄,至晋併入中書省,不可能有"尚書著作郎"之官。然而唐修《晋書》的《陸機傳》關於陸機入洛的過程,似信從《機雲別傳》,如云:

> ……年二十而吳滅,退居舊里,閉門勤學,積有十年。……至太康末,與弟雲俱入洛,造太常張華。華素重其名,如舊相識,曰:"伐吳之役,利獲二俊。"……張華薦之諸公。後太傅楊駿辟為祭酒。會駿誅,累遷太子洗馬、著作郎。

歷來研究者敘述陸機入洛的經過,大抵依據這段話。因此許多文學史著作和論述陸機的文章都認爲陸機的入洛是晋武帝太康十年(289)。但此說和臧榮緒《晋書》的記載不同。據《文選》陸士衡《文賦》李善注引臧書云:

> ……年二十而吳滅,退臨舊里,與弟雲勤學,積十一年,譽流京華,聲溢四表,被徵為太子洗馬,與弟雲俱入洛。司徒張華素重其名,舊相識以文……

又《文選》潘安仁《爲賈謐作贈陸機》李善注引臧書:

> 太熙末,太傅楊駿辟為祭酒。

又陸士衡《皇太子讌玄圃宣猷堂有令賦詩》李善注引臧書:

> 楊駿誅,徵機為太子洗馬。

這兩條佚文,亦見《文選》陸士衡《謝平原内史表》李善注引。陸機自己在《詣吳王表》中亦云:"臣本吳人,靖居海隅。朝廷欲抽引遠人,綏慰遐外,故太傅所辟……"(見《太平御覽》卷二百四十八引)可見陸機入洛是由於楊駿徵辟,並非自動入洛,當無可疑。臧榮緒是南朝齊人,應見過裴松之《三國志注》和《機雲別傳》,但所記不同,當別有據。筆者認爲臧說更可信從。

首先,陸機在吳亡後閉門勤學的時間據唐修《晋書》說是"積有十年",而臧榮緒則謂"積十一年",二者看來矛盾,其實"積有十年"在此無非是"約有十年"之意,"十年"本來是個約數,不必看得太死,而"十一年"則是一個確定的數字。問題在於從太康元年(280)晋滅吳算起,到太康十年(亦即太康末289)正好十年;而到太熙元年(290)則爲十一年。"太熙"乃晋武帝最後一個年號，爲時不足四個月。這年四月，晋武帝就死了。當天惠帝即位便改元"永熙"。陸機被楊駿辟爲祭酒，肯定是在太熙改元以後，因爲不論王隱《晋書》(見《文選》陸士衡《歎逝賦》李善注引)、臧榮緒《晋書》或唐修《晋書》都説是"太傅楊駿"辟舉陸機。據《晋書·惠帝紀》"太熙(亦即惠帝永熙)元年五月，以太尉楊駿爲太傅，輔政"，足證楊駿辟舉陸機時間必在太熙元年(290)五月以後。至於陸機被辟舉時，是否已到洛陽，是一個需要討論的問題。依照《機雲別傳》和唐修《晋書》的説法，那時他應該身在洛陽。因爲照兩書説，他在"太康末"已到洛陽，和張華見了面，經過張華稱揚，才被楊駿辟舉。但臧榮緒的説法與此不同。從上面引用的文字看，臧榮緒認爲張華過去只是見過陸機之文而贊賞他，及至陸機被徵召到洛陽後，兩人才見面。這兩種不同的説法，亦當以臧説爲是。因爲《文選》所載潘岳《爲賈謐作贈陸機》一詩中説：

　　　　長離(五臣吕向曰："長離，鳳也。")云誰，咨爾陸生。鶴鳴九皋，猶載厥聲。况乃海隅，播名上京。爰應旌招，撫翼宰庭。儲皇之選，實簡惟良。英英朱鷺，來自南岡。

從潘岳的話看來，陸機當是名聞京洛以後，才被辟舉而從家鄉來到洛陽的。這和臧榮緒的記載完全符合。在陸機自己的作品中，我們同樣可以找到證據。如《赴洛》第一首云：

　　　　希世無高符，營道無烈心。靖端肅有命，假檝越江潭。

又《赴洛道中作》第一首云：

　　　　攬轡登長路，嗚咽辭密親。借問子何之，世網嬰我身。

又《於承明作與士龍》：

　　　　牽世嬰時網，駕言遠祖徵。

這些詩句都説明陸機的赴洛並非出於主動，而是迫於徵命，他心中還頗不願意。《文選》陸士衡《赴洛》詩李善注："《集》云：此篇赴太子洗馬時作，下篇云：'東宫'，而此同云《赴洛》，誤也。"李善所見的《陸機集》雖已非梁時四十七卷本，但當是《隋書·經籍志》所著録的二十卷本，多少還保存一些舊貌。據陸雲《與兄平原書》(第三十五)云："前集兄文爲二十卷，適訖一十，當黄之。"可見《陸機集》的編纂，始於陸雲。那麽古本《陸機集》説《赴洛》是應命赴官時作，當可從。這些文字都可以説明陸機入洛乃應徵辟，而辟舉他時，他還不在洛陽。

　　不過，《文選注》所引"集云"的話，和王隱、臧榮緒及唐修《晋書》似都有矛盾。因爲照那幾部史書説，陸機赴洛是應楊駿的辟舉，而"集云"則謂就任太子洗馬之職。這個矛盾似乎還涉及到對潘岳那首詩中"撫翼宰庭"一語的解釋。這句詩據李善注云："'宰'謂(楊)駿也。'宰'或爲'紫'，非也。"這説明李善曾見過作"紫庭"的本子。五臣李周翰云："宰庭，天子之庭也。"按：以"宰庭"爲"天子之庭"，不免牽强，疑五臣本原作"紫庭"。清人何焯在《義門讀書記》中説："按：楊、賈怨敵，岳必不敢代謐爲詩顧及之也。下文'廊朝惟清'即指誅駿事。作

'紫'爲是。"(卷四十六)梁章鉅《文選旁證》卷二十二全採何説。不過何説恐未必全是,如"廊朝惟清"句,在叙陸機自吳王(司馬晏)郎中令還朝任尚書中兵郎時,李善、五臣注均未説指楊駿被誅事。其實不管"宰庭"二字究作何解,陸機曾爲楊駿的祭酒則是事實,否則王隱、臧榮緒和唐修《晋書》以及《機雲別傳》就未必會衆口一辭。然而楊駿其人是在政治鬥爭中被殺的,歷來史家對他亦無好評。陸機的族人及其崇拜者可能諱言其事。再加上陸機任此職時間很短,也易被後人忽略。這就是《文選注》所引"集云"把陸機入洛説成爲應太子洗馬之徵的原因。我們只要從時間上推算,就可以知道他確實做過楊駿的祭酒。因爲陸機從家鄉出發的時間既爲太熙元年,而據《赴洛》第一首"谷風拂修薄,油雲翳高岑";《赴洛道中作》第一首"哀風中夜流";第二首"頓轡倚嵩巖,側聽悲風響,清露墜素輝,明月一何朗"等句看來,當爲夏曆八月間景色。在交通不便的古代,從江南去洛陽大約兩個月左右總能到達了。這時下距元康元年(291)三月楊駿被殺,還有五六個月。這期間他當已就任楊駿的祭酒。直到楊駿死後,他轉任太子洗馬,這時上距他離鄉時間雖不到一年。確已經過了秋冬春三季而至初夏,所以《赴洛》第二首説:"歲月一何易,寒暑忽已革。"

　　在陸機的另一些作品中,也可以爲這種推測提供旁證。如他的《歎逝賦序》中説:

　　　　余年方四十,而懿親戚屬亡多存寡,昵交密友亦不半在,或所曾共遊一塗,同宴一室,十年之内,①索然已盡。以是思哀,哀可知矣。

按:陸機生於吳永安四年(261),他四十歲那年爲晋惠帝永康元年(300)。從此上推十年,正好是太熙(或永熙元年290)。他爲什麼要特別提到這十年,就因爲他是太熙元年離開家鄉。這和他在《懷土賦序》中自稱"余去家漸久,懷土彌篤",而賦中又把"悼孤生之已晏,恨親没之何速"與思鄉之情結合起來是一個意思。

　　他的《吳王郎中從梁陳作》一詩自述其經歷云"在昔蒙嘉運,矯迹入崇賢;假翼鳴鳳條,濯足升龍淵"四句,説的是爲太子洗馬事。"誰謂伏事淺,契闊踰三年"二句,説的是在東宮的時間。從元康元年夏至四年正好三年多,與此推測完全符合。

　　在陸機的《答賈長淵》一詩似亦可與這推測相印證。詩中説:

　　　　思媚皇儲,高步承華。昔我逮兹,時惟下僚。及子棲遲,同林異條。年殊志比,服舛義稠。遊跨三春,情固二秋。

按:此詩爲答潘岳代賈謐所贈詩而作。陸機在序中説:"余昔爲太子洗馬,賈長淵以散騎常侍東宮積年。余出補吳王郎中令,元康六年(296)入爲尚書郎,魯公(賈謐)贈詩一篇,作此詩答之云爾。"詩中"遊跨三春"二句,是對潘詩"自我離群,二周於今"的回答。現在看來,楊駿於元康元年三月被殺,楊駿死後,陸機方爲太子洗馬,當在元康元年四月以後,至元康四年(294)出爲吳王郎中令,共經歷元康二年、三年和四年三個春天,與賈謐共事。陸機又有《皇太子賜讌》詩，其序云：“元康四年秋，余以太子洗馬出補吳王郎中，以前事倉卒，未得宴。”這說明他爲吳王郎中令在元康四年秋天，再經元康五年至六年回都爲尚書郎，正好兩個秋天。這樣，陸機從入洛到元康六年入爲尚書郎的經歷是可以考明的。

## 二、《思歸賦序》

今本《陸機集》的《思歸賦》，已非全文，其序云：

> 余以元康六年冬取急歸，而羌虜作亂，王師外征，職典中兵，與聞軍政。懼兵革未息，宿願有違，懷歸之思，憤而成篇。

但《太平御覽》卷六百三十四所引與此有出入：

> 陸機《思歸賦序》云：“余牽役京室，去家四載。以元康六年冬取急歸，而羌虜作亂，王師外征。機興憤而成篇。”

今人金濤聲點校《陸機集》，據此在集中所載文字的“余”字下補入“牽役京室，去家四載”八字。筆者對這兩種佚文都有疑問。因爲從元康六年（296）上推四年爲元康二年（292），這一年離他到洛陽不過二年，現有的史料亦無關於他這年曾回鄉的記載。如果說他在元康二年才離開家鄉那就不可能任楊駿的祭酒，而且和賈謐共事的時間至少要延後一年，不可能“遊跨三春”了。

今存這段文字蓋録自《藝文類聚》卷二十七，顯然已經刪節。刪節者似乎只求文義通順，却沒有考慮叙事的完整性。即以《太平御覽》所載序文多出的八個字而論，如果我們不知道有此異文而僅據《藝文類聚》及本集所載佚文，倒也文從字順，不易察覺其中有刪節。但《太平御覽》的文字亦難保未經刪改，如“機興憤而成篇”句，“機興”二字，就似後人轉述的口吻。所以這篇序文中被刪去的文字很可能不止《太平御覽》所多出的八字。至少據現有兩種佚文看來，“以元康六年冬取急歸”一語，只能意味着他已經請假回過家鄉，而這和序文及賦的全文是矛盾的。因爲序文是說他想回家而未果，才“憤而成篇”。再看賦的佚文，說到寫作此賦的時候是“寒風蕭殺，白露霑衣”，當屬秋季。下文又說“候凉風而警策，指孟冬而爲期；願靈暉之促景，恒立表以望之”，可見還沒有到冬季。從文義來推測，可能在“去家四載”後面還有別的話，被後人刪去，才成爲現在這樣子。

陸機在元康六年時，曾經想過請假回鄉，但由於“羌虜作亂”而未成行，因此作此賦抒憤，當爲事實。因爲據《晉書·惠帝紀》載，元康六年五月，“匈奴郝散弟度元帥馮翊、北地馬蘭羌、盧水胡反，攻北地，太守張損死之。馮翊太守歐陽建與度元戰，建敗績”。八月，“雍州刺史解系又爲度元所破。秦雍氐、羌悉叛，推氐帥齊萬年僭號稱帝，圍涇陽”。此賦當即這一年八月作。大約陸機原有請假的打算，至此因叛亂鬧大了，作爲尚書中兵郎的他無法分身，才作此賦。這些都無疑問，但序文當有刪節，未可據"去家四載"一語判斷他赴洛時間爲元康二年。

## 三、陸機《贈尚書郎顧彦先》二首和吳王郎中時從梁陳作

《晋書·陸機傳》："吳王晏出鎮淮南，以機爲郎中令……。"《惠帝紀》和《武十三王·吳王晏傳》均不載出鎮年月，倒是陸機自己在《皇太子賜讌》詩序中説到"元康四年秋，余以太子洗馬出補吳王郎中……"，而入爲尚書中兵郎爲元康六年，時間大約是這年上半年，因爲據《思歸賦序》，此年秋，他已在洛陽"職典中兵，與聞軍政"了。

陸機這次隨吳王晏出鎮淮南時，曾經到過哪些地方，已難詳考。他自己作品中提到的只有《吳王郎中時從梁陳作》一詩，也只是説了"凤駕尋清軌，遠遊越梁陳"二句，未作詳述。至於他那個期間的創作至今尚存的有多少，亦難確考。像《贈尚書郎顧彦先》二首，當爲這一時期之作。據《晋書·顧榮傳》："吳平，與陸機兄弟同入洛，時人號爲'三俊'。例拜爲郎中，歷尚書郎、太子舍人、廷尉正。"可見"尚書郎"爲顧榮入洛後所歷第二任官職，他既與陸機同時入洛，則任尚書郎時間亦應和陸機自太子洗馬出爲吳王郎中令的時間差不多。我們再看這兩首詩的第一首云："大火貞朱光，積陽熙自南。望舒離金虎，屏翳吐重陰。凄風迕時序，苦雨遂成霖。"這幾句説的是陸機所在的地方夏天因爲連雨，就發生了水災。那麼當時陸機在什麼地方呢？ 據《晋書·五行志》上："（元康）五年五月，穎川、淮南大水。"這一年正是陸機從吳王司馬晏出鎮淮南的次年，而且是他從淮南返回洛陽的前一年，説明當時陸機確在淮南。從《吳王郎中時從梁陳作》中"遠遊越梁陳"之句看來，他自洛陽越梁陳，正是去淮南的道路。"淮南"在當時是郡名，據《晋書·地理志》下，其治所在壽春（今安徽壽縣），屬揚州所轄。陸機所隨從的又是吳王，所以當時不少人就把他此行看作回了家鄉。如潘岳《爲賈謐作贈陸機》説到"旋返桑梓，帝弟作弼"；潘尼《贈陸機出爲吳王郎中令》也説："祁祁大邦，惟桑惟梓。"陸機這次去淮南，是否也到過江南老家，已無可考。但淮南這地方，東南接江南，西北接梁穎，正在洛陽和陸機家鄉之間。此地鬧水災，已波及"梁穎"，故云："沈稼湮梁穎"，和《晋書·五行志》所説吻合。陸機作詩當時大約是五月，所以詩中説"流民泝荆徐"。但到六月，據《五行志》云"荆、揚、徐、兖、豫五州又水"（據《惠帝紀》還有青州，共六州，這和《五行志》是相符的，《五行志》還説到"城陽、東莞大水"，二郡屬青州）。陸機在第二首詩中還有"眷言懷桑梓，無乃將爲魚"，從語氣來看，他並不在家鄉，而只是爲家鄉憂慮。以此推測，他作這兩首詩是在淮南，可能即壽春等地。

關於這兩首詩，《文選》五臣注的解釋似可懷疑。據李周翰注説："顧彦先同爲尚書郎，遇

雨不相見,故贈此詩。"劉良於"與子隔蕭墻,蕭墻阻(善作'隔')且深"二句下注云:"蕭墻,院落之墙也。"按:劉良把"蕭墻"釋爲"院落之墙"就是想坐實李周翰説的陸機和顧榮同爲尚書郎。但"蕭墻"本非"院落之墙"。《論語·季氏》:"吾恐季孫之憂不在顓臾,而在蕭墻之內也。"何晏《集解》:"蕭之言肅也。墻,謂屏也。君臣相見之禮,至屏而加肅敬也,是以謂之蕭墻。"朱熹《集注》同於何説,亦云"蕭墻,屏也"。屏,當然談不上"阻且深"。但"蕭墻"亦非一般的屏,據何晏説,當爲君主居處的屏,所以後來所謂"禍起蕭墻",指的都是君主左右或親近的人。《韓非子·用人》"不謹蕭墻之患而固金城於遠境"與"不用近賢之謀而外結萬乘之交於千里"對舉,説明指接近君主之臣。當時顧榮在洛陽任尚書郎,是接近皇帝的官,而陸機則遠在淮南,故云:"蕭墻阻且深。"如果陸機也在洛陽任尚書郎,便不會像詩中説的那樣"音聲日夜闊"了。再説陸機回京任尚書郎在元康六年秋季以後,據《晋書·顧榮傳》,顧榮任尚書郎之後,又任太子舍人、廷尉正等職。本傳記載,趙王司馬倫殺淮南王司馬允時,顧榮正爲廷尉正。《惠帝紀》載,司馬倫殺司馬允時爲永康元年(300),上距陸機返洛陽約四年,這期間顧榮可能已調任太子舍人。更值得注意的是,從元康五年水災之後,據《惠帝紀》及《五行志》還有兩次水災:一次是元康六年五月,"荆、揚二州大水",當時陸機尚未回洛陽,且荆、揚二州同時遭水災,不可能像詩中説的那樣"流民泝荆徐"。另一次是元康八年九月"荆、豫、揚、徐、冀等五州大水",這次水災發生於秋季,和詩的內容不符,且荆、徐二州亦同時遭水,也不可能有"流民泝荆徐"之事。因此,《贈尚書郎顧彦先》二首,應爲元康五年夏作於淮南的詩。

## 四、陸機與王濟

《世説新語·言語》云:

陸機詣王武子(濟),武子前置數斛羊酪,指以示陸曰:"卿江東何以敵此?"陸云:"有千里蓴羹,但未下鹽豉耳。"

《晋書·陸機傳》全採此文(文字略有出入),並云:"時人稱爲名對。"但王濟的卒年史無明文。《晋書·王渾附王濟傳》只説他:"年四十六,先渾卒。"王渾卒年爲元康七年(297),王濟卒年自然在此前,然究竟早幾年? 很難確考。《晋書》本傳所記事迹,似皆在太康時期。如:

(晋武)帝嘗謂和嶠曰:"我將罵濟而後官爵之,何如?"嶠曰:"濟俊爽,恐不可屈。"帝因召濟,切讓之,既而曰:"知愧不?"濟答曰:"尺布斗粟之謡,常爲陛下耻之。他人能令親疏,臣不能使親親,以此愧陛下耳。"帝默然。

按:"尺布斗粟之謡"指太康三年晋武帝命齊王攸出鎮及次年齊王攸憂憤而死的事。晋武帝在和王濟談話前,曾與和嶠説過,而和嶠在"太康末","以母憂去職",到惠帝即位後才出

來做官。那麼王濟這次對答武帝,至遲當在太康九年。至於另一件事是孫皓譏笑他和晋武
帝下棋時"伸脚局下",孫認爲是"無禮於君"。按:據《三國志·吳志·孫皓傳》,"(太康)五年,
皓死於洛陽"(裴注引《吳錄》曰:"皓以四年十二月死"),則更在對答之前。當然,據《晋書·王
渾附王濟傳》,王濟曾有一個時期"使白衣領太僕",但時間有多久已不可考。若在太熙元年
前王濟已卒,則他和陸機就不能見面,這"名對"就成了無稽之談。這一點,我們似可據《世説
新語·傷逝》中話來推測王濟可能活到了元康初:

> 孫子荆(楚)以有才,少所推服,唯雅敬王武子。武子喪,名士無不至者。子荆後來,
> 臨屍慟哭,賓客莫不垂涕。哭畢,向靈牀曰:"卿常好我作驢鳴,今我爲卿作。"體似真聲,
> 賓客皆笑。孫舉頭曰:"使君輩存,令此人死!"

這個故事爲《晋書·王渾附王濟傳》所採入。若據《晋書·孫楚傳》,孫楚卒於元康三年(293),
那麼王濟卒年應在孫前,結合本傳看來,他大約卒於太康末至元康一二年間。那麼陸機入洛
之初去見過王濟,當屬可能。

　　不過,《世説新語》這段記載頗可懷疑,因爲據劉孝標注,此事始見裴啓《語林》。《語林》
本記一些傳聞和佚事,不一定可信。《世説新語·輕詆》載《語林》中關於謝安的記載,謝本人
就加以否認,何況早已死去的王濟、孫楚。本來古人關於在弔喪時作驢鳴的故事,據《世説新
語·傷逝》及劉注看來,還有曹丕弔王粲之事在前。至於孫楚爲王濟作驢鳴,似更不可信。因
爲據《晋書·孫楚傳》,他"年四十餘,始參鎮東軍事",現在《文選》所録孫子荆《爲石仲容與孫
皓書》,即當時所作,其時在魏平蜀以後,司馬昭死以前,當爲咸熙元年(264)。作此文時,孫
楚已年"四十餘"。我們再看王濟之父王渾,據《晋書》本傳"元康七年薨,時年七十五",當生
於魏黄初四年(223),在咸熙元年年四十一。那麼孫楚年齡不會小於王渾,對王濟來説是父
輩。他不大可能在弔一個比自己晚一輩的人時作驢鳴。更可懷疑的是王濟是否比孫楚先
死,尚可商榷。因爲據《晋書·劉聰載記》載前趙攻破洛陽,俘獲晋懷帝後,把他押送到平陽,
去見劉聰:

> 聰引帝入讌,謂帝曰:"卿爲豫章王時,朕嘗與王武子相造,武子示朕於卿,卿言聞其
> 名久矣。以卿所製樂府歌示朕,謂朕曰:"聞君善爲辭賦,試爲看之。朕時與武子俱為
> 《盛德頌》,卿稱善者久之。又引朕射於皇堂,朕得十二籌,卿與武子俱得九籌,卿贈朕柘
> 弓、銀研,卿頗憶否?"帝曰:"臣安敢忘之,但限爾日不早識龍顏。"……

這段話全取《十六國春秋》的記載,據《太平御覽》卷一百一十九引崔鴻《十六國春秋·前趙録》
所載,文字幾乎全同(僅個別的字有出入)。崔鴻作《十六國春秋》時,據《魏書·崔光附崔鴻
傳》,他曾"搜集諸國舊史",除成蜀李氏的史籍外,都較具備,當屬可信。那麼劉聰和王濟早
年去見晋懷帝事應爲事實。我們再看《晋書·懷帝紀》,晋懷帝於建興元年(313)被殺,年三

十,當生於晋武帝太康五年(284)。如果王濟死於元康三年(283)以前,晋懷帝最多八九歲,怎能作什麼"樂府歌"及欣賞王濟、劉聰所作的《盛德頌》? 何況《劉聰載記》載王濟領劉聰去見懷帝時,懷帝說"聞其名久矣",不像一個小孩的口吻。再說劉聰見懷帝時,當年已二十左右(《晋書·劉聰載記》"弱冠遊於京師,名士莫不交結",《太平御覽》引《十六國春秋》同)。從劉聰講到他和王濟、晋懷帝比射的事看來,一個二十歲青年,射箭勝過八九歲的小孩,又有什麼可誇耀的? 所以王濟引劉聰見晋懷帝事,應晚於元康三年,可能是元康五六年間的事。《世說新語》的話未必可信,王濟可能卒於孫楚之後,陸機見王濟的時間,並不一定要限於元康三年之前。

## 五、再論陸機的籍貫

關於陸機的籍貫,我過去曾作札記,認爲他應爲吳郡吳(今江蘇蘇州)人,而非華亭(今上海松江)人(見臺灣文津出版社版《中古文學史論文續集》)。現在看來,此說雖無大謬,但尚須補充。因爲把陸機看作華亭人的說法始於明以前。明何良俊《四友齋叢說》卷十七就認爲吳陸績、陸景,晋陸機、陸雲爲松江人,據說"載在郡志"。不過,歷史上從未設過"松江郡",只是元代至元十四年(1277)才設"華亭府",次年改名"松江府"。那麼何良俊所見"郡志",亦當出於元以後人之手。然而此說亦有根據,即《文選》陸士衡《贈從兄車騎》詩李善注引陸道瞻《吳地記》曰:"海鹽縣東北二百里,有長谷。昔陸遜、陸凱居此。谷東二十里,父祖葬焉。"這個地方就是後來的松江縣(或華亭縣)是無可否認的。既然陸遜的父祖均葬於此,那麼說陸機爲"華亭人",似乎不錯。但依照通例,古人的籍貫,當據祖籍。陸機的祖父陸遜,《三國志·吳志·陸遜傳》明確地說他是"吳郡吳人也"。這後一個"吳"字分明是縣名,指現今的蘇州。我們再看《陸遜傳》下文:"遜少孤,隨從祖廬江太守在官。袁術與康有隙,將攻康,康遣遜及親戚還吳。遜年長於康子績數歲,爲之綱紀門户。"那麼陸康是哪裏人呢? 據《三國志·吳志·陸績傳》:"陸績字公紀,吳郡吳人也。父康,漢末爲廬江太守。"東漢時代的吳郡,吳和華亭所屬的婁縣是兩個縣,這在《續漢書·郡國志》中有明確記載,史家不應在陸績、陸遜二人的傳記中都誤以婁爲吳。再說陸氏爲吳人不始於三國。《後漢書·獨行·陸續傳》:"陸續字智初,會稽吳人也。"陸續是光武帝時人,吳、會稽二郡尚未分開,吳乃會稽郡治所。這時候陸氏已居於吳,而早在西漢時代,據《漢書·地理志》,會稽郡所轄有吳,也有婁,兩縣也是分開的。

華亭本是一個"亭",是婁縣所轄的一小塊地方。筆者在過去的札記中已說過,華亭設縣在唐玄宗天寶十載(751),即陸機死後四百四十八年,怎麼能說他是"吳郡華亭人"呢? 陸遜的居於華亭不知始於何時,從《三國志》本傳看來,他封華亭侯爲建安二十四年(219)十一月,此後又進封婁侯。孫權所以封他華亭侯,又封婁侯,大約就因爲陸遜在那裏有地産。像陸遜那樣的大族,且爲孫策女婿,在家鄉附近建立莊園當然不足怪。他在那裏有了莊園而把父祖葬於附近,亦可理解。但不能因此就説他是"吴郡婁人",更不能説是"華亭人"。

① "内"字,李善注本《文選》及《藝文類聚》卷三十四作"外",今從南宋陳八郎刊五臣注及《四部叢刊》影宋本六臣注《文選》、金濤聲點校本《陸機集》。

# 六官體制下的北周禁衛武官制度

張 金 龍

## 一、《隋書·禮儀志七》所載北周禁衛武官制度

《隋書》卷 12《禮儀志七》載"後周警衛之制"，比較全面地記述了北周禁衛武官制度，是迄今爲止認識北周禁衛武官制度最系統最權威的資料。茲先將有關記載引述如下，然後再作分析討論。其文略云：

後周警衛之制：置左、右宮伯，掌侍衛之禁，各更直於內。小宮伯貳之。臨朝則分在前侍之首，並金甲，各執龍環金飾長刀；行則夾路車。左、右中侍，掌御寢之禁，皆金甲，左執龍環、右執獸環長刀，並飾以金。次左、右侍，陪中侍之後，並銀甲，左執鳳環、右執麟環長刀。次左、右前侍，掌御寢南門之左、右，並銀甲，左執師子環、右執象環長刀。次左、右後侍，掌御寢北門之左、右，並銀甲，左執犀環、右執兕環長刀。左、右騎侍，立於寢之東、西階，並銀甲，左執羆環、右執熊環長刀；十二人兼執師子彤楯，列左、右侍之外。自左、右侍以下，刀並以銀飾。左、右宗侍，陪左、右前侍之後，夜則衛於寢庭之中，皆服金塗甲，左執豹環、右執貔環長刀，並金塗飾；十二人兼執師子彤楯，列於左、右騎侍之外。自左、右中侍已下，皆行則兼帶黃弓矢，巡田則常服，帶短刀，如其長刀之飾。左、右庶侍，掌非皇帝所御門閤之禁，並服金塗甲，左執解豸環、右執玁環長劍，並金飾；十二人兼執師子彤楯，列於左、右宗侍之外。行則兼帶皓弓矢。左、右勳侍，掌陪左、右庶侍而守出入，則服金塗甲，左執吉良環、右執狰環長劍；十二人兼執師子彤楯，列於左、右庶侍之外。行則兼帶盧弓矢，巡田則與左、右庶侍俱常服，佩短劍，如其長劍之飾。諸侍官，大駕則俱侍，中駕及露寢半之，小駕三分之一。

左、右武伯，掌內、外衛之禁令，兼六率之士。皇帝臨軒，則備三仗於庭，服金甲，執金釦杖，立於殿上東、西階之側；行則列兵於帝之左、右，從則服金甲，被繡袍。左、右小武伯各二人貳之，服、執同於武伯，分立於大武伯下及露門之左、右塾；行則加錦袍。左、右武[虎]賁率，掌武[虎]賁之士，其隊器服皆玄，以四色飾之，各總左、右持鈒之隊；皇帝臨露寢，則立於左、右三仗第一行之南、北，出則分在隊之先、後；其副率貳之。左、右旅

賁率,掌旅賁(之)士,其隊器服皆青,以朱爲飾,立於三仗第二行之南、北;其副率貳之。左、右射聲率,掌射聲之士,其隊器服皆朱,以黃爲飾,立於三仗第三行之南、北;其副率貳之。左、右驍騎率,掌驍騎之士,其隊器服皆黃,以皓爲飾,立於三仗第四行之南、北;其副率貳之。左、右羽林率,掌羽林之士,其隊器服皆皓,以玄爲飾,立於三仗第五行之南、北;其副率貳之。左、右遊擊率,掌遊擊之士,其(隊)器服皆玄,以青爲飾;其副率貳之。武[虎]賁已下六率,通服金甲、師子文袍,執銀釦檀仗;副率通服金甲、獸文袍。各有倅長、帥長,相次陪列;行則引前。倅長通服銀甲、豹文袍,帥長通服銀甲、鵰文袍。自副率已下,通執獸環銀飾長刀。凡大駕則盡行,中駕及露寢則半之,小駕半中駕。常行軍旅,則衣色尚烏。①

上引史料對研究北周禁衛武官制度具有不可替代的重要性,以往凡論北周制度者,多引此條,如:清紀昀等(四庫館臣)撰《歷代職官表》卷42、43,谷霽光《府兵制度考釋》,王仲犖《北周六典》,濱口重國《西魏時期の二十四軍と儀同府》。②濱口氏謂,"胡三省引《五代志》逸文,與上引有繁簡之別,但内容大致相同"。這一理解不確。胡三省《資治通鑑注》所引《五代志》即上引《隋書·禮儀志七》所載"後周警衛之制",不是逸文,而是胡氏略其大意而引之。《資治通鑑》卷170陳宣帝太建三年(571)冬十月"乙未,周遣右武伯谷會琨等聘於齊"條,胡三省注:"《五代志》:周置左、右武伯,掌内外衛之禁令,兼六率之士。左、右小武伯各二人貳之。"同上卷171太建四年三月"帝乃密與(宇文)直及右宮伯中大夫宇文神舉⋯⋯右侍上士宇文孝伯謀之"條,胡注:"《周官》:宮伯掌王宮宿次舍之事。⋯⋯右侍亦仿《周官》侍御以置官而耝其名。《五代志》:周置左、右宮伯,掌侍衛之禁,各更直於内,小宮伯貳之,臨朝則在前侍之首,行則夾路車。左、右中侍,掌御寢之禁;左、右侍陪中侍之後。左、右前侍,掌御寢南門之左、右;左、右後侍,掌寢北門之左、右。"胡氏爲使注文簡略而節引《五代志》原文,以致文義不明,未能如實全面地反映北周禁衛武官制度。

根據上引資料可知,北周禁衛武官分爲宮伯與武伯兩個系統。左、右宮伯"掌侍衛之禁,各更直於内",所領爲皇帝的侍衛親兵,地位親近。其職能類似於漢代郎中令——光禄勳,曹魏的武衛將軍,西晉的左、右衛將軍,北魏前期的幢將與郎衛,北魏後期的左、右衛將軍與直閤將軍等職。左、右武伯比左、右宮伯疏遠,其職能介於漢代之衛尉與光禄勳之間。③不過總的來看宮伯與武伯所統皆屬皇宮禁衛軍,而不是京師守衛軍,與魏晉以後領軍所掌内軍相當。京城之守衛當是因長安及其附近屯駐有二十四軍府兵,故最初在禁衛武官制度中未設置相關機構。當然宮伯、武伯所統禁衛軍,據學者研究,也當由二十四軍府兵番上宿衛來充當。後來出現了武候率、武環率等職,當與漢代之執金吾相類,以負責京城治安爲主要職責。④

北周禁衛武官組織結構可簡單表述爲:⑤

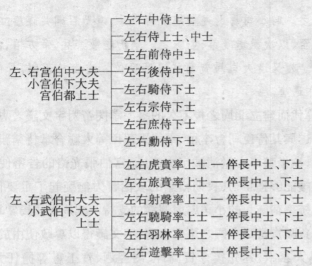

據上引史料記載，結合《周禮》所載宮城結構，⑥北周禁衛武官警衛之制如圖一、圖二所示(見文後)：

## 二、北周禁衛武官制度溯源

北周左、右宮伯無疑是仿照《周禮·天官·冢宰》之"宮正"之職而建立的，⑦這一點已爲濱口重國和王仲犖二氏所指出。《周禮·天官·冢宰》："宮正掌王宮之戒令糾禁，以時比宮中之官府次舍之衆寡，爲之版以待，夕擊柝而比之。辨内外而時禁，稽其功緒，糾其德行，幾其出入，均其稍食，會其什伍，而教之道藝。凡邦之大事，令於王宮之官府次舍，無去守而聽政令。春秋以木鐸修火禁。凡邦之事蹕。"其主要職責是對王宮的管理，而北周左、右宮伯基本職掌是侍衛禁中，保衛皇帝及後宮之安全。兩者的職掌顯然是有差別的。如前所引，北周左、右宮伯之職掌爲"掌侍衛之禁，各更直於内"。《隋書》卷39《竇榮定傳》："及高祖作相，領左、右宮伯，使鎮守天臺，總統露門内兩廂仗衛，常宿禁中。"此時左、右宮伯之職掌已比設立之初有較大擴張，侵蝕了原左、右武伯之職能。這是楊堅專政控制北周政局後的特殊情況，並非正常制度。

《周書》卷3《孝閔帝紀》載元年(557)九月孝閔帝宇文覺與晋公宇文護的權力之爭，其辭云：

帝性剛果，見晋公護執政，深忌之。司會李植、軍司馬孫恒以先朝佐命，入侍左右，亦疾護之專，乃與宮伯乙弗鳳、賀拔提等潜謀，請帝誅護。帝然之。又引宮伯張光洛同謀。光洛密白護，護乃出植爲梁州刺史，恒爲潼州刺史。鳳等遂不自安，更奏帝，將詔群公入，因此誅護。光洛又白之。時小司馬尉遲綱總統宿衛兵，護乃召綱共謀廢立。令綱入殿中，詐呼鳳等論事。既至，以次執送護第，並誅之。綱仍罷散禁兵，帝方悟，無左右，獨在內殿，令宮人持兵自守。護又遣大司馬賀蘭祥逼帝遜位。遂幽於舊邸，月餘日，以弒崩，時年十六。植、恒等亦遇害。

這是發生在宇文護擁立宇文覺禪代而建立北周之後不久的事。孝閔帝對宇文護之專政深表不滿，爲了奪回權力，親掌朝政，遂與其侍臣司會李植、軍司馬孫恒等人聯合掌侍衛親兵的宮伯乙弗鳳、賀拔提及張光洛同謀，欲借禁軍力量消滅宇文護，而宮伯張光洛的告密使這次密謀失敗，孝閔帝也被廢殺。宇文護能夠獲勝，其長期積累的政治實力無疑起了重要作用，除此還有宮伯張光洛之倒戈，以及統率宿衛兵的小司馬尉遲綱的支持。北周大司馬掌軍政，相當於漢代之太尉及大司馬，其所負職責當爲全國之軍政事務，宇文護得以專政便由於他在孝閔帝初年擔任大司馬，及其遷爲大冢宰，遂先後令賀蘭祥、尉遲迴、齊王憲等擔任大司馬。“祥、迴皆宇文泰姊子，與宇文護爲中表密戚，憲則泰愛子也”。⑧

司會爲最高財政長官，其職見《周禮·天官府》，謂“司會掌邦之六典八法八則之貳，以逆邦國都鄙官府之治”。鄭玄注云：“會，大計也。司會，主天下之大計，計官之長。”司會（司會中大夫）不僅是財政大臣，而且還有一個基本職能是“副總六府事”，⑨即《周禮》之“掌邦之六典八法八則之貳”，也就是説他還有權協助天官大冢宰負責天、地、春、夏、秋、冬六府之事務，屬於天官府之宮伯、夏官府之司馬及武伯等軍政長官亦可歸其管轄。正因如此，周孝閔帝才能夠利用司會李植以與大冢宰宇文護相抗衡。

軍司馬爲大司馬屬官，其職亦主軍政。《周書》卷11《晋蕩公護傳附叱羅協傳》：“護遂徵協入朝。既至，護引與同宿，深寄託之。協欣然承奉，誓以軀命自效。護大悅，以爲得協之晚。即授軍司馬，委以兵事。”卷40《尉遲運傳》：“天和五年，入爲小右武伯。六年，遷左武伯中大夫。尋加軍司馬，武伯如故。運既職兼文武，甚見委任。”小司馬爲大司馬之副，其主要職掌如上引史料所言爲“總統宿衛兵”，即統領禁衛軍。這表明軍司馬與武伯職能相近。《周書》卷20《尉遲綱傳》：“孝閔帝踐阼，綱以親戚掌禁兵，除小司馬。”此處之“掌禁兵”與《孝閔帝紀》之“小司馬尉遲綱總統宿衛兵”，含意是相同的。按尉遲綱在改任小司馬前爲宇文氏控制的西魏王朝之領軍將軍、中領軍。同上傳載：“魏廢帝二年，拜大將軍，兼領軍將軍。及帝有異謀，言頗漏泄。太祖以綱職典禁旅，使密爲之備。俄而帝廢，立齊王，仍以綱爲中領軍，總宿衛。”于翼時爲大將軍，“總中外宿衛兵事”。⑩據此，我們有理由認爲，北周六官體制下之小司馬，其職本是由西魏之領軍將軍（中領軍）改名而來，兩者職任是一致的。武伯（左右武伯中大夫、左右小武伯下大夫）及其所轄左右虎賁率、旅賁率、射聲率、驍騎率、羽林率、遊擊率上士和武環率、武候率下大夫等職，與小司馬同出夏官府，小司馬上大夫應爲其長官。⑪小司馬及其所屬武伯等職相當於西魏時之領軍將軍及其屬官左右衛將軍、武衛將軍諸職。《宋書》卷40《百官志中》:"領軍將軍一人,掌內(中)軍。"左、右"二衛將軍掌宿衛營兵"。《隋書》卷27《百官志中》:"(北齊)領軍府,將軍一人,掌禁衛宮掖。朱華閣外,凡禁衛官,皆主之。輿駕出入,督攝仗衛。……左、右衛府,將軍各一人,掌左、右厢,所主朱華閣外。各武衛將軍二人貳之。"《周書》卷20《王懋傳》:歷尚食典御、領左右、武衛將軍→右衛將軍→……左衛將軍→領軍將軍等職。"宿衛宮禁,十有餘年,勤恪當官,未嘗有過。魏文帝甚嘉之"。據上引《隋書·禮儀志七》記載,"左、右武伯掌內外衛之禁令,兼六率之士。皇帝臨軒,則備三仗於庭"。此與前代之領軍將軍及左右衛將軍、武衛將軍之職掌非常相似,應是以其改名和改制,其實質並未發生太大變化。具體而言,小司馬相當於領軍將軍,左、右武伯相當於左、右衛將軍,左、右小武伯相當於武衛將軍。軍司馬一職則相當於原領軍府之司馬。

　　左、右宮伯和左、右武伯分屬於不同的系統。左、右宮伯在禁衛武官中地位更爲親近,可以認爲是侍衛親軍之長。濱口重國認爲左、右宮伯即相當於以前之領左右。⑫從職掌來看,二職確有相同之處。《周書》卷20《王勵傳》:"年十七,從太祖入關。及太祖平秦隴,定關中,勵常侍從。……大統初,爲千牛備身、直長、領左右,出入臥內,小心謹肅。魏文帝嘗曰:'王勵可謂不二心之臣也。'沙苑之役,勵以都督領禁兵從太祖。勵居左翼,與帳下數十人用短兵接戰,當其前者,死傷甚衆。勵亦被重傷,遂卒於行間,時年二十六。"勵弟懋,"魏文帝東征(按在大統八年十二月),以撫軍將軍兼太子左率留守,俄轉右率。歷尚食典御、領左右、武衛將軍……遷右衛將軍"。由此可知,西魏大統年間有領左右之職,與武衛將軍的地位相當而低於左、右衛將軍。

　　北周之左、右武伯中大夫相當於原左、右衛將軍,左、右小武伯下大夫相當於武衛將軍,領左右又發展爲左、右宮伯中大夫。濱口重國、王仲犖二氏皆以左、右宮伯屬下之左右宗侍、庶侍、勳侍之淵源爲北魏末年以來之勳府庶子、宗子羽林—宗士和望士等,是有道理的。只是西魏時期元氏宗室衰微,並無宗士及庶子、望士等侍官之職。濱口氏認爲左右中侍、左右侍、左右前侍、左右後侍、左右騎侍等五侍相當於以前的千牛備身等侍從官。從千牛備身及備身、備身左右等職執千牛刀侍從皇帝左右與北周左右五侍皆執各類刀具侍衛來比較,兩者的職掌應是一脈相承的,濱口氏的認識是正確的。

　　我認爲,北周宮伯之制還有一個重要淵源——宇文泰霸府侍衛制度。北周宮伯之制更有可能是從宇文泰的帳內親軍發展而來,而並不一定是直接由西魏君主的領左右及其下屬千牛備身等職改名而來。西魏千牛備身僅見於上引《王勵傳》,時在大統初年。北魏分裂前夕(533),宇文泰擔任使持節、武衛將軍、夏州刺史。公元534年二月,關西大行臺賀拔岳爲侯莫陳悅所殺,曾爲岳府司馬的宇文泰乘機兼并了賀拔岳的勢力而成爲關西霸主。《周書》

卷 1《文帝紀上》:"太祖乃率帳下,輕騎馳赴平凉。"遂控制了賀拔岳部衆。宇文泰被魏孝武帝任命爲大都督、隴西行臺,後進爲關西大行臺。不久,魏帝自洛陽高歡控制下逃亡到關中宇文泰控制區。北魏分裂爲東、西魏,宇文泰控制元氏皇帝建立西魏,與高歡之東魏政權相抗衡。宇文泰作爲西魏最高軍事統帥,既要控制政局又要忙於在前線指揮大軍與東魏作戰,一支高素質的軍隊是保證其軍政大事成功的必要條件。在與東魏的鬥爭過程中,宇文泰根據自身特點並在漢族士人蘇綽、盧辯等積極協助下建立了府兵制度。⑬與此同時,他又通過安排其親信擔任禁衛武官控制西魏皇帝及其朝廷。另外,宇文泰本人的安全保衛顯得至關重要,這一職能是由其帳下親信來承擔的。如在宇文泰赴平凉接收賀拔岳餘部時便率"帳下"輕騎前往,這是其最早的侍衛親軍。又如沙苑之役時,千牛備身、直長、領左右王勵以都督領禁兵隨從宇文泰東征;在戰鬥中"與帳下數十人以短兵接戰",此"帳下"即宇文泰之帳下親兵。關於宇文泰及其繼任者帳下(內)侍衛武官的記載頗多,兹將有關史料臚列並略作分析,以見此一制度之梗概。

　　北魏末年,在征戰將帥的軍府出現了各類親信、左右及帳內(帳下)等初、低級將領,他們既是軍府僚佐、主帥親信,同時也是指揮官。這些官職的重要職能便是侍衛主帥左右,以保護其人身安全。《周書》卷 14《賀拔岳傳》:"廣陽王元深(淵)以岳爲帳內軍主。又表爲强弩將軍。後與兄勝俱鎮恒州。州陷,投爾朱榮。榮待之甚厚,以爲別將,尋爲都督。每居帳下,與計事,多與榮意合,益重之……復爲榮前軍都督,破葛榮於滏口。……從平元顥,轉左光禄大夫、武衛將軍。"據此,賀拔岳由元淵之帳內軍主升爲朝廷之禁衛武官强弩將軍(實際並未到任),後又轉投爾朱榮,而成爲榮府之帳內別將、都督,並進而轉任朝廷禁衛武官武衛將軍。可見由當權主帥幕府之親信僚屬轉爲朝廷禁衛武官乃當時官吏升遷之一途,也反映出帳內之職在本質上具有禁衛武官的性質。宇文深、陸騰曾爲爾朱榮帳內之職。《周書》卷 27《宇文深傳》:"至永安初,起家秘書郎。時群盜蜂起,深屢言時事,爾朱榮雅知重之……三年,授子都督,領宿衛兵卒。及齊神武舉兵入洛,孝武西遷。既事起倉卒,人多逃散,深撫循所部,並得入關。"卷 28《陸騰傳》:"爾朱榮入洛,以騰爲通直散騎侍郎、帳內都督。從平葛榮……普泰初,遷朱衣直閤。"梁臺曾先後爲爾朱天光、侯莫陳悦、賀拔岳之親信。"孝昌中,從爾朱天光討平關隴,一歲之中,大小二十餘戰,以功授子都督……普泰初,進授都督。後隸侯莫陳悦討南秦州群盜,平之。……尋行天水郡事,轉行趙平郡事。……未幾,天光追臺還,引入帳內。及天光敗於寒陵,賀拔岳又引爲心膂"。⑭耿豪、李和曾爲賀拔岳之帳內親信,史載:"賀拔岳西征,引(耿豪)爲帳內。""賀拔岳作鎮關中,乃引(李)和爲帳內都督。"⑮

　　北魏孝武帝元修爲了與權臣高歡抗衡,加強自身防衛,在斛斯椿建議下置閤內都督,於是在朝廷禁衛機構中首次出現了都督之職。此閤內都督實際上是在戰時環境下採用了主帥幕府帳內都督的制度。魏孝武帝閤內都督可考者有王思政、侯莫陳順、楊寬、宇文虯、竇熾、宇文顯和等人。《周書》卷18《王思政傳》："俄而齊神武潛有異圖，帝以思政可任大事，拜中軍大將軍、閤內大都督，總宿衛兵。"勸孝武西遷，"帝深然之。及齊神武兵至河北，帝乃西遷"。卷19《侯莫陳順傳》："尋加散騎常侍、千牛備身、衛將軍、閤內大都督。從魏孝武入關。"卷22《楊寬傳》："又除黃門侍郎，兼武衛將軍。孝武與齊神武有隙，遂召募騎勇，廣增宿衛。以寬爲閤內大都督……專總禁旅。從孝武入關……"卷29《宇文虯傳》："以功加安西將軍、銀青光禄大夫、員外直閤將軍、閤內都督。……及孝武西遷，以獨孤信爲行臺，信引虯爲帳內都督。"卷30《竇熾傳》："時帝與齊神武構隙，以熾有威重，堪處爪牙之任，拜閤內大都督。遷撫軍將軍、朱衣直閤，遂從帝西遷。"卷40《宇文神舉傳》：父顯和，"魏孝武之在藩也，顯和早蒙眷遇……及即位，擢授冠軍將軍、閤內都督……及齊神武專政，帝每不自安。……遷朱衣直閤、閤內大都督……從帝入關"。孝武帝入關後，其閤內都督有些便直接轉爲宇文泰幕府之帳內都督，如宇文顯和入關即被宇文泰"引爲帳內大都督"。

北魏末年，宇文泰便建立了自己的幕府，接替賀拔岳鎮守隴右後其勢力不斷壯大，其幕府中即設親信、帳內等職負責保衛工作。《周書》卷29《王勇傳》："又數從侯莫陳悦、賀拔岳征討，功每居多，拜別將。及太祖爲丞相，引爲帳內直蕩都督，加後將軍、太中大夫……從擒竇泰，復弘農，戰沙苑，氣蓋衆軍，所當必破。太祖歎其勇敢，賞賜特隆……拜鎮南將軍，授帥都督。從討趙青雀，平之……"按東魏北齊左、右衛府屬官有直蕩都督，[16]宇文泰之帳內直蕩都督當與之相似，職能應該相近。宇文泰最初之帳內（帳下）親信、都督可考者還有：蔡祐，"太祖在原州，召爲帳下親信。太祖遷夏州，以祐爲都督。及侯莫陳悦害賀拔岳，諸將遣使迎太祖。將赴，夏州首望彌姐元進等陰有異計。太祖微知之，先與祐議執元進……後從討悦，破之"。[17]楊薦，"魏永安中，隨爾朱天光入關討群賊……文帝臨夏州，補帳內都督。及平侯莫陳悦，使薦入洛陽請事。魏孝武帝授文帝關西大行臺，仍除薦直閤將軍"。[18]辛威，"初從賀拔岳征討有功，假輔國將軍、都督。及太祖統岳之衆，見威奇之，引爲帳內……從迎魏孝武，因攻回洛城，功居最"。[19]侯莫陳瓊，"從魏孝武入關，爲太祖直蕩都督"。[20]大統年間，宇文泰之帳內親信除了從北魏末年各軍閥幕府親信帳內之職輾轉而來者外，還有一入仕即爲宇文泰帳內親信者，如：李檦，"大統元年，授撫軍將軍……尋爲太祖帳內都督。從復弘農，破沙苑"。王顯，"初爲太祖帳內都督"。劉雄，"大統中，起家爲太祖親信"。宇文盛，"初爲太祖帳內，從破侯莫陳悦……大統三年，兼都督。從擒竇泰，復弘農，破沙苑，授都督、平遠將軍、步兵校尉"。陸逞，"起家羽林監，文帝內親信"。趙剛，"除大丞相府帳內都督"。[21]宇文泰之帳內親信還有其外甥、女婿等姻親。《周書》卷20《賀蘭祥傳》：爲宇文泰之甥，"長於舅氏，特爲太祖所愛"。"年十七，解褐奉朝請，加威烈將軍……尋擢補都督，恒在帳下。從平侯莫陳悦，又迎魏孝武……仍從擊潼關,獲東魏將薛長孺"。《尉遲綱傳》:亦爲宇文泰之甥。"少孤,與兄迥依託舅氏……從太祖征伐,常陪侍帷幄,出入卧内。後以迎魏孝武功,拜殿中將軍。大統元年,授帳内都督,從儀同李虎討曹泥,破之。又從破竇泰……仍從復弘農,克河北郡,戰沙苑,皆有功……太祖甚寵之,委以心膂。河橋之戰,太祖馬中流矢,因而驚奔。綱與李穆等左右力戰,衆皆披靡,太祖方得乘馬"。卷 21《尉遲迥傳》:"稍遷大丞相帳内都督……從太祖復弘農,破沙苑,皆有功。"卷 30《于翼傳》:爲宇文泰女婿。"大統十六年,進爵郡公,加大都督,領太祖帳下左右,禁中宿衛"。宇文泰統治後期,仍有帳内之職,《周書》卷 36《裴果傳》:"大統九年,又從戰邙山,於太祖前挺身陷陣,生擒東魏都督賀妻烏蘭。勇冠當時,人莫不歎服。以此太祖愈親待之,補帳内都督,遷平東將軍。"時在大統十四年前。如上所引,于翼在大統十六年爲大都督"領太祖帳下左右"。《周書》卷 29《伊婁穆傳》:"穆弱冠爲太祖内親信,以機辯見知,授奉朝請,常侍左右。邙山之役,力戰有功,拜子都督、丞相府參軍事,轉外兵參軍。累遷帥都督、平東將軍、中散大夫,歷中書舍人、尚書駕部郎中、撫軍參軍、大都督、通直散騎常侍。"由此可見,宇文泰幕府(丞相府)之帳内諸職的等級有:親信→子都督→帥都督→大都督。

　　據王仲犖《北周六典》卷 1《大丞相第六》載,有大丞相府帳内親信大都督、都督及虞候大都督、都督諸職,"帳内大都督、都督領親信兵"。《周書》卷 25《李基傳》:"領大丞相親信,俄轉大都督。"《隋書》卷 50《龐晃傳》:"周太祖既有關中,署晃大都督,領親信兵,常置左右。"《賀若誼碑》:"稍遷直閤(閣)將軍、大都督";"(宇文泰)乃命公以大都督領親信。"②前引史料所見宇文泰幕府有親信、帳内、帳下左右、帳内都督等職。親信、帳内、帳下左右爲宇文泰之衛士,即親信兵,由都督領之。而都督又有子都督、帥都督、都督、大都督等不同等級,類似於原來的軍主、統軍及別將、都督等職。

　　此外,我們還可見到宇文泰丞相府之帳内都督兼任朝廷禁衛武官或互相轉任之例。王勵在"大統初,爲千牛備身、直長、領左右",爲西魏文帝之禁衛武官,"出入卧内,小心謹肅",頗受魏文帝好評。"沙苑之役,勵以都督領禁兵從太祖"。②這是由西魏朝廷之禁衛武官轉爲宇文泰幕府之都督,二職同領禁兵自無疑義。賀蘭祥先爲宇文泰軍府都督,"恒在帳下",後"拜左右直長……遷右衛將軍……沙苑之役,詔祥留衛京師"。②陸騰曾爲爾朱榮帳内都督,"遷朱衣直閤",大統九年由東魏被俘入西魏,宇文泰"即拜帳内大都督。未幾,除太子庶子,遷武衛將軍"。②辛威於魏末由宇文泰之帳内"授羽林監"。②這些均是由宇文泰(或爾朱榮)之幕府帳内都督遷任朝廷禁衛武官之例。《周書》卷 27《宇文深傳》:永安三年,爲爾朱榮府"子都督,領宿衛兵卒"。後隨魏孝武帝西遷。"太祖以深有謀略,欲引致左右,圖議政事。大統元年,乃啓爲丞相府主簿,加朱衣直閤"。此乃宇文泰府佐兼朝廷禁衛武官之例。《周書》

卷 30《于翼傳》：大統十六年，“加大都督，領太祖帳下左右，禁中宿衛”。遷“散騎常侍、武衛將軍。……六官建，除左宮伯”。這是宇文泰帳内都督遷爲朝廷之禁衛武官，並進而改任六官制下之禁衛武官左宮伯的事例。尉遲綱的經歷可使我們更加充分地認識宇文泰帳内親信武官與朝廷禁衛武官之間的密切聯繫。《周書》卷 20《尉遲綱傳》：

> 從太祖征伐，常陪侍帷幄，出入卧内。後以迎魏孝武功，拜殿中將軍。大統元年，授帳内都督……仍拜平遠將軍、步兵校尉。八年，加通直散騎常侍、太子武衛率、前將軍，轉帥都督……遷大都督……魏廢帝二年，拜大將軍，兼領軍將軍……俄而帝廢，立齊王，仍以綱爲中領軍，總宿衛。……孝閔帝踐阼，綱以親戚掌禁兵，除小司馬。

尉遲綱雖然一度出任過地方軍政長官，但主要是在宇文泰之幕府帳内與朝廷禁衛武官之間轉任，二者職能相近於此可見一斑。當建六官而原領軍系禁衛武官制度被廢時，尉遲綱遂由中領軍轉任小司馬，故可認爲小司馬即原領軍之任，而六官體制下之禁衛武官制度乃是對原有禁衛武官制度及宇文泰帳内宿衛制度加以綜合和變革的結果，舊制在新制中得到延續。濱口重國及王仲犖二氏均注意到六官制下禁衛武官制度與舊制特別是北魏末年制度的聯繫及某些方面的繼承，但却未注意到西魏時期宇文泰霸府侍衛親軍制度對北周禁衛武官制度的影響。

從名稱上看，左、右宮伯與武伯之職無疑參考了《周禮》六官建制，但也並非一味地照搬，如前引述，宮伯、武伯既與《周禮》中宮伯、武伯之職有相似之處，但更有本質不同。北周宮伯有類《周禮》之宮正，而與《周禮》之宮伯職掌差別甚大；北周在太子東宮府有宮正，但不主禁衛，相當於原太子詹事。朝廷官制中並無宮正一職。北周之宮伯與西晉以來之左、右衛將軍及北魏末年之領左右職能頗爲近似，是將宇文泰霸府之帳内宿衛及朝廷禁衛武官制度加以綜合的結果，而左、右武伯則是對原有武衛將軍宿衛制度進行改造的產物，這與北魏後期以來武衛將軍的迅速發展有密切關係。而小司馬領宿衛則是對原領軍將軍（中領軍）制度的改造。

## 三、北周後期禁衛武官制度的改革

《唐六典》卷 28《太子左右衛率府》注：“後周東宮官員有司戎、司武、司衛之類。”《通典》卷 30《職官十二·東宮官》“左右衛率府”條：“後周東宮有司戎、司武、司衛等員。”《北史》卷 30《盧辯傳》：“（建德）四年，又改置宿衛官員，其司武、司衛之類皆後所增改，太子正、宮尹之屬亦後所創置。而典章散滅，不可復知。”看來唐初人已對北周之司武、司衛之類禁衛武官制度已不甚了了。唐長孺先生鉤稽史籍中幾條有關司武、司衛之記載進行研究，指出：“司衛、司武都是建德元年改置的。"司衛、司武不但東宮有此機構官稱,宿衛皇宮之禁軍將領也有同樣的名稱,所以隋初改制左右衛與左右武衛並非東宮官……建德元年的改置宿衛官司武、司衛乃是宇文護被殺之後增强皇權的措置。"[27]王仲犖先生亦認爲:"按《唐六典》謂司武是東宮官屬,實無證據。予疑北周武帝改夏官武伯爲司武,其官名改易,當在建德之初,以《周書·武帝紀》載:'建德元年六月庚子,改置宿衛官員。四年二月辛卯,改置宿衛官員。'此際或改武伯大夫爲司武大夫也。故紀傳建德以前,無稱司武大夫者,建德以後,亦無稱武伯大夫者。然以史無明文,故未敢遽以並入夏官府武伯大夫職下,仍別爲條目,著於六官餘録。"[28]

認爲建德元年改置宿衛官司衛、司武的主要證據是《周書》卷40《尉遲運傳》的記載:

> 建德元年(572),授右侍伯,轉右司衛……以運爲右宮正。三年(574),帝幸雲陽宮,又令運以本官兼司武,與長孫覽輔皇太子居守……宣政元年(578),轉司武上大夫,總宿衛軍事。高祖崩於雲陽宮,秘未發喪,運總侍衛兵還京師。

考之史載,司衛之職的確出現於建德元年,但當時司衛與司武是否皆爲上大夫,或如西魏末所設宮伯、武伯一樣爲中大夫,不得而知。到了宣帝宣政元年,司衛、司武之地位已明確爲上大夫,比周初之宮伯、武伯提高了一個等級。

《周書》卷5《武帝紀上》:建德元年三月"丙辰,誅大冢宰晉國公護……等。大赦,改元。罷中外府"。"六月庚子,改置宿衛官員"。按中外府即原宇文護之軍府(都督中外諸軍事府),是其專權的主要機構。正如唐長孺先生所言,周武帝"改置宿衛官司武、司衛乃是宇文護被殺之後增强皇權的措置……使皇帝得以將宮廷武裝掌握在自己手中"。在周武帝殺宇文護之前,宇文護一直是北周王朝的主宰者,雖非皇帝却臨駕於皇帝之上,周武帝就曾多年受其擺佈而徒有其名。《周書》卷11《晉蕩公護傳》:

> 自太祖爲丞相,立左右十二軍,總屬相府。太祖崩後,皆受護處分,凡所徵發,非護書不行。護第屯兵禁衛,盛於宮闕。事無巨細,皆先斷後聞。保定元年,以護爲都督中外諸軍事,令五府總於天官。

按天官即大冢宰,爲宇文護所任之職,宇文護以之總統六府,決策國政。他又通過所總二十四軍府兵衛士番上宿衛掌握朝廷禁衛軍權,進而控制北周皇帝。這與宇文泰控制魏帝如出一轍。周武帝殺宇文護後首先罷中外府,便是將原宇文護所掌握的軍權收歸朝廷,由他自己親自控制。改置宿衛官員則是從制度上加强皇宮及東宮禁衛軍權,從而徹底消除宇文護專權所造成的影響。

周武帝之所以能够取得對宇文護鬥爭的勝利,得到禁衛長官的擁護支持是一個重要原因。《周書》卷11《晉蕩公護傳》:"初,帝欲圖護,王軌、宇文神舉、宇文孝伯頗豫其謀。是日,軌等並在外,更無知者。殺護訖,乃召宮伯長孫覽等告之,即令收護子……等,於殿中殺之。"

按：王軌爲周武帝重要親信，周武帝即位之後曾任禁衛武職前侍下士、左侍上士，"頗被識顧"。"累遷内史上士、内史下大夫，加授儀同三司。自此親遇彌重，遂處腹心之任。時晋公護專政，高祖密欲圖之。以軌沈毅有識度，堪屬以大事，遂問以可否，軌贊成之"。㉙《周書》卷40《宇文神舉傳》："世宗初，起家中侍上士。"保定"四年，進驃騎大將軍、開府儀同三司，治小宮伯。天和元年，遷右宮伯中大夫……高祖將誅晋公護也，神舉得預其謀。"宇文孝伯更是周武帝重要親信。同上《宇文孝伯傳》："其生與高祖同日，太祖甚愛之，養於第内。及長，又與高祖同學……高祖即位，欲引致左右。時政在冢臣，不得專制，乃託言少與孝伯同業受經，思相啓發。由是晋公護弗之猜也，得入爲右侍上士，恒侍讀書。天和元年，遷小宗師，領右侍儀同……自是恒侍左右，出入卧内，朝之機務，皆得預焉……高祖深委信之，當時莫與爲比。及高祖將誅晋公護，密與衛王直圖之。唯孝伯及王軌、宇文神舉等頗得參預。"

《周書》卷40《尉遲運傳》："建德元年，授右侍伯，轉右司衛。"可知在建德元年還出現了侍伯之職，當爲周武帝第一次"改置宿衛官員"之結果。有右侍伯，自亦應有左侍伯。《漢魏南北朝墓誌集釋》圖版四〇九《蘇慈墓誌》："（建德）四年，授持節、車騎左將軍、儀同三司、大都督，領骨附禁兵。其年，改領左侍伯禁兵。"㉚按"骨附"即骨肉附從亦即親信之義，當指周武帝之元從親信，是其對抗亞消滅宇文護之主要力量。據此可知，最晚在建德四年已有了左侍伯之職，從尉遲運在建德元年爲右侍伯來看，左、右侍伯的設置應在建德元年周武帝第一次改置宿衛官員時。左、右侍伯當爲中大夫，尉遲運在任右侍伯之前爲軍司馬、左武伯中大夫，而其後所轉之右司衛則爲上大夫。《蘇慈墓誌》："宣政元年，授前侍伯中大夫。其年，周宣帝授右少司衛大夫。大象元年，授司衛上大夫。"這一記載表明，北周後期不僅設置了左、右侍伯，而且還設置了前、後侍伯。左、右、前、後侍伯諸職是一同設置，還是先有左、右侍伯，而後再設前、後侍伯，不太明確。不論如何，諸侍伯均由周武帝所設立，並且爲中大夫可以確定。侍伯諸職的地位與宮伯、武伯一樣，其組織結構亦當相類，因此可以推斷還應有左、右、前、後小侍伯下大夫。侍伯上士見《隋書》卷54《崔彭傳》："周武帝時，侍伯上士，累轉門正上士。"侍伯諸職與宮伯名稱相似，其職掌似亦相當，侍伯諸職可能是仿宮伯諸職而設的宿衛官，用以加強禁衛力量。不過當時並未廢宮伯之職（見下），在皇宮既設宮伯又設前、後、左、右侍伯，詳情難明。

據王仲犖《北周六典》卷七《六官餘錄》引述，在周武帝平齊時，可見到熊渠中大夫、伙飛中大夫、前驅中大夫諸職。如：竇榮定，"從武帝平齊，加上開府，拜前將軍、伙飛中大夫"；伊婁謙，"周武帝平齊，拜伙飛右旅下大夫"；乞伏慧，"周武帝平齊，拜伙飛右旅下大夫，轉熊渠中大夫"；郭衍，"宣政元年，爲右中軍熊渠中大夫"。㉛據此推測，以上諸職似乎僅是周武帝平定北齊之役時的警衛制度，並非北周一代定制。此制當是在原六官武伯警衛制度的基礎上，參照西晉大駕鹵簿警衛之制而設置的。㉜其結構應是：

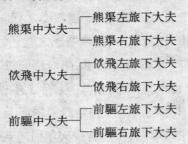

按晉代鹵簿儀仗警衛之制中"熊渠督左，佽飛督右"，周武帝平齊時之鹵簿儀仗恐亦類此。前引史料有"右中軍熊渠中大夫"，亦當有左中軍。則左、右中軍分別統轄前驅(前)、熊渠(左)、佽飛(右)諸中大夫並以之爲朝廷禁衛武職，率領衛士侍衛周武帝大駕。

以建德元年出現之司衛及其後所見之司武爲朝廷禁衛武官而非東宮官，以建德元年改武伯爲司武大夫並以之爲朝廷禁衛武職，其認識似嫌證據不足。作爲時距北周較近、掌握資料較多的唐人來説，《唐六典》及《通典》撰者皆認爲北周東宮有司衛、司武等官，要輕易否定這種觀點還需其他旁證。《隋書》卷27《百官志中》：周太祖命尚書令盧辯"遠師周之建職"，制訂六官制，"制度既畢，太祖以魏恭帝三年(556)始命行之。所設官名，訖於周末，多有改更，並具《盧(辯)傳》，不復重序云"。而《周書·盧辯傳》早已散佚，今所存者甚簡略。唐長孺先生所舉司衛、司武最初設立及其爲皇宮禁衛武官的證據，上引《周書·尉遲運傳》的兩條史料，似乎也很難判定其爲東宮官還是宿衛皇宮之禁衛武官。尉遲運的任官經歷是：

> 天和五年，入爲小右武伯(下大夫)。六年，遷左武伯中大夫。尋加軍司馬，武伯如故。

> 建德元年，授右侍伯，轉右司衛。

本傳又載："時宣帝在東宮，親狎諂佞，數有罪失。高祖於朝臣内選忠諒鯁正者以匡弼之。於是以運爲右宮正。"考《宇文孝伯傳》："建德之後，皇太子稍長，既無令德，唯昵近小人。孝伯白高祖曰：'皇太子四海所屬，而德聲未聞。臣忝宮官，實當其責。且春秋尚少，志業未成，請妙選正人，爲其師友，調護聖質，猶望日就月將。如或不然，悔無及矣。'……於是以尉遲運爲右宮正，孝伯仍爲左宮正。"據此，則周武帝此次選宮官以輔太子仍是維持由原東宮官員輔導之原則，尉遲運由負責侍衛的右司衛轉任負責輔導之右宮正，司衛爲東宮官的可能性更大。《尉遲運傳》又載："三年，帝幸雲陽宮，又令運以本官兼司武，與長孫覽輔皇太子居守。"長孫覽在當時很可能已任司衛之職。《周書》卷12《齊煬王憲傳》："尋而高祖崩，宣帝嗣位，以憲屬尊望重，深忌憚之。時高祖未葬，諸王在内治服。司衛長孫覽總兵輔政，而諸王有異志，奏令開府于智察其動静。"長孫覽以司衛、尉遲運以右宮正兼司武輔皇太子居守，二人所任之禁衛武官恐怕仍當以太子東宮官爲宜。當然也不排除"總兵輔政"的司衛長孫覽及右宮正兼司武尉遲運爲朝廷禁衛武官的可能性。

認爲司武上大夫或由武伯所改,或認爲周武帝末年已廢宮伯、武伯之職,其説並不確切,因爲當時左、右宮伯之職仍然存在,其掌宿衛之任自無疑義。《周書》卷40《宇文孝伯傳》:"(宇文)護誅,授開府儀同三司,歷司會中大夫、左右小宮伯、東宮左宮正……尋拜宗師中大夫。及吐谷渾入寇,詔皇太子征之。軍中之事,多決於孝伯。俄授京兆尹,入爲左宮伯,轉右宮伯……(建德)五年,大軍東討,拜内史下大夫,令掌留臺事。"據《周書》卷6《武帝紀下》:建德五年"二月辛酉,遣皇太子贇巡撫西土,仍討吐谷渾,戎事節度,並宜隨機專決……八月戊申,皇太子伐吐谷渾,至伏俟城而還"。㊳十月"己酉,帝總戎東伐"。則宇文孝伯之爲左、右宮伯在建德五年十月前,表明直到此時仍有宮伯之職。由此可知,周武帝於建德元年和四年兩度改置宿衛官員,但同時並未廢除宮伯之職。《隋書》卷54《李衍傳》:"及平齊,以軍功進授大將軍,拜左宮伯。"卷39《竇榮定傳》:"及高祖(楊堅)作相,領左右宮伯,使鎮守天臺,總統露門内兩廂仗衛,常宿禁中。"卷25《刑法志》:"宣帝既酣飲過度,有下士楊文祐白宮伯長孫覽求歌。"《周書》卷33《厙狄峙傳》:子嶔,"從武帝東伐,以功授上儀同大將軍,歷右宮伯"。卷15《李弼傳》:子椿,"大象(579—581)末,開府儀同三司、大將軍、右宮伯"。㊴這些記載確鑿無疑地證明,直到北周末年仍然存在左、右宮伯之職。據《北周六典》卷5《夏官府第十·左右武伯中大夫》引録史料顯示,武伯之職最遲見於天和六年(571)。《周書》卷5《武帝紀上》:天和六年冬十月"乙未,遣右武伯谷會琨、御正蔡斌使於齊"。卷40《尉遲運傳》:"(天和)六年,遷左武伯中大夫。"此後再未見到武伯之職,而在次年周武帝誅宇文護,其後兩次"改置宿衛官員",出現了司武、司衛之職。王仲犖先生可能據此認爲,司武由武伯所改而非東宮官,司衛仍爲東宮官。我認爲,司衛、司武似均由武伯改革而來,其前身即是左、右衛將軍與武衛將軍,此一改制可能與其歷史淵源有關。改革後北周禁衛軍實際上隸屬於宮伯、司衛、司武三個系統。《周書》卷40《宇文神舉傳》:"宣政元年(578),轉司武上大夫。高祖親戎北伐,令神舉與原國公姬願等率兵五道俱入。"《尉遲運傳》:"宣政元年,轉司武上大夫,總宿衛軍事。高祖崩於雲陽宮,秘未發喪,運總侍衛兵還京師。"《宇文孝伯傳》:"其後高祖北討,至雲陽宮,遂寢疾。驛召孝伯赴行在所。帝執其手曰:'吾自量必無濟理,以後事付君。'是夜,授司衛上大夫,總宿衛兵馬事。又令馳驛入京鎮守,以備非常。"可見,此時的司武上大夫"總宿衛軍事",司衛上大夫"總宿衛兵馬事",自爲朝廷禁衛長官無疑。

《周書》卷5《武帝紀上》:建德三年"十二月戊子,大會衛官及軍人以上……丙申,諸軍軍士並爲侍官"。可見衛官和侍官不同:衛官當爲宿衛官,應是固定之職;而侍官則爲諸軍軍士,應屬番上宿衛皇宮者。此後,宿衛軍通稱爲"侍衛"。"侍官"由宮伯所統,已見前引《隋志》。唐長孺先生認爲：“《周書》卷一一《宇文護傳》‘護第屯兵宿衞，盛於宮闕’，此時府兵都由中外府指揮，宿衞亦受指揮，可以想見，所以武帝在殺掉宇文護之後，立刻改置宿衞，特別設立掌宿衞的司武、司衞，而以尉遲運等任職，使皇帝得以將宮廷武裝掌握在自己手中。以衞統府的制度可能此時即已建立。另外還有統領府兵的左右武候……其執掌爲‘晝夜巡察，執捕奸非’。”⑤ 此說還有一有力旁證。《周書》卷 7《宣帝紀》：大象元年二月癸亥，“帝於是自稱天元皇帝，所居稱天臺……内史、御正皆置大夫。皇帝衍（静帝）稱正陽宮，置納言、御正、諸衞等官，皆準天臺”。此處明確説正陽宮置諸衞等官，且“準天臺”，則天臺此前已置諸衞官。這是衞府制度確立的根據，也是北周末年司衞上大夫爲皇宮宿衞官的重要證據。但此“諸衞”官是否如隋唐十二衞制度一樣，因史料所限無法得知。我認爲當時可能尚未確立十二衞府禁衞武官制度，否則史書中必然會或多或少有所反映。

　　綜上可知，周武帝於建德元年第一次改置宿衞官員時設置了司衞、司武之職，最初可能僅爲東宮宿衞官，後來發展爲皇宮宿衞也有此二職；建德元年同時還設置了左、右、前、後侍伯諸職，是其最親近的禁衞武官。侍伯諸職是獨立還是歸屬於宮伯之下不太清楚，從其重要親信宇文孝伯曾任左、右宮伯及前侍伯蘇慈身份來看，侍伯諸職可能隸屬於宮伯，宮伯在當時升格爲上大夫的可能性很大。侍伯諸職也可能隸屬於新設之司衞（上大夫）。建德四年第二次改置宿衞官員的内容難以確知，也可能是對第一次改制的完善，如侍伯諸職有可能是經過兩次改制才完善的。此外，北周末年還出現了類似西晋大駕鹵簿禁衞之制的禁衞武官制度。在北周後期禁衞武官制度的改革中，北周前期的武伯被廢，而宮伯仍然存在，新設置了司武、司衞及侍伯諸職。總體來看，北周後期的禁衞武官制度比前期更爲龐大，組織結構則較爲分散，不利於權臣對禁衞武官的控制，從而更有利於皇帝專制集權。

①　中華書局，1971 年。按中華書局點校本有比較多的標點錯誤，最嚴重的有兩點：(1) 左、右宮伯系列之“行則夾路車。左、右中侍……”，中華本標爲“行則夾路車左右。中侍……”，“左右”是指中侍分爲左、右，而非路車左右，從其前後之宮伯、侍、前侍、後侍、騎侍、宗侍、庶侍、勳侍皆分左、右即可看出，中侍必定亦分左、右。且其後文明載“左執龍環、右執獸環長刀”，更是有力證明。(2) 左、右武伯系列之“左右武賁，率掌武賁之士”，應爲“左、右武賁率，掌武賁之士”（其他諸率皆類此）。其他標點不準確者，在以上徵引中已作改正，不再説明。

②　《歷代職官表》，上海古籍出版社，1989 年；《府兵制度考釋》，上海人民出版社，1962 年；《北周六典》，中華書局，1979 年。濱口氏文載其《秦漢隋唐史研究》上卷，東京大學出版會，1966 年初版，1971 年重印。本篇譯文收入劉俊文主編，《日本學者研究中國史論著選譯》第四卷，中華書局，1992 年。

③　參見《歷代職官表》卷 43《領侍衞内大臣》、卷 45《前鋒護軍統領》。

④　參見：《唐六典》卷 25《諸衞·左右金吾大將軍》“本注”（陳仲夫點校，中華書局，1992 年），《歷代職官表》卷 46《步軍統領》，王仲犖《北周六典》卷 5《夏官府》。

⑤　又可參見：《北周六典》卷 2《天官府第二·左右宮伯中大夫》，卷 5《夏官府第十·左右武伯中大夫》。

⑥　參考：孫詒讓撰，王文錦、陳玉霞點校，《周禮正義》，中華書局，1987 年；錢玄，《三禮通論》，南京師大出版社，1997 年。

⑦　北周另有宮正，爲太子東宮府官屬，參《北周六典》卷 8《東宮官屬第十八》。

⑧ 《北周六典》卷五《夏官府第十·大司馬》。《周書》卷 20《賀蘭祥傳》："六官建,授小司馬。孝閔帝踐祚,進位柱國,遷大司馬。時晉公護執政,祥與護中表,少相親愛,軍國之事,護皆與祥參謀。及誅趙貴,廢孝閔帝,祥有力焉。"宇文護廢孝閔帝時,即派遣大司馬賀蘭祥"逼帝遜位"。

⑨ 《周書》卷 35《薛善傳》："時晉公護執政,儀同齊軌語善云:'兵馬萬機,須歸天子,何因猶在權門。'善白之。護乃殺軌,以善忠於己,引爲中外府司馬。遷司會中大夫,副總六府事。"按同書卷 5《武帝紀上》:保定元年正月,"以大冢宰晉國公護爲都督中外諸軍事,令五府總於天官"。似會"副總六府事"應在此後,而不應在此前。(又見卷 11《晉蕩公護傳》)

⑩ 《周書》卷 30《于翼傳》。

⑪ 參見《北周六典》卷五《夏官府第十》。

⑫ 參見《西魏時期的二十四軍與儀同府》,《日本學者研究中國史論著選譯》第四卷。

⑬ 參見:谷霽光《府兵制度考釋》;唐長孺《魏周府兵制度辨疑》,《魏晋南北朝史論叢》第 282 頁,三聯書店,1955 年。

⑭ 《周書》卷 27《梁臺傳》。

⑮ 《周書》卷 29《耿豪傳》、《李和傳》。

⑯ 參見《隋書》卷 27《百官志中》。

⑰ 《周書》卷 27《蔡祐傳》。

⑱ 《周書》卷 33《楊薦傳》。

⑲ 《周書》卷 27《辛威傳》。

⑳ 《周書》卷 16《侯莫陳瓊傳》。

㉑ 以上見《周書》卷 15《李弼傳附弟標傳》,卷 20《王盟傳附兄子顯傳》,卷 29《劉雄傳》、《宇文盛傳》,卷 32《陸逞傳》,卷 33《趙剛傳》。

㉒ 清·陸增祥,《八瓊室金石補正》卷 25《隋二·靈州刺史賀若誼碑》;清·王昶,《金石萃編》卷 39《隋二·賀若誼碑》。

㉓ 《周書》卷 20《王勵傳》。

㉔ 《周書》卷 20《賀蘭祥傳》。

㉕ 《周書》卷 28《陸騰傳》。

㉖ 《周書》卷 27《辛威傳》。

㉗ 《魏周府兵制度辨疑》,《魏晋南北朝史論叢》第 282 頁。

㉘ 《北周六典》卷 7《六官餘錄第十三》,第 505 頁。

㉙ 《周書》卷 40《王軌傳》。

㉚ 按蘇慈即蘇孝慈,《隋書》卷 46《蘇孝慈傳》："周初爲中侍上士。後拜都督……遷大都督。"

㉛ 以上見《隋書》卷 39《竇榮定傳》,卷 54《伊婁謙傳》,卷 55《乞伏慧傳》,卷 61《郭衍傳》。

㉜ 關於西晉大駕鹵簿警衞之制,參見:《晋書》卷 25《輿服志》所載"中朝大駕鹵簿";張金龍,《"中朝大駕鹵簿"所反映的西晉禁衞武官制度》,《中華文史論叢》第 59 輯(1999 年)。

㉝ 《周書》卷 7《宣帝紀》："高祖每巡幸四方,太子常留監國。(建德)五年二月,又詔皇太子巡西土,因討吐谷渾。"

㉞ 參《北周六典》上册,卷 2《天官府第七·左右宮伯中大夫》。

㉟ 《魏晋南北朝史論叢》第 283—284 頁。

右後侍　北門　左後侍

御　坐

右　　　　左
右宫　　　宫左
右右小伯　　伯小左左
宗騎宫　　　　宫騎宗
侍侍伯　　　　伯侍侍

右中侍　　左中侍
右　侍　　左　侍
右騎侍　　左騎侍
（6人）　　（6人）

（夜）右宗侍　南　門　左宗侍（夜）
右前侍　（殿門）　左前侍
（晝）右宗侍　　　　左宗侍（晝）
右庶侍　　　　左庶侍
（6人）　　　（6人）

御寢·燕寢

帝所御閣

閣門

右庶侍　左庶侍
右勳侍　左勳侍

圖一　　　北周宫伯警衛之制示意圖

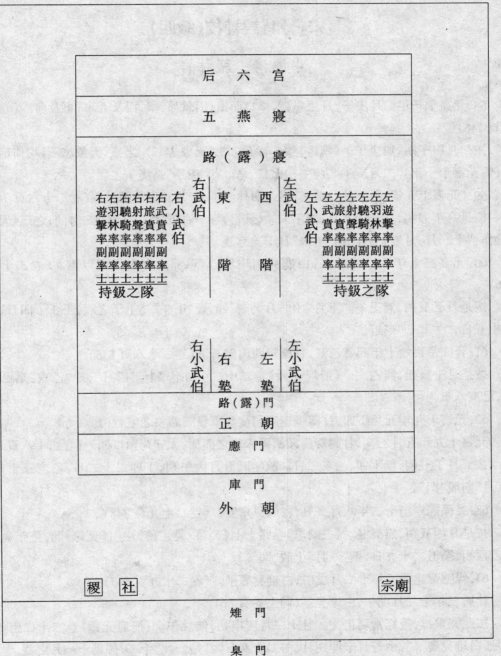

圖二　　北周武伯警衛之制示意圖

# 《宋書》時誤補校(續四)

## 牛繼清　張林祥

58.元嘉十一年二月庚子,月犯畢,入畢口而出,因暈昴、畢,西及五車,東及參。(卷二十六頁746)

按二月甲子朔,無庚子。《魏書》卷一百五之二《天象志二》、之三《天象志三》均作延和三年(當元嘉十一年)"二月庚午",庚午初七日,是。此"庚子"爲庚午之誤。

59.(元嘉十五年)十一月癸未,熒惑入羽林。丁未,月犯東井鉞星。(卷二十六頁747)

按是月丁卯朔,癸未十七日,無丁未。《魏書》卷一百五之二《天象志二》同;之三《天象志三》作:"十一月,月皆犯井。"則"丁未"日干支有誤。

60.元嘉三十年十一月壬午,白鹿見南琅邪,南琅邪太守王僧虔以獻。(卷二十八頁806)

按是月己亥朔,無壬午。下月"十一月癸亥"條,疑"壬午"爲壬子之誤,壬子十四日,癸亥二十五日,"午""子"形近。

61.晉武帝泰始十年四月乙亥,甘露降西河離石。(卷二十八頁815)

按是月壬辰朔,無乙亥。《冊府元龜》卷二十二引亦作"十年四月",疑"乙亥"爲己亥之誤,己亥八日。

62.元嘉十九年五月丁卯,甘露降建康司徒參軍督護顧俊之宅竹柳。

元嘉十九年五月乙亥,甘露降馬頭濟陽宋慶之園樹,太守荀預以聞。(卷二十八頁819)

按五月丁丑朔,無丁卯、乙亥二日。該年閏五月丙午朔,丁卯二十二日,乙亥三十日,疑"五月"前脫"閏"。

63.吳孫權赤烏十二年八月癸丑,白鳩見章安。(卷二十九頁848)

按是月丙辰朔,無癸丑。《三國志》卷四十七《吳書·吳主傳》注引《吳錄》同,是年吳閏八月乙酉朔,癸丑二十九日,疑"八月"上脫"閏"。

64.晉愍帝建興三年十二月戊午,白雉見襄平。(卷二十九頁863)

建興三年十二月戊午,白雉見。(同上卷頁864)

按此條重出,後條當屬衍文。且十二月庚申朔,無戊午。《冊府元龜》卷二十二引作"十一月,白雉見襄平",十一月辛卯朔,戊午二十八日,當是。此"十二月"爲十一月之誤。

65.孝武帝大明五年九月庚戌,河、濟俱清,平原太守申纂以聞。(卷二十九頁872)

按是月甲寅朔,無庚戌。《南史》卷二《宋本紀中》作"庚午,河、濟清",庚午十七日,是。此"庚戌"爲"庚午"之誤。

# 《晋書》與《世説新語》、劉孝標
# 注史料關係初探

胡 小 麗

唐修《晋書》與《世説新語》(以下簡稱《世説》)、劉孝標注對於研究兩晋不可或缺。可就兩者的關係而言,一向缺乏充分的研究。傳統史家們常認爲《晋書》史料多采自《世説》、劉注。

從現有資料看,最早就此對《晋書》提出批評的是唐朝史學家劉知幾。他認爲"……若《語林》、《世説》、《幽明録》、《搜神記》之徒,其所載或詼諧小辯,或神鬼怪物,其事非聖,揚雄所不觀,其言亂神,宣尼所不語。皇朝所撰晋史,多采以爲書",①對《晋書》采撰不精大加諷刺。至清朝,考據學大興,對《晋書》與《世説》、劉注的史料關係也有了進一步論述。《四庫全書總目》作爲書目的集大成者,對兩書關係的評論頗具代表性。四庫館臣認爲《晋書》"……其所褒貶,略實行而獎浮華;其所采擇,忽正典而取小説;波靡不返,有自來矣。……其所載者,大抵宏獎風流,以資談柄。取劉義慶《世説新語》與劉孝標所注一一互勘,幾於全部收入,是直稗官之體,安得目曰史傳乎?"②這裏,四庫館臣就明確提出了《晋書》幾乎全部采用了《世説》、劉注的觀點。

《總目》認爲《世説》、劉注所載幾乎全部見於《晋書》,即認爲唐修《晋書》時充分采録了《世説》、劉注。這也就强調了《世説》、劉注是唐修《晋書》的基本參考書及史料依據。《總目》在學術界的地位很高,影響很大,它關於《晋書》與《世説》、劉注史料關係的這一觀點也必然會影響到後世學者。然而,至今史學界對《晋書》史源的探討還很薄弱,對於《總目》的説法也没有深入細緻的研究。關於《晋書》與《世説》、劉注關係的探討,筆者認爲,從其異、同兩方面進行研究均有價值。本文主要就兩書互異方面的例證進行探討,根據現有史料,從探究《晋書》史源的角度出發,將《晋書》與《世説》、劉注諸多史實記載不同和表述不同之處逐一列出,參以唐前衆家晋史輯本,考以類書和前代注文,以探究《晋書》與《世説》、劉注之間的史料關係。經過研究,筆者發現,造成這些不同的主要原因在於《晋書》的基本史料依據不是《世說》、劉注。筆者認爲，這一研究對《總目》以來的傳統説法是一種補充、修正，同時對《晋書》史料價值的研究，魏晋史料學的完善、唐朝史學的探討等諸方面也具有一定意義。

以下按《晋書》與《世説》、劉注史料互異類型，分爲史實記載互異和記事相同表述互異兩部分加以論證。

一

史實記載不同可以分爲兩種情況：一種是名、字、年歲、職官互異；另一種是事迹記載不同。

（一）名、字、年歲、職官互異

這類互異之處多爲一字或數字之別，僅憑現存有限的史料，很多已難判斷其是非。但考以唐前衆家晋史，却能從中尋出一些蛛絲馬迹，證明《晋書》並非以《世説》、劉注爲基本的參考文獻。

1.《晋書》卷 59《宗室·成都王穎傳》載“成都王穎字章度”。（第 1615 頁）③

《世説·言語》篇注引《八王故事》曰：“司馬穎字叔度。”（第 87 頁）④

案：《晋書》與劉注關於司馬穎的字是“章度”還是“叔度”互異。參校以唐前晋史，發現臧榮緒《晋書》與唐修《晋書》記載相同。

《文選》卷 20《大將軍讌會被命作詩》李善注引臧榮緒《晋書》：“成都王穎字章度。”（第 950 頁）⑤

由臧書所記，可以看出“成都王字章度”，不是唐修《晋書》所“發明”，唐前晋史也有相同記載，所以從《晋書》史源的角度考慮，《晋書》與劉注的這一互異，恰好證明兩書史源是不同的。下例同。

2.《晋書》卷 51《摯虞傳》載“摯虞字仲洽，京兆長安人也”。（第 1419 頁）

《世説·文學》篇載“太叔廣甚辯給，而摯仲治長於翰墨……”（第 255 頁）

劉注引王隱《晋書》曰：“摯虞字仲治，京兆長安人。”（第 255 頁）

案：此例“治”與“洽”互異，在没有其他史料做參考佐證時，從史源的角度考慮，可以做出以下兩種推論：一因“治”與“洽”兩字形近，在《晋書》采抄《世説》、劉注時造成筆誤；二是兩者史源不同。

《北堂書鈔》卷 66 引王隱《晋書》曰：“奉侍摯虞，字仲洽，少好學，以賢良拜太子舍人。”（第 240 頁）⑥

《書鈔》與劉注具引王書，記載却不相同。根據現有史料，實在難以推斷其原委。但是從《書鈔》所引王書與唐修《晋書》所記相同這一點，可以斷定此例，唐修《晋書》與《世説》、劉注史源不同，各有所據。

3.《晋書》卷40《賈充傳》載"初，充前妻李氏（婉）淑美有才行，生二女褒、裕，褒一名荃，裕一名濬。……而荃爲齊王攸妃，欲令充遣郭而還其母。……荃、濬每號泣請充，充竟不往。會充當鎮關右，公卿供帳祖道，荃、濬懼充遂去，乃排幔出於坐中，叩頭流血，向充及群僚陳母應還之意。衆以荃王妃，皆驚起而散"。（第1171—1172頁）

《世説·賢媛》注引《晋諸公贊》曰："李氏有才德，世稱《李夫人訓》者。生女合，亦才明，即齊王妃。"（第684頁）

　　案：此事關於充女、齊王妃名"荃"還是"合"，《晋書》與劉注互異。

　　《太平御覽》卷151《王妃》引臧榮緒《晋書》曰："賈充前妻李氏生二女，荃、濬。禁錮解，荃等屢請充迎其母，而父不判。充當鎮關中，屯軍城西，爲供帳受百官錢。⑦荃、濬遂突出於坐中，叩頭流血，訴充並陳説群客以母應還之意。荃是齊獻王之妃，衆賓皆驚起散出，充甚愧愕。"（第740頁）⑧

　　由上觀之，臧榮緒《晋書》所記也稱充女、齊王妃名"荃"，與唐修《晋書》相同。這就説明此例互異不是唐修《晋書》采抄劉注時的筆誤，而是因爲《晋書》與劉注各自所本不同。

4.《晋書》卷66《陶侃傳》載"陶侃字士行，本鄱陽人也"。（第1768頁）

《世説·言語》注引《陶氏叙》曰："侃字士衡，其先鄱陽人，後徙尋陽。"（第107頁）

　　案：《晋書》與劉注關於陶侃字爲"士行"還是"士衡"互異，此有因音近而誤的可能。

　　考《群書治要》卷30引臧榮緒《晋書》⑨亦載"侃字士行"。與《晋書》本傳相同。則由此可見，唐修《晋書》不是采自劉孝標注。

5.《晋書》卷80《王獻之傳》曰："起家州主簿、秘書郎，轉丞，以選尚新安公主。"（第2105頁）

《晋書》卷39《后妃傳》下《孝武文李太后傳》載"時徐貴人生新安公主，以德美見寵"。（第981頁）

《世説·德行》注引《獻之别傳》曰："咸寧中，詔尚餘姚公主。"（第40頁）

　　案：此例新安公主和餘姚公主互異。兩者或爲一人而前後有兩個封號，如吳士鑒《晋書斠注》卷80《王獻之傳》案曰："咸寧蓋咸安之譌，惟餘姚與新安封號不同，豈重適之後亦改封耶？"⑩當然也不排除兩人都嫁入王門的可能性，疑以前者爲是。

　　從《晋書》史源的角度來説，考以唐前晋史，則可以從這一互異考察《晋書》與《世説》的關係。

　　《初學記》卷 10《太子妃》四引王隱《晋書》曰:"安禧皇后王氏,字神受,太常王獻之女,新安公主生,即安帝姑也。"(第 236 頁)⑪

　　又,《太平御覽》卷 152《公主》上引何法盛《晋中興書》云:"新安愍公主⑫道福,簡文第三女,徐淑媛所生,適桓濟,重適王獻之。"(第 744 頁)⑬

　　王書與何書均與唐修《晋書》記載相同。唐前晋史中有與《晋書》相同的記載,這就能説明《晋書》是另有所本,而不是采自劉孝標注。

　　6.《晋書》卷 98《王敦傳》曰:"敦少有奇人之目,尚武帝女襄城公主,拜附馬都尉,除太子舍人。"(第 2553 頁)

　　《世説·紕漏》注曰:"敦尚武帝女舞陽公主,字修禕。"(第 910 頁)

　　案:此例與上例同,襄城公主與舞陽公主不知是一人前後有兩個封號,還是爲兩人都嫁王敦。

　　《初學記》卷 10《公主》六,《太平御覽》卷 152《公主》上具引何法盛《晋中興書》云:"王敦字處仲,尚武帝女襄城公主。"(第 245 頁;第 744 頁)

　　《晋中興書》的記載與唐修《晋書》相同,由此推斷,唐修《晋書》不是采自劉孝標注。

　　7.《晋書》卷 40《賈充傳》載:"初,黎民年三歲,乳母抱之當閤,黎民見充入,喜笑,充就而拊之,槐望見,謂充私乳母,即鞭殺之,黎民戀念,發病而死。後又生男,過期,復爲乳母所抱,充以手摩其頭。郭疑乳母,又殺之,兒亦思慕而死。"(第 1170 頁)

　　《世説·惑溺》載:"賈公閭後妻郭氏酷妒,有男兒名黎民,生載周,充自外還,乳母抱兒在中庭,兒見充喜踊,充就乳母手中嗚之。"(第 918 頁)

　　案:關於此事王隱《晋書》也有同於《晋書》的記載,《太平御覽》卷 521《乳母》引王書説:"賈充子黎民,三歲。乳母抱向閤,充入,黎民喜踊,充嗚⑭之,充夫人郭槐遥望,疑充,即鞭殺乳母,兒思母病死。槐又生男,向歲,乳母抱中庭,充過拈兒頰,郭又疑之,復鞭殺乳母,兒又死,充遂無嗣。"(第 2368 頁;參見《類聚》卷 35,第 614 頁)⑮

　　此例可能是關於黎民年歲互異,也可能是事屬黎民與其弟互異,但不論哪種互異情況,王隱《晋書》記載與唐修《晋書》相同,可知此互異不是唐修《晋書》抄采《世説》時不慎所致,而是《晋書》、《世説》二者各自所本不同造成的。

　　8.《晋書》卷 98《王敦傳》云:"洗馬潘滔見敦而目之曰:'處仲蜂目已露,但豺聲未振,若不噬人,亦當爲人所噬。'"(第 2553 頁)

　　《世説·識鑒》曰:"潘陽仲見王敦小時,謂曰:'君蜂目已露,但豺聲未振耳。必能食人,亦當爲人所食。'"(第 391 頁)

　　劉注引《漢晋春秋》曰:"……潘滔初爲太傅長史,言於太傅曰:'王處仲蜂目已露,豺聲未

發,今樹之江外,肆其豪强之心,是賊之也。'"又引《晋陽秋》曰:"敦爲太子舍人,與滔同僚,故有此言。"(第391頁)

案:《晋書》和《世説》在文字表述上相近,且"噬"與"食"爲音同義近的兩個字,因此有《晋書》采抄《世説》的可能。但《世説》原文所記潘滔有此評價的時間與《晋書》異,而劉注所引潘做此評價時的官職與《晋書》互異。

《太平御覽》卷443《知人》中引何法盛的《晋中興書》關於此事的記載爲:"王敦爲太子舍人,滎陽潘滔時爲洗馬,見而目之曰:'處仲蜂目已露,但豺聲未振,若不噬人,亦當爲人所噬。'"(第2038頁)

何書的記載幾乎與唐修《晋書》完全相同。所以鑒於此例的特殊性,何書很有可能是《晋書》所據,或至少可以斷定何書與《晋書》所據同源,而《世説》、劉注與《晋書》異源。

這類名字、官職互異中,還有一種情況,就是關於同一個人的稱謂,《晋書》與《世説》、劉注常常表述不同,如下例。

9.《晋書》卷55《潘岳傳》載"父芘,琅邪内史"。(第1500頁)

《世説·仇隙》篇注引王隱《晋書》曰:"岳父文德,爲琅邪太守。"(第924頁)

案:此例關於潘岳父之名和職官,《晋書》與劉注記載互異。

潘岳父之名是"芘",還是"文德";其官屬琅邪太守,還是琅邪内史?

《文選》卷16《懷舊賦》李善注引臧榮緒《晋書》載:"父芘,琅邪内史。"(第730頁)

酈道元《水經注》卷7《洛水》注曰:"……羅水又西北經袁公塢北,又西北經潘岳子父墓,前有碑,岳父芘,瑯琊太守碑,古破落,文字缺敗……"[16]

《元和姓纂》卷4曰:"勖生芘、滿。芘生岳,滿生尼。"[17]

據此,清人吳士鑒認爲:"文德當爲芘之字,内史、太守當時往往互稱,《水經注》作'芘',爲'芘'之誤。"(《晋書斠注》卷55《潘岳傳》)

就潘岳父之名與官職,兩書記載互異之處,吳氏這一推測,頗爲合理。據現存史料,唐修《晋書》與臧書表述完全相同,與劉注所引王書記載不同。就此例言,《晋書》依據臧書更爲明顯。故此例是《晋書》没有直接收録劉注的又一證明。

(二)事迹記載不同

《晋書》與《世説》、劉注雖取事多同,但兩書就同一件事的記載還是有諸多差異,或傳聞異辭、或人同事異。就《晋書》和《世説》、劉注史料關係而言,史事記載互異就可説明兩者史源不同。參校唐前衆家晋史,其記載多與唐修《晋書》同,那麽這就能進一步證明《晋書》另有所本,而不是將《世説》、劉注作爲基本史料依據。

1.《晋書》卷67《溫嶠傳》載:"時太子起西池樓觀,頗爲勞費,嶠上疏以爲朝廷草創,巨寇

未滅,宜應儉以率下,務農重兵。太子納焉。"(第1786頁)

《世説·豪爽》曰:"晋明帝欲起池臺,元帝不許。帝時爲太子,好養武士。一夕中作池,比曉便成。今太子西池是也。"(第598頁)

案:此例温嶠勸諫,太子采納與否,《晋書》與《世説》互異。

《類聚》卷49《太子中庶子》引何法盛《晋中興書》曰:"太子時起西池樓觀,頗多勞費,嶠口疏切諫,太子納焉。"(第890頁)

這一記述除嶠"口疏切諫"一句較《晋書》所載爲簡之外,其餘記載大致相同,故從内容上看《晋書》史料應來自何書,或是與何書同源的其他晋史,而不是《世説》。

2.《晋書》卷70《卞壼傳》載蘇峻之亂中,壼戰死,"二子眕、盱見父没,相隨赴賊,同時見害"。(第1872頁)

《世説·賞譽》注引《卞壼别傳》曰:"蘇峻作亂,率衆距戰,父子二人俱死王難。"(第453頁)

案:此事爲卞壼父子三人還是二人俱死互異。

《文選》卷39《爲卞彬謝修卞忠貞墓啓》李善注引王隱《晋書》曰:"壼及二子死,徵士翟湯聞而歎曰:'父爲忠臣,子爲孝子,忠孝之道,萃於一門,可謂賢哉!'"(第1795—1796頁)

王書記事與《晋書》相同,並且從《晋書》和《世説》所記内容來看,《晋書》記事更爲詳細。所以,此例應排除《晋書》采抄劉注的可能。

3.《晋書》卷43《山濤傳》載:"淳字子玄,不仕,允字叔真,奉車都尉,並少尩病,形甚短小,而聰敏過人。武帝聞而欲見之,濤不敢辭,以問於允。允自以尩陋,不肯行。濤以爲勝己,乃表曰:'臣二子尩病,宜絶人事,不敢受詔。'"(第1228頁)

《世説·方正》載"山公大兒著短帢,車中倚。武帝欲見之,山公不敢辭,問兒,兒不肯行。時論乃云勝山公"。(第295頁)

案:此處關於事屬淳、允兩人還是山公大兒一人互異。

《太平御覽》卷378《短中國人》引臧榮緒《晋書》曰:"山濤子淳、元,⑱尩疾不仕,世祖聞其短小而聰敏,欲見之。濤面答:'淳、元自謂形容宜絶人事,不肯受詔。'論者奇之。"(第1744頁)

臧書以此事屬淳、允二人,記載與《晋書》相同,且表述相近。所以從此例看,《晋書》的依據應是臧書,或與臧書同源的其他史書,而與《世説》所本不同。

4.《晋書》卷92《文苑·左思傳》曰:"復欲賦三都,會妹芬入宮,移家京師,乃詣著作郎張載訪岷、邛之事。遂構思十年,門庭藩溷皆著筆紙,遇得一句,即便疏之。自以所見不博,求爲秘書郎。及賦成，時人未之重。思自以其作不謝班張，恐以人廢言，安定皇甫謐有高譽，思造而示之。謐稱善，爲其賦序。張載爲注《魏都》，劉逵注《吳》《蜀》而序之……陳留衛權又爲思賦作《略解》。……司空張華見而歎曰：‘班、張之流也。使讀之者盡而有餘，久而更新。’於是豪貴之家競相傳寫，洛陽爲之紙貴。”（第2376—2377頁）

《世説·文學》曰：“左太沖作《三都賦》初成，時人互有譏訾，思意不愜。後示張公。張曰：‘此二京可三，然君文未重於世，宜以經高名之士。’思乃詢求於皇甫謐。”（第246—247頁）

劉注引《思别傳》云：“思造張載，問岷、蜀事，交接亦疏。皇甫謐西州高士，摯仲治宿儒知名，非思倫匹。劉淵林、衛伯輿並蚤終，皆不爲思賦序注也。凡諸注解，皆思自爲，欲重其文，故假時人名姓也。”（第246—247頁）

案：此例中，①《晋書》載左思先詣皇甫謐爲其賦求序，而後張華贊之，而《世説》載張華建議左思求皇甫謐爲其賦作序；②《晋書》載皇甫謐爲思賦作序，張載、劉逵爲之作注，衛權爲之作《略解》，而劉注引《思别傳》認爲其序、注皆思假名士而自作。欲進一步探求《晋書》與《世説》、劉注的關係，需從唐前晋史遺文入手。

《文選》卷4《三都賦序》李善注引臧榮緒《晋書》曰：“左思，字太沖，齊國人。少博覽文史，欲作《三都賦》。乃詣著作郎張載，訪岷、邛之事。遂構思十稔。門庭藩溷皆著紙筆，遇得一句，即疏之。徵爲秘書。賦成，張華見而咨嗟。都邑豪貴，競相傳寫。”（第172頁）

此事又見於《北堂書鈔》。《書鈔》卷102《賦》引臧榮緒《晋書》曰：“左思會妹芬入官，移家京師，作三都賦。構思十稔，門庭藩溷皆著紙筆，而世人未之重。司空張華見而嗟咨，貴豪競相傳寫焉。”（第388頁）《書鈔》較《文選》多“會妹”以下九字，“世人”以下七字，“咨嗟”作“嗟咨”。

李善注引臧書又曰：“三都賦成，張載爲注《魏都》，劉逵爲注《吳》《蜀》，自是之後，漸行於俗也。”[19]（第172頁）

如將前代的注文和類書所保留的這些臧書片斷按唐修《晋書》語序連綴起來看（參《九家舊晋書輯本》第142頁），兩者幾乎完全相同，由此可以推出臧書即便不是唐修《晋書》所據，也必與其所本同源。故《晋書》與《世説》、劉注的這一互異不是因唐史臣不重視劉注《思别傳》所言，采抄《世説》時做了改動所致，而是因爲兩書所據不同。

5.《晋書》卷76《王允之傳》曰：“允之字深猷，[20]總角，從伯敦謂爲似己，恒以自隨，出則同輿，入則共寢。敦嘗夜飲，允之辭醉先卧。敦與錢鳳謀爲逆，允之已醒，悉聞其言，慮敦或疑己，便於卧處大吐，衣面並汙。鳳既出，敦果照視，見允之卧吐中，以爲大醉，不復疑之。”（第2001—2002頁）

《世說·假譎》載"王右軍年減十歲時,大將軍甚愛之,恒置帳中眠。……錢鳳入,屏人論事,……右軍覺,既聞所論,知無活理,乃剔吐汙頭面、被褥,詐孰眠……于時稱其有智"。(第855頁)

案:此例事屬王允之和王羲之互異。

何法盛《晋中興書》:"王允之字淵猷,年在總角。從伯敦知之,謂為似己,入則共寢。嘗夜飲,允之辭醉,先眠,時敦將謀作逆,因允之醉別床卧,夜中與錢鳳計議。允之已醒,悉聞其語,恐惑疑,便於眠處大吐,衣面並汙。鳳既出,敦果照視,見其眠吐中,以爲大醉,不復疑之。"(《九家舊晋書輯本》,第 354 頁;校以《太平御覽》卷 396《相似》,第 1830頁;又卷 432[21]《智》,第 1991 頁)

《晋中興書》與《晋書》所記相同,但記述語句上小有差異,不知是唐史臣修撰時略有改動,還是類書引時稍有變動,抑或是《晋書》另有所本而不是采自《晋中興書》? 但不論《晋書》采自何書,其所本與《世說》不同却可以肯定。

總之,這類互異有些如名、字互異多爲一字之差,有《晋書》采抄《世說》、劉注時筆誤的可能;有些是名號、職官、事迹記載根本不同。不論上述哪種情況,從《晋書》史源的角度考慮,考以類書,則發現均有唐前晋史與《晋書》記載相同,有些甚至可以推出《晋書》記載依據。所以,雖然《晋書》和《世說》、劉注都有關於同一件事的記載,但是上引《晋書》與《世說》、劉注互異諸例足以說明兩書所本不同,那麼《總目》關於《晋書》"幾於全部"收入《世說》、劉注的觀點就有些籠統,值得推敲,需要進一步的研究。

## 二

史臣修撰史書,由於種種原因,在行文上必然會對史料進行一些處理,如調整語句、改變語序、增删個別詞句等等。但即便如此,依然可以從其表述上探尋史料的來源,管窺唐修《晋書》與《世說》、劉注的史料關係,如以下諸例。

1.《晋書》卷 34《杜預傳》曰:"時王濟解相馬,又甚愛之,而和嶠頗聚斂,預常稱'濟有馬癖,嶠有錢癖'。武帝聞之,謂預曰:'卿有何癖?'對曰:'臣有《左傳》癖。'"(第 1032 頁)

《世說·術解》注引《語林》曰:"武子性愛馬,亦甚別之。故杜預道'王武子有馬癖,和長輿有錢癖'。武帝問杜預:'卿有何癖?'對曰:'臣有《左傳》癖。'"(第 704 頁)

案:此例《晋書》和劉注記事相同,但在語言叙述上,有些差別:如注引《語林》多稱人物的字,而《晋書》稱名;《晋書》中"又甚愛之"與《語林》中"亦甚別之"一句互異。這有唐史臣在采抄劉注時,依史傳之例或爲行文方便,在表述上做一定改動的可能。但校以

《太平御覽》卷445《品藻》上引王隱《晋書》，王書所記此事與唐修《晋書》一字不差。（第2049頁）所以就此例而言，雖然三者記事相同且語言表述上差別很小，但《晋書》不是直接采自《世說》、劉注這一點却可以肯定。

2.《晋書》卷35《裴楷傳》曰："嘗目夏侯玄云'肅肅如入宗廟中，但見禮樂器'，鍾會'如觀武庫森森，但見矛戟在前'，傅嘏'汪翔廱所不見'，山濤'若登山臨下，幽然深遠'。"（第1050頁）

《世說·賞譽》云："裴令公目夏侯太初'肅肅如入廊廟中，不修敬而人自敬'，一曰'如入宗廟，琅琅但見禮樂器'，見鍾士季'如觀武庫，但睹矛戟'，見傅蘭碩'江廧廱所不有'，見山巨源'如登山臨下，幽然深遠'。"（第421—422頁）

案：此例，關於裴楷對夏侯玄的評價，《晋書》所記與《世說》所記的後一種說法相同，而沒有關於前一種說法的記載；關於裴楷對鍾會的評價，兩書語句表述不同。依《晋書》采抄《世說》、劉注之說，此例互異原因很有可能是唐初史臣在采抄《世說》、劉注時刪減、改撰所致。

檢《太平御覽》卷445《品藻》上引王隱《晋書》云："裴楷嘗目夏侯玄，云'肅肅如入宗廟中，但見禮樂器'；鍾會'如觀武庫森森，㉒迫見矛戟在前'；傅嘏'汪翔廱所不見'；山濤'若登山臨下，幽然深遠'。"（第2049頁）

王書詞句與唐修《晋書》幾乎完全相同，與《世說》記載相比，《晋書》與王書的文字更爲接近，所以，就此例言，唐修《晋書》並未依據《世說》。

3.《晋書》卷35《裴楷傳》曰："楷風神高邁，容儀俊爽，博涉群書，特精理義，時人謂之'玉人'，又稱'見裴叔則如近玉山，映照人也'。"（第1048頁）

《世說·容止》曰："裴令公有俊容儀，脫冠冕，粗服亂頭皆好。時人以爲'玉人'。見者曰：'見裴叔則如玉山上行，光映照人。'"（第611頁）

案：《太平御覽》卷445《品藻》上引王隱《晋書》云："裴楷風神高邁，容儀俊爽，博涉群書，特精理義，時人謂之'玉人'。又曰：'見裴叔則如近玉山，映照於人也。'"（第2049頁）

《御覽》所引王書與唐修《晋書》表述幾乎完全相同，所以，唐修《晋書·裴楷傳》此條之底本更可能是王書，而不會是《世說》。

4.《晋書》卷35《裴楷傳》曰："吏部郎缺，文帝問其人於鍾會。會曰：'裴楷清通，王戎簡要，皆其選也。'"（第1047頁）

《世說·德行》篇注引《晋諸公贊》云："文皇帝輔政，鍾會曰：'裴楷清通，王戎簡要。'即俱辟爲掾。"（第19頁）

《世說·賞譽》曰："吏部郎缺,文帝問其人於鍾會,會曰:'裴楷清通,王戎簡要,皆其選也。'於是用裴。"(第419頁)

《世說·賞譽》曰："王濬沖、裴叔則二人,總角詣鍾士季。須臾去後,客問鍾曰:'向二童何如?'鍾曰:'裴楷清通,王戎簡要。後二十年,此二賢當爲吏部尚書,冀爾時天下無滯才。'"(第420頁)

案:此事一見於劉注,兩見於《世說》,一見於《晉書》,且記載均有不同。從記事、表述上來看,《世說·賞譽》第5條所記與唐修《晉書》最爲相近,可能是《晉書》所本。

但是考以唐前晉史,《太平御覽》卷445《品藻》上引王隱《晉書》與唐修《晉書》字句完全相同。(第2049頁)所以雖然王書、唐修《晉書》、《世說》三者關於此事記載相同,表述相近,可能同源,但王書記載較《世說》更接近于《晉書》,應爲《晉書》所本。

5.《晉書》卷75《王湛傳》曰:"兄子濟輕之,……濟嘗詣湛,見床頭有《周易》,問曰:'叔父何用此爲?'湛曰:'體中不佳時,脫復看耳。'濟請言之。湛因剖析玄理,微妙有奇趣,皆濟所未聞也。濟才氣抗邁,於湛略無子姪之敬。既聞其言,不覺慄然,心形俱肅。遂留連彌日累夜,自視缺然,乃歎曰:'家有名士,三十年而不知,濟之罪也。'既而辭去,湛送至門。濟有從馬絕難乘,濟問湛曰:'叔頗好騎不?'湛曰:'亦好之。'因騎此馬,姿容既妙,迴策如縈,善騎者無以過之。又濟所乘馬,甚愛之,湛曰:'此馬雖快,然力薄不堪苦行。近見督郵馬當勝,但芻秣不至耳。'濟試養之,而與己馬等。湛又曰:'此馬任重方知之,平路無以別也。'於是當蟻封內試之,濟馬果躓,而督郵馬如常。濟益歎異,還白其父,曰:'濟始得一叔,乃濟以上人也。'武帝亦以湛爲癡,每見濟,輒調之曰:'卿家癡叔死未?'濟常無以答。及是,帝又問如初,濟曰:'臣叔殊不癡。'因稱其美。帝曰:'誰比?'濟曰:'山濤以下,魏舒以上。'時人謂湛上方山濤不足,下比魏舒有餘。湛聞曰:'欲處我於季孟之間乎?'"(第1959—1960頁)

《世說·賞譽》云:"王汝南既除所生服,遂停墓所。兄子濟每來拜墓,略不過叔,叔亦不候。濟脫時過,止寒溫而已。後聊試問近事,答對甚有音辭,出濟意外,濟極悵愕。仍與語,轉造清微。濟先略無子姪之敬,既聞其言,不覺懍然,心形俱肅。遂留共語,彌日累夜。濟雖俊爽,自視缺然,乃喟然歎曰:'家有名士,三十年而不知!'濟去,叔送至門。濟從騎有一馬絕難乘,少能騎者。濟聊問叔:'好騎乘不?'曰:'亦好爾。'濟又使騎難乘馬,叔姿形既妙,回策如縈,名騎無以過之。濟益歎其難測非復一事。既還,渾問濟:'何以暫行累日?'濟曰:'如得一叔。'渾問其故,濟具歎述如此。渾曰:'何如我?'濟曰:'濟以上人。'武帝每見濟,以湛調之曰:'卿家癡叔死未?'濟常無以答。既而得叔,後武帝又問如前,濟曰:'臣叔不癡。'稱其實美。帝曰:'誰比?'濟曰:'山濤以下,魏舒以上。'"(第428—429頁)

劉注引鄧粲《晉紀》云:"昶喪,居墓次,兄子濟往省湛,見床頭有《周易》謂湛曰:'叔父用此何爲？頗會看不？'湛笑曰：'體中佳時，脱復看耳。今日當與汝言。'因共談《易》。剖析入微，妙言奇趣，濟所未聞，歎不能測。濟性好馬，而所乘馬駿駛，意甚愛之。湛曰：'此雖小駛，然力薄不堪苦。近見督郵馬，當勝此，但養不至耳。'濟取督郵馬，穀食十數日，與湛試之。湛未嘗乘馬，卒然便馳騁，步驟不異於濟，而馬不相勝。湛曰：'今直行車路，何以别馬勝不，唯當就蟻封耳！'於是就蟻封磐馬，果倒踣。其儁識天才乃爾。"

劉注又引《晋陽秋》曰："濟有人倫鑒識，其雅俗是非，少有優潤。見湛，歎服其德宇。時人謂湛'上方山濤不足，下比魏舒有餘'。湛聞之曰：'欲以我處季孟之間乎？'"（第429頁）

案：此例唐修《晋書》與《世説》、劉注記事相同，但是表述上不同。

《太平御覽》卷512《伯叔》引臧榮緒《晋書》曰："王湛字處沖，司徒渾之弟也。兄子濟輕之，嘗詣湛，見床頭有《周易》，問曰：'叔父何用此爲？'湛曰：'體中不佳時，脱復看耳。'濟請言之。湛因剖析玄微，妙有奇趣，皆所未聞也。濟才氣抗邁，於湛略無子姪之敬。既聞其言，不覺慄然，心形具肅。遂留連彌日累夜，自視缺然，乃歎曰：'家有名士，三十年而不知，濟之罪也。'濟有從馬，絶難乘，濟問湛曰：'叔頗好騎不？'湛曰：'亦好之。'因騎此馬，姿形既妙，回策如素，善騎者無以過之。又濟所乘馬，湛愛之，湛曰：'此馬雖快，然力薄不堪苦行。近見督郵馬當勝，但芻秣不至耳。'濟試養之，而與己馬等。湛又曰：'此馬雖快，任方知之，平路無以别也。'於是當封蟻内試之。濟馬果躓，而郵馬如常。濟益歎異，還白其父，曰：'濟始得一叔，乃濟以上人也。'武帝亦以湛爲癡，每見濟，輒調之曰：'卿家癡叔死未？'濟常無以答。及是，帝又問如初，濟曰：'臣叔殊不癡。'因稱其美。帝曰：'誰比？'濟曰：'上比山濤不足，下比魏舒有餘。'湛聞曰：'欲處我季孟間乎？'"（第2332頁）

臧榮緒《晋書》較《晋書》所記不同之處主要是①臧書缺"山濤以下，魏舒以上"一句；②"上比山濤不足，下比魏舒有餘"是時人語，還是王濟語。鑒於臧書表述幾乎與《晋書》完全相同，作者認爲這兩點不同可能是《太平御覽》在引臧書時删略或遺漏所致。所以就此例各書記載看來，唐修《晋書》所本的更可能是臧榮緒《晋書》，而不是《世説》、劉注。

6.《晋書》卷93《外戚·王濛傳》曰："美姿容，嘗覽鏡自照，稱其父字曰：'王文開生如此兒邪！'"（第2418頁）

《世説·容止》注引《語林》載："王仲祖有好儀形，每覽鏡自照，曰：'王文開那生如馨兒！'時人謂之達也。"（第621頁）

案：此例《晋書》與《世説》、劉注雖只有幾字之差，但臧書與《晋書》表述完全相同。《初學記》卷19《美丈夫》引臧榮緒《晋書》曰："美姿容，嘗覽鏡自照，稱其父字曰：'王文開生如此兒邪！'"（第453頁）由此可知《晋書》關於此事的表述非有自造，而是承襲前説,所以由此也可以看出《晋書》所記不是直接采自劉孝標注。

7.《晋書》卷91《儒林·范宣傳》曰:"范宣字宣子,陳留人也。年十歲,能誦《詩》、《書》。嘗以刀傷手,捧手改容。人問痛邪,答曰:'不足爲痛,但受全之體而致毀傷,不可處耳。'家人以其年幼而異焉。"(第2360頁)

《世説·德行》云:"范宣年八歲,後園挑菜,誤傷指,大啼。人問:'痛邪?'答曰:'非爲痛,身體發膚,不敢毀傷,是以啼耳。'"(第39頁)

案:關於范宣答語,《晋書》與《世説》、劉注互異。

《太平御覽》卷370《手》引何法盛《晋中興書》曰:"范宣字宣子,陳留人也。年十歲,能誦《詩》、《書》。嘗以刀傷手,捧手改容。人問:'痛邪?'答曰:'不足爲痛,但受全之體而致毀傷,不可處耳。'家人以其年幼而異焉。"(第1704頁)

《太平御覽》卷412《孝》上引何法盛《晋中興書》曰:"范宣八歲,後園挑菜,誤傷指,大啼。問:'痛邪?'答曰:'非爲痛,身體發膚,不敢毀傷,是以啼也。'"(第1902頁)

從《晋中興書》的記載來看,范宣傷指,傳聞異辭,而《晋中興書》居然有分別同於《晋書》和《世説》的兩種記載!不知是否是宋修《太平御覽》時出現的錯誤,存疑俟考。就唐修《晋書》與《世説》的關係而言,既然《御覽》引《晋中興書》有一則同於唐修《晋書》,而《晋書》與《世説》表述不同,那麽,從這一互異上可以推測,唐修《晋書》不是直接采自《世説》,應該是可以成立的。

8.《晋書》卷94《隱逸·劉驎之傳》曰:"去驎之家百餘里,有一孤姥,病將死,歎息謂人曰:'誰當埋我,惟有劉長史耳!何由令知?'驎之先聞其有患,故往候之,值其命終,乃身爲營棺殯送之。其仁愛隱惻若此。卒以壽終。"(第2448頁)

《世説·棲逸》注引鄧粲《晋紀》曰:"……去家百里,有孤嫗將死,謂人曰:'唯有劉長史當埋我耳!'驎之身往候之,疾終,爲治棺殯。其仁愛皆如此。以壽卒。"(第665頁)

案:此例《晋書》所記較劉注爲詳。

四庫本《太平御覽》卷419《仁惻》引何法盛《晋中興書》曰:"劉驎之,南陽人,少有信義。去家百餘里,有一孤姥,㉓病將死,歎息謂人曰:'誰當埋我,唯劉長史耳。何由令知?'驎之先聞其有患,故往候之,值其命終,乃身爲營棺殯送之。其仁愛惻隱若此。"(896册第754頁)所載與《晋書》表述完全相同,所以《晋書》所據可能是何書,而不是劉孝標注。

# 三

根據以上兩方面的論證,本文作者認爲《四庫全書總目》關於《晉書》“幾於全部”收入《世説》、劉注的説法有待進一步的考證、完善。

(一)《晉書》與《世説》、劉注的史實記載互異之處甚多,僅筆者搜集到的例子就有上百條,其中事迹記載不同的有三、四十處。在這些史實記載不同中,由於傳世史料的局限,特別是唐前晉史的輯佚工作既不充分,也不完善,故從唐前晉史中能够尋出與《晉書》記載相同的例子只有一、二十條,但《晉書》與《世説》、劉注諸多史料互異的原因主要因爲兩書各自的史料來源不同却可以從這些例子中得到證實。如第一部分第一類雖多爲一字或數字之差,而且有的互異之處字形、字音相近,從而有《晉書》采抄《世説》、劉注時筆誤及流傳過程中出現抄刻錯誤的可能。但如案語所析,從史源的角度考慮,將這些互異之處與唐前衆家晉史比較,唐前晉史所記多與唐修《晉書》相同。既然唐前晉史所記多與《晉書》相同,這也就恰恰説明《晉書》與《世説》、劉注有許多史源不同之處,那麼唐修《晉書》全面采抄《世説》、劉注之説就甚爲可疑。而第二類多爲事迹記載不同,更能直接説明《晉書》與《世説》、劉注異源,更談不上《晉書》采抄《世説》、劉注了。

(二)在第一部分推論的基礎上,本文第二部分的考證更能進一步證明四庫館臣之説很有可疑之處。從這一部分可以看出四庫館臣之説忽略了史料具有時代性的特徵。魏晉南北朝,世風崇尚清談、玄談,追求放誕、自然,講求門第家世,喜歡品藻人物,那麼關於這一時代的文史記載必然不可避免地顯示出這些特點。從文中所引唐前晉史也可看出,記載一些所謂“恢諧小辯”之事,不獨爲《晉書》的特點,也不爲《世説》所獨有。從第二部分所舉例證來看,對於兩書記載相同表述微異的一些史事,考以唐前晉史則可以從中找到與《晉書》表述完全相同的記載,這就説明:①存在着三者同源的可能性;②既然唐前晉史與唐修《晉書》相似之處更多,甚至完全相同,那麼,我們就有理由認爲,唐修《晉書》更多地是依據唐前晉史,而不是充分地采録《世説》、劉注。

鑒於上述兩點,筆者的初步意見是:唐修《晉書》是以唐前晉史爲藍本的。雖然唐修《晉書》,特別是列傳部分與《世説》、劉注史料往往互見,但從本文的所舉諸多例證來看,唐朝史官在修《晉書》時,更多的是直接參考、采録唐前晉史,並没有將《世説》、劉注作爲基本的史料依據,更没有將《世説》、劉注“幾於全部收入”。所以,《四庫全書總目》關於《晉書》“幾於全部收入”《世説》、劉注的説法是不確切的,《總目》的撰寫者恐怕也不曾做到“一一互勘”。

① 劉知幾《史通》卷5《采撰》，見浦起龍《史通通釋》，第75頁，上海書店，1988。

② 紀昀《四庫全書總目》卷45，第405頁，中華書局，1965。另，《金毓黻手定本文溯閣四庫全書提要》但云："至紀傳序論遠棄《史》、《漢》之簡質，近宗徐、庾之華藻，劉知幾之論韙矣。"（第227頁，中華全國圖書館文獻縮微複製中心，1999）

③ 房玄齡《晋書》，中華書局，1977；參校商務印書館縮印百衲本，1958，下同。

④ 余嘉錫《世說新語箋疏》，上海古籍出版社，1993；參校劉義慶《世說新語》，上海古籍出版社，1982；王利器校勘《世說新語》，文學古籍刊行社，1956；徐震堮《世說新語校箋》，中華書局，1984。下同。

⑤ 蕭統編、李善注《文選》，上海古籍出版社影印胡克家刻本，1986；參四庫全書本，下同。今將所引類書、前代注文頁碼標於正文中。另本文所舉諸例都參考了《九家舊晋書輯本》（湯球輯，楊朝明校補，中州古籍出版社，1991）和《衆家編年體晋史》（湯球、黃奭輯，喬治忠校注，天津古籍出版社，1989），因篇幅所限，不再在文中標明輯本頁碼。

⑥ 虞世南《北堂書鈔》，中國書店影印孔廣陶本，1996；參四庫全書陳禹謨本，下同。《九家舊晋書輯本》言此例引自《書鈔》，見於臧榮緒書，今檢孔廣陶本《書鈔》作"王《晋書》"云云，疑應爲王隱《晋書》。孔本文字與劉注所引不同，蓋因兩者各自所本的版本不同所致。

⑦ 四庫全書本作"餞"（第894冊第507頁），似是。

⑧ 李昉《太平御覽》，中華書局影印宋本，1960；參四庫全書本，上海古籍出版社，1983，下同。同時，爲立據可信，本文只引用《太平御覽》中明確注明引自臧榮緒《晋書》者。

⑨ 魏徵《群書治要》，上海書店重刊四部叢刊初編本影印日本天明七年刊本，1989，下同。《群書治要》成書於唐修《晋書》之前，故書中所引《晋書》應爲王隱或臧榮緒的《晋書》。《太平御覽》卷398《吉夢》引王隱《晋書》曰："陶侃字士衡，鄱陽人。"（第1837頁，參見《藝文類聚》卷79《夢》，第1356頁。）與《群書治要》所引《晋書》不同，故此處應爲臧榮緒《晋書》。

⑩ 吳士鑒《晋書斠注》，劉氏嘉業堂刊本，北京，1928，下同。

⑪ 徐堅《初學記》，中華書局，1962，下同。

⑫ 四庫全書本作"新安縣公主"，第894冊第815頁。

⑬ 此例中兩書所輯見程炎震先生所引，且程氏亦認爲"新安"爲後來追加的封號。見《世說新語箋疏》第41頁注四。

⑭ 四庫全書本《太平御覽》作"充就而拊之"，第897冊第711頁；《藝文類聚》卷35引王隱《晋書》作"充惡之"，第614頁。

⑮ 歐陽詢：《藝文類聚》，中華書局，1965；參上海古籍出版社排印本，1965年，下同。

⑯ 酈道元：《水經注》，第289頁，文學古籍刊行社，1955。

⑰ 林寶：《元和姓纂》卷4《二十六桓》，見四庫全書本，第890冊第593頁。

⑱ 余嘉錫先生認爲此處"元"應爲"允"。見《世說新語箋疏》，第295頁。

⑲ 《文選考異》曰："注'三都賦成'袁本'三'上有'臧榮緒晋書曰'六字，是也。茶陵本與此同，非。"見《文選》第174頁。

⑳ 唐史臣避高祖諱，改"淵"爲"深"。

㉑ 此例《九家舊晋書輯本》所標《太平御覽》卷數有誤，應爲卷432。

㉒ 四庫本作"如觀武庫森迫見矛戟在前"，第897冊第186頁。

㉓ 中華書局影印宋本作"獨媼"，第1933頁。

# 唐代的押蕃使

## 黎 虎

押蕃使是唐代于緣邊地區設置的管理外交與民族事務的使職。李肇《唐國史補》卷下在論述唐代的使職時，列舉了内外使職四十種，其中"外任則有節度使、觀察使、諸軍使、押蕃使……"等。押蕃使是外任使職中比較重要的一種。但是這個問題迄未引起學術界之注意，尚無專文論述這一問題，故試略述之。

## 一 押蕃使的設置

押蕃使一般稱爲"押蕃落使"，①或"押諸蕃部落使"，②有時簡稱"諸蕃使"、"諸蕃部落使"或"押使"；③有的加上具體的蕃名，如"押渤海、新羅兩蕃使"，"押奚、契丹兩蕃使"等；也有個別稱爲"捍蕃使"等。④押蕃使只在緣邊地區設置，内地和東南沿海均不置，而在負責南海諸蕃舶管理的嶺南道設置性質類似的押蕃舶使。⑤内陸邊境的押蕃使與掌管海外蕃客事務的押蕃舶使爲同一序列之邊鎮使職，此誠如吳廷燮在《唐方鎮年表·序録》中所云：唐節度諸使"接蕃國者則兼押蕃落、押蕃舶等使"。

押蕃使的始置年代，史籍未見明確記載。據《新唐書》卷67《方鎮表四》，景雲元年(710)始置河西節度使時，即以其兼"督察九姓部落大使"。由此可見邊境節度使始置時，即以其兼管管内民族與外交事務，此爲邊鎮不可分割的職責之一。不過其時尚未以"押蕃使"爲稱。次年(景雲二年，711)又有慕容明者充任"押渾副使"，是爲首見以"押"某蕃使爲稱。這裹的"渾"即爲吐谷渾。據《大唐故代樂王上柱國慕容明墓志銘》載，慕容明于景雲二年三月卅日被"敕攝左屯衛將軍借紫金魚袋，仍充押渾副使"。按慕容明爲青海吐谷渾王族。據《新唐書》卷221上《西域傳上·吐谷渾傳》及《通鑑》卷202唐高宗咸亨三年條，吐谷渾于咸亨三年(672)由青海遷徙于靈州，置安樂州以居其部落，以吐谷渾可汗爲其刺史。據墓志銘載，慕容明于永隆元年(680)生于"靈州之南衙"，五歲時"以本蕃號代樂王"。⑥這個材料表明：(1)押蕃使初置時，曾以本族酋長兼任押本蕃使。與此相類似的情況還有，據《契苾嵩墓志銘》載，大約開元初契苾嵩父契苾明被授爲"都督，檢校部落"。後契苾嵩入朝侍奉，又"留子檢校部落"。⑦這裏的"部落"即指契苾部落,與上述慕容明之押渾部落性質相同。據《舊唐書》卷103《王君㚟傳》載,"初,凉州界有回紇、契苾、思結、渾四部落,代爲酋長"。據《舊唐書》卷109《契苾何力傳》及《契苾嵩墓志銘》,可知契苾嵩家族世兼賀蘭都督,同時兼押本部落使,與慕容明之充押渾副使性質相同;(2)慕容明所任爲押渾副使,應當還有正使,正使當由靈州長官擔任;(3)景雲二年敕稱慕容明"仍充"押渾副使,那麼他在此之前似已經擔任此職。《慕容明墓志》稱其于神龍二年(706)被任命爲"左屯衞□府左郎將員外置同正員",如果此時他已同時被授予"押渾副使"之職,則押蕃使之始置年代可以上溯至中宗神龍二年,如果神龍二年未授此職,則至少在景雲二年已經正式有了押蕃使的設置。

此後押蕃使日益頻繁地出現于載籍。《唐會要》卷24《諸侯入朝》載,先天二年(713)十月敕:"諸蕃使、都府管轄廖州,其數極廣,每州遣使朝集,頗成勞擾。"于是限定每蕃每年一人入朝。這裏的"諸蕃使"當爲押蕃使之異稱。開元七年(719)升平盧軍使爲平盧軍節度使時,即以平盧節度使兼管内"諸蕃使",⑧兩者所稱之"諸蕃使"均應爲"押諸蕃部落使"之省稱。

開元四年以親王遙領節度使時,即同時令其兼任管内押蕃使。據玄宗開元四年正月《授郯王嗣直等都護制》稱,郯王李嗣直"可安北大都護,仍充安撫河東、關内、隴右諸蕃部落大使"。陝王李嗣昇"可安西大都護,仍充河西、四鎮諸蕃部落大使"。郯王、陝王均以都護而兼"諸蕃部落大使"。⑨由于他們皆不出閣,故又分別以張知運爲安北副大都護、安撫諸蕃副大使,郭虔瓘爲安西副大都護、安撫諸蕃副大使,⑩實際掌管該鎮押蕃使之職責。是爲邊鎮節度使兼押蕃使之始。此後則陸續于緣邊方鎮增置押蕃使,其見于載籍者主要有:

幽州、盧龍節度押奚、契丹兩蕃使:據《新唐書》卷66《方鎮表三》,開元五年(717),于營州置平盧軍使,開元七年(719)升平盧軍使爲平盧節度使、管内諸蕃使。是爲幽州境内置押蕃使之始。次年四月,除許欽琰平盧軍節度使,又帶管内諸蕃使。⑪其後又有臧懷亮"充平盧節度、采訪、兩蕃使"。⑫所謂"兩蕃"即指奚與契丹,《唐會要》卷96《奚》謂"通天年中,契丹叛,奚亦臣屬突厥,兩國常爲表裏,號爲'兩蕃'"。開元二十八年(740),以"平盧軍節度使兼押兩蕃、渤海、黑水四府經略處置使"。⑬于兩蕃之外又增押渤海、黑水。開元二十九年以安祿山爲營州都督,充平盧軍使,兩蕃、勃海、黑水四府經略使。⑭據《舊唐書》卷199下《北狄傳·奚傳》,天寶元年(742)幽州節度使更名爲范陽節度使,此後"常以范陽節度使爲押奚、契丹兩蕃使"。天寶九載(750)《封安祿山東平郡王制》即謂安祿山"持節充范陽節度、經略、支度、營田、陸運、押兩蕃、渤海、黑水等四府節度處置"等使。⑮上元二年(761)平盧陷,平盧節度使侯希逸引兵南保青州。次年(寶應元年,762),范陽節度使復爲幽州節度使,幽州節度使兼盧龍節度使,此後即以幽州、盧龍節度領押兩蕃使。如《舊唐書》卷12《德宗紀上》載,貞元元年(785)七月以劉怦爲幽州盧龍節度副大使,兼押奚、契丹使。九月以其子劉濟爲"幽州盧龍節度觀察、押奚契丹兩蕃使"。⑯劉濟任是職二十六年，直至元和五年(810)其子劉總代之。劉總擔任此職至長慶元年(821)，歷時十二年。⑰太和五年(831)以楊志誠"充幽州盧龍軍節度副大使、知節度事、管內觀察押奚契丹兩蕃經略等使"。⑱《唐會要》卷78《諸使中·親王遙領節度使》載，會昌二年(842)以撫王李絃"充幽州盧龍軍節度、觀察、處置、押奚契丹兩蕃、經略盧龍等軍大使"。《舊唐書》卷19下《僖宗紀下》載，乾符四年(877)以壽王李傑爲"幽州經略盧龍等軍節度、觀察、押奚契丹等使"。《舊唐書》卷20上《昭宗紀》載，乾寧二年(895)以劉仁恭"充幽州盧龍軍節度、押奚契丹等使"。

淄青、平盧節度押新羅、渤海兩蕃使：上元二年(761)平盧節度使侯希逸與史朝義連年爭戰失敗後退保青州，第二年廢淄沂節度使，改稱淄青平盧節度使，《通鑑》卷222唐肅宗寶應元年條謂"由是青州節度有平盧之號"。據《新唐書》卷65《方鎮表二》載，永泰元年(765)"淄青平盧節度增領押新羅、渤海兩蕃使"。原屬平盧節度使掌管的渤海轉歸淄青平盧節度使，加上新羅共爲兩蕃。此後淄青平盧節度使兼領押新羅、渤海兩蕃使。據《通鑑》卷223代宗永泰元年條，是年以鄭王李邈爲淄青、平盧節度大使，李正己權知留後事。李正己旋即被授爲"平盧淄青節度觀察使、海運押新羅渤海兩蕃使"。此後李納、李師古、李師道父子兄弟相繼擔任是職，直至元和十四年(819)李師道被斬，歷時半個多世紀。⑲據《舊唐書》卷175《憲宗二十子傳》，元和元年(806)八月李師古卒後，以建王李審"充平盧軍淄青等州節度營田觀察處置、陸運海運、押新羅渤海兩蕃等使，而以(李)師道爲節度留後"。同年十月即以李師道"充平盧軍及淄青節度副大使，知節度事、管內支度營田觀察處置、陸運海運押新羅渤海兩蕃等使"。⑳元和十四年(819)，"及平李師道，朝廷以東平十二州析爲三道，以淄、青、齊、登、萊五州爲平盧軍，以(薛)平爲節度觀察等使，仍押新羅、渤海兩蕃使"。㉑《舊唐書》卷17上《敬宗紀》載，寶歷元年(825)以康志睦"兼青州刺史，平盧軍節度使"。太和二年(828)十一月壬辰詔稱其職爲"平盧軍節度使、淄青登萊棣等州觀察處置等使兼押新羅渤海兩蕃等使"。㉒龍紀元年(889)以崔安潛爲"平盧軍節度觀察、押新羅渤海兩蕃等使"。大順二年(891)崔安潛歸朝，以王師範"充平盧軍節度觀察、押新羅渤海兩蕃等使"。㉓

但淄青平盧押兩蕃使所管理者不僅限于新羅、渤海，還包括日本等國事務。據《入唐求法巡禮行記》卷2記載，開成年間日僧圓仁等人欲前往五臺山等地求法巡禮，即由青州押兩蕃使辦理其"公驗"審批事宜。這在下文還將較詳細論及。當時青州節度使所轄之登州，爲海東來唐諸國之出入口岸，故《唐會要》卷24《諸侯入朝》載元和十五年(820)敕稱"淄青統押海蕃"。"海蕃"即包括新羅、渤海、日本等從海道來唐之蕃國。《入唐求法巡禮行記》卷4記載，會昌五年(845)圓仁返國時，要求從楚州山陽縣上船過海歸國，縣司不肯，說："事須遞到登州地極之處，方可上船歸國者。"當時認爲"登州是唐國東北地極"。同上書卷2記載圓仁等人于開成五年(840)三月在登州等候公驗期間,于登州開元寺見到有日本遣唐使團成員供奉之佛像、願文及願主題名,"于佛像左右書着願主名,盡是日本人"。上有八位使團成員及其官位姓名,"不知何年朝貢使到此州下"。據日本學者小野勝年考證,這是公元759年(肅宗乾元二年)日本所派遣以高原度爲首的迎入唐使團成員。㉔可見除了外國民間人士之外,外交使團亦常在登州出入境,此亦當在青州押兩蕃使的管理範圍之内。

朔方靈武定遠等城節度管内押諸蕃部落使:據《新唐書》卷64《方鎮表一》,開元十六年(728)"朔方節度兼檢校渾部落使"。這是朔方道置押蕃使之始。開元二十年(732),"朔方節度增領押諸蕃部落使"。此後朔方節度常兼領押諸蕃部落使。開元二十四年(736)牛仙客爲朔方節度使,次年孫逖草《授牛仙客殿中監制》稱其爲"朔方節度兼關内道度支、兼管營田鹽池、押諸蕃部落副大使"。可見其接任朔方節度後同時兼押諸蕃部落副使。㉕肅宗至德二載(757)《收復兩京大赦文》稱郭子儀職爲"朔方節度使、關内支度營田鹽池、押諸蕃部落副大使"。㉖據《通鑑》卷222唐肅宗寶應元年(762)十一月以僕固懷恩爲朔方節度使,《舊唐書》卷11《代宗紀》載廣德二年(764)六月詔稱其職銜爲"朔方節度、關内度支營田鹽池押諸蕃部落副大使"云云。㉗可見僕固懷恩亦以朔方節度兼押諸蕃部落副大使。據《通鑑》卷223唐代宗廣德二年正月條,以郭子儀爲朔方節度大使,《舊唐書》卷12《德宗紀上》載,大曆十四年(779)閏月在加號尚父予郭子儀的制敕中,稱其爲"朔方節度、關内支度鹽池六城水運大使、押諸蕃部落"等使。可見他也是以朔方節度兼任押諸蕃部落使。建中二年(781)至興元元年(784)間李懷光以邠寧節度使兼朔方節度使,貞元元年(785)詔稱其職銜爲"朔方邠寧節度支度營田觀察六城水運押諸蕃部落"等使。㉘《舊唐書》卷13《德宗紀下》貞元十一年(795)五月,以李欒爲"朔方靈鹽豐夏四州受降定遠城天德軍節度副大使、知節度事、管内度支營田觀察押蕃落等使"。《册府元龜》卷176《帝王部·姑息一》載貞元十二年(796)正月詔稱其職銜爲"朔方靈鹽豐西受降定遠城天德軍節度營田觀察使、押蕃落使"云云。《舊唐書》卷14《憲宗紀上》載,元和四年(809)六月以王佖"爲靈州大都督府長史、靈鹽節度使"。白居易《除王佖檢校户部尚書充靈鹽節度使制》謂其"可檢校户部尚書兼靈州大都督府長史、御史大夫、充朔方靈鹽定遠城節度副使、知節度事、管内支度營田觀察處置押蕃落等使"。㉙

鹽州防禦押蕃落使:《舊唐書》卷18下《宣宗紀》載,大中十一年(857)"以鹽州防禦押蕃落諸軍防秋都知兵馬使"陸耽代盧簡求爲涇原節度使。可見鹽州防禦使亦兼押蕃落使。

振武麟勝節度押蕃落使:據《新唐書》卷64《方鎮表一》載,乾元元年(758)"置振武節度押蕃落使"。此後振武節度兼領押蕃落使。據《舊唐書》卷12《德宗紀上》,貞元二年(786)七月以唐朝臣爲"單于大都護、振武綏銀節度使"。次年陸贄《唐朝臣振武節度論惟明鄜坊觀察制》云,以唐朝臣"充振武綏銀麟勝等州節度營田觀察處置押蕃落等使"。㉚《舊唐書》卷13

《德宗紀下》貞元六年(790)五月，以范希朝"爲單于大都護、麟勝節度使"。貞元十二年(796)二月詔稱其職衛爲"振武麟勝節度營田觀察蕃落使"。[31]《舊唐書》卷14《憲宗紀上》載，元和五年(810)十一月以阿跌光進爲"單于大都護、振武麟勝節度度支營田觀察押蕃落等使"。

天德軍都防禦押蕃落等使：《舊唐書》卷15《憲宗紀下》載，元和九年(814)六月，以燕仲旰爲"豐州刺史、天德軍豐州西城中城都防禦押蕃落等使"。可見天德軍都防禦使兼任押蕃落使。《舊唐書》卷18上《武宗紀》載，會昌三年(843)二月，以天德行營副使石雄爲豐州刺史、"充豐州西城中城都防禦、本管押蕃落等使"。《舊唐書》卷19下《僖宗紀》載，乾符二年(875)十月，以李璙爲"豐州刺史，充天德軍豐州西城中城都防禦使、本管押蕃落等使"。

夏綏銀宥節度押蕃落使：據《新唐書》卷64《方鎮表一》載，貞元三年(787)"置夏州節度觀察處置押蕃落使"。此後夏綏節度兼領押蕃落使。據《舊唐書》卷12《德宗紀上》，貞元三年(787)韓潭爲夏州刺史、夏綏銀等州節度使，直至貞元十四年(798)。《册府元龜》卷176《帝王部·姑息一》所載貞元十二年(796)詔，稱其職衛爲"夏綏銀節度觀察押蕃落使、夏州刺史兼御史大夫"。可見韓潭在擔任夏綏銀節度使同時兼任押蕃落使。《舊唐書》卷13《德宗紀下》，貞元十四年閏六月，以左神策行營節度韓全義爲夏州刺史，兼夏綏銀節度使，以代韓潭。據《册府元龜》卷119《帝王部·選將一》，貞元十六年(800)二月"以左神策軍行營夏綏銀州節度觀察押蕃落使韓全義爲蔡州行營招討處置使"。可見韓全義在擔任夏州刺史，兼夏綏銀節度使時亦兼任押蕃使。《册府元龜》卷177《帝王部·姑息二》載，文宗太和二年(828)九月以滄州節度使李寰"爲夏州刺史，充夏綏銀宥等州節度觀察押蕃等使"。李寰在擔任夏綏銀宥等州節度使時，亦兼任押蕃使。《舊唐書》卷18下《宣宗紀》載，大中八年(854)以鄭助兼夏州刺史，夏綏銀宥等州節度營田觀察處置押蕃落安撫平夏党項等使。可見鄭助在擔任夏綏銀宥等州節度使時，亦兼任押蕃落使。

劍南西川押近界諸蠻及西山八國雲南安撫使：據《新唐書》卷67《方鎮表四》載，貞元十一年(795)"西川節度增領統押近界諸蠻及西山八國雲南安撫使"。《舊唐書》卷13《德宗紀下》載，是年劍南西川節度使韋皋即加統押近界諸蠻及西山八國、雲南安撫等使。[32]此後劍南西川節度使常兼是職。所謂"近界諸蠻"，指分布于西川節度治所成都西南一帶之蠻族。《通鑑》卷251唐懿宗咸通九年條載，是年從劍南西川道分置定邊軍，西川節度使"以有定邊軍之故，不領統押諸蠻安撫等使"。胡注曰："既分西川置定邊軍，則諸蠻皆在定邊軍巡內。"定邊軍所管邛、眉、蜀、雅、嘉、黎、嶲等七州，在成都西南一帶。所謂"西山八國"，乃分布于今四川岷山山脉之八個羌人部落，《新唐書》卷158《韋皋傳》載，貞元九年(793)"西山羌女、訶陵、南水、白狗、逋租、弱水、清遠、咄霸八國酋長"曾通過西川節度使韋皋請求入朝，此即所謂"西山八國"。由于西山八國地處唐與吐蕃交界處，《舊唐書》卷197《南蠻西南蠻傳》謂其"亦潛通吐蕃,故謂之'兩面羌'"。所謂"雲南"即指南詔,《通鑑》卷235唐德宗貞元十一年九月條,"加韋皋雲南安撫使"。胡注:"以安撫南詔爲官名也。"

韋皋之後,西川節度使常兼是職。順宗永貞元年(805)十二月詔,以劉辟"充劍南西川節度副大使、知節度事、管内支度營田觀察處置統押近界諸蠻及西山八國兼雲南安撫等使"。[33]《舊唐書》卷14《憲宗紀上》載,元和元年(806)九月,以高崇文充劍南西川節度副大使、知節度事、管内度支營田觀察使、處置統押近界諸蠻及西山八國兼雲南安撫等使。《通鑑》卷249唐宣宗大中六年(852)四月以白敏中爲西川節度使,《舊唐書》卷18下《宣宗紀》載,大中十一年(857)"以劍南西川節度副大使、知節度事、管内觀察處置統押近界諸蠻及西山八國雲南安撫等使"白敏中以本官充荊南節度等使。夏侯孜于咸通元年(860)至咸通三年(862)爲劍南西川節度使,咸通三年詔稱其職銜爲"劍南西川節度副大使、知節度事、管内觀察處置統押近界諸蠻及西山八國雲南安撫等使"。[34]據《通鑑》卷251唐懿宗咸通九年條,咸通九年(868)以西川之嶲州置定邊軍,統押近界諸蠻,西川節度使"以有定邊軍之故,不領統押諸蠻安撫等使"。即將其原來統押諸蠻轉歸定邊軍掌管,但不久又恢復由其掌管,據《新唐書》卷67《方鎮表四》,咸通十一年(870)"西川節度復領統押近界諸蠻等使",仍爲統押近界諸蠻及西山八國雲南安撫使。王建自大順二年(891)至唐末爲劍南西川節度使,《舊唐書》卷20上《昭宗紀》載,光化三年(900)七月詔稱其職銜爲"劍南西川節度副大使、知節度事、管内營田觀察處置統押近界諸蠻兼西山八國雲南安撫制置等使"。

黔南觀察使:《舊唐書》卷197《南蠻西南蠻傳·牂柯蠻傳》載,元和三年(808)五月敕:"自今以後,委黔南觀察使差本道軍將充押領牂柯、昆明等使。"惟《新唐書》卷222下《南蠻傳下》繫此事于元和二年。可見黔南觀察使亦有押蕃使之設置。

河東節度押北山諸蕃使:據《新唐書》卷65《方鎮表二》,"長慶元年(821),河東節度使領押北山諸蕃使"。《舊唐書》卷170《裴度傳》亦載其于是年"兼充押北山諸蕃使"。吳廷燮《唐方鎮年表》卷4"河東"條引《承天題記》,裴度題銜爲鎮州四面行營都招討、河東節度觀察處置押北山諸蕃等使。可知河東節度使領押北山諸蕃使。

天雄節度押蕃落使:《新唐書》卷67《方鎮表四》載,大中三年(849)升秦州防禦守捉使爲秦、成兩州經略天雄軍使,大中六年(852)以"秦成兩州經略領押蕃落副使"。咸通五年(864),"升秦成兩州經略、天雄軍使爲天雄軍節度、觀察、處置、營田、押蕃落等使"。《通鑑》卷250唐懿宗咸通四年條載,是年二月以王晏實爲天雄觀察使,次年王堂遺範《授王安實天雄軍節度使制》即謂以王晏實"充天雄軍節度、秦城河渭等州營田觀察處置押蕃落等使"。[35]

涇原節度使(又號彰義軍節度使)押蕃落使:昭宗後期,李茂貞爲鳳翔彰義節度使,據《舊唐書》卷20上《昭宗紀》所載天復三年(903)五月制,稱其職銜爲"鳳翔隴右四鎮北庭行軍、彰義軍節度、涇原渭武觀察處置押蕃落等使”。㉟可見彰義軍節度使亦兼任押蕃落使。

定邊節度統押近界諸蠻使：據《通鑑》251 唐懿宗咸通九年條，咸通九年（868）設定邊軍節度使，以李師望“爲嶲州刺史，充定邊軍節度，眉、蜀、邛、雅、嘉、黎等州觀察，統押諸蠻”等使。《新唐書》卷 67《方鎮表四》繫此事于咸通八年。

安西四鎮押蕃使：前文已述及，早在開元四年（716）即已以安西大都護領四鎮諸蕃落大使。後置安西四鎮節度使，至德二載（757）改稱鎮西，《新唐書》卷 67《方鎮表四》謂，大曆二年（767）“鎮西復爲安西，其後增領五十七蕃使”。

歸義軍節度押蕃使：《舊唐書》卷 20 上《昭宗紀》載，大中五年（851）張義潮以河、湟之地十一州歸唐，置歸義軍于沙州，以張義潮爲節度使。光化三年（900）以張承奉“充歸義節度、瓜沙伊西等州觀察處置押蕃落等使”。可見歸義軍節度使亦兼任押藩落使。

以上爲唐代緣邊地區設置押蕃使之大略。由上所述，可知押蕃使分布于從今山東半島、東北起，沿長城一綫經河套至西北、西南的整個邊境地區。押蕃使多在邊境道一級地方政權機構設置，爲節度使所兼領。此外尚有其他邊境行政、軍事單位兼領押蕃使者。在不設節度使的邊鎮，則以防禦使兼任押蕃使，如前述以鹽州防禦使、天德軍都防禦使等兼押蕃使。在邊境節度使兼任押蕃使同時，其下尚有不同層次的邊疆軍政長官亦兼任押蕃使。邊境都督兼押蕃使者，如《舊唐書》卷 199 下《北狄傳·靺鞨傳》載，開元十三年（725）于黑水靺鞨置勃利府州，十六年（728）“其都督賜姓李氏，名獻誠，授雲麾將軍兼黑水經略使，仍以幽州都督爲其押使，自此朝貢不絕”。這是以幽州都督爲押黑水靺鞨使。唐玄宗《授白知節彭州刺史詔》，稱白知節原來的官職爲：“中大夫守靈州都督、關內道支度營田副使、檢校渾部落使。”㊱這是以靈州都督爲檢校押渾部落使。州一級也有少量設置，據《新唐書》卷 221 上《西域傳上·黨項傳》載，代宗朝郭子儀表“將作少監梁進用爲押黨項部落使，置行慶州。且言：‘黨項陰結吐蕃爲變，可遣使招慰，芟其反謀，因令進用爲慶州刺史，嚴邏以絕吐蕃往來道。’代宗然之”。這是以慶州刺史爲押蕃使。《舊唐書》卷 18 上《武宗紀》載，會昌三年（843）正月，“敕新授銀州刺史、本州押蕃落、銀川監牧使何清朝可檢校太子賓客”云云。這是銀州刺史兼本州押蕃落使。開元、天寶間又有王惟忠，曾爲“銀青光禄大夫登州刺史、河南河北租庸使兼新羅渤海諸蕃等使”。㊲這是以登州刺史兼押新羅渤海兩蕃使。《通鑑》卷 249 唐宣宗大中五年條胡注引《宣宗實録》載，大中五年（851）張義潮歸唐時，“天德軍奏沙州刺史張義潮、安景旻及部落使閻英達等差使上表，請以沙州降”。這裏的“部落使”亦當爲押蕃使。

此外亦有以邊將爲押蕃使者，如前述開元四年（716）以薛泰爲押契丹等蕃落使時，他是以將軍而督軍鎮撫該地，故《新唐書》卷 219《北狄傳》稱“詔將軍薛泰爲押蕃落使”。據《舊唐書》卷 199 下《北狄傳·契丹傳》，開元六年（718）契丹可突于反，營州“都督許欽澹令薛泰帥驍勇五百人"討之。可見他是受營州都督領導的邊將。元和初年曾"詔黔南觀察使常以本道將爲押領牂柯、昆明等使"。③⑨這是黔南道以將軍爲押蕃使。

## 二　押蕃使的機構

押蕃使雖由邊境地方長官,亦即主要由本道節度使兼領,但如同節度使所兼領之觀察使、營田使、支度使等使職均有自己的屬官相類,押蕃使也有自己的屬官,還有一套組織機構的設置。

首先,押蕃使有自己的官印。據《舊唐書》卷16《穆宗紀》載,元和十五年(820)七月,"平盧軍新加押新羅、渤海兩蕃使,賜印一面"。《唐會要》卷78《諸使中》"節度使"條記此事曰:"賜兩蕃使印一面。"由此可見押蕃使有自己專用的印璽。

其次,押蕃使有自己的屬官。唐代使府幕職一般有副使、判官、巡官等,押蕃使亦有這些幕職:

押蕃副使。早在押蕃使創設之初即有押蕃副使的設置,景雲二年(711)慕容明曾充押渾副使。④⑩開元四年(716)在任命郯王李嗣直爲安撫河東、關內、隴右諸蕃部落大使的同時,即任命張知運爲安撫諸蕃副大使;任命陝王李嗣昇爲河西四鎮諸蕃部落大使的同時,亦任命郭虔瓘爲安撫諸蕃副大使。④①這是在親王遙領押蕃使時,以押蕃副使行使押蕃使職權,與一般使府幕職不同。廣德二年(764)五月癸未制,稱僕固懷恩爲"朔方節度、關內度支營田鹽池押諸蕃部落副大使",④②亦屬這種情況。據《故幽州大都督府兵曹參軍陳府君墓志銘並序》,宣宗大中十一年(857)幽州大都督府兵曹參軍陳立行死,有"幽州押奚、契丹兩番副使"李儉爲其撰寫墓志銘。④③按張允伸于大中四年(850)至咸通十三年(872)間爲幽州節度使,則押奚、契丹兩蕃使當由其兼任,李儉當于這個期間擔任押蕃副使,爲張允伸之僚佐,與上述張知運、郭虔瓘、僕固懷恩等人以副使之名行正使權力的情況有所不同。又據《唐薊州刺史兼御史大夫張府君(建章)墓志銘》,張建章于宣宗朝爲幽州節度判官,懿宗"咸通五年(864)四月,奏升押奚、契丹兩番副使"。④④由此觀之幽州節度一直有押蕃副使之設置。又據《新唐書》卷139《房琯傳》附《房式傳》載,韋皋曾表房式爲"雲南安撫副使"。劍南西川節度使所兼押蕃使全稱爲"押近界諸蠻及西山八國雲南安撫等使",雲南安撫副使當爲其副職。這些都是邊鎮設置押蕃副使之證。

判官。據《唐故朝散大夫使持節龍溪郡諸軍事守龍溪郡太守上柱國梁君(令直)墓志銘並序》,天寶年間梁令直被"僕射安公奏充節度支度、陸運、營田、四番兩府等判官"。④⑤這裏的僕射安公即安禄山,因天寶十三載(754)安禄山被拜爲尚書左僕射,故稱其爲僕射安公。安禄山于天寶元年(742)爲平盧節度使,天寶三載(744)兼范陽節度使,天寶十載(751)又兼河東節度使,一身而兼三道節度。梁令直被安禄山辟署爲"四蕃"使府之判官,開天時期范陽節度使領押奚、契丹兩蕃使,平盧節度使鎮撫室韋、靺鞨,四蕃殆指此四者。這是押蕃使設置判官之證。

巡官。押蕃使設置巡官,據《舊唐書》卷16《穆宗紀》載,元和十五年(820)七月,"平盧軍新加押新羅、渤海兩蕃使……許置巡官一人"。這是明令押蕃使設置巡官一職。此外,《唐會要》卷79《諸使下》"諸使雜録下"條載,會昌五年(845)九月中書門下奏"條流諸道判官員額"時,其中規定"淄青除向前職額外,留押新羅、渤海兩蕃巡官"。可知在平盧淄青道押蕃使一直設有巡官,這次調整機構時仍特加保留。又據《唐故宣德郎前守孟州司馬樂安孫(景裕)府君墓誌銘》,宣宗時有孫景裕者,"韋公博方伯青社,思報舊恩,奏充押蕃巡官"。⑯據吳廷燮《唐方鎮年表》卷3"平盧"條,韋博于大中六年(852)至九年(855)期間爲平盧節度使,孫景裕當于此期間曾被韋博辟爲押蕃巡官。這證明會昌之後平盧淄青道確實繼續保留押蕃巡官之編制。

第三,押蕃使也有自己的辦事機關——押蕃使衙。據日僧圓仁《入唐求法巡禮行記》記載,唐文宗開成四年(839)圓仁等日本求法僧人隨藤原常嗣所率遣唐使團來華。後來圓仁等四人隨遣唐使團返國途中,靠岸時被海舶抛却于登州文登縣清寧鄉赤山村,他們在赤山院過冬後,擬前往五臺山等地巡禮求法,于是向當地政府申請旅行"公驗"。據是書卷2記載,開成五年(840)正月,日僧圓仁等開始申請"公驗",由文登縣上報登州都督府,再由登州都督府上報青州押兩蕃使,逐級上報申請。當圓仁等人持登州都督府牒文到達青州辦理申請公驗時,于三月廿二日朝衙時"到尚書押兩蕃使衙門前,擬通入州牒"。這裏明言圓仁等蕃客是到"押兩蕃使衙門"辦理申請公驗事宜的。但因青州節度使兼兩蕃使到球場去了,未能見到。于是當天"晚衙時入州,到使衙門。令劉都使通登州牒"。這個"使衙門"仍然是圓仁等人上午所叩之"押兩蕃使衙門"。由此可見圓仁是到青州押兩蕃使衙門辦理申請"公驗"手續的。這表明青州押蕃使有自己的衙門。這個"押兩蕃使衙門"未必就是單純爲押蕃使專設,也可能是與青州節度使共有之衙門,猶如現在習見的一個單位懸掛兩塊或更多機關門牌相似。這個記載説明當時押蕃使確有自己的辦公機關——押蕃使衙門。

## 三 押蕃使的職能

唐代于緣邊諸道增設押蕃使,一方面是由于邊境地區的外交與民族事務日繁,需要設置一專門之外交與民族事務管理機構,以負責日常外交、民族事務;另一方面也是邊鎮權力擴張的一個反映,表明邊鎮不僅總攬内政和軍事,同時也掌握外交事務之大權。實際上押蕃使就是在邊鎮設置的專職外交與民族事務機構。押蕃使所負外交與民族職責與邊鎮節度使等地方行政、軍事長官之外交與民族事務職責是一致的,因爲押蕃使均由他們所兼領,可以說在設置押蕃使的邊境地區,其行政與軍事長官是以押蕃使的身份執行外交與民族事務的。雖然如此,在文獻中明言押蕃使管理外交與民族事務的具體情況依然歷歷可見。關于邊境地方行政與軍事長官的外交職能,在拙著《漢唐外交制度史》中言之已詳,[47]兹不贅述,現僅就文獻直接提到爲押蕃使所負之外交與民族管理職能略述于後。

　1.管理羈縻府州

　　唐代于緣邊及其以外地區廣設羈縻府州,以加强和維繫邊族、蕃國與唐王朝的關係。據《新唐書》卷43下《地理志七下》記載,羈縻府、州原來"皆邊州都督、都護所領"。唐中期押蕃使産生後,在設置押蕃使的邊境地區則由押蕃使負責管理羈縻府、州,《唐會要》卷24《諸侯入朝》載,先天二年(713)十月敕:"諸蕃使、都府管羈縻州,其數極廣。"這個記載表明"諸蕃使"與都督府、都護府均有管理羈縻府州之責。開元四年(716)契丹李失活、奚李大輔來降,于兩蕃地置羈縻州,封李失活爲松漠郡王,兼松漠都督,李大輔爲饒樂郡王,兼饒樂都督,《舊唐書》卷199下《北狄傳·契丹傳》謂李失活"所統八部落,各因舊帥拜爲刺史"。此即所謂"羈縻州"。當時唐王朝"以將軍薛泰督軍以鎮撫之"。而據《新唐書》卷219《北狄傳·契丹傳》,"詔將軍薛泰爲押蕃落使"。由此可見薛泰在督軍鎮撫同時,兼任"押蕃落使",以負責管理兩蕃之羈縻州。管理羈縻府州是押蕃使管理外交與民族事務的重要内容之一。

　2.督軍鎮撫

　　押蕃使對于邊境蕃國和少數民族,負有督軍鎮撫之責。開元四年(716)契丹李失活、奚李大輔率部内附,立松漠都督府、饒樂州以安置之,同時"詔將軍薛泰爲押蕃落使,督軍鎮撫"。[48]可見押蕃使對于邊境蕃國與民族的管理是以武力爲後盾的。不久契丹上層發生内争時,即以押蕃使薛泰督軍征討。開元六年(718)李失活死,其從父弟娑固繼位,大臣可突于與娑固兵戎相見,于是營州都督許欽澹"令薛泰帥驍勇五百人,又徵奚王李大輔者及娑固合衆以討可突于"。薛泰不僅率領自己所統軍隊,而且徵發契丹與奚的部衆,聯合征討不臣。此即押蕃使"督軍鎮撫"之具體表現。同在幽州地區,天寶三載(744)安禄山爲范陽節度使兼押奚、契丹兩蕃使後,亦曾不斷出兵征討奚與契丹。其在率軍征討時亦同樣徵發蕃國兵馬參與其事,天寶十載(749)安禄山率領幽州、平盧、河東三道兵六萬討契丹時,即"以奚騎二千爲鄉導"。[49]天寶九載(750)唐玄宗《封安禄山東平郡王制》稱其"聲威振于絶漠,捍禦比于長城……頃者契丹負德,潛有禍心,乃能運彼深謀,纍梟渠帥,風塵肅静,斥候無虞"。[50]强調了其以武力鎮過蕃國的作用和功勛,故封爲東平郡王。當安禄山反狀日彰,大臣請唐玄宗除之時,玄宗猶保之云:"東北二虜,藉其鎮遏。"㊶二虜即指奚與契丹,以武力鎮遏之,是范陽道押蕃使的首要職責。同時可知徵發蕃國兵馬亦爲押蕃使之重要職權,除上述二例外,尚有如會昌三年(843)爲驅逐侵犯北邊的回紇烏介可汗時,唐廷命令銀州刺史兼本州押蕃落使何清朝"分領沙陀、吐渾、党項之衆赴振武,取劉沔處分"。㊷當時劉沔負責統帥諸道兵馬驅逐回紇,故銀州調發本州所押之沙陀、吐渾、党項等族部衆參與征討。由此亦可知銀州刺史所押"諸蕃"即爲沙陀、吐渾、党項等族。

### 3.懷柔安撫

押蕃使在以武力鎮遏蕃國的同時,亦常運用和平的、外交的手段以懷柔安撫蕃國與邊族。唐朝在任命王㟧爲朔方靈鹽節度使兼管内押蕃落使的制書中稱:"五原重鎮,諸夏長城,修戎政莫先于威聲,牧邊民莫尚于惠實。師雜昆夷之悍,訓在必和,地爲獯虜之鄰,撫宜以信。勉率是道,往分朕憂。"㊸強調在以武力爲後盾的基礎上,大力推行和平的、外交的手段,以達到守土安邊之目的。因而押蕃使同時擔負着大量的和平的、外交的職責。

外交是押蕃使爲削弱和分化瓦解對方而常用的手段之一。李邕《左羽林大將軍臧公神道碑》謂,開元年間臧懷亮爲平盧軍節度使兼押兩蕃使時,"往者奚、霫諸蕃之詭信也,西屬匈奴,南寇幽薊,乘間每鈔,無虞亟和"。奚、霫等常爲唐朝北疆之患,臧懷亮"以兵數實多,藉用尤費,輕舉則外患不解,大舉則内攻更深。是以傳陰符,移間諜,飛言以誤其使,重賞以賣其鄰,既伐碩交,且斷右臂,所謂以武辟武,以夷攻夷,雖賈誼計然,晁錯策得,無以尚也"。㊹臧懷亮認爲利用軍事手段不僅所費甚巨,而且成效並不佳,因而采取外交手段以分化瓦解之。在刺探對方情報的基礎上運用了不同的外交手段,這裏"飛言以誤其使"一語,表明雙方常互通使命,于是利用使命交通的機會散布"飛言"以誤導對方。並利用收買的手段以破壞其聯盟,達到以夷制夷的目的。

安禄山爲范陽平盧節度使兼押奚、契丹兩蕃使時,"屢誘奚、契丹,爲設會,飲以莨菪酒,醉而坑之,動數千人,函其酋長之首以獻,前后數四"。㊺這雖然是安禄山所采用的奸計,但也表明押蕃使常接待宴請對方酋長及其他人員,其人數有時可多達數千,而且這種宴請活動是經常進行的,故安禄山得以利用這種機會以毒酒坑殺對方人員。

### 4.朝貢管理

管理蕃國朝貢事務是押蕃使的重要職責之一。《舊唐書》卷199下《北狄傳·奚傳》謂:"故事,常以范陽節度使爲押奚、契丹兩蕃使。自至德之後,藩臣多擅封壤,朝廷優容之,彼務自完,不生邊事,故二蕃亦少爲寇。其每歲朝貢,常各遣數百人至幽州,則選其酋渠三五十人赴闕,引見于麟德殿,錫以金帛遣還,餘皆駐而館之,率爲常也。"㊻這就是幽州押兩蕃使管理蕃國朝貢事務的具體情況。奚、契丹兩蕃每年朝貢者先抵達幽州,由那裏的押蕃使負責接待他們,從衆多的朝貢者中選拔少數代表進京,其餘人員留在當地,仍由押蕃使負責招待他們的食宿,等待進京代表完成使命後,再一同出境。押蕃使在選拔少數朝貢者進京時,還要選派官員陪同這些朝貢者進京。《唐會要》卷24《諸侯入朝》載,元和十五年(820)二月敕:"淄青統押海蕃,每年皆有朝事,比差部領,人數較多。今後差官,正試相兼,不得過五人。"所謂"海蕃",乃指淄青節度使所兼押的新羅、渤海兩蕃,他們每年均來唐朝貢,而由淄青道押蕃使負責派員護送進京,由于陪同人員過多,因而作出規定,今後不得超過五人。

　　押蕃使在朝貢管理中發揮了重要作用,這對于發展唐與周邊蕃國的友好關係具有重要意義。據《舊唐書》卷199下《北狄傳·靺鞨傳》載,開元年間黑水靺鞨內附後,"仍以幽州都督爲其押使,自此朝貢不絕"。强調押蕃使在促進黑水靺鞨朝貢方面起了重要作用。又據《新唐書》卷222下《南蠻傳下》載,元和二年(807)"詔黔南觀察使常以本道將爲押領牂柯、昆明等使,自是數遣使,或朝正月,訖開成不絕"。表明押領牂柯、昆明等使的設置,對于促進二者的朝貢亦起了重要作用。

　　5.接轉貢獻

　　蕃國之貢獻,亦常通過押蕃使接轉。《唐會要》卷33《南蠻諸國樂》載:"貞元十六年(800)正月,南詔異牟尋作《奉聖樂舞》,因西川押雲南八國使韋皋以進,特御麟德殿以閲之。"韋皋時爲劍南西川節度使兼統押近界諸蠻、西山八國、雲南安撫使,南詔進獻樂舞是通過韋皋進行,這裏他是以押蕃使的身份接轉蕃國貢獻的。《新唐書》卷22《禮樂志十二》記此事曰"貞元中,南詔異牟尋遣使詣劍南西川節度使韋皋,言欲獻夷中歌曲,且令驃國進樂。皋乃作《南詔奉聖樂》"云云。這裏説韋皋是以節度使的身份接轉這次貢獻的,可見節度使與押蕃使在管理外交事務方面完全是一回事。不過從《唐會要》的記載我們可以知道,實際上從管理蕃國事務而言,韋皋是以押蕃使的身份而不是以節度使的身份負責此事的。由此可見在設置押蕃使的邊鎮,文獻所記邊鎮節度使之管理蕃國事務,與其説他是以節度使的身份,毋寧説是以押蕃使的身份而行使這一職權的。

　　6.上報蕃情

　　押蕃使須密切注視蕃國動態,並將蕃情及時上報朝廷,以便中央作出相應之決策。開元六年(718)契丹李失活死,突厥乘虛向奚發動進攻,于是負責統押奚與契丹事務的押蕃使薛泰將這一動態向朝廷作了報告。玄宗根據薛泰的報告而致書契丹可突于,要求他幫助奚抵禦突厥。玄宗在《賜契丹衙官静柝軍副大使可突于書》中説"近得捍蕃使薛泰表云:突厥殺兒到大雒揚言,萬衆欲抄兩蕃。左手有急,右手不助,既在一身,得其自勉力捍,時須覺察,審防奸詐"云云。[57]殺兒即突厥之毗伽可汗。由此可見押蕃使須及時向朝廷上報蕃情。《舊唐書》卷16《穆宗紀》載,長慶元年(821)平盧軍節度使、押新羅渤海兩蕃使薛平上奏:"海賊掠賣新羅人口于緣海郡縣,請嚴加禁絕,俾異俗懷恩。"⊗薛平作爲主管新羅事務之押蕃使,發現海盜掠賣新羅人口,于是將此情況上報朝廷,並提出解決處置之意見,以維護兩國及兩國人民之友好關係。他的建議得到了穆宗的批准。

7.過所公驗管理

押蕃使也負責蕃客之"過所""公驗"管理。唐代對于在其統治區域内通行之一切人員,包括各種外蕃人員,均需要有唐政府發給或簽署的"過所"或"公驗"。所謂"過所"或"公驗",就是一種通行證件,類似今日之簽證或路條。《唐六典》卷6《尚書刑部》"司門郎中"條載,唐制規定:"凡度關者,先經本部本司請過所,在京,則省給之;在外,州給之。"即如果從京城外出,由尚書省刑部司門司批給,在地方上則由地方政府批給。故各級地方政府均負有過所、公驗管理之責,而外蕃人員的過所、公驗,在邊境地區則是由押蕃使負責管理的。圓仁的《入唐求法巡禮行記》卷2翔實而生動地記述了外國人在唐代地方政府申請過所和押蕃使批給過所的情形:

開成四年(839),日僧圓仁等人在登州文登縣被返日使船拋却,滯留于文登縣青寧鄉赤山村之赤山院(佛寺),在那裏他們決心待過冬以後到五臺山等地巡禮求法。于是圓仁等人開始了申請前往五臺山等地的過所的行動。開成四年九月廿六日,圓仁等人向赤山院提出申請,"請寺帖報州縣給與隨緣頭陀公驗"。文登縣進行審查並上報登州。經過多方努力,開成五年(840)正月廿四日,終于"得縣公牒"。文登縣出具了上報登州都督府的牒文。圓仁等人持文登縣牒文前往登州,于三月十一日得到了登州都督府出具的牒文。牒文首云:"登州都督府牒上押兩蕃使。"據《新唐書》卷65《方鎮表》,永泰元年(765)"淄青、平盧節度使增領押新羅、渤海兩蕃使"。故這裏的"押兩蕃使"即登州之上級青州節度使所兼之押新羅、渤海兩蕃使,本牒是登州向青州押兩蕃使的上報文件。接着牒文開具了圓仁等人的申請和文登縣的報告。最後牒稱"州司先具事由、申使訖。謹具如前,不審給公驗否者。刺史判州司無憑便給公驗,付妥録申尚書取裁。仍遣僧人自賫狀見尚書取處分者"云云。意即州政府不能決定是否給予公驗,着圓仁等人持州牒至道,請押蕃使處分決定。牒文中的"尚書"即指青州節度兼押兩蕃使。唐制:節度使例兼尚書、僕射等爲檢校官,其時青州節度使亦兼此職稱,故稱其爲尚書。據圓仁記述,當時的"青州節度使姓韋,時人喚韋尚書"。據《舊唐書》卷17下《文宗紀下》,開成四年(839)七月"以河南尹韋長爲平盧軍節度使",據吳廷燮《唐方鎮年表》卷3"平盧"條,韋長在開成四、五年爲平盧節度使,正值圓仁抵青州之時,那麼這位韋尚書即韋長。

圓仁等人于三月廿一日到達淄青平盧節度使治所青州,廿二日"到尚書押兩蕃使衙門前,擬通入州牒,緣遲來,尚書入球場,不得參見……晚衙時入州,到使衙門,合劉都使通登州牒"。可見圓仁是直接去押兩蕃使衙門遞交登州府牒文並辦理申請公驗的。將登州牒上交之後,廿五日又"爲請公驗更修狀進尚書"。圓仁又向韋長遞交了一份申請公驗的狀文。廿七日,圓仁"遣惟正入本典院探公驗事,本案報云:'已有處分,給與公驗。一頭給公驗,一頭聞奏。待後日朝衙尚書押名押印,令使送到'"。得知青州節度使兼押兩蕃使韋長已同意給予公驗,但一邊開具公驗,一邊上報朝廷;後天節度使兼兩蕃使"朝衙"辦公時即可署名蓋章。三十日那天圓仁得知"節度使錄求法僧等來由,聞奏天子訖"。即青州節度使兼兩蕃使已將圓仁之事上奏了。四月一日終于得到了淄青節度使兼兩蕃使批給的公驗,這樣圓仁才得以踏上前往五臺山和長安的旅程。

從圓仁申請公驗的經歷,可以看到給予蕃客公驗的審批過程相當繁複,由縣而州而道,逐級上報,層層審批,而發給蕃客過所、公驗的決定權,在地方上是屬于道一級的押蕃使。當時韋長爲青州節度使兼押兩蕃使,他不是以節度使身份,而是以押蕃使身份簽發給圓仁過所的。青州押兩蕃使是負責新羅、渤海事務的,而圓仁是日本人,其公驗也由押兩蕃使負責,可見青州押兩蕃使不僅主管新羅、渤海兩蕃事務,此外之一切外交事務均由其管理,包括日本事務在內。

# 四　餘　論

唐代于邊境設置押蕃使的制度也影響了周邊一些政權。渤海就曾仿照唐制而設置押蕃使。德宗"貞元八年閏十二月,渤海押靺鞨使楊吉福等三十五人來朝貢"。[59]可知渤海于是年派往唐朝的使臣楊吉福官"押靺鞨使"。貞元八年(792)當渤海大欽茂大興五十六年。靺鞨爲渤海之邊族,對靺鞨之爭奪與控制幾乎貫穿于渤海國之始終,"渤海大氏集團,從建國以來,便推行統一靺鞨的政策,積極地爲把靺鞨各部統一在渤海大氏政權之下,展開了一系列的鬥爭"。[60]至大欽茂時更進一步"積極擴張,統一了拂涅靺鞨、鐵利靺鞨、越喜靺鞨,于其地置東平府、鐵利府、懷遠府、安邊府"。[61]史稱"後渤海盛,靺鞨皆役屬之"。[62]渤海官制"大抵憲象中國制度",其地方官制有"五京、十五府、六十二州",[63]亦大抵模仿唐代道、府、州、縣制度。渤海的府大體相當于唐朝的道,府置都督以總之。渤海又仿照唐制,"于各衝要處之都督加以節度之名……唐之節度,多兼觀察、營田、支度諸使,兼總民事。渤海亦必仿之"。[64]渤海視靺鞨爲"蕃",猶如唐之視渤海爲"蕃",故它也仿照唐制,于邊境地區設置押蕃使,其押靺鞨使大概就是由在衝要之府的邊境地方長官兼任的、負責管理靺鞨事務的使職。[65]

---

① 《舊唐書》卷 15《憲宗紀下》,白居易《除王佖檢校户部尚書充靈鹽節度使制》,《全唐文》卷 660。

② 《唐會要》卷 78《諸使中·節度使》。

③ 分見《新唐書》卷 66《方鎮表三》,《舊唐書》卷 11《代宗紀》,《舊唐書》卷 199 下《北狄傳·靺鞨傳》。

④ 唐玄宗《賜契丹衙官静析軍副大使可突于書》,《全唐文》卷 40。

⑤ 關于押蕃舶使,詳見拙文《唐代的市舶使與市舶管理》(《歷史研究》1998 年第 3 期)。

⑥ 周紹良、趙超《唐代墓志彙編》開元 478,上海古籍出版社 1992 年 11 月第一版。

⑦ 《唐代墓志彙編》開元 314。

⑧ 《新唐書》卷 66《方鎮表三》。

⑨ 李嗣直所兼,《舊唐書》卷 197《玄宗諸子傳》、《新唐書》卷 82《十一宗諸子傳》均作"諸蕃大使";李嗣昇所兼,《舊唐書》卷 10《肅宗紀》作"諸蕃落大使"。

⑩ 《全唐文》卷 21。《唐大詔令集》卷 35 亦以《郯王嗣直安北大都護等制》爲題録載此詔。《唐會要》卷 78《親王遥領節度使》亦節録此詔之大意。

⑪ 《唐會要》卷 78《諸使中·節度使》。

⑫ 顏真卿《東莞臧氏糾宗碑銘》,《全唐文》卷 339。據《全唐文》卷 265 李邕《左羽林大將軍臧公神道碑》,臧懷亮于開元十七年辭世前不久曾任平盧節度使。

⑬ 《新唐書》卷 66《方鎮表三》。

⑭ 《通鑑》卷 214 唐玄宗開元二十九年條。

⑮ 《全唐文》卷 25。《通鑑》繋安禄山封東平郡王事于天寶九載(卷 216),玄宗此《制》當在是年。

⑯ 劉濟兼押兩蕃使事,亦參見《册府元龜》卷 176《帝王部·姑息一》。

⑰ 劉總兼任押兩蕃使事,參見《舊唐書》卷 16《穆宗紀》,《册府元龜》卷 177《帝王部·姑息二》。

⑱ 《册府元龜》卷 177《帝王部·姑息二》。

⑲ 參見《舊唐書》卷 124《李正己傳》。李師古兼押兩蕃使事,又見《册府元龜》卷 176《帝王部·姑息一》。

⑳ 參見《舊唐書》卷 124《李正己傳》。李師古兼押兩蕃使事,又見《册府元龜》卷 176《帝王部·姑息一》。

㉑ 《舊唐書》卷 124《薛嵩傳》附《薛平傳》。

㉒ 《册府元龜》卷 128《帝王部·明賞二》。又見《全唐文》卷 71《封王智興等詔》。

㉓ 《舊唐書》卷 20 上《昭宗紀》。

㉔ 參見白化文等《入唐求法巡禮行記校注》第 232 頁,花山文藝出版社 1992 年 9 月第一版。

㉕ 《文苑英華》卷 399《中書制誥》。《唐會要》卷 78《諸使中·節度使》謂:"開元二十年四月,除牛仙客,又加押諸蕃部落使。"

㉖ 《全唐文》卷 44。

㉗ 《册府元龜》卷 164《帝王部·招懷二》所載詔文較詳。

㉘ 《册府元龜》卷 176《帝王部·姑息一》。

㉙ 《全唐文》卷 660。

㉚ 《全唐文》卷 462。

㉛ 《册府元龜》卷 176《帝王部·姑息一》。

㉜ "統押",《唐會要》卷 78《諸使中·節度使》作"統攝"。

㉝ 《册府元龜》卷 177《帝王部·姑息二》。

㉞ 《唐大詔令集》卷 50《夏侯孜平章事制》。

㉟ 《文苑英華》卷 453《翰林制誥·節鎮二》。

㊱ 《册府元龜》卷 178《帝王部·姑息三》所載此制略同,唯"處置"記作"營田"。

㊲ 《全唐文》卷 30。

㊳ 《唐故蘇州司户參軍王府君墓志銘並序》,《唐代墓志彙編》大和 026。關于王惟忠任登州刺史的時間,參見郁賢皓《唐刺史考》第二册第 966 頁,江蘇古籍出版社 1987 年 2 月第一版。

㊴ 《新唐書》卷 222 下《南蠻傳下》。

㊵ 《唐代墓志彙編》開元 478。

㊶ 《唐大詔令集》卷 35《郯王嗣直安北大都護等制》,《全唐文》卷 21《授郯王嗣直等都護制》。

㊷ 《舊唐書》卷 11《代宗紀》。

㊸ 《唐代墓志彙編》大中 129。

㊹ 《唐代墓志彙編》中和007。
㊺ 《唐代墓志彙編》天寶267。
㊻ 《唐代墓志彙編》咸通084。
㊼ 關于唐代邊境地方行政、軍事長官所負外交職責,詳見拙著《漢唐外交制度史》第十章,蘭州大學出版社1997年12月第一版。
㊽ 《新唐書》卷219《北狄傳·契丹傳》。
㊾ 《通鑑》卷216唐玄宗天寶十載八月條。
㊿ 《全唐文》卷25。
(51) 《通鑑》卷217唐玄宗天寶十四載二月條。
(52) 《舊唐書》卷18上《武宗紀》。
(53) 白居易《除王佖檢校户部尚書充靈鹽節度使制》,《全唐文》卷660。
(54) 《全唐文》卷265。
(55) 《通鑑》卷216唐玄宗天寶九載十月條。
(56) 《唐會要》卷96《奚》所載略同。
(57) 《全唐文》卷40。
(58) 《唐會要》卷86《奴婢》所載薛平奏文較詳。
(59) 《唐會要》卷96《渤海》。
(60) 王承禮《渤海簡史》第45頁,黑龍江人民出版社1984年。
(61) 同上書,第73頁。
(62) 《新唐書》卷219《北狄傳·黑水靺鞨傳》。
(63) 《新唐書》卷219《北狄傳·渤海傳》。
(64) 金毓黻《渤海國志長編》(《社會科學戰綫》雜志社重印,吉林省社會科學院東北史研究所、吉林省文物工作隊標點,1982年版),下編卷十五《職官考》"節度使"條。
(65) 同上書,下編卷十五《職官考·雜職》釋"押靺鞨使"云:"諸靺鞨貢使,押領之也……此蓋黑水、越喜、虞婁、鐵利諸部俱來,而以(楊)吉福爲押使以領之。"此説似有未安。將押靺鞨使解釋爲僅負押領諸靺鞨朝唐之使,似不全面,即使有此項職責,亦只是其部分而已。貞元八年楊吉福使唐時不是以靺鞨諸部的代表,而是以渤海國的代表出使唐朝的;即使同時押領靺鞨諸部前來,其"押靺鞨使"身份雖有"押領之也"的作用,但這並非"押靺鞨使"的全部職能,應是其職能中的一個具體方面而已。

# 韋絢及其《劉賓客嘉話録》

## 陶　敏

　　《劉賓客嘉話録》是唐代一部著名的筆記,由作者韋絢記録、整理著名詩人劉禹錫在夔州刺史任上的談話寫成,包含了唐代社會生活各方面的豐富史料,特別是有關劉禹錫文學觀點的史料,曾經廣爲流播。但和其他唐人筆記一樣,書中所載史實亦有不確和失實之處,在流傳過程中更存在嚴重的散佚和訛僞,在唐人筆記中頗有代表性。今就有關問題草成此文,以就教方家。

## 韋　絢　生　平

　　韋絢,兩《唐書》無傳,僅《新唐書·藝文志三》“小説家類”著録他的《劉公嘉話録》一卷,注云:“絢字文明,執誼子也,咸通義武軍節度使。劉公,禹錫也。”語甚簡略,但他的生平仕履可以約略考知。

　　《新唐書·宰相世系四上》韋氏龍門公房,韋執誼四子:曙;曈字賓之,鄭州刺史;昶字文明;旭字就之。無名絢者。昶、絢均字文明,陳寅恪先生疑“絢乃昶之改名”,[①]可從。

　　韋絢《劉公嘉話録》自序中説:“絢少陸機入洛之三歲,多重耳在外之二年,自襄陽負笈至江陵,拏葉舟,升巫峽,抵白帝城,投謁故贈兵部尚書、賓客、中山劉公二十八丈,求在左右學問,是歲長慶元年春。”這裏有兩點必須説明。第一,根據劉禹錫《夔州謝上表》所署年月,禹錫長慶二年正月才到夔州上任,元年春還在爲母親服喪,所以韋絢游學夔州應當是在長慶二年(822),序中“元”爲“二”之訛。第二,據《晋書·陸機傳》推算,陸機入洛在晋武帝太康十年(289),時爲二十九歲,韋絢少陸機三歲當爲二十六歲;又據《史記·晋世家》“重耳出亡凡十九歲而得入”之語,重耳流亡國外十九年,韋絢多重耳二年,則爲二十一歲。二語矛盾,必有一誤。羅聯添《劉賓客嘉話録校補及考證》[②]以爲韋絢二十六歲從學似太晚,重耳在外十九年事不應有誤,故疑韋絢誤記陸機入洛之年爲二十四歲。按《南史·彭城王義康傳》:“袁淑嘗詣義康,義康問其年,答曰:‘鄧仲華拜袞之歲。’義康曰:‘身不識也。’淑又曰:‘陸機入洛之年。’義康曰:‘身不讀書,君無爲作才語相向。’”鄧仲華即東漢鄧禹,字仲華。《後漢書·鄧禹傳》:

"封爲鄭侯,食邑萬户。……禹時年二十四。"袁淑説自己年齡和鄧禹拜袞之歲、陸機入洛之年相同,説明六朝時確有陸機二十四歲入洛之説,韋絢即持此説,並非誤記。所以,長慶二年韋絢赴夔州時二十一歲,並無疑問。據以推算,韋絢當生于唐德宗貞元十八年(802)。

《直齋書録解題》卷一一:"《戎幕閑談》一卷,韋絢撰,爲西川巡官,記李文饒(德裕)所談。"陶珽本《説郛》《戎幕閑談》韋絢序自署"大和五年十一月二十三日巡官韋絢引"。《白居易集》卷七〇《唐故武昌軍節度處置使正議大夫檢校户部尚書鄂州刺史兼御史大夫賜紫金魚袋贈尚書左僕射河南元公(積)墓志銘並序》:"前夫人京兆韋氏,生一女曰保子,適校書郎韋絢。"由此可知韋絢是元積的女婿。白居易《元積墓志》撰于大和五年七月元積卒後不久,而李德裕大和四至六年爲劍南西川節度使,知韋絢大和五年以校書郎爲李德裕劍南西川節度巡官。元積、李德裕都是劉禹錫的摯友,韋絢成爲元的女婿,又進入李的幕府,和劉禹錫的推挽應當有一定的關係。《唐會要》卷七六載大和二年賢良方正能極言直諫科及第者有韋昶名。如果陳寅恪先生韋絢爲韋昶改名説可以成立,那他應當是制科及第後授校書郎方入李德裕西川幕的。

參李德裕幕府一事,對韋絢仕途的升沉進退産生了重大的影響。《太平廣記》卷一八七引《嘉話録》:"開成末,韋絢自左補闕爲起居舍人。"岑仲勉《郎官石柱題名新著録》司封員外郎第十一行有韋絢題名,在盧懿後;吏部員外郎第十六行有韋絢題名,在韋愨、李訥前。丁居晦《重修承旨學士壁記》:"盧懿,開成四年四月十九日自司封員外郎充侍講學士,……會昌元年二月九日出守本官。李訥,開成五年七月五日自左補闕充,會昌二年四月十六日遷職方員外郎,……三年四月□日出守本官。"説明韋絢自起居舍人遷任司封、吏部員外郎約在會昌三至六年間,正是李德裕在相位的時候。《嘉話録》自序末尾署"大中十年二月朝散大夫、江陵少尹、上柱國京兆韋絢序"。大中初至大中十年間,韋絢的行踪無可查考。但我們知道,唐人重郎官而輕外任,尚書省郎官外放刺史,多少帶有一點貶謫的性質。江陵(今屬湖北)少尹不過是江陵尹的副手,從四品下,權位不但比清要的吏部員外郎輕得多,就連一般的州刺史也不如。大中初年,李德裕貶死崖州,和他沾點關係的人均遭竄逐。韋絢既是李德裕好友元積的女婿,曾入德裕幕府,又在德裕當國時被提拔重用,應當在李德裕失勢的時候也同被貶逐,所以遭迴十年,才做到江陵少尹的職位。[③]

大中末、咸通初,屬于牛黨的宰相令狐綯、白敏中相繼去位,韋絢才有可能被提拔使用。《新唐書·藝文志》説韋絢咸通中爲義武軍節度使,這是韋絢一生中最高的官職,應當就是他的終官。義武軍治所在定州(今河北定縣),轄易、定二州。《唐方鎮年表》卷四引《定州志·金石·北岳題名》:"咸通六年二月二十九日,初獻,易定等州觀察處置等使、定州刺史、兼御史大夫韋絢。"郁賢皓《唐刺史考全編》卷一一二定州列韋絢咸通四至七年。故韋絢之卒大約在咸通七年(866)或稍後,如果按卒于咸通七年推算,其享年約爲六十五歲。

韋絢的著作除了《劉公嘉話録》以外,還有《戎幕閑談》一卷,是大和五年在劍南西川幕府中任節度巡官時記録李德裕談話所作。此書久佚,今《類説》卷五二、陶珽本《説郛》号四六、張宗祥輯《説郛》卷七有引文,《太平廣記》亦有徵引。但該書内容多涉怪異,其價值和《嘉話録》不同。此外,《宋史·藝文志五》"小説家類"還著録了"韋絢《佐談》十卷"。《佐談》已佚,亦未見他書著録,由書名猜度,應該也是一部筆記性質的著作,也許其中包括了《戎幕閑談》、《劉公嘉話録》二書的内容。④

## 《劉賓客嘉話録》的寫作與流傳

韋絢《自序》在談及《嘉話録》一書寫作經過時説:

……(絢在夔州)蒙丈人許措足侍立,解衣推食,晨昏與諸子起居,或因宴命坐與語論,大抵根于教誘,而解釋經史之暇,偶及國朝文人劇談,卿相新語,異常夢話,若諧謔卜祝,童謡佳句。即席聽之,退而默記,或染翰竹簡,或簪筆書紳。其不暇記因而遺忘者,不知其數,在掌中梵夾者,百存一焉。今悉依當時日夕所話而録之,不復編次,號曰《劉公嘉話録》,傳之好事,以為談柄也。時大中十年二月,朝散大夫、江陵少尹、上柱國京兆韋絢序。

據此,《嘉話録》是劉禹錫長慶二年至四年在夔州談話的記録,韋絢大中十年于江陵少尹任上寫定成書。但書中談話也偶有涉及長慶四年以後的人物事件的。如"李程善謔"條記載:

(程)又因與堂弟居守石投盤飲酒,居守誤收骰子,糾者罰之。石曰:"何罰之有?"程曰:"汝忙鬧時把他堂印將去,又何辭焉。"飲酒家謂重四爲堂印,蓋譏石大和九(《説郛》本作元,逕改)年冬朝廷有事之際而登庸。

重四,即所擲骰子全爲四點,爲骰盤令貴彩。《説郛》卷十《續事始》引《潘氏紀聞譚》:"骰子飾四以朱者,因玄宗與貴妃采戰將北,惟重四可轉敗爲勝,上擲,連呼叱之,骰子宛轉良久,而成重四。上大悦,命將軍高力士賜四緋也。"賜四緋,即將骰子四點染爲紅色,至今仍然如此。《容齋隨筆》卷一六引《醉鄉日月》:"聚十隻骰子齊擲,自出手之人依采飲焉。堂印:本采人勸合席。"《苕溪漁隱叢話》後集卷一引《文昌雜録》:"唐李肇《國史補》云:'宰相相謂爲堂老。'及見元載與常衮唱和詩,有'堂老'之稱。"故宰相政事堂文書稱堂帖,所用官印亦稱堂印。韓愈《次潼關上都統相公》:"暫辭堂印執兵權,盡管諸軍破賊年。"李石於大和九年十一月甘露之變後爲相,時劉禹錫在同州刺史任。次年秋,禹錫即以太子賓客分司東都,此後直至會昌二年秋去世,足迹再未離開過洛陽。所以,他再晤韋絢並談及李程、李石相謔事,應在開成中洛陽。此外,《雲溪友議》卷中據《嘉話録》所述“中山悔”條,記載文宗大和八年秋劉禹錫自蘇州刺史轉汝州刺史,也是劉禹錫長慶中守夔州之後的事情,説明他離開夔州以後,仍然和韋絢保持着聯繫和交往,並曾會晤。

至于書中“李程善謔”條稱李石爲“居守”,而石任東都留守晚在大中五年(見《舊唐書·李石傳》),“相骨人”條稱杜元穎爲“杜循州”,而元穎大和三年才因南詔蠻攻陷成都事而貶爲循州司馬(《舊唐書·杜元穎傳》),“蔡州怪異”條稱裴度爲“裴令公”,而裴度加中書令在大和九年十月(見《舊唐書·裴度傳》),但所記事則都是長慶以前事,這些稱呼應當是大中十年韋絢整理劉禹錫談話筆記寫定成書時所追改。

從全書來看,《嘉話録》主要是記録劉禹錫的談話,韋絢偶爾有所補充和説明,也往往是圍繞劉禹錫的談話進行。只有《太平廣記》卷一八七引《嘉話録》有如下一條例外:

> 開成末,韋絢自左補闕爲起居舍人。……時絢已除起居舍人,楊嗣復于殿下先奏曰:“左補闕韋絢新除起居舍人,未中謝,奏取進止。”帝領之。李珏招而引之,絢即置筆札于玉階欄檻之石,遽然趨而致詞拜舞焉。左史得中謝,自開成中。至武宗即位,隨仗而退,無復簪筆之任矣。遇簪筆之際,因得密邇天顔,故時人謂兩省爲侍從之班,則登選者不爲不達矣。

這裏没有“劉公曰”之類的字樣,完全是韋絢的夫子自道,似與劉禹錫談話無關。不過《唐語林》卷六載:“劉禹錫曰:‘史氏所貴著(疑當作者)作起居注,橐筆于螭首之下,人君言動皆書之,君臣啓沃皆記之,後付史氏記之,故事也。今起居惟寫除目,著作局可張雀羅,不亦倒置乎!’”按照情理推測,原書中韋絢的話應當附在劉禹錫談話之後,是他在整理時補叙自己後來被任命爲起居舍人的經歷,用來爲劉説張目的。由于原書散佚,這條文字被不同的書引録,分爲兩條,所以看不出其間的聯繫了。

據韋絢自序,《劉賓客嘉話録》原名《劉公嘉話録》,《新唐書·藝文志三》即著録“韋絢《劉公嘉話録》一卷”。《郡齋讀書志》卷一三同,《直齋書録解題》卷一一作《劉公佳話》一卷。《崇文總目》卷二作《嘉話録》。《宋史·藝文志五》著録“《劉公嘉話》一卷”,又《賓客嘉話》一卷”,應該就是同一本書。它書徵引又或作《劉禹錫佳話》、《嘉話》、《賓客佳話》,都是同一部書的異名。此書今有明《顧氏文房小説》本、明陶珽編《説郛》本、清曹氏《學海類編》本,均爲一卷。《顧氏文房小説》本卷末有卞圜跋語:

> 右韋絢所録《劉賓客嘉話》,《新唐書》采用多矣,而人罕見全録。圜家有先人手校舊本,因鋟板于昌化縣學,以補博洽君子之萬一云。乾道癸巳十一月旦海陵卞圜謹書。

癸巳爲乾道九年(1173),今傳世諸本均源自卞圜這一南宋前期刻本。但此本已非韋絢原書。《四庫總目提要》卷一四〇指出:其中“昭明太子脛骨”等37條,“皆全與李綽《尚書故實》相同,間改竄一二句,其文必拙陋不通"。實際上,書中僞文還不止這些。據唐蘭《〈劉賓客嘉話録〉的校輯與辨僞》⑤考證,今本《劉賓客嘉話録》113 條中,除 37 條出《尚書故實》外,還有 2 條出《續齊諧記》,29 條出自《隋唐嘉話》,可確認是本書原文的僅有 45 條。

　　這樣多的僞文是什麽時候、怎樣混入《嘉話録》中的呢? 四庫館臣認爲僞文的羼入,是《學海類編》編者"竄改舊本,以示新異,遂致真僞糅雜,炫惑視聽",實際上這完全是臆斷,據唐蘭先生考訂,早在北宋中期,《嘉話録》即已羼入僞文。宋人《道山清話》云:"余少時甞與文潛在館中,因看《隋唐嘉話》,見楊祭酒《贈項斯》詩云:'度度見詩詩總好……'"實際上此事並非出自《隋唐嘉話》,而見于《劉賓客嘉話録》;但這段話又是《尚書故實》的文字,爲《嘉話録》誤收。唐蘭先生認爲此事"當在元祐元年張文潛入史館以後,而紹聖初請郡以前","而云《隋唐嘉話》者,兩書同名'嘉話',又同爲'劉'姓,易致混淆,追述其事,因誤記","則元祐初已有此僞本耳"。至于致僞之由,唐蘭以爲僞本當出三館,祥符八年館閣書籍被焚,借太清樓本補寫,所借本又有損盡,校書者"專事全輯",遂雜取他書補之,"而此濫謬不全之本,遂爲館閣善本。後人又從館本録出,至卞闓刻之,流行于世"。

　　唐氏的推論,大體上是可信的。不過,抄補者未必不知道所補並非《嘉話録》中的文字。例如,《嘉話録》"王羲之借船帖"一條説:"王内史《借船帖》,書之尤工者也。盧公尚書寶惜有年矣,張賓獲(護)致書借之不得。"這段文字也出自《尚書故實》,末句《故實》原文作"公致書借之不得"。按李綽《尚書故實》原序云:"賓護河東張公,……叨遂迎塵,每容侍話,……遂纂集尤異者,兼雜以詼諧十數節,作《尚書故實》云爾。"《嘉話録》却改"公"爲"張賓護",説明抄録者讀過《故實》的原序,明明知道這是"張賓護"而不是劉禹錫的談話,但還是將它們抄入了。至于《隋唐嘉話》中文字羼入的可能與《故實》同時,也可能稍晚一些。曾慥《類説》卷五四引《劉禹錫佳話》31 條,其中"蜀道易"至"虎骨求雨"6 條出自《尚書故實》,但没有一條出自《隋唐嘉話》,可能他所見本尚未羼入《隋唐嘉話》中文字。

　　由于《嘉話録》一書早已僞濫,給後人的閱讀和利用帶來了很大的麻煩。如人們常常稱引的"遷鶯"、楊敬之"到處逢人説項斯"等條,本出《尚書故實》,前人及今人却都將它們當作《嘉話録》中的文字引用。《邵氏聞見後録》卷一六云:"東坡……《和劉景文聽琵琶》詩:'猶勝江左狂靈運,共鬪東昏百草鬚。'按唐劉夢得《嘉話》,'晋謝靈運美鬚,臨刑,施爲南海祇洹寺維摩塑像鬚。……至中宗朝,安樂公主五日鬪百草,欲廣物色,令馳驛取之。'則以靈運鬚鬪百草者,唐安樂公主,非齊東昏侯,亦誤也。"實際上"謝靈運鬚"條是《尚書故實》中的文字。又如張淏《雲谷雜記》卷二:"韋絢《劉賓客嘉話録》、李綽《尚書故實》皆云:'(韓)昶爲集賢校理,史傳中有金根車處,皆臆斷之,曰:豈其誤歟,必金銀車也,悉改根字爲銀字。'此説恐未必然。李綽之説蓋本于韋絢。絢乃執誼之子。又《嘉話録》所載大抵詆退之處甚多,如云'韓十八直是太輕薄'及忿'席舍人草貶詞'之類,皆不足信。"不但誤將《故實》中文字當作《嘉話録》中文字,並據這條僞文判斷《嘉話録》的價值,認爲其中的記載不可信,這實在十分冤枉。《嘉話録》還有"寒具"一條:

> 《晋書》中有飲食名寒具者,亦無注解處。後于《齊民要術》並《食經》中檢得,是今所謂鐶餅。桓玄嘗陳法書名畫,請客觀之,有客食寒具,不濯手而執書,因有污處,玄不懌,自是命賓不設寒具。

這條文字見于《尚書故實》中,《太平廣記》卷二○九也引作《尚書故實》,是《故實》中文字竄入。《蘇軾詩集》卷三二有《寒具》詩:"纖手搓來玉數尋,碧油輕蘸嫩黃深。夜來春睡濃于酒,壓扁佳人纏臂金。"題下自注:"乃捻頭,出劉禹錫《佳話》。"蘇軾這一卷詩作于元祐五年(1090)正月至十二月杭州刺史任上,可見,蘇軾當時所見到的也是經過竄亂的《劉賓客嘉話録》。高似孫《緯略》卷一○:"《劉禹錫佳話》有'寒具',詩云:'纖手搓來玉數尋……'東坡集有此詩,云《佳話》謂之捻頭。"將東坡自注當作《嘉話録》中文字,叙述已欠分明。明楊慎《升庵全集》卷六九"寒具"條,除了引桓玄事外,竟把蘇軾的《寒具》詩當作"劉禹錫《寒具詩》"來徵引,就更是錯上加錯了。

值得注意的是,自宋代至明代前期,《嘉話録》始終有一種和卞圜本不同的本子流傳。宋王讜《唐語林》所收《嘉話録》佚文,有二十餘條不見于卞圜本。周勛初《唐語林校證》據《續資治通鑑長編》、《宋會要輯稿》等考證王讜生平云:王讜爲吕大防女婿,哲宗元祐中吕大防爲中書侍郎時,堂除王讜爲京東排岸司,後改國子監丞、少府監丞,約卒于崇寧、大觀中,享年在六、七十歲左右。他寫作《唐語林》,至早也當在神宗熙寧中,那就是説,北宋中期還有《嘉話録》另一種本子與已被竄亂的本子同時流通。今存《永樂大典》殘卷的影印本中也有兩條《嘉話録》佚文,一條是卷2979"知人"引《劉公嘉話録》,記當時人稱元載、王縉子爲"四凶",劉晏子爲"八元"事;另一條是卷12444"罰酒"引《劉公嘉話》,記顧少連聲言要笏擊奸臣裴延齡一事。這兩條文字都不見于卞圜本《嘉話録》,也未見它書引録。這説明《永樂大典》編者根據的也是一個和卞圜本不同的本子,應該是一個沒有被後人竄亂過的本子。但遺憾的是,《唐語林》和《永樂大典》所用的《嘉話録》明代中葉不再有人提起,大約早已不存于天壤間了。

## 唐、羅二本評議

今人全面整理此書的,有唐蘭《〈劉賓客嘉話録〉的校輯與辨僞》及羅聯添《〈劉賓客嘉話録〉校補及考證》二文。唐本包括今本存真、補遺、附録、今本辨僞四個部分,將混入《嘉話録》今本中《尚書故實》、《隋唐嘉話》、《續齊諧記》的85條僞文剔出,又據《太平御覽》、《唐語林》、

《雲溪友議》等書補輯佚文 56 條,並作文字校勘。文後跋語,則對此書流傳的情況和它的價值作了討論,是到目前爲止校訂最精的一個本子。

　　唐本在辨僞方面和輯佚方面雖用力甚勤,但所輯佚文或有誤輯它書的。如《唐語林》卷六云:"司空(杜佑)曾爲楊丞相炎判官,故盧新州見忌,欲出之。"此條次于出自《嘉話錄》之"盧華州"條上,故唐本據以輯入。但據《太平廣記》卷七六,此條原出《劇談錄》。⑥又如《唐語林》卷二"文學"有如下一條文字:

　　　　鄭□□云:"張燕公文逸而學奧,蘇許公文似古,學少簡而密。張有《河朔刺史府君碑》,序金城郡君云:'蕣華前落,蒿塋城隅。天使馬悲,啓勝公之室;人看鶴舞,閉王女之墳。'亦其比也。"公又云:"張巧于才,近世罕比。《端午三殿侍宴詩》云:'甘露垂天酒,芝盤捧御書。含丹同蝘蜓,灰骨慕蟾蜍。'上親解紫拂帶以賜焉。蘇嘗夢書壁云:'元老見逐,讒人孔多。既誅群凶,方宣大化。'後十三年視草禁中,拜劉幽求左僕射制,上親授其意,及進本,上自益前四句,乃夢中詞也。"又云:"杜工部詩如爽鶻摩霄,駿馬絶地,其《八哀詩》,時人比之大謝《擬魏太子鄴中八篇》。杜曰:'公知其一,不知其二。吾詩曰:汝陽讓帝子,眉宇真天人。虬髯似太宗,色映塞外春。八篇中有此句不?'或曰:'百川赴巨海,衆星拱北辰,所謂世有其人。'杜曰:'使昭明再生,吾當出劉、曹、二謝上。'杜善鄭廣文,嘗以《花卿》及《姜楚公畫鷹》示鄭,鄭曰:'足下此詩可以療疾。'他日鄭妻病,杜曰:'爾但言:子章髑髏血模糊,手提擲還崔大夫。如不瘥,即云:觀者徒驚帖壁飛,畫師不是無心學。未間,更有"太宗拳毛騧,郭家師子花"。如又不瘥,雖和、扁不能爲也。'其自得如此。"

唐本將此條分爲二條,輯入"補遺",校云:"詳其文義,當亦出《嘉話錄》。文中引'公又云'即韋書通例。末云'其自得如此',按張巡守睢陽條云'其忠勇如此',杜丞相鴻漸條云'貴人多知人也如此',苗給事條云'其父子之情切也如此',貞元末太府卿韋渠牟條云'名場險巇如此',均與此相類,故定爲《嘉話錄》佚文。"周勛初《唐語林校證》亦云:"本條疑出《嘉話錄》。"按此條中之評杜甫詩,《觀林詩話》引作《樹萱錄》,杜甫詩療瘧疾事,《苕溪漁隱叢話》前集卷一一引《西清詩話》亦云出《樹萱錄》。《新唐書·藝文志三》:"《樹萱錄》一卷。"不著撰人。《直齋書錄解題》卷一一:"《樹萱錄》一卷,不著名氏。序稱纂尚書滎陽公所談者,亦不知何人。又云'普聖圜丘之明年','普聖'者,僖宗由普王踐位也。書雖見《唐志》,今亦未必本真。或云劉燾無言所爲也。"普王李儇于咸通十四年七月即位,其"明年"爲乾符元年。如果此條曾爲《嘉話錄》、《樹萱錄》並載,應當是《樹萱錄》襲取《嘉話錄》。但是此條首明言"鄭□□云",唐蘭校云:"疑本作'劉禹錫云',既脫'禹錫'兩字,又誤'劉'爲'鄭'耳。"按《樹萱錄》爲其作者記錄"尚書滎陽公所談"而成,滎陽爲鄭氏著望,"滎陽公"當是鄭姓,故原文不誤,當出自《樹萱録》。《樹萱録》、《嘉話録》二書均記録名公談話而成,體裁相類,自然會有"公又云"、"其自得如此"一類的話語,實不足作爲判斷文字歸屬的依據。

羅本在辨僞方面較爲疏略,只剔出了《尚書故實》羼入的僞文,仍然保留了混入的《續齊諧記》中的文字;至于《隋唐嘉話》的文字,羅氏雖然懷疑其非《嘉話録》文字,却未能指明其爲何書混入。也有本屬《嘉話録》佚文而羅本誤認爲是它書編者所加的。例如《唐語林》卷五"張巡許遠條"有《嘉話録》佚文二百一十三字:

> 時雍丘令令狐潮以書勸誘,不納。其書有曰"宋七昆季,衛九諸子,昔斷金成契,今乃刎頸相圖"云云。時劉禹錫具知宋、衛,耳剽所得,濡毫有遺,所冀多聞補其闕也。又説,許遠亦有文,其《祭纛文》爲時所稱,所謂"太一先鋒,蚩尤後殿,蒼龍持弓,白虎捧箭"。又《祭城隍文》云:"智井鳩翔,危堞龍攫。"皆文武雄健,志氣不衰,真忠烈之士也。劉禹錫曰:此二公天贊其心,俾之守死善道。向若救至身存,不過是一張僕射耳,則張巡、許遠之名,焉得以光揚于萬古哉!巡性明達,不以簿書介意。爲真源宰,縣有豪華南金,悉委之。故時人曰:"南金口,明府手。"及巡聞之,不以爲事。

羅氏以爲其中"時劉禹錫具知宋、衛,耳剽所得,濡毫有遺,所冀多聞補其闕也"二十四字,"當是《語林》編者所加"。其實這裏的意思是:劉禹錫是知道宋七、衛九是什麽人的,而韋絢自己因爲係"耳剽所得",記載時有所遺漏,希望多聞博識者能補其闕漏。這顯然是韋絢後來整理成書時的口吻,是《嘉話録》的原文無疑。至于《永樂大典》殘本中的佚文,則因二本早出,都没有能够輯入。

在文字校勘方面,二本都用了很大的氣力。如唐本,除用《太平廣記》、《廣語林》外,曾廣泛取校《南部新書》、《詩話總龜》、《唐詩紀事》、《實賓録》、《容齋隨筆》、《近事會元》、《分門古今類事》、《緯略》等書。二本不足之處,在于一些關鍵性的誤字未能校正。如"胸肭"條云:"瓊州地名胸肭,胸肭是蚯蚓也。"瓊州屬今海南省。據《漢書·地理志上》及《太平寰宇記》卷一四七引《十三州志》,胸肭正是夔州地名,"瓊"當爲"夔"的形誤。此外,唐本中有一些"以意改之"的情况,其中有的是以不誤爲誤的。如前引唐本據《唐語林》輯入的有關張説文、杜甫詩的一條,劈頭是"鄭□□云",唐氏逕改"鄭"爲"劉",校云:"'劉'作'鄭',今以意改。"如前所述,此條實出《樹萱録》,而該書是記録"尚書滎陽公"鄭某談話而成,故"鄭"字不誤。從文獻學的角度説,這種妄改古書以就己説的做法是不够嚴肅的。

羅本亦偶有誤改之處。如"李泌韋渠牟"條載:"李丞相泌謂德宗曰:'肅宗師臣,豈不呼陛下爲崽郎?'聖顔不悦。"字書無"崽"字,羅氏校云:"案崽當從《學海》本作崽。《新方言·釋親屬》:'成都、安慶罵人則冠以崽字,成都音如哉,安慶音如簪。'又《天禄識餘》注:'今北人罵頑童曰崽子。'此崽郎猶稱崽子,乃罵人語,故下云'聖顔不悦'。"不過,即使李泌生性"放曠敏辯，好大言"(《舊唐書》本傳)，又得到德宗寵幸，也決不會放肆到當面罵皇帝爲"崽子"的地步。"崽郎"，《永樂大典》卷七三二八引《唐語林》作"嵩郎"。周勛初《唐語林校證》據改，並云："《新編分門古今類事》卷二《嵩郎似我》條載玄宗稱德宗爲'嵩郎'，可互證。"嵩郎，應當是德宗的小名。李泌自恃曾爲玄宗、代宗師友，倚老賣老地稱德宗小名，于情于理才都説得過去。

《嘉話録》所記史實或有不準確或錯誤之處，這大約是談話時記憶不確或記録傳抄有誤造成的。對此，唐本很少涉及，羅本所做的考訂工作較多，但仍有許多問題遺留。例如"脂粉錢"條稱："湖南觀察使有夫人脂粉錢者，自顔杲卿妻始之。"但顔杲卿天寶末爲常山太守，安禄山反，被俘不屈，罵賊而死，事見兩《唐書·忠義傳》，何至爲其夫人勒索脂粉錢？並且據《新唐書·方鎮表六》，至德二載(757)方置衡州防禦使，湖南觀察使之設置則晚在廣德二年(764)，顔杲卿被害在天寶十五載(756)，他在世時還沒有設置湖南觀察使。我認爲，這件事應當屬于辛京杲，京杲是武將出身，大曆五年爲潭州刺史、湖南觀察使(見《新唐書·辛雲京傳》及《舊唐書·代宗紀》)，因爲京、卿音近，"辛"字又與"顔"字偏旁"彦"相類，後人就誤改爲顔杲卿了。又如"李揆入蕃"條説"大司徒杜公罷淮海入洛，見之(按指李揆)"。但李揆卒于興元元年四月，而代、德二朝杜姓淮南節度只有杜亞、杜佑二人。杜亞罷淮南節度爲户部尚書(唐人稱户部尚書爲大司徒，稱户部侍郎爲小司徒，以別于三公之司徒)、東都留守在貞元五年，杜佑罷淮南入朝則更晚在貞元十九年，都是李揆去世之後的事了。類似的問題，在筆記中是普遍存在的，看來《嘉話録》也不能例外。

## 《劉賓客嘉話録》的史料價值

韋絢的父親韋執誼，永貞中爲相，是永貞革新的主要倡導者。憲宗即位，他首被貶謫，和劉禹錫同爲"八司馬"之一，次年就死在貶所崖州(今海南海口)。由于有這樣一層特殊關係，韋絢到夔州後受到劉禹錫"解衣推食"的真誠關愛，"晨昏與諸子起居，或因宴命坐與語論"，和劉禹錫的兒子們一起學習，經常隨侍左右。劉禹錫是一個非常健談的人，他和一位朋友同處三年，没有説過重復的話(見《大唐傳載》)，在自己的小孩和子侄輩的韋絢面前，更可以毫無顧忌地暢所欲言。當然，作爲長輩，他的談話"大抵根于教誘"，但在"解釋經史之暇"，也"偶及國朝文人劇談，卿相新語，異常夢話，若諧謔卜祝，童謡佳句"，所以談話的内容可以説天空海闊，十分廣泛和豐富。

劉禹錫一部分談話完全是知識性的，如關于"司馬墻"、"三臺"、"勞薪"以及《詩經》、《文選》中字詞的解釋等條，也有一些是談異聞奇事的，如宇文融百日宰相爲前定、杜鵬舉夢見宰

相碑等條,但大多數條目是講述當時達官聞人的佚事和掌故。這些談話反映了各個方面的
社會生活,叙述真切生動,風趣詼諧,充滿着幽默和睿智,也表現出劉禹錫强烈的主觀愛憎。
如下面這條文字:

> 范希朝將赴太原,辭省中郎官,既拜而言曰:"郎中有事但處分希朝,希朝第一遍不
> 應,亦且恕。至第三遍不應,即任郎中員外下手插打得。""插打"爲造箭者插羽打幹
> (簳),言攢箭射我也。

《舊唐書·范希朝傳》:"順宗時,王叔文黨用事,將授韓泰以兵柄,利希朝老疾易制,乃命爲左
神策、京西諸城鎮行營節度使,鎮奉天,而以泰爲副,欲因代之,叔文敗而罷。憲宗即位,復以
檢校僕射爲右金吾,出拜檢校司空,充朔方靈鹽節度使。……所至有功,遷河東節度使。"同
書《憲宗紀上》:"(元和四年六月)丁丑,以靈鹽節度使范希朝爲太原尹、河東節度使、北都留
守。"韋絢記希朝赴太原前去尚書省辭行,當是誤記。因爲元和四年希朝自靈州移鎮太原,没
必要到京師向尚書省郎官辭行,而且,這一年,劉禹錫遠在朗州,亦無由得知尚書省中情事。
此事當在永貞元年五月范希朝被任爲神策、京西行營節度時,正是革新派布下的一着很關鍵
的棋,據韓愈《順宗實録》,當時"八司馬"中劉禹錫爲屯田員外郎、柳宗元爲禮部員外郎、韓泰
爲度支郎中、陳諫爲倉部郎中、韓曄爲司封郎中,都在尚書省,所以范希朝要去尚書省辭行,
並表明自己與革新派同進退的心迹。這段談話可以説是有關永貞革新的珍貴史料。又如下
面這幾條:

> 苗粲之子繢應舉,而粲以中風語澀,而心緒(疑當作繢)至切。臨試,又疾亟。繢乃
> 爲狀,請許入試否。粲猶能把筆,淡墨爲書曰:"入! 入!"其父子之情切如此。其年繢及
> 第。

> 裴操者,延齡之子,應鴻辭舉。延齡于吏部候消息。時苗給事及杜黄門同時爲吏部
> 知銓,將出門,延齡接見,探偵二侍郎口氣。延齡乃念操賦頭曰:"是冲(疑當作神)仙
> 人。"黄門顧苗給事曰:"記有此否?"苗曰:"恰似無。"延齡仰頭大呼曰:"不得,不得!"敕
> 下,果無名操者。劉禹錫曰:"當延齡用事之時,不預實難也。非杜黄門誰能拒之!"

> 盧新州爲相,令李揆入蕃。對德宗曰:"臣不憚遠使,恐死道路,不達君命。"上惻然
> 免之,謂盧相曰:"李揆莫老無?"杞曰:"和戎之使,須諳練朝廷事,非揆不可。且使揆去,
> 向後差使小于揆年者,不敢辭遠使矣。"揆既至蕃,蕃長問:"唐家有一第一人李揆,公是
> 否?"揆曰:"非也,他那個李揆争肯到此?"恐其拘留,以此誣之也。揆門户第一,文學第
> 一,官職第一。致仕歸東都,大司徒杜公罷淮海入洛,見之,言及頭頭第一之説。揆曰:
> "若道門户,門户有所自,承餘裕也;官職,遭遇爾。今形骸凋悴,看即下世,一切爲空,何
> 第一之有!"

苗粲重病中對兒子科第考試的關懷,杜黄裳、苗粲對權臣裴延齡的不屑和冷淡,盧杞的狡詐和李揆的機敏都躍然紙上。它們從一些新的側面更爲真實地反映了當時的社會生活,而在正史越來趨于嚴肅化和程式化的時候,這樣的口語化的散文,無疑會給人們以耳目一新之感。

作爲文學家和詩人,劉禹錫的談話廣泛涉及到許多作家和作品,書中關于詩文的評論有多條,話及王維、杜甫、韋應物、張籍、陳標、牛僧孺、楊茂卿等人的詩歌,韓愈、柳宗元、段文昌、皇甫湜等人的文章,也談到自己的《平蔡州》、《秋水咏》、《石頭城》詩和《祭杜中丞文》,對于了解劉禹錫的文學觀點有重要的意義。其中記述張巡、許遠在睢陽圍城中所作詩文,就是他們文學活動留存的唯一記載,是極爲珍貴的文學史料。

特别值得注意的是:劉禹錫在談話中,曾用自己在詩中不敢用"錫"字和杜甫《義鶻行》"修鱗脱遠枝,巨顙拆老拳"中"老拳"出于《晋書·石勒載記》而非杜撰爲例,説明"爲詩用僻字須有來處"。這一點在《嘉話録》中一再得到了强調。《唐語林》卷二"文學"載《嘉話録》佚文有下面一段談話:

> 爲文自鬭異,一對不得。予嘗爲大司徒杜公之故吏。司徒冢嫡之薨于桂林也,柩過渚宫。予時在夔州,使一介具奠酹,以申門吏之禮,爲一祭文云:"事吴之心,雖云已矣;報智之志,豈可徒然!""報智",人或用之;"事吴",自思得者。

司徒冢嫡是指杜佑的長子杜式方,長慶二年三月死在桂管觀察使任上。"事吴"這個典故出自《左傳·襄公十九年》。晋臣荀偃率軍伐齊,中途病疽,死不瞑目。范宣子以爲荀偃是放心不下他的兒子荀吴,所以向他説:"事吴敢不如事主!"意思是説將來一定會好好對待他的兒子荀吴,讓他放心地走。可荀偃仍然不閉眼睛,范宣子便向他起誓,一定繼續完成他未竟的伐齊之事,荀偃這才瞑目。劉禹錫曾經四參杜佑公府,受恩于杜佑,現在佑子杜式方又死了,所以他徒然有"事吴"之志却無法報恩了。應該説,這個典故用得是十分恰當的。劉禹錫説這是他"自思得者",言談中大有躊躇滿志之意,很爲自己能用前人没有用過的事典而自豪。《詩話總龜》前集卷一四引《劉禹錫佳話》:

> 楊茂卿曰:"河勢昆侖遠,山形菡萏秋。"此過華陰山下作,初用蓮峰作"菡萏",的當而暗盡矣。

華山有蓮花峰,楊茂卿用蓮花别稱菡萏來代指華山,和昆侖作對,對仗工穩而又措辭巧妙,也屬于詩歌語言的爭新鬭異,所以得到劉禹錫的激賞。

上述理論,劉禹錫是在詩文創作實踐中貫徹始終,身體力行的。宋祁説"劉夢得巧于用事"(《宋景文筆記》卷上),黄常明説他能以"一字用事"或"兩字用事"(《增修詩話總龜》後集卷二二),黄徹説他"善使事"(《䂖溪詩話》卷九),方回贊嘆他的《同樂天送河南馮尹學士》"用事如此之精"(《瀛奎律髓》卷二四),顧嗣立說他的《送蘄州李郎中赴任》"使事如不使"(《寒廳詩話》),何焯稱其《聞董評事疾因以書贈》是"皆以當家事對內典"(《瀛奎律髓彙評》卷四四)等等,都說明他的詩文大量用典,而且善于用典,他在這方面的成就爲歷代人們所公認。

劉禹錫這種"爲詩用僻字須有來處"的創作主張,對于後世特別是對於江西詩派產生過很大的影響。黃庭堅說:"自作語最難,老杜作詩,退之作文,無一字無來處,蓋後人讀書少,故謂韓、杜自作此語耳。古之能爲文章者,真能陶冶萬物,雖取古人之陳言入于翰墨,如靈丹一粒,點鐵成金也。"(《答洪駒父書》)實際上就是對於劉禹錫觀點的直接繼承。吕本中曾說:"表叔范元實既從山谷學詩,要字字有來處。"(《東萊紫微詩話》)陸游稱"江西社裏人"韓駒(字子蒼)"詩擅天下,然反復涂乙,又歷疏語所從來"(《渭南文集》卷二七《跋陵陽先生詩草》)。陳長方說:"章叔度憲云:每下一俗間言語,無一字無來處,此陳無己、黃魯直作詩法也。"(《步里客談》卷下)這是黃庭堅作詩最重要的法門,被江西詩派的追隨者們奉爲圭臬。不過劉禹錫是詩之"豪者",用典使事雖多却不生僻,又能以一己之氣駕馭,不顯得吃力和艱澀;而江西詩派刻意求新,多用新典僻典,又缺乏宏大的氣魄,所以往往有人工雕鎪的痕迹。但是,二者的不同是時代、作家個性和風格的不同,在寫作方法上亚没有多大的差異。任淵在《山谷詩注》卷一《古詩二首上蘇子瞻》的注釋中指出:

> 山谷詩律妙一世,用意高遠,未易窺測,然置字下語,皆有所從來。孫莘老云:"老杜詩無兩字無來歷。"劉夢得論詩亦言:"無來歷字前輩未嘗用。"山谷屢拈此語,蓋亦以自表見也。

孫莘老就是黃庭堅的岳父孫覺,任淵爲黃詩作注更深知個中三昧,他們的話說出了黃庭堅和江西詩派作詩的秘密。實際上,"以學問爲詩",或者說"資書以爲詩"的宋詩,大體上也是走的同一個路子。由此看來,說劉禹錫的詩論直接影響了有宋一代的詩風恐不爲過;不過,由于劉禹錫的創作成就不及杜甫,聲名影響遜于韓愈,人們不便拿他作爲學習的楷模,所以較少直接提到而已。

《嘉話録》談到,貞元中,劉禹錫曾和柳宗元、韓泰同去聽當時著名的經學家施士匃講《毛詩》,記録了施氏對于《詩經》中《候人》、《陟岵》、《甘棠》、《泉水》、《旄丘》等篇的片斷解說,大都並不依傍毛傳鄭箋,而是自創新見,爲《詩經》研究史提供了重要的史料,可以約略窺見由漢學到宋學的發展軌迹。《嘉話録》還記録了唐人一些口語,如:

> 貞元中,武臣常願好作本色語。曾謂余曰:"昔在奉天爲行營都虞候,聖人門都有幾個賢郎?"他悉如此。且曰:"奉天城斗許大,更被朱泚吃兵馬楦,危如累鷄子。今抛向南衙,被公措大偉阣鄧鄧把將他官職去!"

唐蘭《〈劉賓客嘉話録〉的校輯與辨僞·跋》曾引這段文字來證明樓鑰《攻媿集·跋姜氏上梁文

稿》中關于"兒郎偉"即"兒郎懣"是關中方言的解釋,指出:"'偉'或作'彌',或作'懣',或作'滿'、'瞞',或又寫作'們'、'門',金元俗文學用北方俗語,又作'每'字,至明而始定爲'們'字矣","今得此書而證之,而樓説益明,是又談語者所樂聞也"。這説明《嘉話録》在研究古代俗語方言方面也有它的價值。

語録體著作古已有之,最早而又最著名的恐怕要算孔子弟子記録孔子談話而作的《論語》了。但像《嘉話録》這樣既嚴肅又活潑、既富知識性又富趣味性的著作後世並不多見,所以此書一出,就受到人們的普遍歡迎。晚唐范攄《雲溪友議序》説:"近代何自然《續笑林》、劉夢得撰《嘉話録》,或偶爲編次,近代稱美。"范攄僖宗時人,去韋絢大中十年撰成《嘉話録》僅僅二十多年,可見此書成書不久後就已經迅速傳布開來。至于後世,人們的徵引就更加頻繁了。

綜上所述,我們認爲,《嘉話録》的確是唐代筆記中較爲優秀的一種。但由于種種原因,迄今爲止,此書的加工整理工作仍不够到位,建國以來也從未出版過整理單行本。如能在唐、羅二氏整理的基礎上進一步搜集遺佚,考訂訛誤,參稽其他典籍對書中史實及大量的詩詞、典故、俗語加以注釋,重新出版,必將給讀者的使用帶來極大的便利。

2001 年 3 月 25 日于湘潭師院

① 《李德裕貶死年月及歸葬傳説辨證》,《金明館叢稿二編》第 17 頁,上海古籍出版社 1980 年 10 月第 1 版。
② 原載 1963 年 1 月、4 月臺灣《幼獅學志》二卷一期、二期,後收入其《唐代文學論集》。
③ 《酉陽雜俎》續集卷三:"河南少尹韋絢,少時曾嘗于夔州江岸見一異蟲,初疑棘針一枝。從者驚曰:'此蟲有靈,不可犯,或致風雷。'韋試令踏地驚之,蟲伏地如滅,細視地上若石脉焉。良久,漸起如舊,每刺上有一爪,忽入草疾走如箭,竟不知是何物。"按韋絢爲河南少尹事,未見它書,疑爲"江陵"或"荆南"之誤。
④ 《酉陽雜俎》續集卷三載韋絢于夔州見異蟲事,或爲《佐談》佚文,參見注③。
⑤ 文載《文史》第 4 輯,中華書局 1965 年 6 月出版。
⑥ 參見周勛初《唐語林校證》下册第 563 頁,中華書局 1987 年 7 月第 1 版。

# 《全宋詩》宋諸帝詩補（一）

## 王 智 勇

《全宋詩》的出版，無疑是建國以來最重要的古籍整理成果之一，亦是宋代乃至整個中國古代文學研究史上的標志性事件，其編撰體例之精，收集宋詩之全，涉及作者之廣，無疑超邁前代，説它體現了當代中國古代文學研究和古籍整理的最高水平，是毫不誇張的。由於現存宋代典籍十分豐富，且過於龐雜，編撰有宋一代的詩歌總集，其難度是可想而知的，苛求其毫無遺漏之全，既不現實，亦有失公允。我在參加《全宋文》宋諸帝文的整理校點時，對宋諸帝佚詩時有發現，今檢所得，且與《全宋詩》所收宋諸帝詩相核，去其重復，輯得佚詩凡六帝二十九首並所佚真宗《觀龍歌》序文一篇，今按宋諸帝生年之序臚列如次，其或有助於《全宋詩》補編之萬一，是其願歟！（文中（ ）内爲作者所擬標題）

一、宋真宗

（1）《賜賀蘭栖真》：“玄元留教五千言，有象難名恍惚間。數進篇章達至理，時吟時咏道情閑。”（陳垣編，陳智超、曾慶瑛補《道家金石略》第 236 頁）

又：《全宋詩》從《景定建康志》卷四輯得真宗《觀龍歌》，然佚其序文，今從《茅山志》卷二五輯得所佚序文，著録於次：“《茅山記》云：雷平池、火浣宮池，並有小黑龍游其中，今少睹者。又有郭真人池，池中常有之靈物，變化所處不一。人或取之出山，雖緘閉于器皿中，皆潛失焉。近遣中使任文慶醮祭名山，爲民祈福。文慶禱取一龍來獻，因將二龍以行。中路風雨，果失其一，持一龍至闕下。細觀其形，誠有可異，故爲歌以紀之。歌曰：……”

二、宋仁宗

（1）《釋典頌》（一）：“若問主人公，真寂合大空。三頭並六臂，臘月正春風。”（釋曉瑩《羅浮野録》卷一，寶顏堂秘籍叢書本）按：據釋曉瑩云：《釋典頌》共十四首，“今只記其首篇”。則其餘十三篇皆佚。

（2）（和大覺禪師懷璉）：“佛祖明明了上機，機前薦得始全威。青山般若如如體，御頌收將甚處歸。”（釋曉瑩《羅浮野録》卷一，寶顏堂秘籍叢書本）

（3）《孟夏雩祀·太祖配座奠幣獻安》：“昊天蓋高，祀事爲大。嚴配皇靈，億萬來介。”（《宋會要輯稿》樂之九）

（4）《孟夏雩祀·酌獻感安》：“龍見而雩，神之來格。犧尊精良，威靈赫奕。”（《宋會要輯稿》樂之九）

# 《醫心方》中的耆婆醫藥方來源考

## ——兼與敦煌《耆婆書》之比較

陳 明

## 引 言

《醫心方》是日本平安朝圓融帝時的名醫丹波康賴(912—995)編撰的。此書始于日本天元五年(982),成于永觀二年(984),即宋太宗雍熙元年。①《醫心方》引録多種中國(晋唐時期)、高句麗、新羅、百濟、印度等國醫籍達二百餘種,其中大部分今已亡佚,幸賴此書得以存留,故此書可提供大量晋唐時期中醫發展的珍貴史料,也是校勘和輯佚晋唐醫籍的重要資料來源,而且爲研究中外醫學文化交流提供了實證史料。由于《醫心方》的重要,人民衛生出版社據淺倉屋藏板,于 1955 年在大陸影印,現已重版 3 次。近年來,至少有 3 種校本在大陸出版。②《醫心方》在日本的版本甚多,③研究著作不斷涌現。

《耆婆書》(*Jīvaka-pustaka*,以下簡稱爲 *JP*.)是敦煌藏經洞出土的于闐文和梵文的雙語卷子,入藏印度事務部圖書館,編號爲 Ch.ii 003。該文書開頭完整,而結尾部分殘缺過甚。從內容上看,它是一部印度古典的醫學著作。它的書名是貝利教授(H.W.Bailey)爲了研究方便所起的,因爲在它的開篇部分提到了與佛陀(Buddha)同時代的印度名醫耆婆(Jīvaka)的名字。與《耆婆書》同出于敦煌藏經洞的,還有另一部于闐文本的印度醫典《醫理精華》(*Siddhasāra*,編號爲 Ch.ii 002,以下簡稱爲 Si.)。《醫理精華》大約是在十世紀才譯成于闐文本的,而它的梵文母本大約成書于七世紀中期。根據恩默瑞克(R.E.Emmerick)的意見,《耆婆書》要晚于《醫理精華》。④從性質上看,《耆婆書》與《醫理精華》一樣,都帶有醫方精選集的特點。因爲《耆婆書》的藥方在印度傳世的醫典中能找到一些相應的內容。菲利奧扎特(Jean Filliozat)就將其中的五條藥方追溯到《遮羅迦本集》(*Caraka-saṃhitā*)。⑤

《醫心方》中有以耆婆命名的《耆婆方》、《耆婆服乳方》、《耆婆脉訣經》,吉光片羽,其珍貴性自不待言。耆婆,不僅在佛經中鼎鼎有名,而且在漢文典籍中有"大醫"或者"醫王"之稱,他還是中印醫學文化交流史上的一個重要人物,無論是他的醫理觀念還是醫術,對古代中醫都有較大的影響,甚至在中國的民間信仰中都留下了痕迹。因此,《醫心方》中與耆婆相關的醫藥方是否來源于印度，是值得研究的。對《醫心方》所徵引文獻的來源問題，馬繼興、高文鑄先生均作了較好的研究，其中也討論了與耆婆相關的醫書。本文擬在前賢的基礎上，利用敦煌出土的《耆婆書》作爲參照，力求在具體對比的基礎上得出結論。不妥之處，願求教于高明。

## 一、《醫心方》中的《耆婆方》内容

《醫心方》以隋代巢元方的《諸病源候論》爲經，以唐代孫思邈的《備急千金要方》爲緯，廣徵博引，彙集多種醫籍，並加以分類擇録編輯而成。其體例是每卷各爲一類，下分子目，再分條論病，全書約有七千餘條，每條先載證候，下列其方，遇有可注者則附以案語。《醫心方》還摘録佛道典籍中的醫學資料，以及方術、占卜、特別是房中術等方面的資料，因此，《醫心方》也是研究晋唐民俗、文化的一個資料寶庫。

《醫心方》共 30 卷。卷次如下：1.治病大體部；2.忌針灸部；3.中風部；4.鬢髮部；5.頭面部；6.胸腹痛部；7.陰瘡並谷道部；8.手足部；9.咳嗽部；10.積聚並水腫部；11.霍亂並下利部；12.消渴並大小便部；13.五勞七傷部；14.治卒死並傷寒部；15.癰疽部；16.腫物部；17.丹毒瘡部；18.湯火拼灸不愈部；19.服石部；20.服石諸病部；21.婦人部；22.婦人部；23.産婦部；24.治無子部；25.小兒部；26.延年部；27.大體養性部；28.房内；29.飲食部；30.證類部。

歸納起來就是：用藥法度及本草：1 卷；俞穴及針灸療法：1 卷；内科疾病：9 卷；外科及皮膚疾病：6 卷；五官科疾病：1 卷；婦産科：4 卷；小兒科：1 卷；服石：2 卷；養生：3 卷；食療：2 卷。

《醫心方》引《耆婆方》凡六十處，共計藥方八十三條，外加一條月殺厄月衰日法、二條對服石的藥理説明、三條服石的禁食説明、一條没有藥物的"習俗方"（卷廿四，敬佛求子的習俗）。《耆婆方》散見于《醫心方》卷二至卷十四、卷十六至卷十九、卷二十一至二十六、卷二十八、卷二十九各卷中。根據高文鑄的《醫心方校注》本，《耆婆方》藥方的具體分布爲：

卷二，月殺厄月衰日法第十：1 條。

卷三，共 15 條。即：治一切風病方第二：2 條；治頭風方第七：7 條；治中風聲嘶方第十二：1 條；治聲噎不出方第十三：1 條；治客熱方第廿五：4 條。

卷四，治瘰癧方第廿三：1 條。

卷五，共 7 條。即：治目青盲方第十四：1 條；治雀盲方第十五：1 條；治目赤痛方第廿二：1 條；治鼻中燥方第卅五：1 條；治唾血方第四十八：2 條；治風齒痛方第五十七：1 條。

卷六，共 5 條。即：治心痛方第三：1 條；治心腹痛方第五：1 條；治心腹脹滿方第六：1 條；治心病方第十一：1 條；治腎病方第十四：1 條。

卷七,共 3 條。即:治陰瘻方第三:1 條;治諸痔方第十五:1 條;治寸白方第十八:1 條。

卷八,治足䟐方第十六:2 條。

卷九,共 7 條。即:治咳嗽方第一:1 條;治上熱下冷不食方第十二:6 條。

卷十,共 4 條。即:治寒疝方第四:1 條;治大腹水腫方第十八:2 條;治水腫方第廿一:1 條。

卷十一,共 5 條。即:治霍亂心腹痛方第二:2 條;治霍亂心腹脹滿方第三:1 條;治欲作霍亂方第十五:1 條;治熱利方第廿一:1 條。

卷十二,治消渴方第一:1 條。

卷十三,治虛勞羸瘦方第二:1 條。

卷十四,共 3 條。即:治癉瘧方第十九:1 條;治傷寒困篤方第廿六:1 條;治傷寒後目病方第五十一:1 條。

卷十六,共 7 條。即:治疔瘡方第一:2 條;治風毒腫方第四:1 條;治熱腫方第六:1 條;治瘻方第十四:2 條;治諸瘻方第十六:1 條。

卷十七,治漆瘡方第十二:3 條。

卷十八,共 5 條。即:治湯火燒灼方第一:1 條;治金瘡血出不止方第九:1 條;治衆蛇螫人方第卅五:2 條;治蝮蛇螫人方第卅六:1 條。

卷十九,共 5 條。即:服石禁食第七:3 條;服石鐘乳方第十六:2 條(藥理)。

卷廿一,治婦人月水腹痛方第廿二:1 條。

卷廿二,共 2 條。即:治妊婦心痛方第十八:1 條;治妊婦腹痛方第廿:1 條。

卷廿三,共 2 條。即:治産後惡血不止方第廿一:1 條;治産後心腹痛方第廿三:1 條。

卷廿四,治無子法第一:1 條(習俗方)。

卷廿五,小兒腹中有蟲方第七十六:1 條。

卷廿六,辟蟲蛇方第十五:1 條。

卷廿八,用藥石第二十六:3 條。

卷廿九,共 4 條。即:治飲酒大醉方第十八:3 條;治食噎不下方第廿七:1 條。

就此而言,《耆婆方》覆蓋了《醫心方》六分之五的卷數,內容非常豐富,包括臨床各科及服石養生等,因此,它是一部比較實用的綜合性方書。⑥

然而在《醫心方》的不同版本中,《耆婆方》的藥方徵引數目稍有不同。王大鵬等的《醫心方》校注本,是以其半井瑞策家藏本(簡稱半井家本)爲底本的。該底本中的"[今案]"和小注部分,還提到了以下 8 條《耆婆方》的內容。現轉錄如下:

1.卷二,針灸服藥吉凶日法第七

《湛餘經》云：天季日：正月子、二月卯、三月午……十二月酉。

上日不可用。[今案]《耆婆方》云：天獄日也。《大清經》云：不得和藥服藥。

2.卷八，脚氣脹滿方第九

蘇徐　療身體浮腫，心下脹滿，短氣，小便澀，害飲食方。

大豆一斗，以水三升，煮取一斗七升，去豆，内清酒一斗和煎之，令得一斗七升許，調適寒溫，一服一升，日三服，甚佳。[今案]《耆婆方》大豆三升，酒一升，水無升數。

3.卷九，治咳嗽方第一

《僧深方》紫菀丸　治咳嗽上氣，喘息多唾方。

又方，如櫻桃大含一丸，稍咽其汁，日三。新久嗽，晝夜不得卧，咽中水雞聲，欲死者，治之甚良。[今案]《耆婆方》爲散，以白飲服一方寸匕。

4.卷十六，治疔瘡方第一

《癰疽方》治疔瘡方……。

又云：治惡瘡疔腫。五香湯方　《耆婆方》同之。

青木香　熏陸香　沈香　丁子香　藿香　各一兩

水三升，煮取一升半，分三服，得麝香二分，去藿香。

5.—7.卷十八，治衆蛇螫人方第卅五

《拯要方》蛇螫方：合口椒、蒼耳苗，合搗，以敷瘡上。

又方　生椒三合　好豉四兩　以人唾和，搗敷立定。《耆婆方》"等分"云云。

《龍門方》蛇螫方：蜂巢燒灰，封，差。

又方　搗梨，敷之。《耆婆方》同之。

又云：毒入腹者方。羊蹄草葉一握，搗汁飲，吐差。《耆婆方》同之。

8.卷廿一，治婦人妒乳方第四

《小品方》治妒乳方……。

天麻草湯：天麻草　切，三升以水一斗五升，煮取一斗，隨寒溫分洗乳。[今案]《耆婆方》：茺蔚，一名天麻草。

此外，還有一條藥方，在《醫心方》的仁和寺本、按政本中均作《集驗方》，而半井家本却作《耆婆方》。現將該條轉錄如下：

卷廿二，治妊婦體腫方第廿三

《耆婆方》云：小豆五升，好豉三升，以水一斗，煮取三升，分二服之。

從這九條《耆婆方》來看，也是以藥方爲主，另涉及本草學、占卜（占日）方面的内容。而所謂"[今案]"則説明，《醫心方》984年成書以後，後世有所增補，在增補時，還引用了當時尚存的《耆婆方》。丹波康賴的孫子丹波雅忠曾經著成《醫心方拾遺》二十卷。

## 二、《耆婆書》與《耆婆方》之比較

《醫心方》徵引《耆婆方》共 99 條資料，内容涉及面相當廣泛。雖然，《耆婆方》原書已佚，但是，現存資料也能够反映原書之概貌。《耆婆書》也是一本殘書，雖然尾殘部分不知幾何，但現存部分亦能揭示其性質。《耆婆書》與《耆婆方》均無完整形態，我們擬從以下幾個方面來探討二者的異同。

### (一)内容範圍之比較

如前所言，《耆婆書》是一部實用性的、精選性的方書。其結構是以藥方的形態爲主綫，將各類方劑串聯起來。而《耆婆方》的原始形態，根據《醫心方》的材料來回推擬構的話，它很可能是一部以治療的病症爲主綫的實用性方書。因爲，一者，《醫心方》的模擬原型是《外臺秘要》，以《諸病源候論》爲經，以《備急千金要方》爲緯，主體章節是按照不同的疾病類型來排列的。二者，《耆婆方》現存的這近百條資料，看不出有任何以藥方形態（比如，散、丸、湯劑）來分類的痕迹，反而表現出以不同疾病來統攝藥方的明顯趨勢。所以，《耆婆書》與《耆婆方》二者都是方書，但其結構原則却不同。從二者各自與其它醫典的關係來看，《耆婆書》從其它醫書中選取了將近三分之一的藥方，現存的 91 條藥方，就有 29 條在其它醫書中可以找到。《耆婆書》還有一些藥方可能來源于已佚的某些印度醫典，因此，《耆婆書》可能是"選編的成分"大于作者"原創的成分"，甚至該書可能是完完全全的選編之作。《耆婆方》則只有 3 條藥方與其它醫書相同，即 2 條同于《龍門方》，1 條同于《癰疽方》，其餘的在其它醫書中幾乎都找不到來源。因此，《耆婆方》是一部原創之作，選編成分甚少。

《耆婆書》没有什麽理論成分，幾乎是一條條藥方的集成。《耆婆方》的理論色彩也不是很强，《醫心方》卷一"治病大體部"就没有引用《耆婆方》，但它的醫理成分多于《耆婆書》。其醫理成分具體有：卷二，月殺（煞）厄月衰日法第十中的一條，該條是關于"月煞所在法"，説明不同的月份，鬼所在的時辰，以及患者的方位禁忌。卷十九，服石禁食第七中的三條，説明服石後應該禁止的食物。同卷，服石鐘乳方第十六中的二條，説明鐘乳的特性、服石鐘乳的效果與副作用，以及所應采取的對應措施。另外，還有補充的兩條，即《耆婆方》中對"天獄日"和"茺蔚一名天麻草"的説明，這暗示《耆婆方》中含有天學知識和本草知識的説明。《耆婆書》中也將天學知識運用于醫療之中，JP[2—3].7"通過純潔的禪定，在鬼宿的結合點（pus-ya－yoga）上，被賦予智能。耆婆！請聽吧，這種業行的功德我將叙説（它們）"。在《醫理精華》第 27 章中，也提到了星宿的對應時間和解毒的關係。在漢譯佛典中，《摩登伽經》中有月離的位置所主疾病及如何禳祭的説明。這些均表明印度醫學中運用天學知識是較普遍的。因此,《耆婆方》在内容範圍比《耆婆書》要多出的部分,主要就是其醫理方面的"月煞所在法"、服石與本草知識,特別是具有典型中醫與道教特色的服石内容。《耆婆方》還較注重服藥與季節的關係,卷三,治頭風方第七,《耆婆方》一方中提到"春各二分、夏各二分、秋各八分、冬各十二分",同一劑藥在不同的季節要使用不同的分量。卷十三,治虛勞羸瘦方第二,《耆婆方》一方中提到"春夏七日、秋冬二七日",同一劑藥在不同的季節服用的時間長度不同。這兩種觀點均不見于《耆婆書》。

### (二)藥方名之比較

《耆婆書》與《耆婆方》的内容範圍有所不同,但重心均在治病的藥方上,其藥方的特點亦各有千秋。總體觀之,《耆婆書》的藥方多大型,且通治多種疾病,具有"萬病方"之性能。《耆婆方》的藥方則較爲小型化,治療一種或幾種對症疾病。此外,二者藥方的命名方式亦不相同。將二者的藥方名列條如下,就會一目了然。

《耆婆書》(各無名方除外,重出方名選一):

卍字解毒劑

阿輸乾陀酥、大妙酥、大青鹽酥、胎藏酥、十味酥、胡瓜酥、千眼酥、大勝身王酥、大"牛五净"酥、香胡椒酥、奶酪酥、黄花假杜鵑酥、真善酥、山榕酥、三辛酥、長生酥、茄子酥、酢漿草酥、含羞草酥、苦甘露酥、退黄酥、杜松子酥、雄鷄酥、三果酥、塗糖酥、乾薑酥、視覺酥、阿輸乾陀酥、大滴酥、尖葉酥、點滴酥、大苦酥、六帕那酥、五帕那酥、食甘露者酥、無傷酥、閉鞘薑根酥、持金剛酥、甘蔗屬酥、

日出油、無敵油、香菜籽油、阿輸乾陀油、甜根子草油、脆蘭油、塗脂油、乳山藥油、蘿卜油、大篦麻油、篦麻油、消腫篦麻油、

樟腦散、大沉香散、沉香散、大旃檀散、旃檀散、雙馬童散、心葉青牛膽散、印度枳散、劫比他果散、八分石榴散、八分糖散、摩伽陀散、達子香葉散、托盤散、甜味散

可見《耆婆書》的方名:其一,主要是用該劑藥中的主味藥來命名的;其二,標出該劑藥的功效與性能,如日出油、無敵油、甜味散、長生酥、退黄酥等;其三,以人物命名,大勝身王酥、雙馬童散等;其四,標明藥方的形態。

《耆婆方》的方名:

治一切風病日月散方

治人一切風氣,風眩病,三光散方

治人風氣,風眩,頭面病,四時散方

治人風氣,風眩,頭面風病,五臟散方

治人風氣,風眩,頭面風,頭中風病,六時散方

治人風氣,風眩,頭中風病,中風脚弱,風濕痺病,七星散方

治人風氣,風眩,頭面風,中風濕痺,脚弱,弱房少精,八風散方

治人風氣,風眩,頭面風,中風脚弱,風濕痺,弱房少精,傷寒,心痛中惡,冷病,十善散方

治人聲嘶,喉中不利方

治人風噎方

治人客熱方

治季夏月客熱方

治人舌澀不能食方

治人目青盲,晝夜不見物方

治雀盲方

治人眼赤痛方

治人熱風,鼻中燥,腦中焮方

治人唾血方及水涎不能食方

治風齒,疼痛不可忍,驗方

治卒心痛欲死方

治人心服絞痛不止方

治人腹脹痛方

治人心中熱風,見鬼來親合陰陽,旦便力乏,黃瘦不能食,日日轉羸方

治腎氣虛,則夢使人見舟船溺人,冬時夢見伏水中,及在水行,若有恐畏,惡人見。腎氣盛,則夢見腰脊兩解,不屬不連,厥氣客于小腹,則夢聚邑街衢方

治人陰下瘑濕方

治人下部熱,風虛結成痔,久不瘥,令人血下,面黃瘦無力方

狼牙丸,治寸白方

治卅年咳嗽方

治人上冷下熱,痰飲風氣虛勞方

治虛,上熱下冷,氣上頭痛,胸煩,人參湯方

治內虛,上熱下冷,氣不下,頭痛胸煩,豉湯方

治寒疝積聚,用力不節,脉絕傷,羸瘦,不能食飲,此藥令人強健,除冷氣痞丸方

治人水病,四肢脚膚面腹俱腫方

治人多水身重,口中水出,面虛越腫,宜瀉方

治人風水氣,面身俱腫,上氣腹脹不能食,羸弱在床,經時不瘥者方

治霍亂先腹痛方

治霍亂煩悶湊滿方

治人腹脹,欲作霍亂方

黃連丸,治中熱下利方

治人渴方

治人瘦,令人肥健肥白,能行陰陽,並去風冷,虛瘦無力,神驗方

治瘴癔要方

治熱病困苦者方

溫病後目黃方

治一切疔瘡神方

治人風腫在皮上,發有時方

治人熱腫疼痛方

治人氣癭方

治人卅年瘻瘡方

治漆瘡方

治人火灼爛瘡,長毛髮方

治金瘡血出方

治惡蛇所螫方

蝮蛇螫人方

治婦人月節來腹痛血氣方

治產後惡露不盡方

治人心腹痛,此即產後血瘀方

治小兒腹中有蟲方

避蛇法

治陰萎方

治飲酒連日不解,煩毒不可堪方

治食噎方

五香湯方

蛇螫方

《耆婆方》的這些藥方名不太像一種方劑名,只有三光散、四時散、五臟散、六時散、七星

散、八風散、十善散、狼牙丸、黄連丸、人參湯、豉湯方、五香湯等，才稱得上是道地的方名，其餘的嚴格説來，並不是方名，而是在其中詳細列舉出該方所對治的每一種病名而已。這與《耆婆書》有兩點不同，其一：不是以主要藥物來定方名，而多以方劑的性能來定；其二：藥方的寫作結構也相反。《耆婆書》一般先列出藥物組成、配藥、煎製及服用等，最後是所治療的疾病。而《耆婆方》是先説明該方的用途，然後再給出藥物組成、配藥、煎製及服用等事項。這種結構頗爲醒目，使人們先對該藥劑的作用就一目了然。

　　從《耆婆方》的方名來看，其中没有提到《耆婆書》中常見的由"三液/三毒"所引起的疾病。三液指風/内風（vāta/vāyu）、痰/粘液（kapha/śleṣma）、膽/膽汁（pitta）。《耆婆方》中没有疾病由三種體液引起之類的説法，而此説法却是印度古典醫學最基本、最典型的特徵。這反映了《耆婆方》的醫理背景不是印醫式的，而是中醫式的。

### （三）用藥之比較

　　《耆婆書》與《耆婆方》用藥的總體特點是相同的，即：以植物類藥物爲主，而較少使用動物與礦物類藥物。這也是印醫、中醫、藏醫等東方醫學的共同特徵。[⑦]在印度醫學中，也有近似于中醫本草類的著作。《佛説奈女耆婆經》中耆婆購買藥王樹時，有這麽一段話，"耆婆心念，本草經説，有藥王樹，從外照内，見人腹臟"。[⑧]此處譯爲"本草經"，而且該經用來説明藥物的用途。除了專門的本草類的著作之外，在印度醫典中也有獨立的章節來叙述藥物的。《醫理精華》的第二章"藥物的類別"和第三章"食物與飲料的法則"就帶有本草的特點。各舉一例，以資證明：

　　吉祥草、兩種茅草（甜根子草）、達哩薄草、蘆葦；這些都叫做草。這五種（草）的根，可去膽汁、利尿、清理膀胱。（Si.2.32）

　　阿魏，主治腫瘤、止痛、治便秘、去風和痰。（Si.3.23.4）

　　印度醫典中既有將藥物分成若干類別或組別（gaṇa），分別説明各組藥物的特點；也單獨説明每一藥物的性能。其中，與中醫最大的不同在于，它並不説出該藥物或者該組藥物有無毒性，而中醫則非常强調藥物有毒與無毒這一點。印度藥物類著作還有一種很有特色的，叫做"尼犍荼書（Nighaṇṭu）"。[⑨]它是一種同義詞手册，常與醫典配套，用同義詞的方式來解釋藥物的名稱。《醫理精華》就有一種寫于12世紀的《醫理精華尼犍荼書》（Siddhasāra-Nighaṇṭu），或譯爲《醫理精華詞彙》。

　　《耆婆書》與《耆婆方》所用藥物，有小部分相同的，如：甘草、乾薑、桂心、蜜、龍膽、青木香等，但大部分不同。《耆婆書》中有特色的藥物是"三果"、"三辛"等。三果，即訶黎勒（訶子，harītakī）、毗梨勒（vibhītaka）、阿摩勒（餘甘子，āmalaka）；三辛，即蓽拔（長胡椒，pippalī）、胡椒（marica）、乾薑（śuṇṭhī）。《醫心方》卷第一，"治病大體第一"中引用了唐代義净譯的《金光明

最勝王經》中的一段話,即:

"《最勝王經》:……訶黎勒一種,具足有六味,能除一切病,無忌藥中王。又三果三辛,諸藥中易得,沙糖酥蜜乳,此能療衆病。自餘諸藥物,隨病可增加,先起慈愍心,莫規[矩]于財利。"⑩

這是一段"生命吠陀"理論的濃縮,它充分强調了三果、三辛的藥用價值。《耆婆書》用這些藥可謂比比皆是。而《耆婆方》中使用却不見于《耆婆書》的藥物有:人參、獨活、當歸、半夏、烏頭、枸杞、蜀恒山、厚朴、白尤、麻黃、茯苓、升麻等,其中最典型的要算人參,人參在中醫内地位特殊。義净在《南海寄歸内法傳》卷三中,記録了中藥和印藥的不同。"須知西方藥味與東夏不同,互有互無,事非一概。且如人參、茯苓、當歸、遠志、烏頭、附子、麻黃、細辛,若斯之流,神州上藥,察問西國,咸不見有。西方則多足訶黎勒,北道則時有鬱金香,西邊乃阿魏豐饒,南海則少出龍腦。三種豆蔻,皆在杜和羅。兩色丁香,咸生堀淪國"⑪義净所列舉的這八種"神州上藥",在《耆婆方》是普通藥,而義净所列舉的訶黎勒等幾種,在《耆婆方》中無影無踪。這清楚地表明了《耆婆方》用的是中藥,除五香湯外,絶少印度等地流傳的外來藥物。

**(四)《耆婆方》的來源臆測**

《耆婆方》的成書年代,今不能確考。高文鑄先生從所輯《耆婆方》佚文中不避"治"字,不避"恒"字等分析,認爲該書似爲隋朝以前的著作。⑫那麽,它的年代要早于《耆婆書》。

《耆婆書》與《耆婆方》還有一個細微的相似點:二者都有佛教因素。《耆婆書》中明確提到了向"佛、法、僧"致敬(JP[4])。"佛、法、僧"合稱爲佛教的"三寶",這是最典型、最核心的佛教術語之一。《耆婆書》中還有佛教咒語(JP[2—3]),更重要的是全書托名爲佛世尊的親自教導,通過耆婆與佛陀的對話,來展開下文的内容。《耆婆書》可算一種廣義上的佛教醫學著作。⑬

《耆婆方》的佛教因素較微弱,僅僅在求子法上提到一條,即"《耆婆方》云:常以四月八日、二月八日,奉佛香花,令人多子孫,無病"。這一條也是隋唐時期醫書中唯一的向佛求子的方法。⑭因爲四月八日、二月八日都是佛教的重要節日,所以,《耆婆方》提倡在這兩天去求子。

《耆婆方》不見史志書目所載。以耆婆命名的相關醫書,《隋書·經籍志》記有《耆婆所述仙人命論方》二卷、《宋史·藝文志》記有《耆婆要用方》一卷。現在没有發現任何證據表明《耆婆方》與此二書有關係。

清代姚振宗《〈隋書·經籍志〉考證》中討論了耆婆的醫書。如下:

《耆婆所述仙人命論方》二卷,目一卷,本三卷。

《通志·藝文略》:《耆婆所述仙人命論方》二卷。

案:《宋史·藝文志》載《耆婆脉經》三卷,《耆婆六十四問》一卷,《耆婆要用方》一卷,《耆婆五藏論》一卷,大抵皆本于是書而增長附益者。慧皎《高僧傳》言:于法開祖述耆婆,妙通醫法。則其人在東晋之前。《日本書目》又有《耆婆茯苓散方》一卷,《耆婆脉訣》十二卷,釋羅什注。

姚振宗所謂以耆婆命名的諸醫書,"大抵皆本于是書(指《耆婆所述仙人命論方》而增長附益者",這也没有什麽證據,推測而已。我們倒認爲,《耆婆所述仙人命論方》應該是譯本,源頭在印度。而以下以耆婆命名的諸醫書,可能多是中國醫人的托名之作,不是印醫,而是中醫學著作。因爲,一者在《隋書·經籍志》中還提到了以下來自西域和印度的方書:

《龍樹菩薩藥方》四卷

《西域諸仙所説藥方》二十二卷

《香山仙人藥方》十卷

《西域波羅仙人藥方》三卷

《西域名醫所集藥方》四卷

《婆羅門諸仙藥方》二十卷

《婆羅門藥方》五卷

《乾陀利治鬼方》十卷

《新録乾陀利治鬼方》四卷

《龍樹菩薩和香法》二卷

《龍樹菩薩養性方》一卷

包括《耆婆所述仙人命論方》在内的這一批方書,應該都是漢譯本。從佛教傳入以來,佛教徒多假醫術以弘揚佛教,至南北朝結束之際,可以説印度醫學的典籍,包括理論與實踐的部分,已經大量流入我國。[15]所以,《隋書·經籍志》中出現的這一批漢譯的醫學典籍,就不足爲奇了。另從它們的題名來看,有幾部醫書中有"仙人"一詞,該詞與中國神話傳統或者道教中的仙人(天仙/神仙)不是一回事。"仙人"(ṛṣi)指的乃是有别于天神、阿修羅和凡人的特殊群體,即婆羅門修苦行的得道者,多住在净修林之中。根據正統的印度教的觀點,如果用了"仙人所述説的"這種格式,就表明這部著作是"一部神聖的作品"。所以,在《梵書》和後世的經典中,常常用到這一句式。這也是醫書題名中使用"仙人/諸仙"、"諸仙所説"等的根本原因。比如,《精酪書》的第一頌就宣稱,"我將編一本標準的、包含了古代大仙人們(Maharṣis)所創造的最好藥方的、以《精酪書》爲名的[醫學]手册"。可見,作者也認爲重要的藥方都是古代大仙人們創造的,而這種宣稱對讀者也有很大的吸引力。

孫思邈在《千金翼方》卷二十一“萬病”中，解釋“浸酒法”時，提到了下面一段話：

論曰：黃、青、白消石等是百藥之王，能殺諸蟲，可以長生，出自烏場國，采無時。此方出《耆婆醫方·論治疾風品法》中。黃力三歲譯，後演七卷《治疾風品法》云：服藥時，先令服“長壽延年符”，大驗。蕩除身中五臟六腑游滯惡氣，皆出盡，然後服藥得力，其疾速驗無疑。[16]

烏場國，即《大唐西域記》卷三中的烏仗那國（Udyāna）。[17]《耆婆醫方·論治疾風品法》，亦有學者斷爲《耆婆醫方論·治疾風品法》。又，“黃力三歲譯後，演七卷”宜斷爲“黃力三歲譯，後演七卷”。《耆婆醫方》（或《耆婆醫方論》）或許是黃力三歲所譯，而歷史上並無此年號。在孫思邈著此書之前，與“黃力”相近的年號有三國時期的“黃龍”、“黃武”和“黃初”，而“龍”、“武”與“力”字形相差太大，“初”字右偏旁“刀”與“力”字相若，所以，“黃力”或許是“黃初”之誤。黃初是魏文帝曹丕的年號，黃初三年即公元 222 年。如果在三國時期真譯有該耆婆醫書，爲何不見于史志書目和佛教諸目錄呢？《隋書·經籍志》只注錄了耆婆的另一本醫書《耆婆所述仙人命論方》，而沒有《耆婆醫方》。孫思邈作爲醫學大家，他應該不會無中生有，編造出這一說法。因此，這或許說明，當時《耆婆醫方》已經散佚，部分内容被加以改造。其中的《治疾風品法》演變成了七卷，而這種“演”無疑出自中醫之手，從後列的“朱書此符”也可見一斑，因爲該朱符完全是中式的。我們認爲，這則材料說明了兩點：其一，有《耆婆醫方》譯成了漢文；其二，中醫對《耆婆醫方》進行了改造，其目的就是要使理論背景完全不同的印度醫學能够爲中醫所用。

我們在上述《耆婆書》與《耆婆方》的比較之中，已經看出《耆婆方》的醫理及藥物，均屬中國醫學體系，與《耆婆書》差距甚遠，它沒有什麼外來因素，可知其非印度耆婆所爲。從《隋書·經籍志》和《千金翼方》中的《耆婆醫方·論治疾風品法》討論中，我們得到啓發。我們認爲，《耆婆方》與《耆婆所述仙人命論方》没有關係，倒有可能是徹底改造《耆婆醫方》而來，或者采取了《治疾風品法》的演變模式。此屬臆測，願大方之家教我！

# 三、《醫心方》中與耆婆相關的其它資料

除《耆婆方》之外，《醫心方》還輯錄了一些與耆婆相關的資料，本節略作討論。

## (一)《耆婆脉訣經》

《醫心方》引《耆婆脉訣經》凡一處，即：

卷二，明堂圖第十二

《耆婆脉訣經》云：壬午、辛卯、庚戌、辛酉、壬寅、乙卯。

右六日，允病人代死，善善忌之。

［凡不問見病者日］

正月巳、午，二月午、未，三月戌、亥，四月戌、寅，五月亥、子，六月丑、寅，七月丑、寅，八月寅、卯，九月卯、辰，十月辰、巳，十一月巳、午，十二月酉、未。

凡戌日不見病人，巳日不問病者。

［天狗下食日］

子歲丁、丑，丑歲庚，寅歲丁、卯，卯歲壬、辰，辰歲丁、巳，巳歲丙、申，午歲丁、未，未歲庚、申，申歲辛、酉，酉歲丙、戌，戌歲辛、巳，亥歲庚、子。右不可看病及合藥作服也。

凡甲乙日平旦，丙丁日食禺中，戊己日日中、日晡，庚辛日晡時，壬癸日黃昏、人定。右日時不可詣看病者。（81—82 頁）

從上下文來看，［凡不問見病者日］與［天狗下食日］都是《耆婆脉訣經》的内容，而不宜分割。其内容爲省病間疾及合藥服藥禁忌日時等内容，與卷二"明堂圖第十二"中的"明堂圖"不符，因爲"明堂圖"是針灸之圖。《醫心方》卷二整卷論述針灸之諸方面，《耆婆脉訣經》與之不協。《醫心方》的一版本之眉注曰："次以下内容宇治本無之，醫本等同之。"似此條爲後人所增。從《醫心方》所引佚文内容分析，《耆婆脉訣經》也不是診脉專書，似與方術占卜吉凶有關。⑱

《宋史·藝文志》記有《耆婆脉經》共 3 卷。《通志·藝文略》記有《耆婆脉經》全 1 卷。《補晋書藝文志》記有《耆婆脉訣注》十二卷、並注明"羅什撰　見《日本見在書目》"。羅什，乃佛經翻譯家鳩摩羅什（Kumārajīva）的略稱。有關鳩摩羅什的僧傳作品中並没有提到此書，也没有他行醫或者撰寫醫著的記載，所以，此書必定僞託無疑。又，《日本國見在書目錄》記有《耆婆脉訣》十二卷、《秘書省續編到四庫缺書目》記有《耆婆脉經》一卷。這一批作品都已佚散。從題名來看，它們似與《醫心方》所引《耆婆脉訣經》同體而別名者。需要指出的是，這批脉書是中醫作品，因爲印度古代醫學並不擅長于脉診。義净在《南海寄歸内法傳》卷三中指出，"且如神州藥石，根莖之類，數乃四百有餘多，並色味精奇，香氣芬鬱，可以蠲疾，可以王神。針灸之醫，脉診之術，贍部州中無加也"。在義净時代，印度醫學尚無脉診專術。在吠陀文獻以及"生命吠陀"醫典中，與"脉"相關的詞彙主要有 dhamanī、sirā、hirā、snāyu、srotas、nāḍī 等，特別是由 nāḍī 一詞所組成的 nāḍī-parīkṣā，意思就是"脉診"（pulse-examination）。此詞最早出現在大約 13 世紀《持弓本集》（Śārṅgadhara-saṃhitā）中的 pūrva-khaṇḍa 部分第 3 章第 1—11 頌。此後，印度才陸續出現大約 50 部關于脉診主題的醫書。⑲中醫脉診乃是世界首屈一指的，遠遠早于印度。事實上，不是耆婆的脉診術傳入中醫，而是王叔和的《脉經》傳入西藏、印度和阿拉伯等地。Huard 教授曾經指出，"大約寫于公元 3 世紀的《脉經》流傳到吐蕃，在那裏被譯爲藏文，受到吐蕃人的歡迎。它也傳播到印度，並由印度最後傳播到穆斯林國家。在伊斯坦布爾,可以見到《脉經》的阿拉伯譯本,並帶有中文原圖。顯然,《脉經》對阿拉伯脉學是有影響的"。⑳中醫脉診對印度醫學的具體影響還值得進一步探討。

**(二)《耆婆服乳方》**

《醫心方》引《耆婆服乳方》凡一處,即:

卷十九,服石鐘乳方第十六

《耆婆服乳方》云:若發熱渴者,以生蘆根一握,粟米一合,煮米熟飲之,甚良。

又服乳訖,單服菟絲子三斤,大益人。

又方:車前子亦佳。(411頁)

《耆婆服乳方》一名不見于任何醫籍或者史志書目,獨見于此,雖僅三條藥方,却亦是吉光片羽。其價值並不在于藥方本身,而在于此書亦以耆婆命名。《耆婆服乳方》前有《耆婆方》對鐘乳的兩條説明,這肯定了《耆婆服乳方》是一部獨立的著作。唐代義净在《南海寄歸内法傳》卷三中的"二十八進藥方法"條内早已指出,"又飛丹則諸國皆無。服石則神州獨有"。服石、服鐘乳是地地道道的中醫特色,亦是道教特色,乃印度醫學所缺。此《耆婆服乳方》托名耆婆,就是因爲耆婆是大醫王,而且耆婆的名字在漢譯中有"壽"、"命"之意,以此來暗示服乳長生之意。

**(三)耆婆丸**

《醫心方》引《僧深方》一條,小注爲"耆婆丸",出處如下:

卷十四,治注病方第十一

《僧深方》云:西王母玉壺赤丸　備急治尸注卒惡水陸毒螫萬病丸。一名耆婆丸。

[以下藥物成分及煉藥過程略]

在兩《唐書》中記録了醫僧著作三種,之一爲僧深撰《僧深集方》三十卷。僧深無傳,事迹無考。《醫心方》所引《僧深方》,即《僧深集方》,是一部醫方學著作,内容屬于傳統中醫範圍。單就此方而言,"西王母玉壺赤丸　備急治尸注卒惡水陸毒螫萬病丸"有典型的道教醫學色彩,爲何與佛教醫王扯上了關係呢? 關鍵在于"萬病丸"一詞。《備急千金要方》卷十二膽腑,專辟"萬病丸散"一節,共載13條藥方,"耆婆萬病丸"是其中最有代表性的。"耆婆萬病丸……,此藥以三丸爲一劑,服藥不過三劑,萬病悉除,説無窮盡,故稱萬病丸,以其牛黄爲主,故一名牛黄丸,以耆婆良醫,故名耆婆丸方"。㉑《外臺秘要》引此方爲"千金耆婆萬病丸"。又,在前引卷三《耆婆方》"治一切風病,日月散方"之下,有"……勞動萬病即發,萬病並主之方"以及"使人不生萬病"等説法。佛經中耆婆能治萬病,所以此處亦將一道教色彩醫方另取名爲"耆婆丸"。

**(四)對耆婆的崇拜**

《醫心方》的引文中,還有兩處表現了對耆婆的崇拜。即:

A:卷一,合藥料理法第六:

《千金方》云:凡搗藥法,燒香灑掃潔浄,勿得雜語,當使童子搗之,務令細熟,搗數可至千萬過,多爲佳。和合已訖,置于佛前案上,啓告十方三寶,藥王藥尚(上)、耆婆菩薩,俞附扁鵲,一心求請咒願,具述本心,即有神助,八方生氣,充溢四體,當以四時王相日造,所求皆得,攘災滅惡,病者得差,死者更生。(13頁)

B:卷二,針灸服藥吉凶日第七:

［服藥頌］

《新羅法師方》云:凡服藥,咒曰:

南無東方藥師琉璃光佛,藥王、藥上菩薩,耆婆醫王,雪山童子,惠施阿竭,以療病者,邪氣消除,善神扶助,五臟平和,六腑調順,七十萬脉,自然通張,四時强健,壽命延長,行住出外,諸天衛護,莎訶。向東誦一遍,乃服藥。(72頁)

A條所引《千金方》,實出自《備急千金要方》卷一"序例"之"合和第七",但二者差別很大。原文爲:

凡搗藥法,燒香灑掃浄潔,不得雜語喧呼,當使童子搗之,務令細熟。杵數可至千萬杵,過多爲佳。[22]

在現存《備急千金要方》的諸版本中,並無和合藥物之後,置于佛案一心求請咒願這段話。這要麼是保存了《備急千金要方》的最古老形態,要麼是《醫心方》抄自別本而無注明,抑或《醫心方》作者所增衍。若是《備急千金要方》原本所出,亦與孫思邈大力張揚耆婆醫方相符。"十方三寶,藥王藥尚(上)、耆婆菩薩,俞附扁鵲"這種排列句式,將耆婆與藥王、藥上二位菩薩,俞附、扁鵲二位中國神醫並舉。這是中印醫學代表人物的大匯合,是兩種醫學文化的雜揉。

B條所引《新羅法師方》,則是朝鮮半島醫學文化的反映。其來源應是:印度—中國—新羅,正是佛教流傳的結果。"東方藥師琉璃光佛,藥王、藥上菩薩,耆婆醫王,雪山童子",均是佛教醫學的象徵人物。它沒有提到中醫人物,而包含純粹的佛教色彩。"惠施阿竭"中的"阿竭"一詞,乃"阿迦陀/阿伽陀/阿揭陀"的略譯,梵文爲 agada。它本指解毒藥,也代表"生命吠陀"八支之一,後作爲神藥的代稱。[23]"莎訶"則是印度咒語中常用的尾詞,即 svāhā,作不變詞用,表示"hail! Hail to! May a blessing rest on"等意思。A條是搗藥後的祈願,B條是服藥時的咒語,均反映了人們在面對病苦時,渴望得到耆婆等神助以之解脱病苦的心理。這也是中古時期人們心目中的耆婆信仰的具體表現。

# 四、結　語

通過對《醫心方》中有關耆婆醫方等資料的簡要研究,我們得到了以下的認識:

(一)《醫心方》中有關耆婆醫方等資料是最多的,其主體是《耆婆方》,共徵引 90 多條。

(二)通過與《耆婆書》的比較,認爲《耆婆方》的醫理背景和用藥,都屬于中醫範疇。其中雖有少數佛教因素,但沒有印度醫學成分。

(三)《耆婆方》與《隋書·經籍志》所載《耆婆所述仙人命論方》沒有關係。經過推測,《耆婆方》倒有可能是徹底改造《千金翼方》所載《耆婆醫方》而來,或者采取了《治疾風品法》的演變模式。

(四)《耆婆脉訣經》和《耆婆服乳方》,均是托名耆婆的中醫著作。

(五)《醫心方》中還反映了中古時期人們對耆婆的崇拜,這種信仰循佛教傳播之途,從印度經中國流傳到朝鮮半島和日本。

　　　　(注:此文是 1999 年度全國博士后科學基金資助項目《敦煌梵文于闐文醫典〈耆婆書〉研究》成果之一,該項目批號爲"中博基[1999]17 號")

① 一説成書于 982 年。參見《中醫學史》,"醫心方"條,201 頁。

② 翟雙慶等點校《醫心方》,華夏出版社,1993 年。高文鑄校注《醫心方校注》,華夏出版社,1997 年。王大鵬等校注《醫心方》,上海科學技術出版社,1998 年。

③ [日]丹波康賴撰,王大鵬等校注《醫心方》,"醫心方研究"(代前言)中的"醫心方系統圖",13 頁。有關《醫心方》的版本及其在日本的傳奇命運、在中國的印行,均參看此文(王大鵬、樊友平執筆),1—15 頁。

④ R.E.Emmerick, *A Guide to the Literature of Khotan*, Tokyo, 1992, pp.42—43.

⑤ J.Filliozat 所作的書評,參見 *JA*,235,1946—7,pp.134—5。

⑥ 高文鑄《〈醫心方〉引用文獻考略》,此文乃高氏校注之《醫心方校注》的附録,上引書 764 頁。

⑦ 季羨林先生曾分析了于闐文本《耆婆書》中的第 87—91 五個藥方,他認爲,這些藥方中的動、植物藥品遠遠超過礦物藥品,這一點是非常有深意的,可以説體現了東方醫學的特點。參見季羨林《新疆的甘蔗種植和沙糖應用》,《敦煌吐魯番研究》第三卷,北京大學出版社,1997 年,1—12 頁。後收入季羨林《糖史》(二),《季羨林文集》(第十卷),江西人民出版社,1999 年。

⑧ 《大正新修大藏經》卷十四,No.554,頁 903b.(簡寫爲 T14/903b,下同)

⑨ 玄應的《一切經音義》卷三十二(在《攝大乘論》第五卷第一條)將"尼犍荼"解釋爲,"尼犍荼書,此集異名書也,如一物有多名等"。《翻譯名義大集》5051 條,Nighantu 釋爲"音聲相合,韋陀之語彙",則當成了吠陀的字彙。又,《方廣大莊嚴經》卷四譯之爲"尼建圖"(T3/564)。參見饒宗頤先生《尼廬致論(Nirukta)與劉熙的〈釋名〉》,《中國語言學報》第 2 期,1984 年 12 月。又刊于日本川口久雄教授頌壽集《古典之變容與新生》,明治書院印,1190—1197 頁。又刊于饒宗頤《中印文化關係史論集:語文篇——悉曇學緒論》,香港中文大學中國文化研究所、三聯書店(香港)有限公司,1990 年,1—10 頁。又收入饒宗頤《梵學集》,上海古籍出版社,1997 年,17—26 頁。值得注意的是,印度藥物學的 Nighantu 類著作,多是集中一物的幾種名稱,沒有詞義方面的解釋。

⑩ 高文鑄《醫心方校注》,3 頁。

⑪ [唐]義净著，王邦維校注《南海寄歸内法傳校注》，中華書局，1995 年，153 頁。

⑫ 高文鑄《〈醫心方〉引用文獻考略》，收入高文鑄《醫心方校注》，764 頁。

⑬ 陳明《敦煌出土的胡語醫典〈耆婆書〉》，《中國科技史料》，2001 年第 1 期，77—79 頁。

⑭ 李貞德《漢唐之間求子醫方試探》（載《中央研究院歷史語言所集刊》，第六十八本，第二分，1997 年。）引用了此條材料。

⑮ 蔡景峰《唐以前的中印醫學交流》，《中國科技史料》，1986 年（第 7 卷）第 6 期，16—23 頁。

⑯ [唐]孫思邈著，朱邦賢等校注，《千金翼方校注》，人民衛生出版社，1999 年，596 頁。

⑰ [唐]玄奘、辯機著，季羨林等校注，《大唐西域記校注》，中華書局，1985 年，270 頁，並參見 271 頁注釋（一）。唐朝與該國有過政治、文化交流，參見《全唐文》卷九九九、《册府元龜》卷九六四等。

⑱ 高文鑄《〈醫心方〉引用文獻考略》，收入高文鑄《醫心方校注》，797 頁。

⑲ S. K. Ramachandra Rao, *Encyclopaedia of Indian Medicine*, vol. 2, *Basic Concepts*, New Delhi, rep. 1999, p. 128.

⑳ FNL, Poynter, *Medicine and Culture*, Wellcome Institute of the History of Medicine, 1969, p. 291。轉引自蔡景峰，《唐以前的中印醫學交流》，《中國科技史料》，1986 年（第 7 卷）第 6 期，20 頁。

㉑ [唐]孫思邈原著，李景榮等校釋《備急千金要方校釋》，人民衛生出版社，1997 年，443 頁。

㉒ [唐]孫思邈原著，李景榮等校釋《備急千金要方校釋》，31 頁。

㉓ 《耆婆書》中 JP[2—3]爲一則"大阿伽陀"（mahāgada）藥方，方名爲"卍字"（svastika）。有學者認爲，"'阿伽陀'實爲'阿陀阿迦陀'（答塔葛達）的簡稱，即'净眼如來'别稱，是釋迦牟尼佛像左側的藥師佛，施良藥治療衆生身心兩種疾苦的藥王（Bhaiṣajyarāja）"（馬伯英《中國醫學文化史》，上海人民出版社，1994 年，374 頁）。此説似乎不確。阿陀阿迦陀、答塔葛達，實乃"如來"（tathāgata）的音譯。"净眼如來"的梵名還原應爲 Vimala-netratathāgata，與 agada（阿伽陀）毫不相干。《弇州四部稿》（四庫全書本）卷一三七，指出"多陀阿伽陀：如來也"。

# 《全宋詩》宋諸帝詩補(二)

## 王　智　勇

三、宋徽宗

(1)(僧慧持寫真頌三首):"七百年來老古錐,定中消息許誰知。争如隻履西歸去,生死徒勞木作皮。""藏山於澤亦藏身,天下無藏道可親。寄語莊周休擬議,樹中不是負趨人。""有情身不是無情,彼此人人定裏身。會得菩提本無樹,不須辛苦是盧能。"(《釋氏資鑑》卷十)

(2)《御贊〈法華經〉》:"諸佛靈文足可誇,《蓮經》七軸玉無瑕。歷代王孫曾供養,累朝天子獻香華。頂戴盡消窮劫罪,皈依必感福可沙。一句了然超佛性,何須門外説三車。"(《釋氏資鑑》卷十)

(3)《閩中秋月》:"桂彩中秋特地圓,況當餘閩魄澄鮮。因懷勝賞初經月,免使詩人歡隔年。萬象欽先增浩蕩,四溟收夜助嬋娟。鱗雲清廓心田豫,乘興能無賦咏篇。"(《古書畫過眼要録》412頁,湖南美術出版社一九八七年版)

(4)《棣棠花》:"衆芳□□□□□,惟比開時色迥殊。却似籤金千萬點,亂來碧玉莝頭鋪。"(《古書畫過眼要録》413頁)

(5)《筍石》:"筍石穹崇□不欹,出簷□□擬高聳。幾□碧玉樓臺外,曾礙行雲左右飛。"(《古書畫過眼要録》413頁)

(6)《七言詩》:"掠水燕翎寒自轉,墮泥花片濕相重。"(《古書畫過眼要録》413頁)

四、宋高宗

(1)《贊法華經》:"要入如來功德林,《法華經》上好留心。三車喻品慈悲大,七卷言詞利益深。曾攬長河爲酥酪,能令大地作黄金。斯經斯典難遭遇,萬劫千生無處尋。"(《釋氏資鑑》卷十一)

(2)《贊布袋和尚》:"碧漢片雲,長空孤月。能栖物外,如是幽絶。慣隱市廛,奇哉真傑。隨身兮唯柱杖布袋,量機兮何妨酒肉腥血。别别,玉殿瓊樓更加雪。"(《釋氏資鑑》卷十一)

(3)《喜霽詩並序》:"己巳郊祭前夕,欲雨。方次宗廟,雲忽開晴,皆上相弼亮之勞,因成四韻:青城祇謁事郊丘,輔相賢勞共款留。初訝密雲低覆冒,遽看霽景上飛浮。氣回俎豆群工泰,喜入貔貅萬馬秋。赫赫天心允昭格,協恭同德賴喜猷。"(《宋會要輯稿》禮二八之二七)

(4)《七言絶句》:"天山陰□判混茫,二爻調鼎灌瓊漿。試來丑未門邊立,迸出霞光萬丈長。"(徐邦達《古書畫過眼要録》458頁)

# 《王梵志詩校注》指瑕

## 齊 文 榜

敦煌文獻中王梵志詩歌地發現與整理結集,是上世紀敦煌研究的重大創獲之一。在這項創獲中,張錫厚的《王梵志詩校輯》、項楚的《王梵志詩校注》貢獻最著。尤其是《王梵志詩校注》(上海古籍出版社 1991 年 10 月第 1 版,以下簡稱《項校》),後來居上,無論在輯詩數量、考校精到亦或注釋的詳贍等方面,均較前邁進了一大步,可謂王梵志詩歌考校闡釋地集大成之作,贏得了學界一致贊譽。

曩者,筆者參加國務院古籍整理出版規劃小組八五重點社科項目《全唐五代詩》的重編工作,因工作需要,遂將王梵志詩的二十八個敦煌寫本(影印件),一一與《項校》比勘,發現《項校》在校勘方面的誤校、失校之處時或有之。這是完全可以諒解的。八十萬字的煌煌巨著,千慮一失,勢所不免。這裏,筆者謹將《項校》的誤校之處指出來(失校部分俟另文),以就正于方家同好。王梵志詩的編號仍依《項校》,敦煌卷子的編碼亦依《項校》,必要時指出其國際通行編號。《項校》所引劉復的《敦煌掇瑣》,《世界文庫》,趙和平、鄧文寬《敦煌寫本王梵志詩校注》,法國戴密微《王梵志詩集》,張錫厚《王梵志詩校輯》等,亦依《項校》分別簡稱爲《掇瑣》、《文庫》、《校注》、《詩集》、《校輯》等。《項校》據列寧格勒藏"列一四五六"號敦煌寫卷(膠片)新輯錄的六十餘首王梵志詩,因未見卷子,暫置不論。

## 一、直接誤校原卷者

**大有愚癡君,獨身無兒子。(○○七)**

項校:"愚",原作"遇",據甲四改。

按:"愚",原本(甲一,即斯○七七八)作"愚",即"愚"之本字。上半乃"禺"字之變形,清晰可見。下半實爲"心"字,因漫漶不清,且末筆殘,故《校輯》唯錄上半作"禺";《項校》雖錄整字,却作"遇",皆誤。同卷(甲一)第八首"負特愚癡鬼"句,第一一首"愚人墮地獄"句,二"愚"字皆書作"愚",清晰可辨,是其佐證。

**玉髓長生術,……誰免涅槃因。(○九八)**

項校："免"，原作"兌"，乃形譌字。《校輯》作"究"。

按："免"，原本(丙一，即伯三八三三)實作"兌"。《俗字譜·烈女傳》(此書《項校》嘗用之)"免"正作"兌"。《項校》有誤。

**昔日田真分，庭荆當即衰。**(一五六)

項校："分"，原殘，據丁三等補，……丁四作"紛"，……音譌字。

按："分"，丁四(伯三七一六)實作"粉"。

**兄弟寶難得，他人不可親。**(一五八)

項校："寶"，各本同，唯丁七作"保"，亦"寶"字音訛。

按："寶"，據《項校》，唯丁七作"保"，餘本均作"寶"。而丁五實作"報"，《項校》未確。王梵志詩多佛教因果報應思想，故"報"字意亦可通。

**識事須相逢，情知乏禮生。**(一五九)

項校："須相逢"，餘本皆作"相逢見"。

按：丁四(伯三七一六)作"想逢見"，《項校》未確。

**欲得兒孫孝，無過教及身。**(一八一)

項校：兒孫孝，……丁五此三字作"兒子孫孝"，"子"字衍。

按：丁五(伯三六五六)、丁九(斯四六六九)二本皆缺此首，《項校》已于原詩後注明，甚確。然于校記中卻又云："丁五此三字作'兒子孫孝'。"殊誤。丁五蓋爲丁四之訛。

**養兒從小打，莫道憐不答。**(一八二)

項校："小"，原作"少"，據餘本改。

按：丁二(伯三二六六)亦作"少"。《項校》謂據餘本改原本(丁一，即伯二七一八)"少"字作"小"，未確。

**但知牢閉口，禍去阿你來。**(一八六)

項校："牢"，丁二同，餘本作"牢"，即"牢"俗字。

按：《項校》謂原本與丁二作"牢"，餘本均作"牢"。然丁二實作"牢"，丁一一(伯四〇九四)實作"牢"，《項校》未確。

**見惡須藏掩，知賢爲讚揚。但能依此語，祕密立身方。**(一八八)

項校："爲"，原本、丁二、丁四、丁一一、丁一三作"唯"；據餘本改。

按："爲"，《項校》謂原本、丁二、丁四、丁一一、丁一三作"唯"，據餘本改作"爲"。而丁五、丁六、丁七、丁九均作"唯"，《項校》未確。

**長幼同欽敬，知尊莫不遵。**(一九二)

項校："欽"，原作"歡"，丁四、丁五、丁六、丁七作"飲"，《詩集》從之，據餘本改。

按:"欽",丁九亦作"飲"。《項校》謂據餘本改原本(丁一)之"歡"字作"欽",未確。

**親客号不踈,喚即盡須喚。**(一九四)

項校:喚即盡須喚,原作"建喚則須喚",丁四作"來即盡須喚",丁一三作"喚則盡須喚",兹從餘本。

按:依《項校》意,除原本(丁一,即伯二七一八)、丁四、丁一三外,餘本皆作"喚即盡須喚"。然丁二實作"喚即盡須呼",《項校》未確。

**若能不駡詈,即便是賢人。**(一九七)

項校:即便是賢人,丁三作"即是大賢人",丁五作"却便是賢人"。

按:"即便是賢人",丁四亦作"即是大賢人",而丁五(伯三六五六)實作"却使是賢人"。

**縱使天無雨,雲陰自潤衣。**(二○○)

項校:"雲陰",丁一一作"陰雲",丁三作"雲音"。

按:據《項校》,原本(丁一,即伯二七一八)當作"雲陰",而原本實作"陰雲",《項校》誤。

**惡人相觸悮,被駡必從饒。喻若園中韭,猶如得雨澆。**(二○三)

項校:"悮",各本同,《校輯》改作"忤"。……"園",原本、丁三、丁四、丁七、丁一一作"薗",兹從餘本。"韭",原本、丁七、丁一一作"匪",餘本作"韭"。……"雨",丁五作"水"。

按:"悮",《項校》謂各本同作"悮",然丁七實作"誤"。"園",《項校》謂原本、丁三、丁四、丁七、丁一一作"薗",而丁一一實作"園",丁八亦作"薗"。"韭",《項校》謂原本、丁七、丁一一作"匪",餘本均作"韭",而丁六亦實作"匪",《項校》未確。"雨",《項校》謂丁五作"水",而丁四、丁八均作"水"。

**有勢不煩倚,……出則自燒伊。**(二○五)

項校:"倚",原本、丁二、丁三、丁七、丁一一、丁一三作"意",據餘本改。

按:"倚",據《項校》原本、丁二、丁三、丁七、丁一一、丁一三作"意",餘本皆作"倚",然丁六亦作"意",《項校》未確。

**貧親須拯濟,……何用更添膏。**(二○六)

項校:"膏",原作"高",丁一一作"餻",兹從餘本。

按:"膏",丁七亦作"高"。《項校》謂原本(丁一,即伯二七一八)作"高",丁一一作"餻",從餘本改作"膏",未確。

**他貧不得笑,他弱不得欺。但看人頭數,即須受逢迎。**(二○八)

項校:"不得欺",……"得",丁一一、丁一三作"須"。"但看人頭數"二句,各本略同,唯丁七作"太公未遇日,猶自獨釣魚"。《詩集》、《校輯》據改。

按:"得",丁三、丁六亦作"須"。"但看人頭數"二句作"太公未遇日,猶自獨釣魚"者,非丁七(斯三三九三),乃丁五(伯三六五六)。

**立身存篤信,景行勝將金。**(二一六)

　　項校:"存",丁七本作"在"。"篤",原作"蔦",據丁六、丁七改。

　　按:"存",丁五亦作"在"。"篤",《項校》謂原(丁一)作"蔦",丁六、丁七作"篤",因據改。而丁六實作"蔦"而非作"篤",《項校》未確。丁五作"篤"。丁六蓋丁五之誤。

**計時應大重,直爲歲年多。**(二二一)

　　項校:"大重",丁三作"大衆",丁四作"不重",丁五作"有重"。

　　按:丁五亦作"大重"而非作"有重",丁七作"有重"。

**飲酒是癡報,如人落糞坑。**(二二八)

　　項校:"糞,各本作"蚩",丁五作"畬"。《碑別字·去聲十三問·齊道興造象記》"糞"作"蚩"。

　　按:"糞",丁三即作"糞",《項校》謂各本俱作"蚩",不確。

**酒肉俱不輕。若人不信語。**(二二九)

　　項校:"酒肉俱不輕",丁五作"買肉亦不輕",《詩集》從之。……"語",丁四、丁六、丁一三作"義"。

　　按:"酒肉俱不輕",丁五實作"買肉亦非輕",丁七作"喫肉亦輕"。"語",丁三亦作"義"。

**莫生分別想,見過不和南。**(二三九)

　　項校:"和",丁三、丁六、丁一一、丁一三作"知"。

　　按:據《項校》,原本(丁一,即伯二七一八)當作"和",然原本亦作"知",《項校》誤。

**至意求妙法,必得見如來。**(二四三)

　　項校:"至",原本、《掇瑣》、《文庫》、《校輯》作"知";丁六、丁七、丁一一、丁一三作"智";據丁四改。丁五作"志",亦通。

　　按:"至",丁三亦作"智",而丁五實作"惠",《項校》有誤。

**有賤亦有貴。賤者由慳貪,吝財不布施。貴賤既有殊。**(二四九)

　　項校:"有賤",本首"賤"原皆作"賊",乃形譌字。

　　按:本首"賤"字凡三現,第二個"賤"字原本(戊一,即伯三四一八)作"賤",而不作"賊"。《碑別字新編·魏皇甫驎墓誌》"賤"作"賤"。是"賤"乃"賤"字之異體,《項校》有誤。

**少食巡門乞,衣破忍飢寒。**(二五七)

　　項校:"巡門乞",戊二"門"上衍"即"字。

　　按:戊二(伯三七二四)實于"巡"上衍"即"字。《項校》誤。

**惣被外鬼喫,家親本无名。**(二五八)

項校:"喫",《詩集》作"哭"。

按:據《項校》,"喫"字原本(戊一)當作"喫",然原本實作"哭",《項校》誤。

**寒食墓邊哭,却被鬼邪由。**(二七一)

項校:"邪",戊二作"耶",《校輯》據改,不必。

按:依《項校》意,原本(戊一)當作"邪",然原本實作"耶",戊二實作"邪",《項校》蓋將原本與戊二本(伯三七二四)誤倒。

**啾唧被人言,御史秉正斷。**(二七四)

項校:"秉",戊二作"未"。

按:依《項校》意,原本(戊一)當作"秉",然原本實作"未",《項校》錄作"秉",殊誤。

**新人食甘果,慚荷種花人。**(二七六)

項校:"花",原作"芘",據戊二、戊三改。

按:"花",原本(戊一)作"芘",乃"花"字草體。此首原本第六句"花盛亂迎春",其"花"字寫法正同,清晰可辨,不必據別本改。

**天下浮逃人,不啻多一半。南北擲蹤藏,誆他暫歸貫。……聞苦即深藏,尋常擬相箏。**(二七八)

項校:"逃",原作"迯",從戊三本。《掇瑣》、《校注》錄作"游"。……"擲蹤藏",原作"擲蹤橫",從戊三本。《校輯》改作"擲縱橫"。……"相箏",原作"于筝",戊三作"于筝"。

按:"逃",原本作"迯",即"逃"字之異體。《碑別字新編·隋王榮墓誌》"逃"作"迯"。《項校》謂"原作'迯',從戊三本",大可不必。《掇瑣》、《校注》錄作"游",殊誤。"蹤",依《項校》意,原本(戊一)作"蹤",然原本實作"跣"。《類篇·足部》云"跣"同"跣"。《篇海類編·身體類·足部》:"跣,跣足蹋地也。"故原本"擲跣橫",狀浮逃異鄉者赤足奔走,漂泊四方,意亦可通。"相箏",戊三實作"于等",《項校》未確。

**閇門無呼喚,耳裏極星星。**(二八八)

項校:"極星星",原作"挃皇皇"。……"皇"則"星"之形譌。二六三首亦有"意裏極星星"之語。

按:"星星",《項校》謂原本(戊一)作"皇皇",而原本實作"皇皇"。《碑別字新編·隋員天威造象》"星"作"皇",與"皇"形近,是原本即作"星星",《項校》辨字有誤。

## 二、采用他校成果間接致誤者

**忽起相羅拽,啾唧索租調。**(○○五)

項校:"租",原作"祖",據甲三改。

按:"租",甲三(斯五四七四)亦作"祖",《項校》謂據甲三改原本"祖"字爲"租",殊誤。《校輯》該首于"租"字下出校記云"租",原作"祖",據甲三本改。《項校》蓋從《校輯》而未檢原卷,因而致誤。(《校輯》與《項校》原卷代碼同——筆者)

**玉髓長生術,金剛不壞身。(○九八)**

項校:"玉",原作"亡",《校輯》改作"妄",《詩集》改作"枉",皆非是。

按:"玉",《項校》謂原本(丙一,即伯三八三三)作"亡",而原本實作"玉",《項校》蓋從《校輯》所録致誤。

**尋常懃念善,晝夜受書經。(二三六)**

項校:"受",各本同,唯丁三、《校輯》作"愛"。

按:"受",丁三(伯三五五八)實作"受"。《校輯》謂丁三作"愛",《項校》蓋從《校輯》而未檢原卷,因而致誤。

**里正追役來,坐著南廳裏。(二六九)**

項校:"正",原作"政",從戊二本。按"正""政"通。

按:"正",戊二本亦作"政",《項校》謂從戊二本(伯三七二四)改,殊誤。《校輯》曰:"里正,原作'里政',據戊二本改。"《項校》蓋從《校輯》而未檢敦煌原卷,因而致誤。(《校輯》與《項校》原卷代碼同——筆者)

**逢着光火賊,大堡打小堡。(二八四)**

項校:"光火",《掇瑣》、《詩集》作"先大"。

按:依《項校》意,原本(戊一,即伯三四一八)當作"光火",然原本實亦作"先大"。《掇瑣》、《詩集》據原本録作"先大",《校輯》改作"光火"。《項校》未細檢原卷子而盲從《校輯》,因而致誤。

# 龍袞與《江南野史》

## 劉 曉 明

在有限的幾部關于南唐史料的書籍中,龍袞的《江南野史》具有重要價值。它不僅是馬令、陸游修撰《南唐書》時所依據的資料來源,①且與《五代史》互有異同,可資考證。更重要的是,此書眼光獨特,保留了諸多人物的大量逸聞趣事,對于社會史、文學史的研究也極具參考價值。筆者曾從該書中發現一條迄今爲止最早的有關戲劇末脚的資料,對考察戲劇脚色的起源起了關鍵的作用。②然而,由于作者龍袞的生平不明,且《江南野史》一書散佚達半數之多,成書時代又未能確定,從而影響了該書的利用。本文擬就作者的情況作某些探討,並對其書作若干考辨輯佚工作。

## 龍 袞 其 人

《四庫全書總目提要》卷六十六稱龍袞“爵里未詳”,未知其何許人也。其實,此乃館臣失考,龍袞的籍貫宋人的筆記和方志中皆有所記載,其行狀亦略略可考。

龍袞,《宋史》無傳,其它史書筆記有關其生平的資料也甚少,只偶爾存有片言隻語的零星記載。龍袞字君章,曾敏行《獨醒雜志》:“江南龍君章《野史》列傳……”③錢謙益《絳雲樓書目》云:“《江南野史》二十卷,凡八十四傳,龍袞撰。”陳景雲注“袞字君章,江西人”。④龍袞的字與名相表裏,“君章”意即帝王的服飾,而“袞”正是古代帝王穿的繪有卷龍的禮服,《周禮·春官·司服》:“享先王則袞冕。”鄭注云:“袞,卷龍衣也。”

其里籍據王明清《揮塵録·後録》載,龍袞爲螺江人,⑤螺江又稱螺川,胡思敬編《豫章叢書》時所刻《江南野史》乃據陳仲魚精抄本付印,陳本卷首即題螺川龍袞撰,⑥螺川在今江西吉安,此地宋代建有螺江廟,⑦後設螺川驛、螺川遞運所,⑧《青原山水記》:“自螺川而望東南,其青青者皆青原也。”⑨又,吉安贛江邊有螺子山,故其江古稱螺江。龍袞在《江南野史》中也提及“螺江”:

> 胡元龜,世爲廬陵人,居永新。……元龜亡入金陵。會吏曹徐郎以賓館之。未幾,郎爲子聚親迎之,夕畢,命寮屬設箋管。徐有同舍郎在坐,問曰:“今夕詩相爲誰?”答曰:

"有螺江造士焉。"

此外，龍衮的筆下也有"螺川"的記載：

> 夏寶松，廬陵人，與劉洞唱和，爲節度使陳德誠所知。德誠贈詩曰："建水舊傳劉夜
> 坐，螺川新有夏江城。"[⑩]

"廬陵"是吉安的古稱，"夏江"即今峽江縣，在廬陵境内。以上兩例中的"螺江"與"螺川"皆爲吉安的代稱。可見，王明清所謂"螺江"即指吉安。宋人吴曾《能改齋漫録》則徑謂："《野史》本吉州人龍衮所撰。"[⑪]

據此，龍衮里籍屬江西吉安應無疑義，但究屬吉安何縣吴曾未能明言。檢索《吉安府志》，其人物卷中記載龍衮爲吉安永新人，此説雖不明所出，當有所據。清人彭元瑞認同此説，並舉證稱"今永新尚多龍氏"[⑫]考《江南野史》一書，傳世的十卷中共爲三十一人作傳，除去李氏帝王，剩下的二十七傳中吉安籍或寓居吉安者達十一人之多，其中永新籍者五人。[⑬]這表明龍衮的《野史》偏重于家鄉的名人事迹，甚至取材于故里傳説。如卷六《彭昌傳》云：

> 初，唐相牛僧孺其遠祖遠仕交廣，罷秩還至彬衡間，爲山賊所摽掠。唯僧孺母子獲
> 存，遂亡入江南，止于廬陵禾川焉。迨長爲母所訓，遂習先業。縣之北有山名絮芋，源下
> 有古臺，故（四庫本作"古"，《能改齋漫録》卷五引此傳文作"故"，因之。——筆者）老傳
> 爲聰明臺，其下有涌水曰聰明泉。古今學者多此成業。……至今本縣圖經俱載聰明泉
> 側有牛相讀書堂，餘址尚存。

傳中"故老"云云，説明龍衮的上述資料直接采自當地的傳説，這暗示了龍衮與永新的關係：因爲要聽懂本地"故老"用方言講述的傳説，應爲永新本地人，至少也應在永新生活過。此外，傳中所謂"本縣"，即廬陵禾川，禾川即禾江，又稱永新江，[⑭]曾鞏《隆平集》亦載有牛僧孺讀書堂故事，所在地即永新後隆山。[⑮]龍衮將永新稱爲"本縣"，雖然從文義上説，"本縣"也可解釋爲"當地"，但結合前述背景及上下文，倒不如將"本縣"理解爲龍衮自况其里籍更確切些。

龍衮擅長繪畫，宋人畫譜著録了他的《文馬圖》。宋·董逌《廣川畫跋》卷一"書龍衮文馬圖上"條載：

> 禮諸侯文幣，或稱文馬。左氏實書宋人以文馬百駟贖華元于鄭。謂馬之有文采者，
> 籍之將禮爾。今衮作衆馬無父聘行禮者，殆以馬之文飾而取名者歟，古之謂文馬者則異
> 矣。[⑯]

龍衮的畫被著録者僅此一種，其繪畫水平雖不能和范寬、石恪等名家比肩，但能被同朝代業内人士視爲精品而保存，其畫技當屬上乘。當然，龍衮真正所長還在于記史，這是我們下節將要闡發的主要内容。

龍衮與歐陽修的關係還有過一段公案。兩人爲吉州同鄉,龍衮在其著作中對歐陽修的父親歐陽觀頗有微詞,王明清《揮麈錄·後錄》卷六中引《江南野史》佚文云:

> 歐陽觀,本廬陵人。家世冠冕,一祖兄弟,自江南至今,凡擢進士第者六七人。觀少有辭學,應數舉,屢階魁焉。咸平三年登第,授道州軍州推官。考滿,以前官遷于泗州,當淮、汴之口,天下舟航漕運鱗萃之所。因運使至,觀傲睨不即見;郡守設食,召之不赴,因爲所彈奏殆于職務,遂移西渠州,迫成資而卒于任所。觀有目疾,不能遠視,苟矚讀行句,去牘不遠寸。其爲人義行頗睽。先出其婦,有子隨母所育。及登科,有子詣之,待以庶人,常致之于外。寒燠之服,每苦于單弊。而親信僕隸,至死曾不得侍宴語。然其骨殖,卒賴其子而收葬焉。

龍衮稱歐陽觀“爲人義行頗睽”,舉其出婦之薄情、待子之寡義爲例,而最後其本人却仰賴此子收葬。王明清認爲歐陽觀無出婦之玷,理由是根據歐陽修所撰墓志,歐陽觀去世時“夫人彭城郡太君鄭氏,年二十九而公卒,居貧子幼,守節自誓,家無紙筆,以荻畫地,教其子修學書”,未言及出婦事,因而判斷同爲鄉曲的龍衮之所以要詆毁歐陽修,“豈非平時有宿憾,與夫祈望不至云爾?”[17]清人陳景雲《絳雲樓書目》注亦謂:“《江南野史》中載歐陽觀事頗以愛憎事失實,爲王仲言所譏。”由此涉及龍衮與歐陽修的關係,王明清推測二人關係不佳,原因可能是龍衮曾有求于歐陽修,結果未遂其願,從而心存芥蒂,借《江南野史》爲歐陽觀立傳時加以攻訐。

王明清欲代歐陽修諱之意雖美,但龍衮所記載的當更近于事實。李心傳《舊聞證誤》卷二曾辨之云:

> 按歐陽公《瀧岡阡表》,以熙寧二年立,而云既葬之六十年,逆數之,葬時公才四歲爾。《表》中雖不見出婦事,然以《志》考之,觀年五十九卒官,而鄭夫人年方二十九,必非元配。蓋觀以出婦,其子固難言之。歐陽公撰《族譜》云觀二子,昞當是其前婦之子,所謂卒賴以葬者也。文忠後任昞之子嗣立爲廬陵尉,見焚黃祭文中。又文忠《貶滁州·謝上表》云“同母之親,惟有一妹”,足見昞爲前母之子無疑。仲言雖欲爲歐陽公諱之,其意甚美,然非事實。況觀之前婦實有過,亦未可知。孔子、子思尚明言之,特歐陽公不可自言,他人何諱之有?

李心傳所發明的事實有如下幾項:其一,歐陽觀“卒官”時年已五十九,而歐陽修之母鄭夫人年方二十九,必非元配,歐陽觀曾有前妻;其二,歐陽觀去世時歐陽修年僅四歲,因此,《江南野史》稱歐陽觀之骨殖“卒賴其子而收葬焉”之“子”,必非歐陽修,而應爲其兄;其三,據歐陽修自稱“同母之親,惟有一妹”,則其兄當爲同父異母之兄,此兄即歐陽修爲其父所撰墓志中的“子昞”。據此,龍衮《江南野史》稱歐陽觀“出婦”事、“收葬”事絕非虛妄之言,至于歐陽觀對前妻之子"待以庶人",在未有充分證據之前,亦不宜輕易否認。根據以上分析,龍衮在歐陽觀傳中所述基本屬實,王明清關于龍衮與歐陽修"平時有宿憾"的推測,純屬猜度,不足爲據。

龍衮的生卒年代不詳,但根據我們下節對其著作成書年代的考證,龍衮主要生活于宋真宗和仁宗時代,因真宗在位共計二十五年(998—1022),龍衮的著述時間又在仁宗早期(約1022—1029之間),若以其正值中年計,龍衮的生活時代當跨越真宗一朝,上及太宗下至仁宗朝,即976—1064年之間。

## 《江南野史》的成書時間

長期以來,《江南野史》的具體成書時間一直未能確定,但其書成于北宋則無疑義。四庫館臣經過比較,認定馬令、陸游的《南唐書》皆參考過《江南野史》,[18]其中馬令的《南唐書》作于徽宗崇寧乙酉(1105),則《江南野史》自當成書此前。北宋人之著述引《江南野史》尚多,如阮閱的《詩話總龜》(成書于宣和五年——1123)、馬永易的《實賓録》(馬氏徽宗時嘗官池州石埭尉)、蔡居厚《蔡寬夫詩話》(蔡氏徽宗大觀初官拜右正言)、黃朝英《緗素雜記》(成書于靖康年間)等。此外,董逌《廣川畫跋》也著録了龍衮的《文馬圖》(董氏徽宗政和中官徽猷閣待制)。但上述著述皆成于徽欽二宗時期,乃北宋後期。

有材料表明《江南野史》在北宋中期的神宗時期就已流傳。我們在《直齋書録解題》中查到《江南餘載》原作者的一篇序文,序中對徐鉉、王舉、路振、陳彭年、楊億、龍衮等六家所著南唐史頗感不滿,後于"熙寧八年得鄭君所述于楚州",于是據鄭某之書寫下了《江南餘載》。[19]熙寧是宋神宗的年號,熙寧八年即公元1075年,根據序文,《江南餘載》既作于熙寧八年,則龍衮的著作至少在此之前就已流傳。

不過,龍衮自己著述中的內容顯示出更爲久遠的信息。如前所述,既然龍衮與歐陽修並無私怨,龍衮在其書中述歐陽觀事或許更近于事實。這似乎暗示了《江南野史》的成書時間:此時間當不在歐陽修秉政之際,即要麽在此之前,要麽在此之後。在上文中我們已證明熙寧八年前《江南野史》就已傳世,此時歐陽修雖剛過世,但其爲宰輔多年,政聲與文聲兩佳,聲譽如日中天。因此,龍衮之書當作于歐陽修尚未步入政壇之際。且《江南野史》述歐陽觀事而不及歐陽修,也暗示其書成于歐陽修出道之前。

然而,這只不過是推理而已,要證成此説,尚需有直接的證據。幸好,《江南野史》的存文中保留了若干儘管隱約不明却十分有力的內證。

《江南野史》卷七《陳省躬傳》:

省躬在治産一子,逾月將名之,問廳吏蕭德之曰:"汝育幾子?"對曰:"有男五人。"省躬小名之曰"蕭六"。……故參政彭年乃其子"蕭六"焉。彭年大中祥符初與内翰晁公、今相王君同知貢舉。省榜將出,入奏試卷。

龍袞此段文字透露出諸多有關《江南野史》成書的重要信息。陳彭年既被稱爲"故參政",可知其書作于陳彭年逝世之後。考陳彭年大中祥符九年(1016)"拜刑部侍郎、參知政事",天禧元年(1017)"二月卒,年五十七"。[20] 據此,1017 年應爲《江南野史》成書時間的上限。那麼,下限該是何年呢?龍袞在上文中提到"今相王君",説明龍袞作《江南野史》時正值"王君"爲相,故需避其名諱。此"王君"者謂誰?考真宗晚年至仁宗初年共有三位王姓當朝宰相:王旦、王欽若、王曾,此三人從時間上看均有可能爲龍袞所指的"王君"。雖然無法確指,但與陳彭年、内翰晁公同知貢舉者,可將我們的視綫縮小到其中的某一人。

檢《宋史》、《宋會要輯稿》、《續資治通鑑長編》的有關記載,大中祥符年間由陳彭年、翰林學士晁氏、大臣王氏等四人共同負責貢舉事的惟有大中祥符元年,由此可見龍袞的記載是可信的。不過,科舉雖在大中祥符元年舉行,但委任負責官員則是上年即景德四年十二月底之事。

《宋會要輯稿·選舉一》:

> (景德)四年十二月二十二日,以翰林學士晁迥勸知貢舉,知制誥朱巽、王曾,龍圖閣待制陳彭年權知貢舉,合格奏名進士鄭向已下並諸科八百九十一人。

又,《續資治通鑑長編》卷六十七:

> (景德四年十二月壬寅)先是,上嘗問輔臣以天下貢舉人數,王旦曰:"萬三千有餘,約常例奏名十一而已。"上曰:"若此則當黜者不啻萬人矣,典領之臣必須審擇。晁迥兢畏當以委之,周起、王曾、陳彭年皆可參預。"(馮)拯曰:"封印卷首若朝廷遣官主之于理亦順,尤宜用素有操守之人。"(王)旦:"滕元晏于士大夫間少交游。"上曰:"今當以朱巽代周起知舉,令起與元晏同掌封印事。"于是命翰林學士晁迥,知制誥朱巽、王曾,龍圖閣待制陳彭年同知貢舉。

以上兩條史料均表明龍袞所謂"今相王君"即王曾(978—1038)。不過,王曾曾兩度拜相,一次在仁宗乾興元年七月,至天聖七年六月罷相,即 1022—1029 年。《宋宰輔編年錄》卷四:

> (仁宗乾興元年)七月辛未,王曾拜相。

《續資治通鑑長編》卷一百八:

> (仁宗天聖七年六月)甲寅,門下侍郎兼吏部尚書平章事王曾罷爲吏部尚書知兗州……尋改青州。

王曾第二次拜相在景祐二年二月,至景祐四年四月罷相,即 1035—1037 年。宋徐自明《宋宰

輔編年錄》卷四:"(景祐)二年二月再相。"又,《續資治通鑑長編》卷一百十六:

　　　　(景祐二年二月)樞密使吏部尚書同平章事王曾爲右僕射兼門下侍郎平章事集賢殿
　　大學士。

《宋宰輔編年錄》卷四:

　　　　(景祐四年)四月甲子吕夷簡、王曾並罷相。㉑

　　龍袞所指的"今相"究竟是王曾哪次爲相期間呢? 這可從"内翰晁公"身上找到答案。根
據上述兩條資料,此晁公即翰林學士晁迥。與王曾一樣,龍袞未直呼其名,説明此公當時尚
在人世,需避其名諱;且尊之爲"公",可見其年事已高。晁迥生于951年,卒于1034年,即景
祐元年。由于王曾第二次任宰相已是景祐二年以後的事,而《江南野史》又作于晁迥在世之
時,因此,龍袞之"今"必在王曾第一次任宰相期間,此時晁迥也已是七八十歲的老人。

　　根據以上分析,《江南野史》成書的時間可考實在1022年至1029年之間。這一結論也
可從龍袞的《歐陽觀傳》得到印證:正因爲龍袞作《江南野史》時歐陽修不過是十幾二十歲的
青少年,他才能無所顧忌地對歐陽修之父進行褒貶。順便指出,歐陽修中進士是在天聖八
年,即公元1030年,此時,龍袞早已完成了他的大作。

## 《江南野史》的著錄與存佚

　　自南宋以降,不少公私書目都著錄了《江南野史》一書,但諸家所著錄的情況有所不同,
觀此可知其書的流傳與演變情況。現表列如下:

### 歷代書目著錄《江南野史》一覽表

| 著錄書名 ＼ 著錄情況 | 書　名 | 卷　　數 | 抄　　刻 | 原　　注 |
|---|---|---|---|---|
| 郡齋讀書志 | 江南野史 | 二十 | | 右皇朝龍袞撰,凡八十四傳。 |
| 遂初堂書目 | 江南野史 | | | |
| 史略 | 江南野史 | 二十 | | |
| 通志 | 江南野史 | 二十 | | |
| 宋史·藝文志 | 江南野史 | 二十 | | |
| 國史經籍志 | 江南野史 | 十 | | |
| 世善堂藏書目錄 | 江南野史 | 二十 | | |
| 淡生堂藏書目 | 江南野史 | 一册,十卷 | 餘苑堂本 | |

續　表

| 著録情況　著録書名 | 書　　名 | 卷　　數 | 抄　　刻 | 原　　注 |
|---|---|---|---|---|
| 近古堂書目 | 江南野史 | | | |
| 濮陽蒲汀李先生家藏目録 | 江南野史 | 六本 | | |
| 脉望館書目 | 江南野史 | 一本 | | |
| 玄賞齋書目 | 江南野史 | 十 | | |
| 浙江采集遺書總録 | 江南野史 | 十 | | 右宋螺川龍袞撰,亦載南唐三主及三十一臣之事,仿紀傳體爲之。 |
| 絳雲樓書目 | 江南野史 | 二十 | | 《江南野史》二十卷,凡八十四傳,龍袞撰。 |
| 讀書敏求記 | 江南野史 | 十 | | 記南唐君臣事迹頗詳,其行文亦贍雅有致。 |
| 述古堂藏書目 | 江南野史 | 二十 | 抄本 | |
| 也是園書目 | 江南野史 | 十 | | |
| 知聖道齋讀書跋 | 江南野史 | | | 此書所記多僞,如先主尊徐溫爲義祖,而以爲尊其父榮;樊若水量江面造浮橋,而以采石僧卓庵之類。至牛僧孺葬母、永新唱歌與李氏有國事何涉,乃《野史》中最燕冗者。若極爲鋪侈國老宋齊邱,而爲九華餓死稱屈,則全乎鄉曲畛域之見爾。 |
| 愛日精廬藏書志 | 江南野史 | 十 | 文瀾閣傳抄本 | |
| 補五代史藝文志 | 江南野史 | 一 | | |
| 天一閣書目 | 江南野史 | 十 | | 宋螺川龍袞撰。 |
| 中國善本書提要 | 江南野史 | 十 | 二册,北圖,抄本,十行二十字 | 原題:"螺川龍袞撰。"卷内有"四明廬氏抱經樓藏書印"、"延古堂李氏珍藏"等印記。 |

　　根據此表我們可獲知《江南野史》存佚的情況。據《郡齋讀書志》載,《江南野史》凡八十四傳,共二十卷;而今本只有前十卷三十一傳,缺後十卷五十三傳。一般認爲,《江南野史》自明代開始散佚,《四庫全書總目提要》卷六十六稱《江南野史》"明以來已無完本,不自今日始

也"。明人李清《南唐書合訂》凡例亦云："僅得馬元康《南唐書》、《江南録》、《江南野史》半部。"[22]但從上表中我們發現情況並非如此,《江南野史》在宋代基本是完整的,到明代時諸家著録開始有所不同。焦竑《國史經籍志》、祁承㸁《淡生堂藏書目》、鈕石溪《會稽鈕氏世學樓珍藏圖書目》等皆爲十卷本,而陳第《世善堂藏書目録》則爲二十卷本。此外,李廷相《濮陽蒲汀李先生家藏目録》著録爲"六本",但現存《江南野史》前十卷僅三萬五千字,因此,從篇幅上看,似亦應爲二十卷本。可見,四庫館臣所謂"明以來已無完本"的説法並不符合實際情況。

需要指出的是,早在南宋初年《江南野史》就至少有兩種不同的本子傳世,其中一種是所謂的"删潤"本,王銍《默記》云："龍衮《江南録》有一本删潤稍有倫貫者云……"[23]此"删潤"本是否即後世之十卷本呢?考《默記》中《江南野史》的"小周后傳",爲現存十卷本所無,知該"删潤"本並非十卷本。但傳世十卷本似亦經過"删潤",因爲其現存人物傳中的部分内容有所缺失。如《實賓録》引《江南野史》稱彭陳年爲"辣手"即爲今本所無;又如《三洞群仙録》卷十六引《江南野史》陳綯的一首詩也不見于今本。

至清代,《江南野史》依然有十卷本和二十卷本兩種不同的本子傳世。《浙江采集遺書總録》、錢曾《讀書敏求記》、《也是園書目》、阮元《天一閣書目》、張金吾《愛日精廬藏書志》等著録爲十卷本,但錢謙益《絳雲樓書目》、錢曾《述古堂藏書目》仍存有明代的二十卷本。

《江南野史》多以抄本傳世,但也曾刊刻過。明人祁承㸁《淡生堂藏書目》卷四云："《江南野史》一册,十卷,龍衮,餘苑堂本。"此一册之餘苑堂本當爲刻本,但此餘苑堂本究竟爲何時、何地、何人所刻則不得而知。此外,餘苑堂本原刊本究竟是十卷本抑或二十卷本也無法確定。若是後者,則應爲兩册本,祁承㸁所藏即爲殘本。

## 《江南野史》與《江南野録》

歸于龍衮名下的還有一本《江南野録》,此書與《江南野史》究竟是兩種不同的著作,還是一書兩名?經研究,我們認爲兩書實爲同書異名。

在宋人的著録中,二書從未並舉,一般只著録《江南野史》,如陳振孫的《直齋書録解題》卷五、晁公武《郡齋讀書志》卷二、鄭樵《通志》卷六十五。在明清的著録題跋中也只有《江南野史》而不及《江南野録》。在這批收羅宏富、見識廣博的藏書專業人士中必有人同時目驗甚至收藏過這兩本書,然而,所有的藏書家未有一人將其視爲兩種不同的著作而分别收録在自己的著録中。

其它宋人著作中所引多數亦不相混,或引作《江南野史》,或引作《江南野録》。以筆者目力所及,宋人著作中引用過《江南野録》的有阮閲的《詩話總龜》、[24]馬永易的《實賓録》、[25]蔡居厚的《蔡寬夫詩話》、㉖黄朝英的《緗素雜記》、㉗曾慥的《類説》、㉘李燾的《續資治通鑑長編》、㉙王銍的《默記》、㉚嚴有翼的《藝苑雌黄》、㉛陳葆光《三洞群仙録》、㉜胡仔的《苕溪漁隱叢話》、㉝李心傳的《舊聞證誤》、㉞王楙的《野客叢書》等。㉟引用過《江南野史》的有曾敏行的《獨醒雜志》、㊱許顗的《彦周詩話》、㊲王明清的《揮麈録》等。㊳以上諸家均未視《江南野史》和《江南野録》爲兩書分别引用之。

但也有三本宋人著作例外，即《錦綉萬花谷》、馬光祖的《景定建康志》、吴曾的《能改齋漫録》。此三書既引了《江南野史》也同時引用了《江南野録》，出現這一現象有各自的原因。《錦綉萬花谷》共引《江南野史》四例，另在後集卷十九中引了一例《江南野録》，題爲“多艾氣”，與《類説》卷十八所録《江南野録》“卷軸何多艾氣”條的文字相同，當爲《錦綉萬花谷》所本。《類説》一書初刻于紹興十年（1140），而《錦綉萬花谷》刻于淳熙十五年（1188），類書的作者爲省事計，往往從其它類書中取材，而煩于核對原書，《錦綉萬花谷》亦難免此病，故將一書録爲兩名。《景定建康志》各引《江南野録》與《江南野史》一例，分别見該書卷二十一和卷二十二，其引《江南野録》“初，臺殿閣各有鴟吻”云云見《江南野史》卷三《後主傳》，故知其爲一書兩名。惟《能改齋漫録》卷五“牛僧孺聰明臺”條引《江南野史》一例，卷三“孤雁詩”條却引了《江南野録》一例，何以如此，尚未考出。

從内容上看，由于傳世的《江南野史》已佚失近半，兩書不能完全重叠，但只要屬于同一人或同一事者，則文字基本吻合。如《類説》共引《江南野録》二十三例，其中十八例見于今本《江南野史》中，另五例涉及陳度、韓熙載二人，爲今十卷本所未載，當在後十卷中。《詩話總龜》所引的二十五例中，其人物見于《江南野史》者，皆與之相合，凡十五例；而未見于《江南野史》的十例皆爲該書所佚人物傳中的内容，如夏松寶、唐仁傑、顔翽謝、陳穎、邵拙、毛柄聚、劉炎、潘閬、劉素、何昌陵等。它書引《江南野録》者皆類此，由此可知，《江南野史》與《江南野録》爲同書異名。

有一問題需要討論，既然二者同書異名，究竟孰先孰後？胡思敬跋《江南野史》云：“龍衮《野史》十卷，……《續百川學海》易名爲《江南野録》，《説郛》仍之，益删節簡陋不足觀。余嘗取此本與振綺堂明抄本互校，無甚異同。”意即《江南野史》在先，至《續百川學海》易名爲《江南野録》，然宋人書中引《江南野録》者遠遠多于《江南野史》，更重要的是，北宋的著作皆引作《江南野録》，至南宋才有《江南野史》之名。因此，邏輯的結論應該以《江南野録》爲原書書名。

## 《江南野史》補輯

據《郡齋讀書志》載，《江南野史》凡八十一傳，而今本只有三十一傳，缺五十三傳，就人物數量而言,佚失大半;就内容而言,原二十卷只剩十卷,缺失嚴重。儘管如此,仍有人欲復其舊觀,但迄今爲止,爲《江南野史》輯佚的只有胡思敬。他在民國丙辰(1916)將《江南野史》收入于其編輯的《豫章叢書》時作了初步的輯佚工作,不過,他的資料主要來源于宋代的幾部類書,如《類説》、《錦綉萬花谷》,此外,尚有《詩話總龜》、《揮塵後録》、《獨醒雜志》等,所收羅的文本有限,缺漏嚴重。本文在其基礎上儘可能地擴充文本的閲讀範圍,竟然也有所獲。現在胡思敬輯録的《江南野史》基礎上進行補輯,並依照《江南野史》的體例,以人爲目,以目統事,共得人物九人。加上前十卷以及胡思敬所輯並除去重合者,總計五十四人,雖無法復原書八十四人之舊貌,但也多少可彌補缺失之憾。補輯如下:

## 《小 周 后》

李國主小周后隨後主歸朝,封鄭國夫人,例隨命婦入宫。每一入輒數日而出,必大泣駡後主,聲聞于外,多宛轉避之。又韓玉汝家有李國主歸朝後與金陵舊宫人書云:“此中日夕,只以眼泪洗面。”(王銍《默記》卷下)

## 《鮑 當》

鮑當吟《孤雁詩》云:“更無聲接續,空有影相隨。”當時號爲鮑孤雁。(《能改齋漫録》卷三引漢皋張君詩話云:“余後因讀《江南野録》,乃知張君所記,是南唐人詩。”)

## 《何 昌 陵》

何昌陵宰廬陵,郡有衙將楊克儉能媚州牧而移其權。昌齡(原文如此——筆者)以兄事之。嘗游其池館,貽其詩曰:“經旬因雨不重來,門有蛛絲徑有苔。再向白蓮亭上望,不知花木爲誰開。”未幾克儉連延范貸死而刑,其家破焉。議者以爲其詩之讖也。(《詩話總龜》卷三十三)

## 《趙 希 操》

南唐後主初即位,中使趙希操自建鄴奉使江西,夜宿姑熟,中宵忽聞二人語曰:“君自金陵來,新王何以爲理?”一曰:“聞以仁孝爲理。”又曰:“如是則明王也。”久之又聞一人曰:“然則水木之歲當至汴梁。”希操喜以唐當得中原,果以乙亥歲國亡後主俘于汴。(《歷代不知姓名録》卷六“姑熟二人”條引《江南野史》)

## 《陳彭年》

陳彭年更科舉體式，結怨士人，時謂之辣手。（《實賓録》"辣手"條引《野録》，商務印書館《説郛》本）

## 《唐仁傑》

唐仁傑爲溧陽主簿，群公休沐，宴升元閣，仁傑即席和登閣詩，有"雲散便凝千里望，日斜常占半城陰"之句，座客皆驚。（《景定建康志》卷二十三"升元閣"條引《江南野史》）

## 《杜真》

鄭彦華、杜真與王師遇，真以所部先戰，彦華擁兵不救，真衆遂敗。十二月，金陵始戒嚴，下命去開寶之號，公私記籍但稱甲戌，歲益募民爲兵，民以財及粟獻者，官爵之。（《續資治通鑑長編》卷十五引《江南野録》）

## 《陳絢》

陳絢善天文，長于雅頌，嘗吟曰："一鼎雌雄文武火，十年寒暑鹿麂皮。寄語東流任斑鬢，向隅終守鐵裳衣。"（《三洞群仙録》卷十六引《江南野録》）

## 《曹翰》

曹翰使江南贈娼妓詞《春光好》："待得鸞膠續斷弦，是何年。"（《苕溪漁隱叢話前集》卷二十四引《江南野録》）

曹翰使江南，惟事嚴重，累日不談笑，後主無以爲計。韓熙載因使官妓徐翠筠爲民間粧束，紅絲標杖，引弄花猫以引誘之。翰見，果問主郵者此女爲誰，僞對曰："娼家。"翰因留之。至旦去，與金帛，無所受，曰："止願得天使一詞，以爲世寶。"不得已，撰《風光好》遺之。翰入謝，留宴，使妓歌此詞。翰知見欺，乃痛飲數月而歸。（《宋人軼事彙編》卷四引《江南野史》）

① 《四庫全書總目提要》卷六十六"《江南野史》"條："馬、陸二書亦多采之。"
② 拙作《"入末"新解與戲劇末脚的起源》，《文學遺産》2000 年第三期。
③ 曾敏行《獨醒雜志》卷七，《知不足齋叢書》本。
④ 錢謙益《絳雲樓書目》卷一，粵雅堂叢書本。
⑤ 王明清《揮塵録·後録》卷六，頁 158，中華書局，1961 年版。
⑥ 胡思敬《豫章叢書·江南野史》跋。
⑦ 阮閲《詩話總龜前集》卷十六引《郡閣雅談》云："陳誼，吉州人，《題螺江廟》云……太平興國中，史館學士張齊賢

出爲本道轉運使,至其廟,覽留題詩牌甚多,俱打去,獨留誼詩,方知名。"

⑧ 顧祖禹《讀史方輿紀要》卷八十七"廬陵縣"條載螺川驛在"府城南三里贛江濱"。

⑨ 謝旻《江西通志》卷四"形勝·吉安府"引,四庫全書本。

⑩ 阮閱《詩話總龜前集》卷一二引龍袞《江南野錄》佚文。

⑪ 吳曾《能改齋漫錄》卷五"牛僧孺聰明臺"條,頁 107,上海古籍出版社,1979 年版。

⑫ 彭元瑞《知聖道齋讀書志》卷一,式訓堂叢書本。

⑬ 《江南野史》前十卷爲吉安籍立傳者如下:宋齊丘、彭昌、尹琳、彭玕、周彬、李家明、胡元龜、張翊、劉茂忠;寓居吉安者劉洞;歷宦吉安者申屠令堅。其中彭昌、尹琳、周彬、胡元龜、張翊爲永新籍貫。

⑭ 顧祖禹《讀史方輿紀要》卷八十七"永新縣"條。

⑮ 曾鞏《隆平集》卷五:"劉沆,字冲之,吉州永新人。父素,不仕,以財雄鄉里。曾祖景洪,事楊行密爲江南牙將。有彭玕者,據州稱太保,協(脅)景洪附湖南,僞許之。復以州歸行密,遂下仕,常謂人曰:'我不從彭玕,當活萬餘人,後必有隆者。'因名所居山爲後隆山,山有牛僧孺讀書堂故基,即其上築臺,曰聰明臺。"康熙辛巳七業堂本。

⑯ 此材料由余嘉錫首先發現,見《四庫提要辨證》卷七,頁 392,中華書局,1985 年版。

⑰ 王明清《揮麈錄·後錄》卷六,頁 158,中華書局,1961 年版。

⑱ 《四庫全書總目提要》卷六十六"《江南野史》"條:"馬、陸二書亦多采之。"

⑲ 陳振孫《直齋書錄解題》卷五。

⑳ 《宋史》卷二百八十七《陳彭年傳》。

㉑ 又見《續資治通鑑長編》卷一百二十:"甲子,右僕射平章事王曾罷爲左僕射資政殿大學士判鄆州。"

㉒ 李清《南唐書合訂》凡例,故宮博物院編《故宮珍本叢刊·史部·四庫撤出書》第四十册,頁 16,海南出版社,2000 年版。

㉓ 王銍《默記》卷下,頁 44,中華書局,1981 年版。

㉔ 《詩話總龜》引《江南野錄》最夥,達二十五例之多。引文見卷一、四、十一、十五、二十四、二十六、三十二、三十三、三十七、四十六、四十八。

㉕ 趙與時《賓退錄》不分卷,見《說郛》卷三,商務印書館本,此書共引《江南野錄》三例。另外,《四庫全書》收入的《永樂大典》本《賓賓錄》雖多達十四卷,惜未著明出處。

㉖ 蔡居厚《蔡寬夫詩話》引《江南野錄》一例,見《苕溪漁隱叢話前集》卷十八。

㉗ 黃朝英《緗素雜記》引《江南野錄》二例,見卷七、卷九,《學海類編》本。

㉘ 曾慥《類說》共引《江南野錄》二十三例,見卷十八。

㉙ 李燾《續資治通鑑長編》共引《江南野錄》七例,見卷一、二、十一、十三、十五、十六、十七。

㉚ 王銍《默記》卷下引"龍袞《江南錄》"一例,中華書局,1981 年版。

㉛ 嚴有翼《藝苑雌黃》引《江南野錄》二例,郭紹虞《宋詩話輯佚》本。

㉜ 陳葆光《三洞群仙錄》卷十六引《江南野錄》一例,《道藏》本。

㉝ 胡仔《苕溪漁隱叢話》引《江南野錄》五例,見《前集》卷二十四、《後集》卷十八、卷三十八。

㉞ 李心傳《舊聞證誤》卷五引《江南野錄》一例,中華書局點校本。

㉟ 王楙《野客叢書》卷一十七引《江南野錄》一例,中華書局點校本。

㊱ 曾敏行《獨醒雜志》卷七引《江南野史》一例,《知不足齋叢書》本。

㊲ 許顗《彥周詩話》引《江南野史》一例,《歷代詩話本》。

㊳ 王明清《揮麈錄》引《江南野史》二例,見卷五、卷六,中華書局點校本。

# 宋末通儒黄震遺著考述

## 張　偉

黄震（1213—1281）字東發，南宋慶元府（浙江寧波）慈溪人，其學宗朱子而不務苟同，多有己見，爲宋末著名的理學家和史學家。他一生著述弘富，留存的《黄氏日鈔》、《古今紀要》、《戊辰修史傳》和《古今紀要逸編》頗受後世學者的重視。本文擬在前人研究的基礎上，拾遺補闕，就上述著作的撰作年代、版本和史料價值作些考述，以求正於大家。

## 一、《黄氏日鈔》

《黄氏日鈔》又名《慈溪黄氏日鈔分類》（以下簡稱《日鈔》），據《四庫全書總目》云："是書本九十七卷。……其中八十一卷、八十九卷原本並缺，其存者實九十五卷也。"但《四庫全書》文淵閣本附乾隆四十五年（1780）十月總纂官紀昀、陸錫熊、孫士毅等所撰《黄氏日鈔·提要》云："是書本九十七卷。……其中八十一卷、八十九卷、九十二卷原本並缺，其存者實九十四卷也。"考文淵閣本，第九十二卷内容全缺，當以後一説法爲是。

《日鈔》卷六十八以前爲閲讀經史子集隨手劄記，"有僅摘切要數語者，有不摘一語而但存標目者，並有不存標目而采録一兩字者"，[①]對歷代學術與人物多有評議。其中："讀經"三十一卷，有《孝經》、《論語》、《孟子》、《毛詩》、《尚書》、《周易》、《春秋》、《禮記》、《周禮》、《春秋左氏傳》、《春秋公羊傳》、《春秋穀梁傳》等十二種，《四庫全書總目提要》作"讀經"三十卷，則是將"《春秋》三傳"一卷不予計入；"讀孔氏書"一卷，有《孔子家語》、《孔叢子》、《闕里譜系》三種；"讀本朝諸儒書"十三卷，有周敦頤、程頤、張載、朱熹、張栻、吕祖謙、黄榦、楊時、謝良佐、尹焞、張九成、陸九淵、陸九齡、李侗、司馬光、劉安世、石介、胡瑗等人語録、文集，間記及他們的弟子；"讀史"九卷，有《史記》、《漢書》、《東漢書》、《三國志》、《晋書》、《南史》、《北史》、《隋書》、《唐書》、《五代史》、《名臣言行録》等"正史"五卷十一種，《蘇子古史》、《汲塚周書》、《國語》、《戰國策》、《吴越春秋》、《越絶書》、《春秋世紀》、《春秋臣傳》、《東萊大事記》等"雜史"四卷九種；"讀諸子"四卷，有《老子》、《莊子》、《荀子》、《楊子》、《文中子》、《曾子》、《子華子》、《管子》、《列子》、《墨子》、《文子》、《亢倉子》、《關尹子》、《鶡冠子》、《鬻子》、《商子》、《韓非子》、《鄧析子》、《慎子》、《公孫龍子》、《尹文子》、《淮南子》、《抱朴子》、《劉子》、《聱隅子》、《宋齊丘化書》、《子家子》、《呂氏春秋》、《黃石公素書》、《陸賈新語》、《賈誼新書》、《新序》、《説苑》、《春秋繁露》、《論衡》、《申鑒》、《乾坤鑿度》、《易緯稽覽圖》、《易通卦驗》、《周易參同契》、《古三墳書》、《孫子》、《吴子》、《司馬法》、《唐太宗李衛公問對》、《尉繚子》、《黃石公三略》、《六韜》、《陰符經》等四十九種；"讀文集"十卷，有唐、宋文學名家韓愈、柳宗元、歐陽修、蘇軾、曾鞏、王安石、黃庭堅、汪藻、范成大、葉適等十人的文集。

《日鈔》卷六十九後爲其文集，依次是奏劄一卷，申明八卷，公移三卷，講義一卷，策問一卷，書二卷，記三卷，序、跋、啓、祝文、祭文、行狀與墓誌銘各一卷，凡二十六卷。

關於《日鈔》的成書年代及版本。宋末元初人袁桷（1266—1337）曾説："黃震……性不喜鄉里，獨作書，以所爲《日鈔》一編寄贈。"② 元人沈逵（一作達）在順帝至元三年（1337）重刻《日鈔》時也作《序》説："公暇所閲經史諸書，隨手考訂，並奏劄、申請、勸誡等作，凡百卷，名之曰《日鈔》，鋟梓行於世，中值兵毀，諸孫禮之懼祖訓之失墜，購求搜緝，補刻僅完，囑予序之。"③ 據此可知，《日鈔》在黃震生前確已刊刻。《中國古籍善本書目·子部·儒家類》著録一部宋本，曰：《日鈔》九十七卷，存二十七至二十八兩卷，宋紹定二年（1229）積德堂刻本，藏北京圖書館（按《北京圖書館善本書目·子部》只云此本爲宋刻本，行款爲十行二十字，白口，左右雙邊）。臺灣《國立中央圖書館善本書目·子部·儒家類》著録兩部南宋末年刊本，一部存首三十卷，其中卷二十三至三十係影鈔配；一部存二十九至三十、七十五至七十七，凡五卷，北平圖書館舊藏。臺灣學者林政華曾指出，此兩部係同一版本而分置者，行款爲每半頁十行，小字雙行，行二十字，白口，有書耳。宋諱玄、恒、貞、徵及桓等字均缺筆。④

筆者認爲，上述館藏《日鈔》殘本爲宋本當是可信的，但認爲《日鈔》刊於紹定二年，則大成問題。紹定二年，黃震年僅十七歲，對於一位家境貧寒、家學淵源不深的少年來説，要完成這樣一部學術性極强的著作，令人難以置信。事實上，《日鈔》卷六十九以下的公移、申明等多署有年月，均是他爲官期間所作。因此，説《日鈔》刊於紹定二年，顯屬僞託。又近人張鈞衡《適園藏書志》著録《黃氏經日鈔》一部，三十卷，夾注曰"宋紹定刻本"，並説："此專刻説經之語，三十卷。宋刻本，每半頁十行，行二十字。……旋風裝。"⑤《日鈔》"讀經"部分是否有可能先成書並單獨刻於紹定年間？細讀《日鈔》"讀經"部，這一可能性同樣是不存在的。黃震在《日鈔》卷二《讀論語》中曾談到師事王文貫習《論語》一事，而據《日鈔》卷九十七《余夫人墓誌銘》，黃震結識並師從王文貫是在端平三年（1236）春。他稱自此後對《論語》"益信受誦讀"，然也僅是"但知喜悦，而不能宣諸口"，至年逾六十，才"遺忘是懼，官所竊暇，復讀而間記《集注》、《或問》，偶合參考他説不同者一二以求長者之教"。據此推算，《讀論語》只能成書於度宗咸淳九年（1273）之後。卷三《讀孟子·梁惠王下》有案語曰："右係鄉人蔣監簿曉之説。"

考《延祐四明志》卷五《人物考中》、卷六《人物考下》，蔣曉字堯之，淳祐七年（1248）張淵微榜進士，景定元年（1260），知分水縣，官至朝奉大夫將作監主簿，宋亡後杜門不出。如按正常的磨勘遷轉，蔣曉階至朝奉大夫，當亦在度宗後期；又同卷《讀孟子·滕文公上》中黃震談到咸淳三年（1267）朝廷議升祀孔門弟子“十哲”之事，也證明了《讀孟子》成於度宗咸淳三年之後。卷四《讀毛詩》有自注云：“愚戊辰考試省闈，聞同官宮教台州董華翁云……”按“戊辰考試省闈”一事，即黃震在度宗咸淳四年（1268）任史館檢閱期間參加的尚書省禮部試，故《讀毛詩》只能作於度宗咸淳四年之後。在卷五《讀尚書·胤征》釋“臣扈”之意時，他徵引了蔣榮甫之說，並稱理宗爲先皇帝，知爲度宗時作。卷六至卷十三《讀春秋》則多處引用王文貫之言，並稱其爲先師。按王文貫卒年雖不可考，但據卷九十六《知興化軍宮講宗博汪公行狀》，黃震提到汪元春既達，其師王文貫亦下世，而汪元春於理宗淳祐元年（1241）登進士，因此王文貫之卒也應在是年後。如此，《讀春秋》只能成於理宗淳祐之後。卷十四《讀禮記一》曰：“所謂存十一於千百，不過老眼便於觀省，後生志學之士自當求之各家全書云。”可證《讀禮記》也是晚年之作。概括上述，《日鈔》“讀經”部分絶不可能作於紹定二年之前，更談不上是年刊印的問題了。當然，後人將《日鈔》“讀經”部分析出單獨刊刻是可能的。如沈德壽《抱經樓藏書志》卷七《五經總類》就著録一部榮荊堂刊、全謝山校、卷首有沈遴序的《黃氏經日鈔》三十一卷本。

　　《日鈔》最早刊刻於南宋末年，確切地説，當刻於德祐元年（1275）七月之後。據《日鈔》卷九十一《書贈薛留耕》，是篇所署時間爲德祐元年六月二十五日，爲《日鈔》中署明年月最晚的一篇；又《日鈔》卷七十七《辭免除直寶章閣兼紹興府長史申狀·第三申》中，黃震提及德祐元年七月二十三日尚書省催促其上任一事，雖然這份申狀未署年月，但可推定作於七月底、八月初。至於元人沈遴《序》中所云“中值兵亂”，是指元軍攻克臨安後浙東的兵亂。故宋刊本《日鈔》只能刊刻於德祐元、二年間。

　　據沈遴《序》，宋刊本《日鈔》當爲百卷，中值兵亂，已有散佚，後經黃震子孫“購求搜緝，補刻僅完”。這裏的“補刻僅完”，指補刻完工，並非指百卷本《日鈔》完整無缺，如《序》中提到的“勸誡”類，已不復存。另據林政華云，臺灣中央圖書館藏有沈《序》元刊本，其字體、刻工、紙張、墨色及行款、板式、標注、諱字等均與宋刊本相類，雖存目九十七卷，但内缺卷八十一、卷八十九和卷九十二。《中國古籍善本書目·子部》著録兩部元刊本：一部題曰至元重修本，存四至五、十二至十三、十七、十九、二十五至二十六、二十九、三十四至三十八、七十一至七十八、九十四至九十六，共二十五卷；另一部題後至元三年（1337）刻本（附《古今紀要》十九卷），卷九十三至九十七配明刻本。《北京圖書館善本書目·子部》也著録一部元刻本，是本存二至四、十二至十四、二十六至二十九、四十七至五十四、六十至六十二、六十四、七十一至七十

二、七十四至八十、八十二至八十八、九十至九十一、九十三至九十七,凡四十五卷。款式爲十行二十字,白口,左右雙邊,有耳。上述三部均缺卷八十一、卷八十九和卷九十二,當爲同一版本。又清陸心源《儀顧堂題跋·續跋》卷九有一元刊本題跋,云:是書款式爲每頁二十六行,每行二十四字,語涉宋帝皆空格,前有沈逵《序》,下有印文曰是書原本百卷,東發身前已梓行,元初兵毀,至元中孫禮之搜緝補刊,僅存九十七卷,卷八十一、八十九、九十二注曰原官版無文字。陸心源據此認爲,此三卷爲入元後版片殘缺所致。瞿鏞《鐵琴銅劍樓藏書目錄》卷十三《黃氏日鈔九十七卷》則明確說:"此書刻於宋時,中值兵毀,板已亡失,元至元間孫禮之購求搜緝補完以刻之,已缺卷八十一、卷八十九、卷九十二。"

據上可知,後至元三年序刊本爲元代最早版本,宋本《日鈔》百卷本至此次重修時,已缺六卷。自後至元三年序刊本出,元後期當出現過其他翻刻本。

明武宗正德年間(1506—1521),建陽龔氏明實書堂重刊《黃氏日鈔》九十七卷本,附刊《古今紀要》十九卷,此爲書坊刻本。據林政華云:此本每半頁十四行,行二十六字,係正德十三年(1518)始刊,次年竣工。今臺灣中央圖書館與中山博物院均有藏。《北京圖書館古籍善本書目·子部》著錄一明刻本(附刊《古今紀要》),款式爲十四行二十字,細黑口,四周雙邊。清代有兩種本子,一是乾隆三十二年(1767)沈起元序、汪佩鍔珠樹堂校刊本。此本雖稱廣求諸本校刊而成,但基本上承龔氏本而來,除有誤字、錯字外,亦有漏刻之處。一是《四庫全書》文淵閣九十四卷本。此本題"安徽巡撫采進本",經四庫館臣校訂後,於乾隆四十五年奏上。一般說來,《四庫全書》文淵閣本在校勘上較精於汪氏本,但亦有欠缺處。如《四庫全書》文淵閣本《日鈔》卷三二《讀孔子家語》多殘缺,而汪氏本則基本完好;《四庫全書》文淵閣本篇首無目錄,檢閱不便,而汪氏本則有。因此,二種本子可參讀。此外,清代尚有耕餘樓刊本,此本首附沈逵《序》,無其他序、跋說明,疑據汪氏本翻刻。

附帶說明一下,全祖望曾把後來發現的《戊辰史稿》和《理度二朝政要》疑爲"即《日鈔》中所缺二卷",並建議:"世有能重雕《日鈔》者,當以此稿及《理度二朝政要》附之。"⑥然黃震在《日鈔》卷八十五《回曾通判》中曾說到:"《史傳》前兩卷係杜立齋(範)、唐伯玉(璘),直待行在印到,方得拜納。"《史傳》即是全祖望所提到的《戊辰史稿》的前身。可知黃震任史職時所修附傳,絕非僅止一卷。《理度二朝政要》則作於宋亡之後,更不可能爲《日鈔》中所缺內容。又,《日鈔》體例十分完整,如將上述兩書插入的話,則不倫不類。因此,筆者認爲,兩書決不會是《日鈔》所缺二卷。九十七卷本《日鈔》所缺三卷,據全書內容安排,極可能是公移或講義一卷,記或序一卷,題跋一卷。

《日鈔》諸文爲黃震中、晚年閱讀經史子集時"疏其精要、辯論"⑦之作,且多爲"躬行自得之言",⑧因此集中反映了黃震的學術水平,堪稱代表作。此書不僅是我們研究黃震學術思想的主要依據,而且亦是研究宋代學術發展史一部不可多得的重要參考書。同時,書中大量的公移、申明等,對研究南宋後期的政治、經濟和文化,亦具有相當的史料價值。

## 二、《古今紀要》

《古今紀要》上起伏羲、神農氏,下迄北宋哲宗朝,凡十九卷,是一部以人物紀傳爲主線而貫通古今的通史著作。《古今紀要》在編纂上很有特色:其一,略古詳今。全書上古至秦、西漢、東漢、三國、晋、南朝、北朝、隋及五代各一卷,而唐占七卷,哲宗朝以前的北宋三卷;就篇幅言,唐、五代及北宋部分占全書三分之二以上。其二,重人事而略法制。黄震議論政事,强調有治人而無治法,曾説:"古人有言,有治人無治法,三代之治忽,各繫其君之賢否,法之詳未聞焉。三代君臣之謀猷亦未嘗有一語及於法者,詳於法必略於人,秦法之密,漢網之疏,其效亦可睹矣。"⑨故十分注重總結人事在歷代興衰過程的作用。該書對漢、唐、北宋君臣事迹記述尤詳,目的亦在於此。其三,有一定的"《春秋》書法"精神。黄震學宗朱子,其治史深受朱熹《通鑑綱目》及其師王文貫《春秋傳》的影響,所以此書"亦用綱目之例"。

宋人編纂通史簡易讀本成風,其原因固有迎合士子應舉需要的一面,但更與理學興起的時代背景密切相關,通天人、貫古今,以驗證天理的先驗性、永恒性,進而爲現實政治提供借鑒,是宋代理學家治史的旨趣所在。黄震的《古今紀要》可謂是其中的成功之作。四庫館臣評論説:"是書撮舉諸史,括其綱要,上自三皇,下迄哲宗元符(1098—1100),每載一帝之事,則以一帝之臣附之,其僭竊、割據,亦隨時附見,詞約事該,頗有條貫,非曾先之《十八史略》之類粗具梗概、傷於疏陋者比。"⑩錢穆先生也説它"專就史書,撮其綱領,采其粹語,而主要一歸於人物,博綜條貫,細大並包,兼附評論,簡約扼要",⑪褒崇有加。由此可見,作爲一部通史著作,該書在編纂體例、史料取捨上是有其獨到之處的。

關於《古今紀要》版本,臺灣《國立中央圖書館善本書目·史部·史鈔類》著録一部元後至元三年序刊本,存卷五至卷十、卷十五至卷十九,凡十一卷。據林政華云,是本每半頁十行,行二十字,刻工、板式、行款均同元刊本《日鈔》,故兩書同時刊刻。明刊本有正德年間建陽龔氏明實書堂重刊本(亦題《黄氏日鈔》)。清刊本有乾隆三十二年汪佩鍔珠樹堂刊《黄氏日鈔》附刻本和《四庫全書》文淵閣本。此外,尚有耕餘樓刊本。

## 三、《戊辰修史傳》

《戊辰修史傳》又名《戊辰史稿》,一卷。是書内有杜範、真德秀、洪咨夔、袁甫、徐元杰、李心傳六篇傳記。關於其所作年代，全祖望《東發先生史稿·跋》云：“《戊辰史稿》乃其爲史館檢閱時所作。”⑫而近人張壽鏞在《戊辰修史傳·序》中說：“東發先生爲史館檢閱，慨然於君子道消、小人道長，奮發自勵而作《修史傳》六。”⑬按黃震於度宗咸淳三年冬至次年九月擔任史館檢閱，參與編修寧宗、理宗兩朝國史、實録，而此編於每人傳記下均題有“史臣震擬贊”字樣，因此，該書是黃震當時所撰國史底稿當屬無疑。又清人陳同亮《刻古今紀要逸編·跋》中說到：“及見邵宏齋《宏簡録·序》則云：‘黃震之修寧、理二朝紀，多散佚不傳，文獻無徵，後之作者有其志而不逮。悲夫，悲夫！’”⑭邵氏這一說法是有根據的，如上文提到黃震《史傳》中的唐璘，此編即無。因此，筆者認爲，黃震在史館時所作史稿，除部分保存在此書和《古今紀要逸編》外，多已散失，《戊辰史稿》僅是部分留存底稿。張壽鏞《序》視現存六篇獨立成書，實出臆測，不足爲憑；而全祖望名之“史稿”，似更確切一些。

就《戊辰史稿》所存六篇人物傳記來看，有叙有論，除《真德秀傳》似略有闕文（據張壽鏞案語）外，餘皆首尾完整。是書明顯體現出作者的政治傾向和學術旨歸：第一，表彰正人，崇尚節氣。黃震稱贊丞相杜範爲南宋端平後掌政柄的“正人”；端明殿學士洪咨夔“剛正明達，議論多關世道升降”，亦“卓然有識之士”；兵部尚書袁甫“立朝正直，無阿附心，近世掄魁之有益世道，甫一人而已”。刑部侍郎徐元杰爲人侃直敢言，不避權勢，史嵩之謀起復，他首起攻之，極言不可。黃震對此深表贊賞，說：“嵩之謀起復，舉朝翕然嚮往之，元杰首陳其不可，公道復開，元杰實爲之權輿，君子蓋取節焉。”至於對史家李心傳，黃震的評價也很高，以爲：“史臣自漢遷、固後無聞焉，至我朝而後有心傳，該總通達，遂成一家。嗚呼，盛哉！”同時譽其爲官清正，“立朝論諫亦多切直”。第二，推崇正學，力詆心學。黃震對真德秀晚年阿附丞相鄭清之頗有微詞，曾說：“鄭清之非才挑釁，兵民死者數十萬，中外大耗，尤世道升降理亂之幾，而德秀則既衰矣。杜範是時方力攻清之誤國，且謂其貪黷更甚於前，而德秀乃奏言：‘此皆前此權臣玩愒之罪，非今日措置之失，譬如（醫）和、扁（鵲）繼庸醫之後，一藥之誤，代爲庸醫受責。’吁！果和、扁也，安有爲庸醫受責者哉？其議論與範嚴恕不同乃如此。”但亦稱他“講正學，有實行”，並充分肯定了其振興理學之功，說：“自慶元權臣立僞學之名以錮善類，凡周、程、朱、張諸儒皆顯禁以絶其書，斯文幾至墜地。德秀晚出，獨慨然以斯文自任。……僞學之禁開，而正道遂彰明於天下，多其力也。”相反，袁甫則因治陸學，主張“略去章句，超悟心源”而遭到他的非議。

關於它的史料價值，全祖望曾說：“文潔（黃震）篤行醇儒，固非輕詆人者，況其平生依歸，左江西而右建安，而論是時之有宰相器者，獨推袁蒙齋（甫），而深惜西山（真德秀）之無實，則是非之公心也。其事又耳目所親接，則非傳聞失實也。”並認爲元人修《宋史·真德秀傳》，“頗采公文以爲藍本”。⑮筆者受此啓發，將六篇傳記與《宋史》相關部分作了比勘後發現，《宋史》

諸傳，非但真德秀，而且其他五位大臣也均本之《戊辰修史傳》。正因其爲《宋史》所作諸人傳底本，這樣，它對校勘《宋史》杜範、真德秀、洪咨夔、袁甫、徐元杰、李心傳六傳有極重要的價值。中華書局點校本《宋史》僅《杜範傳》據此書作了個別校正，而其他幾位則未及，現作補校如下：

《宋史》卷四百七《杜範傳》："杜範字成之，黃巖人。"（頁 12279）"時襄、蜀俱壞，江陵孤危，兩浙震恐。"（頁 12282）"範上十二事：……如曹瑋守陝西之制，則戎馬之來，所至皆有阻限，而溝之内又可以耕屯，勝於陸地多矣。"（頁 12288）"若以術相籠架，非範所屑爲也。"（頁12288）

據《戊辰修史傳》，"成之"作"成己"，《四庫全書總目》卷一六二《集部·別集類一五·清獻集》亦云："範，字成己。"疑以"成己"爲是。"兩浙震恐"，《戊辰修史傳》作"兩淮震恐"，考《清獻集》卷五杜範於端平三年春所上《國論主威人才劄子》云"方今敵兵强勁，蹂躪荆蜀，震驚江淮，襄陽重鎮而道梗援絕，江陵孤壘而力困事危"之語，當以"兩淮震恐"爲是；"陸地"，《戊辰修史傳》作"清野"，考《清獻集》卷一三《相位條具十二事》，"清野"爲是；"籠架"，《戊辰修史傳》及黃震的另一著作《古今紀要逸編》皆作"籠駕"，疑《宋史》筆誤。《四庫全書》文淵閣本《清獻集》後附《宋史》本傳已改作"籠駕"。

《宋史》卷四百三十七《真德秀傳》載："德秀乃奏言：'此皆前權臣玩愒之罪，今日措置之失，譬如和、扁繼庸醫之後，一藥之誤，代爲庸醫受責。'"（頁 12964）文義不明。而《戊辰修史傳》則作"非今日措置之失"。考《西山先生真文忠公集》卷一三《召除户書内引劄子二》，《戊辰修史傳》所記正確，《宋史》點校本失校。

《宋史》卷四百六《洪咨夔傳》載：洪咨夔"嘉定二年進士，授如臯主簿"。（頁 12264）又載："其遺文有《兩漢詔令寧鈔》、《春秋説》、外内制、奏議、詩文行於世。"（頁 12267）

"嘉定二年"，《戊辰修史傳》作"嘉泰壬戌"。按洪咨夔《平齋文集》卷三十《陶同年（崇）詩卷跋》云："某與宗山同壬戌進士。"而嘉定二年干支爲"己巳"，寧宗朝只有嘉泰二年干支爲"壬戌"；另據南宋潛説友《咸淳臨安志》卷六十七《人物八·歷代列傳·洪咨夔》載："洪咨夔，字舜俞，……嘉泰二年進士。"知"嘉定二年"係"嘉泰壬戌（二年）"之誤。又《戊辰修史傳》載："其遺文有《兩漢詔令》三十卷，《寧鈔》一百卷，《春秋説》三十卷、外内制、奏議、詩文若干卷，多行於世。"知《兩漢詔令》、《寧鈔》係兩書，《宋史》標點有誤。

《宋史》卷四百五《袁甫傳》："盜起常山，調他州兵千人屯廣信以爲備。"（頁 12239）又載："帝意欲全功臣之世，詔自今中外臣僚奏事，毋得捃摭，以奏：'是消天下讜言之氣，其謂陛下何？'"（頁 12240）"又奏備邊四事，曰：固江陵，堰瓦梁，與流民復業。"（頁 12241）"（甫）有《孝説》、《孟子解》、《後省封駁》、《信安志》、《江東荒政録》、《防拓録》、《樂事録》及文集行世。"（頁

12242）

　　據《戊辰修史傳》，"他州"作"池州"。按袁甫時任江東路提點刑獄兼提舉，考《宋史》卷八十八《地理志四》，池州屬江東路，因此，"他州"係"池州"之誤；又常山在兩浙西路衢州境内，江東路與之接壤者爲信、饒、徽三州，然江東路無"廣信"一名，考信州境内有廣豐、信州兩地，《宋史》點校有誤。"以奏"，據《戊辰修史傳》，係"（袁）甫奏"之顯誤。"奏備邊四事"有脱漏，《宋史》點校本已據袁甫《蒙齋集》卷六《奏備邊四事劄子》補正，校之《戊辰修史傳》，原文於"與流民復業"後脱漏"遣回轎使"四字。"《信安志》"，《戊辰修史傳》作"《信安續志》"，因無別本可資證，存疑。

　　《宋史》卷四百二十四《徐元杰傳》："拜將作監，進楊雄《大匠箴》，陳古節儉。"（頁12661）據《戊辰修史傳》，"陳古節儉"作"陳告節儉"。考徐元杰《楳埜集》卷二《（甲辰）七月三十日上進故事》，是篇進文意在勸説理宗節省宫中營造之費，疑以"陳告節儉"爲是。

　　另外，《戊辰修史傳》所作諸傳，其遷職多有繫年，且引文該備，而《宋史》諸傳則多將繫年和大臣奏文删略，且多有舛誤，因此，《戊辰修史傳》的史料價值當高於《宋史》諸傳。

　　需要指出的是，今本《戊辰修史傳》也有誤刻、漏刻之處。如，《宋史·杜範傳》載杜範遺著中有古律詩歌詞五卷，考《四庫全書》文淵閣本《清獻集》，内尚存在四卷，而《戊辰修史傳》作"三卷"，誤；《戊辰修史傳·真德秀》載嘉定六年真德秀奏言："曩權奸擅政十四年，朱熹、彭龜年以抗論逐，吕祖謙、周端朝以上書斥，當時近臣猶有爭之者。"考《西山先生真文忠公集》卷二《癸酉五月二十二日直前奏事》，"吕祖謙"係"吕祖儉"之誤刻；又《宋史·袁甫傳》載袁氏有遺書《孝説》等，而《戊辰修史傳》則獨缺是書，據《延祐四明志》卷五《人物考中·袁甫》載："（甫）一以傳心爲本，講授學者，復取《孝經》衍其説。"知《戊辰修史傳》有漏刻。

　　《戊辰修史傳》世無刻本，張壽鏞得之於甬上盧氏抱經樓舊藏《四明文獻考》中，並鋟入《四明叢書》第一集。

# 四、《古今紀要逸編》

　　《古今紀要逸編》，又名《理度二朝紀要》，亦作《理度兩朝政要》，一卷。關於是書之作，明人鄭真説："昔孔子作《春秋》，昭、定、哀之間多特筆，公於理、度兩朝，其致意於世道之終也深矣，斯其善學《春秋》者哉！"⑯作爲南宋遺民，黄震痛定思痛，總結歷史教訓，以供後人之鑒，是可以理解的。鄭真這一推測，可謂窺其用心。是書體例已不甚整齊，品目單一，理宗朝尚有賈似道、杜範、崔與之、唐璘、王萬、洪咨夔等大臣傳記，度宗朝則無傳。因黄震曾入史館參與修寧宗、理宗兩朝史，自然對理宗朝史事比較熟悉；而度宗朝無大臣傳記，當爲他處南宋顛覆之餘，國史、實録等史料無法搜集所致。

　　由於《古今紀要逸編》與《戊辰史稿》所記内容有重複之處，因此，全祖望認爲，兩書"所言互相證明"。[⑰]陳同亮也稱其"信耳信目，多足補《宋史》之闕文，真赤水之遺珠也"。[⑱]作爲當時人記當朝事，它確有相當高的史料價值。但是書有關蒙古、金史事的繫年也有舛誤，如將成吉思汗統一蒙古諸部時間記作宋寧宗嘉定四年（1211）；把成吉思汗下令三道進兵金國記作嘉定五年；把金國向蒙古求和、遷都開封記作嘉定六年。據《元史》卷一《太祖本紀》和《金史》卷十四《宣宗紀上》，當分别爲宋寧宗開禧二年（1206）、嘉定六年和嘉定七年。

　　自《古今紀要逸編》問世後，不少學者猜測它與《古今紀要》係同一書，其間所缺徽、欽、高、孝、光、寧六朝紀事，爲簡帙散失所致。後人名之爲《逸編》亦正是此意。如陳同亮《刻古今紀要逸編·跋》云：

　　　葉文莊云："《古今紀要》十九卷，當於曾先之《史略》並傳。"是文莊之所見者，亦止神宗也。及見邵宏齋《宏簡録·序》則云："黄震之修寧、理二朝紀，多散佚不傳，文獻無徵，後之作者有其志而不逮。悲夫，悲夫！"又知《日鈔》之紀要不止於神宗，宏齋亦付之無可如何矣。……獨是神宗以後，尚有徽、欽、高、孝、光、寧六朝，不知滎陽（鄭真）何以弗録，豈東發所紀原闕是六朝乎，抑紀之散佚，即滎陽亦未得見乎？是未可知也。

　　按葉文莊即明人葉盛（1420—1474），字與中，江蘇崑山人，歷仕正統、景泰、天順、成化四朝，爲官清正，有積學。他曾評論黄震説："其爲言一主濂、洛、關、閩之説，多所發明，蓋歸然一正學老儒也。又有《古今紀要》十九卷，起三皇終宋神宗君臣事略，當於曾先之《史略》並傳，最便於篋衍行李及初學之士。惜乎有未精詳處，其亦未成之書歟？"[⑲]這裏，葉盛以《古今紀要》有"未精詳處"，推測其可能是"未成之書"，但並没有認爲其有闕漏。按《古今紀要》爲黄震讀史時"以便檢閲"而作，故"有未精詳處"在所難免；至於邵氏所謂"散佚不傳"者，明指是黄震的《戊辰修史傳》底稿，而非《古今紀要》。陳同亮將兩書混爲一談，引證《紀要》有闕，似誤。另外，今本《古今紀要》記及哲宗元符年間，如果其與《逸編》爲同一書，則所闕爲六朝；若陳同亮所見是殘本，則所闕當是七朝，而非六朝。陳同亮《跋》有誤。

　　陳同亮的友人左臣黄則作《序》説："考先生當度宗朝以史館檢閲入對，目擊國家禍亂之兆，危在旦夕，而痛哭直陳，不避譴謫。蓋居其官則盡其職道固如此，則徽、欽以後之無傳，自不同定、哀之例，其爲簡帙之散亡無疑也。"而《逸編》出，使"是編之散者以收，斷者以續"，而其他所散亡者，"必將盡出以續成東發之完書"。[⑳]

　　其後，慈溪馮祖憲案曰："鄭氏跋是編後，謂'取而著之，以爲亡國之鑒，而其他有不能盡録'，則千之（鄭真）之所見，自當爲《紀要》全編，必非如今闕十九卷以後之書可知。陳同亮疑其不録徽、欽、高、孝、光、寧六朝，特未諦詳鄭氏語意耳。夫鄭第取其近而可爲亡國之鑒者，故止録理、度兩朝,前此六朝紀非不在,所謂不能盡録也。"[21]

　　由此觀之,上述諸種説法,多出於後世學者的臆度,並無確證。本人認爲,將《理度兩朝紀要》視爲《古今紀要》之逸篇,殊爲可疑:一,鄭真按語,知不足齋叢書本、四明叢書本均有録,玩味全文,絲毫看不出《理度兩朝紀要》節略自《古今紀要》;相反,倒是黄震"致意於世道之終",而專門作是書。因此,所謂"其他有不能盡録者",實指黄震的其他著作。二,如果兩者爲同一書,且出自一人之手,詳略可能會有所不同,但體例上應基本保持一致。然觀此兩書,體例上却有差異。關於這一點,張壽榮倒是看出來了。因此,其所作案語中有云:"是卷文貫義賅,述事較詳,體例與十九卷少異。"[22]這一體例上的差異,只能説明其各自成書。三,《逸編》中有總結南宋敗亡原因的内容,當爲宋亡後之作。張壽鏞曾説:"其時月縱不可考,然其距歸寶幢山必不遠矣。"[23]這一推測完全成立。《古今紀要》成書的確切年代雖無法斷定,但黄震在讀《東萊先生文集》"讀史綱目"條下有劄記云:"以紀綱體統機括爲説,辨《史記》十篇有録無書,謂非皆無書,余嘗附其略於《古今紀要》。"[24]這説明《古今紀要》在讀吕祖謙文集之前已成稿,而讀吕氏文集決不會在他晚年。因此,《古今紀要》很可能爲黄震早年讀史時所作,至遲完成於中年;而《理度兩朝紀要》則出於亡國之痛,一時興作,以後又未作增補,故其體例不一,内容也比較簡略。綜上三條理由,《古今紀要》與《理度兩朝紀要》當各自成書。

　　關於《理度兩朝紀要》的版本,是書最早由明人陳燮五鈔録自鄭真《四明文獻》,後由其子陳同亮鏤板行於世。現存有知不足齋叢書本、四明叢書本、叢書集成初編本和耕餘樓刊本等多種本子。

　　據《中國叢書綜録》,黄震遺著尚有《新刻讀詩一得》一卷,存於明人鍾惺所輯《古名儒毛詩解十六種》中。校之《日鈔》卷四《讀毛詩》,其内容完全一致,但闕漏頗多,估計由當時人從《日鈔》中輯出,後又未據他本加以補正所致。另,鄭真提到黄震還著有《續通鑑》一書,他説:"東發黄公著《續通鑑》,其中興大要本李公心傳《繫年録》與《朝野雜記》,理、度兩朝則公在史館多得於見聞者。文約事詳,亦可謂良史矣。"[25]鄭真言之鑿鑿,似親眼見過此書,但是書不傳,且黄震本人及與之交遊的學者均未語及,無從考證。

　　　　　(本文承蒙徐規先生斧正,在此深表謝意!)

① (清)永瑢等《四庫全書總目》卷九二《子部·儒家類二·黄氏日鈔》,中華書局影印本,1992年版。
② (元)袁桷《清容居士集》卷三三《先大夫行述》,叢書集成初編本。
③ 《慈溪黄氏日鈔分類·沈遂序》,耕餘樓刊本。
④ 林政華《黄震著述版本叙録兼述日鈔體之影響》(以下所引林政華語同),《書目季刊》1976年3月,9卷4期。
⑤ 張鈞衡《適園藏書志》卷六,江蘇廣陵古籍刻印社據南林張氏家塾刻本影印,1991年版。
⑥ (清)全祖望《鮚埼亭集·外編》卷三一《東發先生史稿跋》,四部叢刊本。
⑦ (元)馬澤修、袁桷纂《延祐四明志》卷五《人物考中·黄震》,宋元方志叢刊本,中華書局1990年版。

⑧　（清）黄宗羲著、全祖望補《宋元學案》卷八六《東發學案》，中華書局點校本，1989 年版。

⑨　《黄氏日鈔》卷六三《讀文集五·曾南豐文》。

⑩　《四庫全書總目》卷五〇《史部·別史類·古今紀要》。

⑪　錢穆《黄東發學述》，《圖書季刊》1971 年 1 月，1 卷 3 期。

⑫　《鮚埼亭集·外編》卷三一《東發先生史稿跋》。

⑬　《戊辰修史傳》，四明叢書本。

⑭　《古今紀要逸編》，知不足齋叢書本。

⑮　《宋元學案》卷八一《西山真氏學案》。

⑯　《古今紀要逸編·鄭真識》，四明叢書本。

⑰　《鮚埼亭集·外編》卷三一《東發先生史稿跋》。

⑱　《古今紀要逸編·刻古今紀要逸編跋》，知不足齋叢書本。

⑲　（明）葉盛《水東日記》卷二一《黄氏日鈔》，中華書局點校本 1997 年版。

⑳　《古今紀要逸編·左臣黄序》，知不足齋叢書本。

㉑　《古今紀要逸編·祖憲案》，耕餘樓刊本。

㉒　《古今紀要逸編·壽榮案》，耕餘樓刊本。

㉓　《古今紀要逸編·張壽鏞序》，四明叢書本。

㉔　《日鈔》卷四〇《讀本朝諸儒理學書八·東萊先生文集》。

㉕　《古今紀要逸編·鄭真識》，四明叢書本。

# 《全宋詩》宋諸帝詩補(三)

## 王 智 勇

五、宋孝宗

(1)《七言絕詩》:"輕舠依岸着溪沙,兩兩相呼入酒家。盡把鱸魚供一醉,棹歌歸去卧烟霞。"(徐邦達《古書畫過眼要録》497頁)

(2)(和高宗贊布袋和尚):"袋貯乾坤,杖挑日月,藞藞苴苴,聖中之絶。憨憨痴痴,僧中之傑。令行兮一棒一條痕,逗機兮殺人須見血。別別,分明一點爐中雪。"(《釋氏資鑑》卷十一)

(3)(偈):"床頭一拂子,舉放悉皆非。百丈仍遲鈍,一喝入精微。"(《釋氏資鑑》卷十一)

(4)(賜净慈嗣清禪師贊):"百丈竿頭平進步,殺人須是猛烈漢。弊衣糲食未爲貧,中有明珠價億萬。"(《釋氏資鑑》卷十一)

(5)《贊法華經》:"妙法蓮花七軸經,能令智慧了真明。斬釘截鐵除疑惑,卸甲倒戈須志誠。圓覺聲聞俱集會,國王帝子盡標名。爲人不念如來句,死后將何破鈌城。"(《釋氏資鑑》卷十一)

六、宋理宗

(1)《五言詩》:"湖聲當晝起,山翠近南深。"(徐邦達《古書畫過眼要録》585頁)

(2)《五言詩》:"秋深清到底,雨過碧連空。"(徐邦達《古書畫過眼要録》585頁)

(3)《七言絕詩》:"湖上晴嵐凍未收,湖中佳景可遲留。更臨亭上看群岫,雪色嵐光向酒浮。"(徐邦達《古書畫過眼要録》586頁)

(4)《七言絕詩》:"去年枝上見紅芳,約略紅葩傳淺妝。今日庭中足顔色,可能無意謝東皇。(賜貴妃)"(徐邦達《古書畫過眼要録》586頁)

(5)《七言絕詩》:"長若春來惱亂人,可堪春過只逡巡。青春向客自無意,强把多情著暮春。"(徐邦達《古書畫過眼要録》586頁)

(6)《七言絕詩》:"山頭禪室掛僧衣,窗外無人溪鳥飛。黄昏半在山下路,却聽鐘聲連翠微。"(徐邦達《古書畫過眼要録》586頁)

(7)《端平紀夢詩並序》:"端平改元春三月庚子,齋居恭默,夜夢一真人峨冠佩玉,略似藝祖,色黧而貌和,亟延朕殿上,授之坐,親承面命,聖謨洋洋,敬聽無斁。俄而夢覺。越三日,宗臣善來,以舊藏昌陵御容捧進,一瞻天日之表,如夢中真人,毫髮無異。乃知在天之靈,將啓佑我後與齡錫祉,用昭眷命,厥惟休哉!豈朕之不德所克負荷,以仰承帝寵,敢不祗若休命,夙夜兢業,期于揚我祖之烈光。因述古律二十韻紀述,以昭後世,用傳不朽云。文祖膺天命,開基本至仁,治隆三代主,極錫萬邦臣。禮樂崇儒術,詩書教武助,如天常覆幬,薄海悉尊親。歷數恢千載,皇猷塞萬春。眇躬承大統,令德愧前人。凛凛如承祭,孳孳每問津。精思形寤寐,幽契動威神。陟降來天步,將迎荷聖恩。矢辭逾訓子,侍坐匪同賓。仁政因微扣,宏謨乃歷陳。治當先法祖,德勿謂無鄰。幾務惟中道,規恢必有論。誦言猶在耳,取則敬書紳。想像更三畫,希奇遇一真。居然天所賚,儼若夢中身。施祉垂孫子,遺思(恩?)浹士民。睟容瞻日月,彩仗上穹旻。所願新其德,毋忘誨爾諄。昭哉傳百世,燕翼永持循。"(《咸淳臨安志》卷七)

# 戴震《屈原賦注》後所附《音義》撰者考

## 蔡錦芳　崔富章

　　清戴震《屈原賦注》後所附的《音義》三卷,到底是出自戴震之手,還是出自汪梧鳳之手? 這個問題二百多年來一直是楚辭學史上的一段公案,至今仍困擾着學者們。究其原因,學者們大多只局限於《屈原賦注》及《音義》文本自身的考察,而忽略了對汪梧鳳和戴震的學行的考察。實際上,只要我們仔細認真地對汪梧鳳和戴震的學行作了考察,再聯繫文本加以分析比照,對這個問題是能够認識清楚的。本文便從這裏入手,試圖探出《音義》的真正撰者。

## 一、《音義》作者之爭始末

　　乾隆二十五年庚辰(1760),徽州歙縣汪梧鳳首次將戴震的《屈原賦注》七卷《通釋》二卷及末附《音義》三卷刊行於世。《音義》三卷後有一篇署名汪梧鳳的《跋》,《跋》云:"右據戴君注本爲《音義》三卷。自乾隆壬申秋,得《屈原賦》戴氏《注》九卷讀之,常置案頭,少有所疑,檢古文舊籍詳加研核,兼考各本異同,其有闕然不注者,大致文辭旁涉,無關考證。然幼學之士,期在成誦,未喻理要,雖鄙淺膚末,無妨俾按文通曉,乃後語以闕疑之指,用是稍爲埤益。又昔人叶韻之謬,陳季立作《屈宋古音義》爲之是正,惜陳氏於切韻之學殊疏,未可承用。兹一一考訂,積時録之,記在上端,越今九載矣。爰就上端鈔出,删其繁碎,次成《音義》,體例略擬陸德明《經典釋文》也。庚辰仲春歙汪梧鳳。"① 據此《跋》,《音義》三卷當出自汪梧鳳之手。然段玉裁在《戴東原先生年譜》"乾隆十七年壬申,三十歲"下,却這樣寫道:"是年注《屈原賦》成,歙汪君梧鳳庚辰仲春《跋》云'自壬申秋,得《屈原賦》戴氏《注》讀之'可證也。先生嘗語玉裁云:'其年家中乏食,與面鋪相約,日取面爲饔餐,閉户成《屈原賦注》。'蓋先生之處困而亨如此。此書《音義》三卷,亦先生所自爲,假名汪君。《句股割圓記》以西法爲之,《注》亦先生所自爲,假名吳君思孝,皆如左太冲《三都賦注》假名張載、劉逵也。"② 由於段玉裁是戴震的親密弟子,故此説影響頗大。光緒十七年辛卯(1891),收在《廣雅書局叢書》中的戴震《屈原賦注》末雖有《音義》三卷,却删掉了汪梧鳳的《跋》。民國十二年(1923)沔陽盧靖編《湖北先正遺書》,影印了戴震《屈原賦注》的精鈔本,末有盧弼二《跋》。其一《跋》云:"戴東原注《屈原賦》九卷，汪梧鳳爲《音義》三卷，乾隆庚辰自刊行，傳本頗少，廣雅書局重雕本誤以《音義》爲戴氏所撰，又將《序》文、《通釋》之《音義》及汪《跋》均删去，致汪氏苦心著述全湮没。余於廠肆得精鈔本，卷中‘甯’作‘寧’，‘諿’作‘諄’，决爲汪刻以前之舊鈔，殊足珍也。癸亥秋日沔陽盧弼記。”其二《跋》云：“頃閲段玉裁所編戴氏《年譜》云‘此書《音義》三卷，亦先生所自爲，假名汪君’云云。余前跋方爲汪氏申辯，然東原極貧，汪爲歙巨族，嫁名於彼刻書以傳，或亦意中事。抱經《序》亦言有爲之梓行者，當係指汪氏而言。嚴鐵橋之稿多託名他人，事亦相類。但廣雅翻本全抹殺，未免無識耳。盧弼再記。”③盧弼從廠肆得到《屈原賦注》的精鈔本後，始信《音義》出自汪手，後又受段説影響，改信《音義》出自戴手。民國二十五年（1936），《安徽叢書》第六期收有戴震《屈原賦注》，此刊本還影印了歙縣許承堯所藏的《屈原賦注初稿》三卷，末有丙子冬許承堯記，記文中云：“《音義》三卷，段氏謂先生所自爲，託名汪君。此本《音義》、《通釋》尚未析出，知段説不謬。汪《跋》殆亦先生自作，檢《松溪文集》無之也。”④ 至此，《音義》三卷到底出自誰手，仍難確定，以致學者們無所適從。游國恩先生在其著作《屈原》、《天問纂義》、《離騷纂義》中，也或云汪梧鳳《音義》，或云戴震《音義》，不能統一。

　　鑒於此，湯炳正先生專門寫了一篇文章來考證這個問題，文章題目是《關於楚辭學史上的一起疑案——論〈屈原賦音義〉的撰者問題》。湯先生認爲，《音義》的撰者應是汪梧鳳，而非戴震。湯先生提出了一個重要觀點，他説：“從《音義》的傳統體例看，戴氏自作《音義》之説，亦不可信。汪梧鳳氏的《音義》跋語有云：‘……體例略擬陸德明《經典釋文》也。’今考《經典釋文》之體例，陸氏以爲‘注既釋經，經由注顯，若讀注不曉，則經義難明’。故陸書對‘經’‘注’皆作‘音義’。因此，汪氏仿之，《音義》既爲屈賦作音釋義，亦爲戴氏的《序》、《注》、《通釋》作音釋義。”“爲戴注作《音義》，這是汪氏仿《經典釋文》的體例而爲之，是繼承傳統，並不是自我作古。但是，如果説這《音義》是戴氏自撰，戴氏竟爲自己的注文作《音義》，此不僅於古無徵，於今亦罕見其例。以戴氏精賅博雅之士，决不至如此輕率。況且，《音義》之釋戴注，其繁瑣之處，多膚淺無深意。若謂出於戴氏之手，則跟戴氏《自序》所謂反對‘皮傅’之言完全背道而馳。戴氏决不會出爾反爾，自食其言。”⑤湯先生的觀點引起了褚斌傑、吳賢哲兩學者的注意。一九九九年十二月，中華書局出版了褚、吳兩人點校的《屈原賦注》，在《前言》中，他們這樣寫道：“段玉裁的説法之所以有一定份量，是因爲段爲戴震之弟子，弟子所記先生的事迹，當不爲誑語，再參以許承堯的第一條意見，將《初稿》與現行的刻本對照，的確能發現《音義》中一些條目的内容，其文字完全出自《初稿》，一些條目的内容則是在《初稿》基礎上的擴充和修訂。但如果就此斷言《音義》爲戴震所作，則《音義》中的另一些問題又難以解釋：《音義》中的一些條目不是針對《屈原賦》出注的，而是針對戴震《注》文的，一爲戴《注》中的詞句作注釋，這種情況在《音義》中有七十處之多，一爲戴《注》中所用的古今字、異體字或俗體字作説明。我們試想一個人不可能在爲別人的著作注解的同時,又爲自己所作的注文再作注,而且也無必要對自己注文中所用的古今字、異體字或俗體字作説明,因此《音義》非戴震作的説法也有一定道理。……據《屈原賦注》七卷《通釋》二卷的體例,大概戴震也曾有過將《初稿》中的《音義》析出的計劃,或戴震也曾做過一些《音義》的撰寫工作,後來汪梧鳳便根據戴震的意圖,經他之手,最後完成了《音義》三卷,並由汪梧鳳出資,於乾隆二十五年(1760)冬,首次將戴震的《屈原賦注》七卷、《通釋》二卷及最後由他完成的《音義》三卷,合併刊行於世。"可以這麽説,這裏的結論只是一種猜測。《音義》的撰者問題並没有真正得到解決。現在看來問題的癥結在於:相信《音義》出自汪梧鳳之手的人,無法解釋《音義》中的一些條目直接出自戴震的《屈原賦注初稿》,或是在《初稿》的基礎上擴充、修訂而成;而相信《音義》出自戴震之手的人,則無法解釋《音義》中的一些條目是針對戴氏注而作,而這是没有先例違反常規的。要解決這些問題,顯然光靠《屈原賦注》的文本本身已經不够了,我們必須去深入考察汪、戴二氏的學行,包括他們的學術儲備、學術興趣和學術成就等,因爲《音義》是純學術性著作,不管撰者是誰,它都要或多或少地反映出撰者的一些學術興趣和學術觀點等。下面,我們先來考察一下汪梧鳳的學行。

## 二、傳記資料顯示汪氏可能未撰《音義》

有關汪梧鳳的資料不多,除了其作品《松溪文集》外,我們所能查到的有三條,一是同時知交鄭虎文所作的《汪明經梧鳳行狀》,二是稍晚一點的揚州學者汪中所撰的《大清故貢生汪君墓誌銘並序》,三是道光七年所刻《徽州府志》裏的簡單記載。其中鄭虎文的《行狀》是最早最詳細的,惜論者皆未提及,現全文徵引如下:

　　余初官京師,延君族人稚川氏肇龍於家塾,得讀其行篋中携君所作《林大光傳》,心愛重之。余旋以病乞歸,戊子,客於新安紫陽書院,君命次子灼從余學,遂交君數載,君於余傾倒無所不盡。去年秋,君來山中,稚川亦至,聚數日,歡甚。未幾歸里,而君於是冬竟卒。卒之日,遺言以其狀屬余。今其孤述以固請,乃往哭其靈而爲之狀曰:

　　君姓汪氏,諱梧鳳,字在湘,號松溪,歙西鄉西溪里人。新安汪氏爲唐越國公華後者,凡十六族,君之族在焉。越國二十二世孫、宋江東安撫使若川,則始遷西溪之祖也。又十八傳爲君祖州司馬景晃,有醇德,州里賴之,時婺源經師、今配享子朱子祠江氏永者,稱其爲協於《周官·大司徒》之六行,爲立生傳。年九十有四,舉鄉飲大賓。祖妣鄭吳曹許四安人,君考泰安爲某安人出,終隱不仕。母某安人生二男子,君爲長。逮事其祖者久,秉教率德,孚聞於家,年二十二補學官弟子,又十四年貢入太學,凡三應省試三黜,謝去,讀書不疏園中。不疏園者,其祖讀泉明"漸與田園疏"之句,感而顏其別業為君勛也。君於是足迹不出園者十二年,遂終焉,君制義師淳安方氏檗如,古文師桐城劉氏大櫆,經學則與休寧戴氏震、同里汪氏肇龍同出婺源江門。汪氏精三《禮》,而戴氏於諸經所得獨多,為江門大弟子,其學與江氏相出入,君亞焉。江氏作君祖《傳》,即稱君與戴震俱研經學有著述聞於遠近也。君既師江,而又客戴氏、汪氏於家,汪爲尤久,久處,昕夕無他語,語必經義,義疑則辯,辯必力持不相下,則辯益疾,而君故口吃,嘗咽塞不能出聲氣,鬚眉動張,僮僕往往背立睨視匿笑,已乃復辯,必彼我意通乃已。君為人沈毅有力,邁往自喜,凡常俗沈溺慕悅與夫酬酢無益煩苦之事,可已而人訖不獲自己者,君能一切罷去無所顧,世故罕與之睽,而學亦用是能專且久,以卒底於成。生平於書無所不觀,而《爾雅》、《説文》、三《禮》、三《傳》、《史記》、西漢八家之文,皆有是正論説,惜尚未有成書,其成者惟《詩學女爲》一書。顧君亦意不專此。以子灼習詩,排日書示之,久而卒業,釐爲如干卷。其中若律象、地理、人物、典制、音韻、鳥獸、草木、蟲魚之類,援據該洽,考核精審,集之可自成一書。而於詩義,或折衷舊説而疏其未通,或參悟本詩而抒所獨見,皆有神解至理。論者謂漢儒病於泥,宋儒病於疏,惟君為無病云。書既成,取夫子謂伯魚語,名曰《詩學女爲》,授子灼及其徒程敦。程敦者,懷堂里人,少常遊學於武林、吳門間,負才有狂名。一日至西溪見居《西湖紀遊》,大折服,遂師君。君居之不疏園,謂灼曰:"成吾志者,程生也。吾爲若得一良友矣。"今《松溪集》中附刻《杜海山事略》一首,即敦作也。君古文有《松溪文集》。劉氏大櫆所定《制義》刻入《新安三子課藝》,方氏檗如所定"三子"者,即君與戴震、邑人鄭用牧也。君年不永,故所著止此,知君者咸爲君惜焉。君精力既大耗於學,又善飲,數苦下血,益羸弱,然未嘗以爲病。母某安人在堂,而君繼室某孺人能得姑歡心,君倚之。會某孺人卒,姑哭之慟,君強作達以慰其母,且益憂其母。越一月,病作,投以藥,小瘥,猶手書不釋,寢食靡所異。少日忽曰:"吾昨夢有延余去爲師者,病其不起乎? 然且毋使太安人知,其招吾友汪君稚川來。"來,與作別語,語如平常,衆皆駭,不肯信。已而曰:"吾不可殁於婦人之手。"其即正寢自起而出,南向坐,處分家事畢,謂諸子曰:"吾不能瞑目入地者,未終子職以貽高年憂。汝等善體吾志,盡孝養,無重吾泉下之痛。一切恤艱阨、養老孤,自汝曾大父、大父及汝父所奉為歲例者,其守之勿替。"復顧子灼及程生敦曰:"吾生平著述惟《詩學女爲》粗有成本,其餘經史文集尚多論釋,散見於各書本,不自信,未嘗敢以示人,然亦不可散失,其裒集編次,謹藏之。"言已,遂不復語。少選,卒,時乾隆三十六年辛卯十二月二十八日也,春秋四十有六。配程孺人、繼配俞孺人並先君卒。子男四人某某,孫男一人某。嗚呼! 君之爲人,其可書者多,然皆不備書而獨書所獨得於己者。如此,所以存其真於不朽也。⑥

據此《行狀》，我們知道：汪梧鳳既是一位崇儒之士，也是一位飽學之士，只可惜著作甚少。《行狀》中三次提及汪氏著述，一見於"生平於書無所不觀，而《爾雅》、《説文》、三《禮》、三《傳》、《史記》、西漢八家之文，皆有是正論説，惜尚未成書，其成者惟《詩學女爲》一書"，二見於"君年不永，故所著止此，知君者咸爲君惜焉"，三見於"吾生平著述，惟《詩學女爲》粗有成本，其餘經史文集尚多論釋，散見於各書本，不自信，未嘗敢以示人，然亦不可散失，其裒集編次謹藏之"。《行狀》中沒有提及《音義》三卷，而兩個"惟"字、一個"止"字也讓我們推測《音義》並非出自汪手。

然而，汪中所撰的《大清故貢生汪君墓誌銘並序》卻提到了《音義》，文字不多，現將全文徵引如下：

> 國初以來，學士陋有明之習，潛心大業、通於六藝者數家，故於儒學為盛。迨乾隆初紀，老師略盡，而處士江慎修崛起於婺源，休寧戴東原繼之，經籍之道復明。始此兩人自奮於末流，常爲鄉俗所怪，又孤介少所合，而地僻陋無從得書。是時歙西溪汪君獨禮而致諸其家，飲食供具惟所欲，又斥千金置書，益招好學之士日夜誦習講貫其中，久者十數年，近者七八年、四五年，業成散去。其後江君没，大興朱學士來視學，遂盡取其書上於朝，又使配食於朱子。戴君遊京師，當世推為儒宗，後數歲，天子修《四庫全書》徵領局事，是時天下之士益彬彬然向於學矣。蓋自二人始也，抑左右而成之者，君信有力焉，而君不幸死矣。然君亦以是自力於學，所著文二百餘篇，咸清暢有法，著《楚辭音義》三卷，又治毛詩義編未成。以乾隆三十八年十二月卒，年四十七，明年某月葬於縣之某原。君諱梧鳳，字在湘，曾祖某、祖某、父某，其先與中同出唐越國公後。子四：煇、灼、炘、照。灼好學，世其家。銘曰："有噦其鳴，天下文明，其道大光。西溪潚潚，實爲丹穴，我銘載之，表君幽域。"⑦

文中言及汪梧鳳"所著文二百篇，咸清暢有法，著《楚辭音義》三卷，又治毛詩義編未成"。鄭虎文、汪中都是乾隆年間的知名學者，我們到底該相信誰呢？

仔細推敲，我們不能不質疑於汪中的記載。首先，汪中說汪梧鳳死於乾隆三十八年十二月，年四十七，而鄭虎文說汪梧鳳是卒於乾隆三十六年辛卯十二月二十八日，春秋四十有六。證之以劉大櫆《汪在湘文集序》所云："辛卯之歲，余以老病將歸，諸君子相送，遠出城闕、河橋之外，依依不忍別去，或有泣下者。歸未及期，則聞在湘已病没矣。"⑧則知鄭虎文的記載得其實。鄭虎文是汪梧鳳最後幾年的知交，自乾隆三十三年戊子來到新安紫陽書院執教以後，便與汪梧鳳建立了深厚的友誼，到汪梧鳳逝世的乾隆三十六年，鄭虎文已在紫陽書院呆了近四年，請鄭虎文作《行狀》、這是汪梧鳳的臨終遺言，而且《行狀》就作於汪梧鳳逝世的次年，以當時人記當時事而且親聞於汪梧鳳的兒子，這樣的記載應是可信的。另據鄭虎文《汪明經肇龍家傳》,⑨鄭虎文在新安紫陽書院從乾隆三十三年一直呆到戴震去世時的乾隆四十二年。如果汪梧鳳死於乾隆三十八年,鄭虎文不可能錯記的。這只能是汪中的得自傳聞或誤記。雖然據汪喜孫《容甫先生年譜》⑩的記載,汪中曾在安徽朱筠幕中呆過一段時間,但他與汪梧鳳並沒有直接交往,從《墓誌銘》中可以看出,汪中是出於對汪梧鳳崇儒精神的景仰並與汪梧鳳同出唐越國公後的緣故,才寫此文的,故汪中的記載得自傳聞,多不確實。汪梧鳳《松溪文集》只一卷二十二篇,而汪中說是二百篇;汪梧鳳《詩學女爲》已粗有成本,而汪中說"治毛詩義編未成"。由此看來,所謂"著《楚辭音義》三卷"(案:書名不確,戴震只給屈賦作注,《音義》也只是針對《屈原賦注》而作,而非針對整個《楚辭》。)肯定也是得自傳聞,大概連《屈原賦注》的不疏園刊本都沒看到,因而是不足信的。

　　至於《徽州府志》上的記載就很簡單了:"汪梧鳳,字在湘,歙西溪人,與休寧戴震、鄭牧同學,著有《松溪文集》,晚尤肆力毛詩,著《詩學女爲》二十六卷行世。"⑪這裏的記載根據的是道光《續歙縣誌》。未言《音義》三卷。然在同卷"戴震"名下,卻云戴著"《屈原賦注》七卷《通釋》二卷《音義》三卷",⑫根據的是段玉裁的《戴東原先生年譜》。

　　綜觀上面三則材料,我們認爲鄭虎文《汪明經梧鳳行狀》中的記載是最近於真的。鄭虎文在《行狀》的末尾也是這麼說的:"如此,所以存其真於不朽也。"既然《行狀》中沒有提及《音義》三卷,從《音義》的內容中也無法看出汪梧鳳的學術心得,那麼我們就來看一看戴震的情況,看看戴震的學術心得是否在《音義》中得到了反映,並且這樣的條目又有多少,能不能證明《音義》實爲戴震自作?

## 三、戴氏學術心得在《音義》中充分體現

　　《音義》三卷,其內容主要包括三方面:一是對字音的注釋,二是對詞義的訓詁,三是對古今字、雅俗字等的說明及對文本的校勘。下面,我們首先對《音義》中的注音部分加以考察。

(一)

　　《音義》的注音,包括兩個內容:一是爲一般的疑難字注反切,一是爲韻腳字注古音。前者比較容易,而後者則需要有較深的古音學修養。到乾隆二十五年時,對古音學研究頗有成就的,清代只有顧炎武、江永和戴震。對前人的古音學研究,戴震有過總結和評價。在《書廣韻四江後》一文中,他寫道:"隋唐二百六韻,據當時之音,撰爲定本,至若古音,固未之考也。""古音之說,雖近日始明,然鄭康成氏箋《毛詩》云'古聲塡、眞、塵同',及注他經言'古者聲某某同'、'古讀某爲某'之類,不一而足。是古音之說,漢儒明知之,非後人創議也。""唐陸德明

《毛詩音義》雖引徐邈、沈重諸人紛紛謂合韻、取韻、叶句，而於《召南》'華'字云'古讀華爲敷'，於《邶風》'南'字下云'古人韻緩，不煩改字'，是陸氏已明言古韻，特不能持其説耳。宋吳才老創爲'古通某韻'及'古轉聲入某韻'之説，戴仲達則有'古正音非協韻'之説，明陳氏、近顧氏考證益詳，而古韻今韻，究未得其條貫。蓋隋唐諸人辨聲之功多，考古之功少；吳氏、陳氏、顧氏則又考古之功多，辨聲之功少也。"⑬此文不知作於何時，但可見其基本態度。作於乾隆二十八年的《顧氏音論跋癸未》則對顧炎武的音韻學作了具體評述，云："右三卷考論韻之原委，蓋欲據唐人正宋以後之失，據古音正唐人之失，意甚善也。隋陸法言、唐孫愐之書不可得見，顧君所見止於宋陳彭年、丘雍所刊益名《廣韻》者耳。《廣韻》已無善本，致使唐宋用韻沿革、異同，莫之或知，以顧君之精博，而猶蹊之疏，他人無論矣。""至如三百篇古人之音，用元韻字，與寒、桓、删、山、先、仙通，而必不通魂、痕；用魂、痕韻字，與真、諄、臻、殷、文通，而必不通元。唐人用韻，乃溷而通之。顧君泥於陸德明'古人韻緩，不煩改字'一語，不復致考。且於二十八山及一先、二仙内字，有從真、諄一類流變而入者，不復知其古音也。"⑭關於江永的音韻學，戴震在晚年所作的《答段若膺論韻丙申》（乾隆四十一年，54歲）一文中，這樣寫道："顧氏於古音有草創之功，江君與足下皆因而加密。顧改侯從虞，江改虞從侯，此江優於顧處。顧藥鐸有別而江不分，此顧優於江處。其鄭爲六，顧爲十，江爲十三，江補顧之不逮，用心亦勤矣。此其得者，宜引顧、江之説，述而不作。至支、脂、之有別，此足下卓識，可以千古矣。僕更分祭、泰、夬、廢及月、曷、末、黠、轄、薛，而後彼此相配，四聲一貫，則僕所以補前人而整之就緒者，願及大著未刻，或降心相從而參酌焉。"⑮從以上所引可以看出，戴震對前人在古音方面的研究是頗爲不滿的。他自己對古音的研究大概始於乾隆二十一年（戴震34歲）。據段玉裁《年譜》云："是年冬，有讀《淮南·洪保》一篇云：'盧編修紹弓以其外王父馮山公先生景《淮南子·洪保》示予，予讀其論古音有疑焉，惜隋唐辨聲之法失傳也。'"⑯也許，正是由於此事的觸動，戴震開始認真研究古音了。經過多年的積累，終於在去世前的十幾天，即乾隆四十二年丁酉五月上旬，用五天時間，作成了《聲類表》九卷，⑰建立了他的古韻學體系。戴震將《廣韻》二百零六部分爲九大類二十五部，該《表》每一大類爲一卷，九類即九卷九表，將《廣韻》中的韻納入他的古韻九大類的分部體系中。

　　至乾隆二十五年，戴震研究古音大概只有四年時間。檢《音義》中共注古音一百一十六個：《離騷》三十四，《九歌》二十二，《天問》二十一，《九章》三十，《遠遊》四，《卜居》三，《漁父》二。這些音注不同於《廣韻》，按之戴震的《聲類表》，則絕大部分吻合。今舉《離騷》爲例，見下表：

| 韻脚字 | 《廣韻》音讀 | 《音義》音讀 | 押韻字 | 戴震《聲類表》歸類 | 是否同類 |
|---|---|---|---|---|---|
| 1.降 | 古巷切,絳部 | 古音洪 | 庸 | 降、絳聲同,歸入表三"開口内轉重聲古音";<br>洪,歸入表三"合口内轉重聲" | ✓ |
| 2.能 | 奴登切,登部 | 古音奴異切 | 佩 | 能,歸入表二"開口内轉重聲"<br>異,歸入表二"開口外轉輕聲" | ✓ |
| 3.莽 | 模朗切,蕩部<br>莫補切,姥部 | 古音莫補切 | 與 | 莽,歸入表四"開口内轉重聲"<br>補,歸入表一"合口内轉重聲" | ✕ |
| 4.在 | 昨宰切,海部 | 古音且禮切 | 茝 | 在,歸入表二"開口内轉重聲"<br>禮,歸入表六"開口外轉輕聲" | ✕ |
| 5.茝 | 昌紿切,海部 | 古音齒 | 在 | 茝,歸入表二"開口外轉重聲"<br>齒,歸入表二"開口外轉重聲" | ✓ |
| 6.隘 | 烏懈切,卦部 | 古音益 | 績 | 隘,歸入表五"開口内轉輕聲"<br>益,歸入表五"開口外轉輕聲" | ✓ |
| 7.舍 | 始夜切,禡部 | 古音舒呂切 | 故 | 舍,歸入表一"開口外轉重聲古音"<br>呂,歸入表一"開口外轉重聲" | ✓ |
| 8.他 | 詫何切,歌部 | 古音通何切 | 化 | 無"他"字。何,歸入表一"開口内轉重聲"<br>化,歸入表一"合口内轉輕聲古音" | ✓ |
| 9.化 | 呼霸切,禡部 | 古音呼戈切 | 他 | 化,歸入表一"合口内轉輕聲古音"<br>戈,歸入表一"合口内轉重聲" | ✓ |
| 10.畆 | 莫厚切,厚部 | 古音美綺切 | 芷 | 無"畆"字。綺,歸入表一"開口外轉重聲古音"<br>芷、止聲同,歸入表二"開口外轉重聲" | ✕ |
| 11.索 | 蘇各切,鐸部 | 古音素 | 妒 | 索,歸入表一"開口内轉重聲";無"素"字<br>妒,歸入表一"合口内轉重聲" | ✓ |
| 12.英 | 于驚切,庚部 | 古音央 | 傷 | 英,歸入表四"開口外轉重聲古音"<br>央,歸入表四"開口外轉重聲" | ✓ |
| 13.服 | 房六切,屋部 | 古音匐 | 則 | 服,歸入表二"開口外轉重聲古音"<br>匐、福聲同,歸入表二"開口外轉輕聲古音" | ✓ |
| 14.態 | 他代切,代部 | 古音他計切 | 時 | 態、能聲同,歸入表二"開口内轉重聲"<br>計,歸入表六"開口外轉輕聲" | ✕ |

續　表

| 韻腳字 | 《廣韻》音讀 | 《音義》音讀 | 押韻字 | 戴震《聲類表》歸類 | 是否同類 |
|---|---|---|---|---|---|
| 15.離 | 吕支切,支部 | 古音羅 | 虧 | 無"離"字。羅,歸入表一"開口內轉重聲"<br>虧,歸入表一"合口外轉重聲古音" | ✓ |
| 16.虧 | 去爲切,支部 | 古音去戈切 | 離 | 虧,歸入表一"合口外轉重聲古音"<br>戈,歸入表一"合口內轉重聲" | ✓ |
| 17.野 | 羊者切,馬部 | 古音與 | 予 | 野,歸入表一"開口外轉輕聲古音"<br>與,歸入表一"開口外轉輕聲" | ✓ ` |
| 18.巷 | 胡絳切,絳部 | 古音胡貢切 | 縱 | 巷,歸入表三"開口內轉輕聲古音"<br>貢,歸入表三"開口內轉重聲" | ✓ |
| 19.家 | 古牙切,麻部 | 古音姑 | 狐 | 家,歸入表一"開口內轉輕聲古音"<br>姑、古聲同,歸入表一"合口內轉重聲" | ✓ |
| 20.差 | 初牙切,麻部 | 古音差 | 頗 | 差,歸入表一"開口轉輕重聲古音"<br>頗,歸入表一"合口內轉重聲" | ✓ |
| 21.醢 | 呼改切,海部 | 古音虎唯切 | 悔 | 無"醢"字。唯,歸入表六"合口外轉輕聲"<br>悔、誨聲同,歸入表六"合口內轉重聲" | ✓ |
| 22.迫 | 博陌切,陌部 | 古音博 | 索 | 無"迫"字。博,歸入表一"開口內轉重聲"<br>索,歸入表一"開口內轉重聲" | ✓ |
| 23.夜 | 羊謝切,禡部 | 古音豫 | 禦 | 夜,歸入表一"開口外轉輕聲古音"<br>豫,歸入表一"開口外轉輕聲" | ✓ |
| 24.馬 | 莫下切,馬部 | 古音莫補切 | 女 | 馬,歸入表一"開口內轉輕聲古音"<br>補,歸入表一"合口內轉重聲" | ✓ |
| 25.好 | 呼皓切,晧部 | 古音呼口切 | 巧 | 好,歸入表三"開口內轉重聲古音"<br>口,歸入表三"合口內轉重聲" | ✓ |
| 26.巧 | 苦絞切,巧部 | 古音去九切 | 好 | 巧,歸入表四"開口內轉輕聲"<br>九、久聲同,歸入表三"合口外轉重聲" | ✕ |

續　表

| 韻脚字 | 《廣韻》音讀 | 《音義》音讀 | 押韻字 | 戴震《聲類表》歸類 | 是否同類 |
|---|---|---|---|---|---|
| 27.迓 | 吾駕切,禡部 | 古音禦 | 故 | 迓、牙聲同,歸入表一"開口内轉輕聲古音"<br>禦,歸入表一"開口外轉重聲" | ✓ |
| 28.茅 | 莫交切,肴部 | 古音莫侯切 | 留 | 茅,歸入表四"開口内轉輕聲"<br>侯,歸入表三"合口内轉重聲" | ✕ |
| 29.艾 | 五蓋切,泰部 | 古音乂 | 害 | 艾,歸入表七"開口内轉重聲"<br>乂,歸入表七"合口外轉重聲" | ✓ |
| 30.行 | 户庚切,庚部<br>胡郎切,唐部 | 古音行 | 粻 | 行,歸入表四"開口内轉輕聲古音"<br>粻、張聲同,歸入表四"開口外轉輕聲" | ✓ |
| 31.車 | 尺遮切,麻部 | 古音居 | 疏 | 車,歸入表一"開口外轉重聲古音"<br>居,歸入表一"開口外轉重聲" | ✓ |
| 32.待 | 徒亥切,海部 | 古音待以切 | 期 | 待、寺聲同,歸入表二"開口外轉輕聲"<br>以,歸入表二"開口外轉輕聲" | ✓ |
| 33.馳 | 直離切,支部 | 古音徒何切 | 移 | 馳,歸入表一"開口外轉輕聲古音"<br>何,歸入表一"開口内轉重聲" | ✓ |
| 34.移 | 弋支切,支部 | 古音尤和切 | 馳 | 移,歸入表一"開口外轉重聲古音"<br>和,歸入表一"合口内轉重聲" | ✓ |

　　戴震所分的九大類是:一,歌、魚、鐸類;二,蒸、之、職類;三,東、尤、屋類;四,陽、蕭、藥類;五,庚、支、陌類;六,真、脂、質類;七,元、祭、月類;八,侵、緝類;九,覃、合類。同類之字可轉韻。

　　從表中可以看出,《音義》對《離騷》篇三十四個韻脚字所注的古音中,有二十八個符合戴震的《聲類表》分類。只有六個有出入。究其原因,《音義》成於早年,《聲類表》作於晚年,中間間隔十七年,戴震對音韻學的思考更成熟,對早年的一些看法有所修正所致。另外,從前面所引的戴震《顧氏音論跋》中,我們知道,戴震有一個觀點,即"二十八山及一先、二仙内字,有從真、諄一類流變而入者"。今檢《音義》中對天、鰥、顛、先四字的音注,正屬此類,見下表:

| 《音義》古音字 | 篇名 | 押韻字 | 《聲類表》歸類、部 |
|---|---|---|---|
| 天,古音他因切 | 《九歌·大司命》 | 人 | 天,歸表六"先"韻;因,歸表六"真"韻 |
| 鰥,古音巾 | 《天問》 | 親 | 鰥,歸表七"山"韻;巾,歸表六"真"韻 |
| 顛,古音都因切 | 《九章·悲回風》 | 天 | 顛,歸表六"先"韻;因,歸表六"真"韻 |
| 先,古音新 | 《遠遊》 | 門 | 先,歸表六"先"韻;新,歸表六"真"韻 |

由此可知,《音義》的古音注釋部分應爲戴震所作,它們體現了戴震早期對古音學的思考和見

解。

## （二）

《音義》的另一重要内容是對詞義的訓詁。現在我們將聯繫戴震的研究心得來對之進行分類考察。戴震是一位大師，他一生的學術成果很多，但由於《屈原賦注》的不疏園刊本刊於乾隆二十五年（戴震 38 歲），所以我們主要集中在戴震前期的學術心得的考察上，必要時也將涉及後期的研究成果。乾隆二十八年，戴震曾寫有一文《論韻書中字義答秦尚書蕙田癸未》，在該文中，戴震對自己在語言文字方面尤其是毛《詩》音韻方面的研究心得作了一個簡要陳述（戴震於乾隆十八年癸酉成《詩補傳》，後更名爲《毛鄭詩考正》）。現將該文徵引於下：

> 字書主於故訓，韻書主於音聲，然二者恒相因。音聲有不隨故訓而變者，則一音或數義。音聲有隨故訓而變者，則一字或數音。大致一字既定其本義，則外此音義引伸，咸六書之假借。其例：或義由聲出：如胡字，惟《詩》"狼跋其胡"與《考工記》"戈胡、戟胡"用本義。至於"永受胡福"，義同"降爾遐福"，則因"胡""遐"一聲之轉，而"胡"亦從"遐"爲遠；"胡不萬年""遐不眉壽"，又因"胡""遐""何"一聲之轉，而"胡""遐"皆從爲"何"。又如《詩》中曰"寧莫之知"，曰"胡寧忍予"，曰"甯莫我聽"，曰"甯丁我躬"，曰"寧俾我遁"，曰"胡寧瘨我以旱"。"寧"字之義，傳詩者失之。以轉語之法類推，寧之言乃也。凡故訓之失傳者，於此亦可因聲而知義矣。或聲同義別：如蜥易之"易"，借爲變易之"易"；象犀之"象"，借爲象形之"象"。或聲義各別：如户關之"關"爲關弓之"關"，燕燕之"燕"爲燕國之"燕"。六書假借之法，舉例可推。若夫譌舛相承，如《詩》"山有櫙"，字本作樞，烏侯反，刺榆之名。或不加反音，讀如户樞之樞，則失之矣。
>
> 其或異字異音，絕不相通，而傳寫致譌，混淆莫辨：如《詩·月出》篇"勞心慘兮"，與照、燎、紹爲韻，而《釋文》"七感反"；《正月》篇"憂心慘慘"，與沼、樂、炤、虐爲韻，《抑》篇"我心慘慘"，與昭、樂、藐、教、虐、耄爲韻，及《北山》篇"或慘慘劬勞""或慘慘畏咎"，《釋文》反音並同。不知皆"懆"字之譌也。懆，采老切，愁不安也。《白華》篇"念子懆懆"，此一處幸而未譌，《釋文》亦加以"七感反"之音，是直不辨"懆"、"慘"之爲二字矣。《陳風》"歌以訊之"，與萃爲韻；《小雅》"莫肯用訊"，與退、遂、瘁、退爲韻。而《釋文》以"音信"爲正，不知皆"誶"字之譌也。誶、告，訊、問，誶音粹，訊音信。《廣韻·二十一震》："訊"字下云"問也，告也"，不知告之義屬"誶"不屬"訊"，入《六至》不入《二十一震》也。《釋文》於《爾雅》既作"誶，告也"，引沈"音粹"、郭"音碎"，幸而未譌也；又云："本作訊，音信。"是直不辨"誶""訊"之爲二字。今《爾雅注疏》本，誶字亦與《詩》同。而王逸注《楚辭》引《詩》"誶予不顧"。《後漢書·張衡傳》注引《爾雅》"誶，告也"。《廣韻·六至》"誶"字下，引《詩》

"歌以誶止"。然則此句"止"字與上句"止"字相應爲語詞,凡古人之詩韻在句中者,韻下用字不得或異。三百篇惟"不可休思","思"譌作"息",與此處"止"譌作"之",失詩句用韻之通例,得此正之,尤稽古所宜詳覈。《考工記》"搏埴之工",鄭《注》云:"搏之言拍也。"(張參《五經文字》:"拍音搏。")劉熙《釋名》云:"拍,搏也,手搏其上也。"又云:"搏,博也,四指廣博,亦似擊之也。"則"搏"當音博,不音團,而《釋文》列團、博兩音,且團音在前,是直不辨"團""博"之爲二字。他如底底、痕痕、實宲、惛畜之屬,相習混淆,不可勝數。

又有本無其字,因譌而成字:如《爾雅》之"黿黿",黿,力竹反,從先得聲,譌而爲"黿",遂讀起據反。《方言》之"鍊鎬",郭璞音涑,曹憲於《廣雅》音諫,《集韻》據郭忠恕《佩觿》之臆說,於一東增"鍊"字。引《方言》,則"鍊"譌而爲"鍊",遂與"東"同音。

有字雖不譌,本無其音,譌而成音,如……

故訓音聲,自漢以來,莫之能考也久,無怪乎釋經論字,茫然失據。此則字書、韻書所宜審慎不苟也。雖舊韻相承,其中顯然譌謬者,宜從訂正。⑱

在這篇文章中,戴震談到了一音數義、一字數音、形近相混、譌而成字、譌而成音等幾種語言現象,並舉了若干實例加以説明。我們發現,這裏面有五個實例在《音義》中得到了反映:

①辨"憀"譌"慘"例。該例亦見戴震《毛鄭詩考正》中的《月出》及《四月》二篇,⑲亦見作於晚年的《答段若膺論韻》,可見戴震對此條辨正頗爲得意。《哀郢》:"憀鬱鬱而不開兮,蹇佗傺而含慼。"檢《音義》卷下云:"憀,俗本作'慘',非。"

②辨"誶"譌"訊"例。該例亦見《毛鄭詩考正》中的《墓門》及《雨無正》二篇。《離騷》:"余雖好脩姱以鞿羈兮,謇朝誶而夕替。"檢《音義》卷上云:"誶,息倅切。王云:'諫也。詩曰:誶予不顧。'按今《詩》譌作'訊'。"

③"拍"釋"搏"、"博"例。《九歌·湘君》"薜荔拍兮蕙綢,蓀橈兮蘭旌"下,戴震注云:"拍,王《注》云:'搏壁也。'劉成國《釋名》云:'搏壁,以席搏著壁也。'此謂舟之閣閣搏壁矣。"戴震此注以其"典確"爲盧文弨《序》所稱引。它是戴震研究《考工記》時觸類旁通得來的(乾隆二十年,紀昀爲戴震刻《考工記圖》成)。與之相應,《音義》卷上云:"拍,滂各切。與'箔'通。"又"搏,音博"。另《九章·橘頌》:"曾枝剡棘,圜實搏兮。"檢《音義》卷下云:"搏,音團。"顯然這是戴震有意將自己對《釋文》的辨正在《音義》中反映出來。

④辨"鍊鎬"之"鍊"例。《離騷》"屯予車其千乘兮,齊玉軑而並馳"下戴注云:"軑,轂端錯也。《方言》:'關之東西曰輨,南楚曰軑,趙、魏之間曰鍊鎬。''齊玉軑',言並轂而馳。"檢《音義》卷上云:"錯,他答切。鍊,音涑。鎬,徒果切。"這裏"鍊音涑"雖然只有三個字,却包含著戴震對《集韻》、《方言》及郭忠恕《佩觿》三書的辨正。查《方言疏證》卷九"輨、軑、鍊鎬"條有

此注。⑳

　　⑤“厎”混爲“底”例。《天問》：“昭王成遊，南土爰厎？”檢《音義》卷中云：“厎，音旨，譌作‘底’，非。”查《初稿》正文正作“底”。

　　這五例以外，戴震研究毛《詩》的其他一些心得也在《音義》中得到了反映。從《音義》對“馮翼”、“砅”、“均”、“瓊芳”、“勳闔夢生”等條的解釋中可以看出。此舉“砅”條爲例。《天問》：“撰體協脅，鹿何膺之？”戴注云：“王砅注《素問》云：‘脅，謂兩乳之下，及胳外也。’”檢《音義》卷中云：“砅，音厲，或譌作冰，非。”查此條實本戴震《毛鄭詩考正》之《匏有苦葉》首章注：“《傳》：以衣涉水爲厲，謂由帶已上也。震按：‘義本《爾雅》，然以是說詩，既以衣涉水矣，則何不可涉乎？似與詩人託言不度淺深將至於溺不可救之意未協。許叔重《說文解字》“砅，履石渡水也”，引《詩》“深則砅”，字又作濿，省用厲。酈道元《水經注·河水篇》云“段國沙州記吐谷渾於河上作橋謂之河厲”，此可證橋有厲之名。《詩》之意，以淺水可褰衣而過，若水深則必依橋梁乃可過，喻禮義之大防不可犯。《衛》詩“淇梁”“淇厲”並稱，厲固梁之屬也。足以證《說文》之有師承。’”在《答江慎修先生論小學》（江先生卒於乾隆二十七年，此文定作於此前）一文中，戴震亦提及此例。㉑其實，正文中的“脅”字不注也行，實在是戴震想借此把他對《爾雅》、《說文》的考證心得在《音義》中反映出來，才故意加此一條的。類似的情況還有不少。

　　此外，我們知道，戴震在天文曆算方面也是有相當研究的，錢大昕《贈談階平序》云：“予少與海內士大夫遊，所見習於數者，無如戴東原氏。東原歿，其學無傳。”㉒據段玉裁《戴東原先生年譜》的記載，早在乾隆二十年乙亥（戴震33歲時），戴震就寫出了《周髀北極璿璣四遊解》二篇。而“《迎日推策記》亦舊時所爲，玉裁與《釋天》皆於癸未（乾隆二十八年）抄寫，則成書皆在壬午（乾隆二十七年）以前可知矣”。《原象》凡八篇，一篇、二篇、三篇、四篇，即先生之《釋天》也。初名《釋天》，以《堯典》璇璣玉衡、中星、《周禮》土圭、《洪範》五紀四者命題，而天行之大致畢舉”。㉓戴震在這些文章中的見解在《屈原賦注》及《音義》中，也得到了部分反映。試以“五步”、“發斂”二條爲例，《天問》：“斡維焉繫？天極焉加？八柱何當？東南何虧？”戴注云：“斡，以制旋轉也，持於側者曰維。天極，《論語》所謂‘北辰’，《周髀》所謂‘正北極’，步算家所謂‘不動處’，亦曰‘赤道極’，是爲左旋之樞。日月五步，各有一極。日曰黃道極，《周髀》所謂北極，璿璣所謂正北極者也。月與五步之極，又環繞璿璣者也。是皆爲右旋之樞。日之發斂，以赤道爲中；月五步之出入，以黃道爲中。此天所以有寒暑進退，成生物之功也。”檢《音義》卷中云：“五步，五星名五步。”哪五星呢？查戴震《迎日推策記》有具體解釋，云：“古之治曆者，考日月之行以授時，表中星以著候，不言五步也。漢以降，推測滋繁，於是五步之遲疾、留退、見伏有稽。其規法：曰左旋之規，中其規各屬於其道，循其道而右。其周曰右旋之規，中其規屬於左旋之規，隨之而左。填星、歲星、熒惑、太白，左旋之規一終，右旋之規倍之而再終；辰星，左旋之規一終，右旋之規其旋也再倍之而三終。五步之平行終其道也，填星凡二十有九幾年之半，歲星幾十有二年，熒惑幾二年，太白二百二十有四日過日之半，辰星過八十有八日，左旋之規不及一終而差數生焉。"㉔觀此，我們才知道五星是指填星、歲星、熒惑、太白及辰星，而五步是漢以後稱這五星的天文術語。又檢《音義》卷中云："發斂，夏至後。自北發南，冬至後，自南斂北。"查戴震《原象》其一《璿璣玉衡》篇對此有具體解釋，云："月出入黃道表裏，最遠不及六度，日發斂於赤道外內四十餘度之間。赤道者，中衡也。古有分、至、啓、閉，謂之八節，准以設衡：其五衡與外衡、內衡，發斂所極至也，中衡，南北之中分也。自南斂北，入次四衡爲春，入次二衡爲夏，當其衡起也。自北發南，出次二衡爲秋，出次四衡爲冬，當其衡閉也。《周髀》之七衡六間，則准乎中氣十有二。其衡之規法，由來遠矣。""日之發斂，以赤道爲中。月之出入，以黃道爲中。此天所以有寒暑進退，成生物之功也。"㉕它如"顧兔"、"閶虛"、"躔逡"、"十二次之名"等條的解釋，亦屬此類。關於"躔逡"，《音義》卷中云："躔逡，《方言》：'日運爲躔，月運爲逡，'"我們讀戴震的天文學方面的文章如《璿璣玉衡》、《中星》、《迎日推策記》等，經常可以看到"日躔"、"月逡"這樣的字眼，而這兩詞是出自《方言》。查戴震《方言疏證》第十二有"躔逡"條，注釋更詳，所以它們是戴震研究《方言》時留心到後而加以使用的，故他想告訴別人這兩個字的出處。

　　戴震正式研究《方言》的時間，據段玉裁《戴東原先生年譜》，至遲在乾隆二十年乙亥就開始了（時年 33 歲）。段云："是年以《方言》寫於李燾《許氏說文五音韻譜》之上方，自題云：'乙亥春，以揚雄《方言》分寫於每字之上，字與訓兩寫，詳略五見。'……既入四庫館纂修。取平時所校訂，遍稽經、史、諸子之義訓相合，及諸家之引用《方言》者，詳爲疏證，令此書爲小學斷不可少之書。奉命刻聚珍版惠海內，而此分寫本者，乃草創之始也。"㉖至《屈原賦注》刊板時，已五年了，可以說戴震對《方言》的研究已經相當深入。在《屈原賦注》注文中，戴震有十五次引到《方言》，分別見於對涿、軑、姣、橈、褋、超、巧、僁、軨、怚、姦、呬、娃、藐、曄等字的注釋中。《音義》中，引據《方言》的詞條，除"躔逡"外，尚有皮傅、紉、貪婪、僁、馮、蔓、閶閻、柤、雅、儃、眙、秦有等十二條。其中融入戴震研究心得、見之於《方言疏證》的，略舉數例如下：

　　①"皮傅"條，此詞出自戴震的《自序》："今取屈子書注之，觸事廣類，俾與遺經雅記合致同趣，然後贍涉之士，諷誦乎章句，可明其學，睹其心，不受後人皮傅，用相眩疑。"檢《音義》卷上云："皮傅，《方言》云：'皮傅，强也。秦晉言非其事謂之皮傅。'《後漢書·張衡傳》：'後人皮傅。'《注》：'傅音附，謂不深得其恉核皮膚淺近，强相附會也。'"查《方言疏證》第七有"皮傅"條，與此一致，但更詳細。

　　②"雅"條，《天問》題下，戴震序曰："篇內解其近正，闕所不必知，雖舊書雅記，其事概不取也。"檢《音義》卷中云："雅，常也。《方言》曰：'舊書雅記故俗語謂常記，載故俗之語耳。'郭

讀舊書雅記爲句云：‘雅，小雅也。’非是。”查《方言疏證》第一“敦、豐”等字下注釋有之，而且更詳。戴震對“雅記”一詞似乎頗感興趣，在《屈原賦注》的《自序》中，他也用了，見前“皮傳”條所引。

③“秦有”條，《九章·惜往日》：“妒娃冶之芬芳兮，嫫母姣而自好。”戴注云：“《方言》：‘娃，美也。吳、楚、衡、淮之間曰娃，秦、晋之間曰娥。故吳有館娃之宮，秦有漆娥之臺。’”檢《音義》卷下云：“秦有，《方言》俗本脱此二字，宋本有之。見錢遵王《讀書敏求記》。”這裏包含着對《方言》不同版本文字的校勘。查《方言疏證》第二“娃、嫱”等字下有此注，更詳實。

既然這幾條可以明確肯定出自戴震之手，那麼其餘的幾條應該也不例外地爲戴震所徵引。

在《音義》中，還有一些詞條，也是能够證明是戴震所寫的。它們是：

①《音義》卷上“鐔”條，此注實本戴震《考工記圖》“劍”類“中其莖設其後”之補注。[27]

②《音義》卷上“橫”條，此注雖只三字“橫，古曠切”，却包含着當時學界一次有趣的學術探討活動。事見戴震《與王内翰鳳喈書乙亥》[28]（乙亥爲乾隆二十年，戴震 33 歲，剛入都）。

③“爲鎮”、“疏”條，《九歌·湘夫人》：“白玉兮爲鎮，疏石蘭兮爲芳。”檢《音義》卷上云：“王云：‘以白玉鎮坐席也。’”“疏，王云：‘布陳也。’”我們知道，戴震有一方印章，上面刻的就是“白玉兮爲鎮，疏石蘭兮爲芳”。[29]這説明戴震對此二句是深有領會的，並想以印章的方式向世人表明他的心趣和追求。《音義》中引王逸説，可以説既是爲了幫助讀者理解屈賦，也是爲了幫助讀者理解他本人。

④“瞰霧”條，《九章·悲回風》：“馮昆侖以瞰霧兮，隱岷山以清江。”檢《音義》卷下云：“瞰，一作‘澂’。”觀戴震《屈原賦注初稿自序》中用此典時正作“澂霧”：“若習以作賦，則如馮昆侖澂霧，隱岷山清江也。”刻本《自序》已將此句删掉，説明戴震曾對此句頗爲在意。

## （三）

《音義》的第三個主要内容是對古今字、異體字、俗體字等加以説明。我們知道，戴震平素治學時是非常注重這一點的。他的《與盧侍講紹弓書庚辰》（庚辰即乾隆二十五年，戴震 38 歲，客揚州，是冬《屈原賦注》刻成。）一文就體現了這一學術興趣。文中云：“《大戴禮記》刻後印校，俗字太多，恐傷壞版，姑正其甚者，不能盡還雅也。”《凡例》末一條云：“又有雖俗字而其來已久，魏晉六朝皆用之，如‘準’之作‘准’，‘殺’之作‘煞’，‘陳’之作‘陣’，‘景’之作‘影’，亦皆不改。震之愚，竊以爲‘景’與‘影’，今異字異音，古通用‘景’，葛洪始加‘彡’作‘影’，義有可通，無妨後人滋益。‘准’字，雖《魏書》有云：‘欲知其名，淮水不足’，非避寇萊公諱。（吕忱《字林》用准爲平準之準，見《佩觿》。忱，晋人，是此時俗字。）然許叔重在漢時，作《説文解字序》云：'詭更正文，向壁虛造不可知之書，變亂常行，猥曰"馬頭人爲長"，"人持十爲斗"，"蟲者屈中也"，"苟之字止句也"，皆不合孔氏古文，謬於史籀，怪舊埶而善野言。'則《魏書》之稱'淮水不足'，設許氏見之，必且譏爲野言者也。苟害六書之義，雖漢人亦在所當改，何况魏晋六朝？此書中仍有未盡俗謬者，'準''准'，'殺''煞'，'陳''陣'，參差互見，宜使之畫一，以免學者滋惑。震愚昧，徑行改易。"㉚戴震對《大戴禮記》是這樣，對《屈原賦注》也是這樣。在《再與盧侍講書辛巳》(辛巳爲乾隆二十六年)一文中，他説："去冬刻就《屈原賦注》，屬舍弟印送，諒已呈覽，尚有誤字。"㉛戴震這裏所説的誤字，我們今天猶能發現的，有下面七處：①《離騷》："荃不察予之中情兮，反信讒而齌怒。"正文及戴注中的"齌"，根據《音義》卷上所云："齊，一作'齌'，《説文》云'炊餔疾也'。"應該作"齊"。②《離騷》："予雖好脩姱以鞿羈兮，謇朝誶而夕替。"正文及注中的"替"字，據《音義》卷上云："暜，從竝、白聲，俗作'替'。"應該作"暜"。③戴震《自序》"且彌失其所以著作書之指"，這個"彌"字，據《音義》卷上云："镾，俗作'彌'。"應該作"镾"。④《雲中君》三章下，戴注中的"風師"之"風"，據《音義》卷上云"飌，即'風'字。"應該作"飌"。⑤《九歌·少司命》"滿堂兮美人，忽獨與予兮目成"下，戴注中的"因答是問"之"答"，根據《音義》卷上"畣，音答"。應該作"畣"。⑥《九章·惜誦》"情沈抑而不達兮，又蔽而莫之白"下，戴震注中的"群臣莫肯明己所存"之"肯"，據《音義》卷下云："肎，俗作'肯'。"應該作"肎"。⑦《遠遊》："山蕭條而無獸兮，野寂漠其無人。"這個"寂"字，據《音義》卷下云："宋，舊書多作'家'，即'宋'之譌文。一作'寂'。"應該作"宋"。戴震《方言疏證》第十有"宋"條，戴震案曰："宋，各本訛作家，筆畫之舛遂成或體。《説文》云：'宋，無人聲。'《楚辭·遠遊》：'野宋漠其無人。'宋，亦作家。江淹《別賦》：'道已寂而未傳。'范蔚宗《樂遊應詔》詩：'虛寂在川岑。'李善《注》並引《方言》：'寂，安靜也。'寂即'宋'。《廣雅》'宋，安靜也'義本此。'宋'與'安'皆訓靜。李善連引'安'字。殊誤。"又《方言疏證》第十三有"镾"條，戴震按曰："彌即镾。"由此可知戴震所説的"誤字"，大多屬於古今字、異體字或俗體字的範圍。戴震既然如此嚴格地要求自己的書中正文及注釋用古字、雅字，而古字、雅字又常常難以辨認和理解，那麼在《音義》中來對這些古字、雅字作一點説明就很必要和自然了。上面所舉七例涉及到的《音義》條目，雖然只有兩例得到印證出自戴震之手，其餘還不能完全肯定，但經戴震提及的例子，我們在《音義》中也找到了幾例：

①"陳"條，《國殤》"陵予陳兮躐予行"。檢《音義》卷上云："陳，俗作'陣'。"

②"景"條，《天問》"何闔而晦？何開而明？角宿未旦，曜靈安藏"下，戴注云："《周官·大司徒》：'土圭之法，地中景正。東方已過午後，而爲景夕；西方尚在午前，而爲景朝。'"檢《音義》卷中云："景，後人別作'影'。"

③"詳"條，《天問》"梅伯受醢，箕子詳狂"，檢《音義》卷中云："詳，音佯。"在《再與盧侍講

書辛巳》中，戴震向盧文弨指出《大戴禮記》校勘中的許多問題，其中有云："《子張問入官篇》'詳爲陋矣'，'詳'即'佯'。"㉜情況正相同。

　　既然有五例明確肯定出於戴震之手，根據戴震的學術興趣來看，其餘的當可類推。這樣的條目有：莫，俗別作"暮"。要，俗別作"腰"。"愈"字古通作"踰"。攘，《漢書》讓通用攘。臧，古字"藏"，通用"臧"。章，一作"彰"。艱，古"艱"字。辠，一作"罪"。曾，音增。樸，一作"朴"。疑，一作"凝"。導，亦通用"道"。罔，同"網"。齊，音齋。空，音孔。實，洪云："與'填'同。"滑，汨通。彊，一作"強"。娛，《史記》作"虞"，古字通。唫，魚音切，與"吟"通。說，音悅。罷，音疲。雝，一作"廱"，一作"壅"，古字通用。伴，音判。惄，同"惕"，見《說文》。餐，一作"飧"。霞，與"退"通，亦作"假"。知，一作"智"。這二十八條中，有的在《音義》中反復出現。針對戴震《自序》及注語而寫的條目，有酈、飆、龠、冄、景、艱、踰、空等八例。

　　另外，從前面我們徵引的戴震《論韻書中字義答秦尚書蕙田書》一文中，我們知道，戴震平素治學對"一音數義"和"一字數音"現象也是非常留心的。《音義》中有一些關於"一音數義"和"一字數音"的解釋，應該說是戴震這種學術興趣的體現。關於前者，《音義》中對辟、錯、周、離、田、況、雅、胖、庭、闕、排等十一個字作了解釋，其中況、雅、庭、闕四字是出現於戴注中的，現例舉如下：

　　①"況"字，《九歌》題下，戴震注曰"蓋以況事君精忠也"，《音義》卷上云："況，比況。"蓋與情況之況相區分也。

　　②"庭"字與"闕"字，《九章·遠遊》"玉色𩑺以脫顏兮，精醇粹而始壯"下，戴注云："庭謂之顏，《說文》云：'眉目之間也。'蓋兼闕與下極矣。"《音義》卷下云："庭，髮際前曰額，額之中曰庭。""闕，眉間曰闕。"蓋與庭院之庭、宮闕之闕相區分也。

　　③"雅"字，出自《天問》題下戴震序，前面談《方言》時已引，此略。蓋與典雅之雅相區分也。

　　《音義》對正文中類似情況作説明的，如：

　　①"離"字，關於《離騷》題名，《音義》卷上云："離，猶隔也。"關於《離騷》"進不入以離尤兮"之"離"及《懷沙》"離慜而長鞠"之"離"，《音義》卷上及卷下均云："離，遭也。"

　　②"胖"字，關於《惜誦》"背膺胖其交痛兮，心菀結而紆軫"之"胖"，《音義》卷下云："胖，分也。"關於《抽思》"好姱佳麗兮，胖獨處此異域"之"胖"，《音義》卷下云："胖，背離也。"

　　這些解釋都是爲了幫助讀者更好地理解屈賦和戴注。對後者的解釋，其目的也是如此。《音義》中對後者的解釋要比對前者的解釋多。出於戴注的，大概有複、風與、鄉、爲、重、少、燎、從、句、冠、難、數、乘、當、且、強等十七個字，出於屈賦正文的，大概有重、夫、奔、先、數、樂、女、服、迫、下、罷、惡、說、行、乘、遺、射、少、鄉、薄、識、長、於、量、勞等二十五個字。這裏我們舉數例出於戴注的,以略見一般。

①"鄉"字,《離騷》"偭規矩而改錯"下,戴注云:"偭,《説文》云:'鄉也。'"《音義》卷上云:"鄉,音向。"查《初稿》此注云:"王《注》:'偭,背也。'"可見《音義》有所修正。又《天問》"夜光何德,死則又育"下,戴注云:"月之行下於日,其渾圓之體,常以半圓鄉日而有光,人自地視之,惟於望得見其鄉日之半。"《音義》卷中云:"鄉,音向,下同。"又《九章·惜誦》"令五帝以折中兮,戒六神以鄉服"下,戴注云:"鄉,對也。"《音義》卷下云:"以鄉,音向。"三處一音,蓋與平、上聲相區分也。

②"燎"字,《九歌·雲中君》題下,戴注云:"《周官·大宗伯》:'以槱燎祀風師、雨師'。"《音義》卷上云:"燎,良召切。"蓋與陽平、上聲相區別也。

③"冠"字,《國殤》章三題下,戴注云:"殤之義二,男女未冠笄而死者,謂之殤。"《音義》卷上云:"冠,音貫。"蓋與平聲相區分也。

應該説,《音義》中這些解釋都不是多餘的,沒有它們,我們對屈賦及戴震注的理解會有困難,對初學者來説,就更是如此了。爲幼學之士考慮,這一點在汪梧鳳的《跋》中已明確告知我們。

另外,我們注意到,《音義》有二十個詞條中出現了"按"字。根據《初稿》和其他材料,我們能判斷出其中的諄、若、顧兔、棘、水濱之木、勳闍夢生、牧、之際等八條應是戴震所寫。其中"諄"條前面已引,"按"語乃戴震對《詩經》的研究心得。"勳闍夢生"條,"按"語則本自戴震《杲溪詩經補注》之《麟之趾》二章注。而其餘六條均可在《初稿》中尋得踪跡。

既然這八條中的"按"語爲戴震所寫。那麼按照書的統一體例,其他十二條(它們是嘉名、撫壯、猶豫、靈、連蜷、央、隅、霸、汨、賓商、蒙山、兩東門)也應該爲戴震所寫。這裏有必要提出幾條來看一下:

①"嘉名"條,《離騷》"肇錫予以嘉名",《音義》卷上云:"嘉名,讀如民。按'名'於《廣韻》見十四清。'均',見十八諄。一收鼻音,一收舌齒音。顧炎武云:'耕、清、青韻中,往往讀十八真、諄、臻韻者,當由方音之不同,未可以爲據也。今吳人讀耕、清、青,皆作真言。'"查《初稿》無此注,説明戴震是在《初稿》完成之後,在對顧炎武的音學著作加以研究之後才增添的。顧炎武是戴震景仰的一位學者,著作中常常引用顧的觀點。在《屈原賦注》中引了兩次,一見於《天問》,一見於《九章·惜往日》。在《音義》中,除了此條,尚有兩條,一見於《音義》卷中"闍虛"條,一見於《音義》卷中"嘉"條。《天問》:"簡狄在臺,嚳何宜? 玄鳥致詒,女何嘉?"《音義》卷中云:"宜,古音魚何切。""嘉,古音居何切。顧炎武云:'今本嘉作喜,後人不知古音,而妄改之也。'"查《初稿》注已引,定知出於戴震之手。

②"撫壯"條,《離騷》"撫壯而棄穢兮",《音義》卷上云:"撫壯,俗本作'不撫壯'。按王逸

云：‘言願君撫及年德盛壯之時。’又《文選》注云：‘撫，持也。言持盛壯之年。’此漢、唐相傳舊本，無‘不’字之證。洪興祖作《補注》不詳核此字爲後人所加，而云‘謂其君不肯當年德盛壯之時，棄遠讒佞也’。宋以來遂無異説。蓋由美人二字失解，故改古書以就其謬，而不顧失立言之體。”查《初稿》本爲“不撫壯”，很明顯，這是戴震在京都聽取了好友兼恩人紀昀對“美人”的解釋後，加之有漢唐舊注的支持，才認爲沒有“不”字更加容易貫通的。戴震將《初稿》底本稱“俗本”，表明了他在得到善本後對《初稿》底本的否定。《音義》中類似的情況還有幾處，如“詈予”之“詈”改“駡”，“愉樂”之“愉”改“媮”，“覽相觀”改“覽觀”，“搴將憺乎壽宮”之“憺”改“澹”，“駝椒丘且焉止息”之“駝”改“馳”等均是。

③“央”條，《九歌·雲中君》“靈連蜷兮既留，爛昭昭兮未央”，戴注云：“言巫之潔以致神，故神留之，光爛方盛。”《音義》卷上云：“央，王云：‘已也。’按央，中也，凡物以未中爲盛，過中則就衰。”查《初稿》注正取王説。顯然此條《音義》是戴震在對“央”的意思有了重新認識後轉而對王注加以否定的。與“撫壯”等條一樣，它們讓我們看到了戴震的認識有了提高或轉變的思維軌跡。類似的情況還體現在對《離騷》“偭規矩而改錯”之“偭”、“心猶豫而狐疑兮”之“猶豫”、《九歌·湘君》“薜荔拍兮蕙綢”之“拍”等詞的解釋上，不再贅引。這説明戴震在《屈原賦注》中的每一處細微變化在《音義》中都得到了相應的反映。應該説，《音義》中這樣的詞條只能出自戴震之手，因爲一個人是難以那麼緊密地跟蹤另一個人的思維軌跡的。

④“汩”條，《天問》“不任汩鴻，師何以尚之”，《音義》卷中云：“汩，於筆切。按汩者，水行通利也，故爲疾貌，又爲治水之稱。俗本與‘汨羅’字混。”又《離騷》“汩予若將不及兮”，《音義》卷上云：“汩，於筆切。俗本與‘汨羅’字混。王云：‘去貌。疾若水流也。’”又《河伯》五章題下，戴注有云“蓋投汨羅之意已決”，《音義》卷上云：“汨，莫狄切。”又《九章·懷沙》“傷懷永哀兮，汩徂南土”，《音義》卷上云：“汩，於筆切。俗本與‘汨羅’字混。”又《懷沙》題下，戴注有云“於是懷石遂自投汨羅以死”，《音義》卷下云：“汨，莫狄切。”既然加“按”語條我們已知按體例應爲戴震所寫，那麼後面四條也應爲戴震所寫，故“俗本與‘汨羅’字混”用語也一樣。

只因兩字形近易混，便如此不厭其煩地提醒讀者注意，可見作者的細心及對讀者負責的態度。同時，也讓我們看出了作者的學術興趣。對戴震的這種學術興趣，在讀他的《論韻書中字義答秦尚書蕙田書》一文時，我們就強烈地感覺到了。《音義》中類似的情況還有一些，如辨別“媮”與“愉”、“撟”與“矯”、“藆”與“菌”、“播”與“番”“茢”、“脩”與“循”等皆是，不再贅引。

以上我們共徵引和提及了約一百九十個詞條，這些詞條包括對古音的注釋，對詞義的訓詁，對古今字、雅俗字等的説明，對一音數義或一字數音的區分，對舊注的辨正，對版本的校勘,對形近易混字的辨別等等。經過我們的具體分析,已經基本上可以斷定全部出自戴震之手。這麼多的例證已經涵蓋了《音義》的絕大部分内容(我們没有專門討論《音義》對屈賦及戴注中的疑難字詞的解釋,因爲對於疑難字詞任何一個注家都不會忽視的,戴震當然也没有理由不作解釋)。故我們認爲《音義》三卷,實爲戴震自作,而不是由汪梧鳳所作。它體現的是戴震的學術興趣、學術心得和學術專長,同時也符合戴震的學術經歷和著書體例。

現在我們來解釋爲什麼戴震要對自己的注及《自序》再作注釋這個問題。我們認爲理由有四:一、這是由戴震的學術興趣所決定的。在我們所舉的一百九十例中,有四十四例是針對戴注及《自序》的。其中,有八例(鼅、飄、龠、冃、景、囍、踰、空)是關於古今字、雅俗字的,有四例(況、雅、庭、闕)是關於一音數義的,有十七例(複、風、與、鄉、爲、重、少、燎、從、句、冠、難、數、乘、當、且、强)是關於一字數音的,有一例(汩)是關於形近易混的,而這些都是戴震平素治學時頗感興趣的内容。二、這是由戴震想盡可能多地反映其學術心得所決定的。在四十四例中,有十四例(搏、鍊鐪、砆、五步、發斂、闔虚、躔逡、十二次之名、皮傅、雅、秦有、閻閭、栵、鐔)都包括着戴震的研究心得,有的是關於《方言》的,有的是關於《考工記》的,有的是關於天文學的。由於出自這樣的考慮,所以有時甚至是没必要注釋的字詞,戴震也出注了,象"砆"之類。三、是因爲注語中使用了一些疑難字詞,不注就要影響到對屈賦及戴注的理解。這些字詞我們在前面没專門討論,其實不少,如呲、濟、逼、賸、潢、錯、樀、覗、櫂、舷舳窵、闓、胗、泃、鐩、醫、粘、佹、緥、煜、燸、下極等皆是。有的則是關於人名、制度和天文術語的,如熊繹、棽、唐、宋、其一明者、霸等皆是。共有三十條左右。第四個原因也是一個總原因,即這是由戴震學術主張所決定的。我們都知道,戴震主張由字以通詞、由詞以通道的學術路徑,而這個主張是與戴震作爲初學者時的一段痛苦經歷緊密相關的。在《與是仲明論學書癸酉》(癸酉是乾隆十八年,戴震 31 歲)一文中,戴震這樣寫道:"僕自少時家貧,不獲親師,聞聖人之中有孔子者,定《六經》示後之人,求其一經,啓而讀之,茫茫然無覺。尋思之久,計於心曰:經之至者道也,所以明道者其詞也,所以成詞者字也。由字以通其詞,由詞以通其道,必有漸。求所謂字,考諸篆書,得許氏《説文解字》,三年知其節目,漸睹古聖人製作本始。又疑許氏於故訓未能盡,從友人假《十三經注疏》讀之,則知一字之義,當貫群經,本六書,然後爲定。"③正是由於戴震自己切身體會到了不識字則無以明義的痛苦,所以他才在以後的治學過程中特别重視對字的識讀和解釋。戴震寫該文時,《音義》正在撰寫過程中,對自己的注及《自序》中的疑難字詞、易混字詞再做注釋,恰好體現了戴震對初學者亦即汪梧鳳《跋》中所謂"幼學之士"的考慮,同時也是他這種治學主張的具體實踐。不僅如此,整個《屈原賦注》九卷合上《音義》三卷,也是他這種治學主張的具體實踐,《音義》主要幫助我們識字,而《屈原賦注》則主要幫助我們通詞明義,它們本來是一個不能割裂的整體。《音義》應該出自戴震之手。就《音義》的内容看，也不是"多膚淺無深意"，㉞而是"音讀詳明，校勘精審"，㉟訓釋詞義，屢見真知。至於説爲自己寫的東西再作注這種做法，古代有没有先例，段玉裁在《戴東原先生年譜》中已經做了解釋，他説："此書《音義》三卷，亦先生所自爲，假名汪君。《句股割圓記》以西法爲之，《注》亦先生所自爲，假名吴君思孝。皆如左太沖《三都賦》注，假名張載、劉逵也。"雖然左思的《三都賦》注是否假名張載、劉逵尚有爭議，但畢竟歷史文獻中有此一説，戴震借之效仿一下，又有何不可呢？另據《四庫全書總目提要·楚辭章句》云："逸又益以己作《九思》與班固二叙爲十七卷，而各爲之注。其《九思》之注，洪興祖疑其子延壽所爲。然《漢書》地理志、藝文志即有自注，事在逸前，謝靈運作《山居賦》，亦自注之，安知非用逸例耶？舊説無文，未可遽疑爲延壽作也。"㊱《四庫全書》中《楚辭章句》用的是紀昀家藏本，此《提要》很可能爲紀昀親寫。果真如此的話，戴震爲自己的作品再作注的做法，也很可能受紀昀此觀點影響。當初戴震爲《考工紀圖》作注，就是在紀昀敦促下完成的。退一步説，即使歷史上從來没有先例，難道就不能允許有一個人出來"自我作古"一次嗎？

最後，我們想説明一下，雖然我們的考察結果認爲《音義》實出戴震之手而非汪梧鳳所作，但由於汪梧鳳願意出資爲戴震刻書，先前對戴震又有過接納、助學之恩，故戴震也願意將其著作權歸於汪梧鳳名下，爲此，我們在徵引《音義》時仍不妨引作"汪梧鳳《音義》"，只是在我們心中，我們都應該知道它是戴震的作品，反映的是戴震的見解和成果，在我們研究戴震時它也是可資取證的一種極有價值的資料。

①③　見褚斌傑、吴賢哲校點的戴震《屈原賦注》所附《音義》後，頁127，頁129。北京：中華書局，1999年12月。本文所引《屈原賦注》的文字均本此書。

②　段玉裁《戴東原先生年譜》，趙玉新點校的《戴震文集》附録，頁220。北京：中華書局，1980年12月。

④　見褚斌傑、吴賢哲校點的戴震《屈原賦注》所附《屈原賦注初稿》後，頁194。

⑤　收入湯炳正《楚辭類稿》，成都：巴蜀書社，1988年。

⑥⑨　見清錢儀吉《碑傳集》下卷一三三，《清碑傳合集》頁1665—1666，上海書店，1988年影印。

⑦　見汪中《述學别録》，《述學》内篇三卷補遺一卷外篇一卷别録一卷，同治己巳揚州書局重刊本。

⑧　見吴孟復標點《劉大櫆集》卷二，頁54，上海古籍出版社，1990年12月。

⑩　汪喜孫《容甫先生年譜》，民國十四年上海中國書店影印《江都汪氏叢書》内。

⑪⑫　《徽州府志》卷十一之三"人物志"儒林類，道光七年(1827)刻本。

⑬　見趙玉新點校的《戴震文集》卷四，頁83—84。

⑭　同上，頁86—88。

⑮　同上，頁77。

⑯　同②，頁222—223。

⑰　同②，頁239。另《聲類表》，收入戴震研究會等編《戴震全集》第五册，北京：清華大學出版社，1992年6月。

⑱　見趙玉新點校的《戴震文集》卷三，頁48—50。

⑲　戴震《毛鄭詩考正》五卷，收入《戴震全集》第二册，北京：清華大學出版社，1992年6月。

⑳　戴震《方言疏證》十三卷，收入《戴震全集》第五册。

㉑　同⑱，頁62。

㉒　見吕友仁校點《潛研堂集·文集》卷二十三,頁 377,上海古籍出版社,1989 年 11 月。

㉓　同㉒,頁 222,頁 241。

㉔　見趙玉新點校的《戴震文集》卷五,頁 102。

㉕　同上,頁 94。

㉖　見段玉裁《戴東原先生年譜》概引,頁 220—221。與《四庫全書總目·周髀算經》文字上有差異,觀點一致。趙玉新點校《戴震文集》附録,頁 220—221。

㉗　戴震《考工記圖》二卷,收入《戴震全集》第二册。

㉘　同⑱,頁 46—47。

㉙　據鄭偉章《文獻家通考》上册卷六"戴震"條所云,北京:中華書局,1999 年。

㉚　同⑱,頁 52—53。

㉛㉜　同⑱,頁 54,頁 58。

㉝　見趙玉新點校的《戴震文集》卷九,頁 140。

㉞　見湯炳正先生文,同⑤。

㉟　見褚斌傑、吴賢哲校點的戴震《屈原賦注》之《前言》。中華書局,1999 年 12 月。

㊱　見《四庫全書總目提要》卷一四八,頁 1267,中華書局,1983 年。

# 略談歷代注家對左還右還的理解

## 喬　秀　岩

我們平常將順時針方向的轉動叫做右轉，或者説往右轉。不過，時針過十二點的時候固然是往右走，但過三點時往下走，過六點時則是往左轉動的。應該説我們對右轉、左轉的方向概念只是約定俗成的一種習慣，並不是絕對的。實際上，在中國古代，雖然不免有些混亂，但一般的觀念都認爲右轉、右旋意味着反時針方向的轉動，跟現在正相反。以下介紹古籍中有關左旋、右旋的記載，並且討論歷代學者對左旋、右旋方向的理解。

## 1.天左旋

《晋書》《隋書》的《天文志》載《周髀》家説云：

〈1〉天圓如張蓋，地方如棊局。天旁轉如推磨而左行，日月右行，天左轉，故日月實東行，而天牽之以西没。譬之於蟻行磨石之上，磨左旋而蟻右去，磨疾而蟻遲，故不得不隨磨以左迴焉。

《周髀》家的蓋天説認爲，天和地由兩張平行的平面（其實中間高於周邊）構成，猶如石磨有上下兩塊石頭，而且其上者旋轉。因爲是在一個平面上的旋轉，所以叫“旁轉”，與渾天説認爲天體繞着地體做立體的運轉不同。天體左轉，附麗在天上的群星都隨着天體“左轉”，由東而南而西而北，是順時針方向。太陽和月亮每天都從東方出來，往西方没去，由東往西運行。不過我們觀察日月對恒星的位置關係，也可以知道日月在天球上的位置，每天都在往東方向稍微移動。《周髀》家説，這是因爲日月附麗在天體上，日月往東移動的速度遠不如天體往西移動的快，結果我們平常能感覺到的日月的運行是由東往西，雖然日月在天體上的運轉是由西往東。《周髀》家説的語言很清楚，其中“左行”、“左轉”、“左旋”、“左迴”等詞都是一個意思，指的是由東而南而西、順時針方向的運轉；“右行”、“右去”也都是一個意思，意味着由西而南而東、反時針方向的運轉。只是爲了修辭的目的，改變幾種説法而已。

後世學者都從渾天説，不取蓋天説，但天左旋、日月右旋的觀點與上引《周髀》家説基本一致。比如《朱子語類》中有關的討論也很多，現在舉一例：

〈2〉天最健，一日一周而過一度。日之健次於天，一日恰好行三百六十五度四分度之一，但比天爲退一度。月比日大故緩，比天爲退十三度有奇。但曆家只算所退之度，却云日行一度，月行十三度有奇。此乃截法，故有日月五星右行之説，其實非右行也。横渠曰："天左旋，處其中者順之，少遲則反右矣。"此説最好。

所引張横渠説見《正蒙·參兩篇》。張氏、朱氏認爲日月也在左旋，往西走；曆學家們説日右行一度，月右行十三度有奇，不過是少算天左行三百六十五度四分度之一的結果。蔡沈《書集傳》也因襲了其説。後來明太祖根據自己的觀察，堅持日月五星右旋之説，批評蔡氏左旋之説。(方濬師《蕉軒續録》引載《高皇帝集》中《七曜天體循環論》一篇，專論其事。)其實説日月五星的運行是右旋還是左旋，兩種説法並不矛盾。兩説不同，可以解釋爲着眼點的不同，這道理上引《周髀》家説、朱熹説都已經講得很清楚，清代梅文鼎、戴震等也都有闡説(參詳《五禮通考》卷一百八十一，亦見學海堂《清經解》卷二百八十八收録)。

大概因爲有陰陽説上的含義——天爲陽，地爲陰；左爲陽，右爲陰——"天左旋"的習慣説法具有很强的穩固性。而且在實際上，天球的運轉是從東往西，正是我們眼前的事實。所以在討論天左旋、日月右旋(或左旋)問題的歷史上，儘管有些爭論，歷代學者一致認爲左旋是由東而南而西、順時針方向的運轉，右旋是由西而南而東、反時針方向的運轉，方向的概念從來沒有發生過混亂。

## 2. 旋宮法

《漢書·律曆志》説：

〈3〉黄鐘之長，參分損一，下生林鐘；參分林鐘益一，上生太族；……參分夾鐘益一，上生亡射；參分亡射損一，下生中吕。陰陽相生，自黄鐘始而左旋，八八爲伍(注引孟康曰："從子數辰至未得八，下生林鐘。數未至寅得八，上生太族。律上下相生，皆以此爲率。伍，耦也，八八爲耦。")

"函鐘"一名"林鐘"，"小吕"一名"中吕"。

圖一

按照《律曆志》的説法,十二律可配十二辰,黃鍾當子,大吕當丑,……應鍾當亥。現在用參分損益法,從黃鍾開始遞相定出十二律。黃鍾生林鍾,用十二辰言之,是子生未。從子至未,歷子、丑、寅、卯、辰、巳、午、未,共數八。林鍾生太族,用十二辰言之,是未生寅。從未至寅,歷未、申、酉、戌、亥、子、丑、寅,共數八。以下類推,都如此。《律曆志》説"自黃鐘而左旋,八八爲伍"的意思應當如此。那麽,再考慮到十二辰的方位,子爲北,卯爲東,午爲南,酉爲西,可以推知所謂"左旋"也應該是順時針方向。(圖一)又,陽聲六律、陰聲六同的名稱也見於《周禮·大師》:

〈4〉陽聲:黃鍾、大蔟、姑洗、蕤賓、夷則、無射。陰聲:大吕、應鍾、南吕、函鍾、小吕、夾鍾。(鄭玄注:"黃鍾,子之氣也,十一月建焉,而辰在星紀。大吕,丑之氣也,十二月建焉,而辰在玄枵。……其相生,則以陰陽六體爲之。黃鍾初九也,下生林鍾之初六,林鍾又上生大蔟之九二,……無射又上生中吕之上六。")

鄭注前半部分説十二律與十二辰、十二月、十二次的對應關係。經文叙述六律六同的次序,如果按照十二辰方位來看,(參考圖一)便可知道陽聲六律是順時針方向,陰聲六同是反時針方向。鄭玄雖然不説左右,賈公彦疏説"經言陽聲黃鍾、大蔟、姑洗等,據左旋而言;云陰聲大吕、應鍾、南吕等,據右轉而説",仍以順時針方向爲左旋,反時針方向爲右轉。鄭注後半部乃説十二律相生法,與《律曆志》一致,賈公彦説"若相生,則六律六同皆左旋",固然也不錯。因爲鄭玄在這裏也傅會《易》之爻辰爲説,清代《易》學家如惠棟、張惠言、李道平等也都曾做過討論,而在他們論説中,左行仍是順時針方向的轉動(張惠言且用"順行"一詞),右行仍是反時針方向的轉動,從來沒有混亂。

武則天《樂書要録》述"七聲相生法"説:

〈5〉凡欲解七聲相生者,當先以十二律管依辰位布之。但從一律爲首者,即是宫。又左旋數之至八,即是徵。從徵數至八,即是商。從商數至八,即是羽。從羽數至八,即是角。從角數至八,即是變宫。從變宫數至八,即是變徵。還合於律吕相生法。假令十一月黃鍾爲宫,歷八生六月林鍾,即林鍾爲徵。又歷八生正月大蔟,即大蔟爲商。……雖十二律吕相爲宫,然七聲循環咸同此術也。

這裏説的是求得某一均中七聲音值的辦法,就是十二律中用某一律定爲宫的時候,其他商、角、徵、羽、變宫、變徵當爲何音? 黃鍾宫的例子,用月名爲説,這種説法也見於上引《周禮》注,其實與用十二辰意思一樣。夏曆建寅爲正月,建子爲十一月。黃鍾當子即十一月以爲宫,則林鍾當未即六月爲徵,以下類推。這種七聲相生法,實際上與十二律相生法一致,可見所謂"左旋"也是順時針方向。

明代朱載堉的《律學新説》是律學史上具有劃時代意義的傑出著作。其中論述十二律相生説：

〈6〉律吕相生，或踰五或踰七。踰五者，連本位數則為隔六；踰七者，連本位數則為隔八。左旋隔八，則右轉隔六；右轉隔八，則左旋隔六。左右逢源，循環無端。何為“左旋隔八，右轉隔六”？若黄生林，林生太，太生南，南生姑，姑生應，應生蕤，蕤生大，大生夷，夷生夾，夾生無，無生仲，仲生黄，是也。……

朱氏説踰七即隔八，與《律曆志》的“八八爲伍”相同。不同的是，《律曆志》只説左旋，朱氏兼用右轉。其實“左旋隔八”與“右轉隔六”結果都一樣。比如從黄鍾開始，左旋隔八到林鍾，右轉隔六也到林鍾。朱氏要互用左旋和右轉，出於用來分別上生、下生的用意，我們現在不需詳論。重要的事實是，在這裏左旋又是順時針的方向，還是一點没有混亂。

通過上述“天左旋”和“旋宫法”的情況，我們可以知道古代所謂左旋指的是順時針方向的轉動，與現代的語言習慣不同。也可以推想到，那些問題都是在某些專門學科裏面一直在討論的論題，而且有現實的事物可作根據，所以不至於出現概念的混亂。之所以這麼説，是因爲在解釋《儀禮》的歷史上，從清代開始，左旋右旋的概念出現了很大的混亂。下面我們着重探討歷代禮學各家對左旋右旋的理解。

# 3.注疏説

左旋右旋的旋，《儀禮》、《禮記》等都用“還”字，仍讀旋，多用於人的動作。比如《内則》説孩子出生三月之末命名之儀節：

〈7〉夫入門，升自阼階，立于阼，西鄉。妻抱子出自房，當楣立，東面。……父執子之右手，咳而名之。妻對曰記有成，遂左還授師。（孔疏云：妻對既訖，遂左嚮迴還，轉身西南，以子授子師也。）

鄭玄對經文“左還”没有解釋。這裏妻子原來面朝東，“師”是孩子的師傅，應該在妻子右邊稍後，就是在西南方，所以孔疏説妻子“左嚮迴還，轉身西南，以子授子師”。“左還”的意思應該是順時針方向轉身子。

又如《檀弓》述孔子言延陵季子喪葬其長子説：

〈8〉既封，左袒，右還其封，且號者三。（鄭注：還，圍也。孔疏：既封墳已竟，季子乃左袒其衣。左袒訖，乃右而圍遶其封，兼且號哭而遶墳三币也。）

季子圍繞兒子的墳墓走三圈，跟《内則》的妻子在同一地點轉身子不同，而且是“右而圍遶”，意思是説繞着墳墓反時針方向走三圈。

按照注疏説,左還是順時針方向的轉向或轉行。除了轉動的方向同現代的左轉相反外,還要注意左還右還可以包括兩種不同的情況。即一、在同一地點轉身子,轉換面朝的方向。二、行跡成弧形的行走。爲了行文方便,本文將前者稱小還,後者稱大還。(圖二)

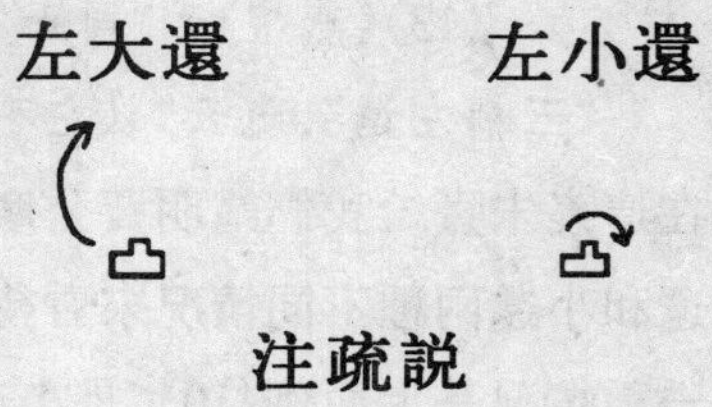

左大還　　　左小還

注疏説

圖二

鄭玄沒有留下直接説明左還、右還的注文,大概因爲對鄭玄來説左還右還是屬於不解自明的事情。賈公彥《儀禮疏》也沒有特別論證左還右還的定義,不過還出現了"以左(右)手向外"的説法。

〈9〉《聘禮》:**賓致命,公左還北鄉**(注:當拜。疏:公升受賓致命時西鄉,以左手鄉外迴身北面乃拜,故注云當拜。)

在這裏"公"由面朝西轉身面朝北,按情況,無疑是不帶移動的小還,而且完全沒有理由讓"公"作反時針方向 270 度的轉向。僅從經文的情節考慮,這裏的"左還"是順時針方向的小還無疑。賈公彥對此説"以左手鄉外迴身"。

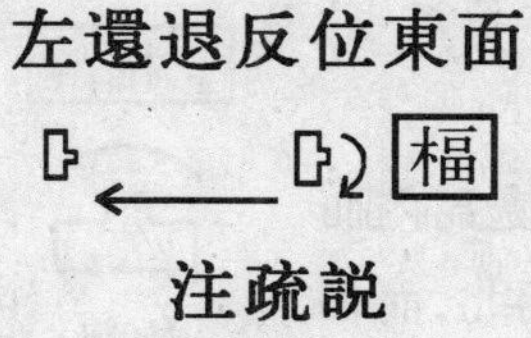

左還退反位東面

注疏説

圖三

〈10〉《鄉射禮》:上射揖進坐,橫弓,却手自弓下取一个,兼諸弣,順羽且興,執弦而左還,退反位,東面揖。

上射東面取矢,左還而往西方原來的位置回去。對此賈公彥也説:"言左還者,以左手向外而西回。"(圖三)

〈11〉《燕禮》:司正升酌散,降,南面坐奠觶。右還,北面少立;坐取觶,興;坐不祭卒觶,奠之,興;再拜稽首。左還,南面,坐取觶。(注:右還,將適觶南,先西面也。必從觶西,爲君之在東也。疏:右還,謂奠時南面,乃以右手向外而西面,乃從觶西南行,而右還北面。若從觶東而左還北面,則背君,以其君在阼故也。)

〈12〉《大射儀》(經文與〈11〉同,惟"右還"上有"興"字爲異)(注:將於觶南北面則右還,於觶北南面則左還,如是得從觶西往來也。)

〈11〉〈12〉二例儀節全同。按注疏的解釋,這裏的左還右還是大還。司正先在觶北面朝南,"右還"經過觶西轉行到觶南;由觶南面朝北的位置再"左還",也經過觶西轉行回到觶北。注説"先西面",並不是經文"右還"本身的解釋,而是説右還(大還)時先要轉向西,然後轉行。換言之,要作右大還時先須作左小還。(圖四)

司正左右還

注疏説

圖四

朱熹《儀禮經傳通解》,對《儀禮》的解釋基本都沿用了鄭玄、賈公彥的觀點。而且他對賈公彥"以左(右)手向外"的説法有很好的補充説明。他説:

〈13〉《燕禮》云“司正右還”，疏云“以右手向外”者，以莫觶處為内而言也。《鄉射》云“三耦左還”，疏云“以左手向外”者，以所立處為内而言。

在這裏朱熹給我們講明賈公彦同樣用“以左(右)手向外”説解的左右還，其實也應該分别大還和小還兩種不同情況來看待。他舉的第一種情況是我們在上面看過的例〈11〉，是大還；後一種情況是上面例〈10〉，是小還。〈10〉的左小還，賈公彦説“以左手向外”，朱熹説“以所立處爲内”，我們不妨想像以右脚着地爲中心軸，按着順時針方向轉向的狀態。

## 4.敖繼公説

元代敖繼公著《儀禮集説》，深入淺出，而且體系性比較顯著，在明代及清代初期特別受到歡迎，一時影響之大並不在於鄭玄注之下。

關於左還右還的問題，敖繼公提出了明確的定義。

楅南左還

上 楅 下

敖説

圖五

〈14〉《鄉射禮》“當楅南皆左還”，敖説：“左還者，以左體向右而還也。於楅前必左還者，以楅東肆，宜順之。”

敖説“以左體向右而還”，與上引〈13〉朱熹説“以左手向外者，以所立處爲内而言”相符合。敖氏後一句是據此經具體情況而説：這時人在楅南面朝北，而楅的設置方向是“東肆”——以西爲上，以東爲下，所以人也應該順着楅的上下方向而左還。這自然是順時針方向的小還，敖説與注疏一致。（圖五）

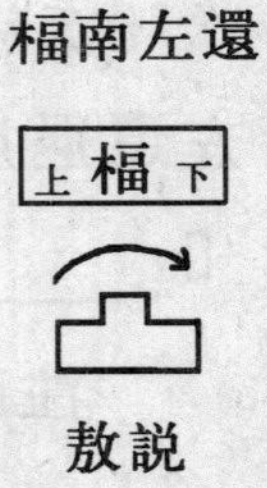

又如：

〈15〉《鄉射禮》司射誘射節：“及物揖，左足履物，不方足，還，視侯中。”敖説：“還，謂右還而南面也。右還者，為下射宜向上射也。”

這時司射從南方走到“物”（表示射箭位置的標識），自然面朝北。到了“物”就要“還”，準備射箭。因爲靶子在南方，“還”了以後要面朝南。由面朝北轉向面朝南180度的“還”應該是右還。爲甚麼？敖氏説是因爲下射應該面朝着上射。司射誘射本來是爲了給後來三耦射箭示範的。三耦都是上射與下射成對，而這時司射雖然是一個人，是站在下射的位置。上射在西，下射在東，如果下射左還，就要背朝着上射了，是爲非禮，所以應該右還。因而現在司射也應該要右還。（圖六）這樣看來，敖氏所説的右還也是反時針方向的小還，他所理解的左還右還的方向同注疏説一致，毫無疑問。

敖繼公對左還右還的理解同注疏一致，但他在解釋《燕禮》時却出現了同鄭玄注完全相

履物不方足還

上　　　　下　（司
射　　　　射　　射）

圖六

反的觀點。

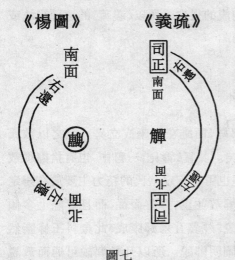

圖七

〈16〉（經文見〈11〉）敖說：“將於觶南北面則右還，於觶北南面則左還，皆欲從觶東往來也。”細心的讀者會注意到，敖氏說的前兩句是直接借用鄭玄注《大射》的語言（見〈12〉）。問題就出在第三句——鄭玄說“如是得從觶西往來也”，敖繼公說“皆欲從觶東往來也”。這樣兩說完全相反的情況，我們不妨參考古人所畫的兩種圖。（圖七）一種採自宋代楊復的《儀禮圖》。楊氏爲朱熹弟子，這幅圖也是按着鄭玄說的。另一種採自清朝《欽定儀禮義疏》的《禮節圖》。該圖以《楊圖》爲藍本，然而因爲在這問題上採用敖繼公說，所以將《楊圖》的東西倒過來了。

　　敖氏對左還右還的理解既然同注疏說一致，而且在這裏經文明說“右還”、“左還”，他們說司正的行迹怎麼會一個在西一個在東呢？這是因爲鄭玄用大還來解釋經文“右還”、“左還”，而敖繼公却用小還來解釋“右還”、“左還”。上文介紹注疏說時指出，按着注疏說，這裏經文的“右還”意味着右大還，而且在作右大還之前必須作左小還。敖氏注解的一個特點，是他很會注意具體的細節。在這裏，他將經文的“右還”理解爲右小還。觶北南面，右小還則面朝東了。於是再由觶東轉行到觶南，而北面。（圖八）應該知道，敖說雖然在表面上與注疏說相反，但是他對左還右還的方向概念與注疏說一致，是正確的，而且他的說法在邏輯上也很完整。

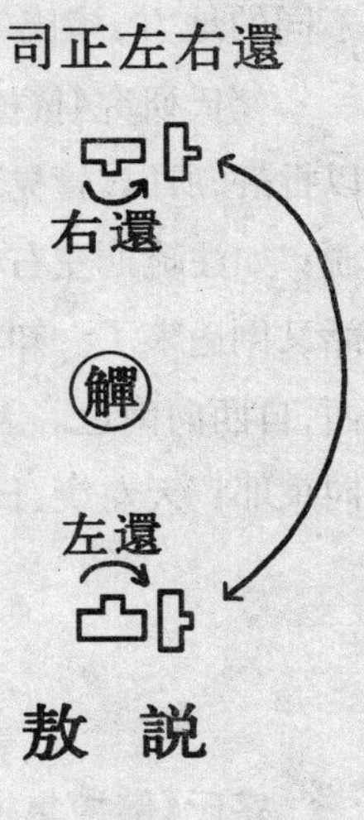

司正左右還

敖　説

圖八

## 5. 清《義疏》説

　　乾隆十三年撰定的清朝《欽定義疏》，承受明代以來主要根據敖繼公的風氣，在很多問題上都認同敖氏的觀點。在《燕禮》司正右還左還的問題上，《義疏》也認同敖說，“左還、右還，敖氏之說析矣。如注疏則左右相反也”。實際上，注疏說與敖說的不同在於大還與小還，並不在於左右的方向。《義疏》正確地理解敖氏說，知道敖氏將“右還”、“左還”理解爲小還，却不理解注疏說，仍用小還去讀注疏，竟稱“左右相反”。可以說是知其一而不知其二者。

　　在《義疏》以前，就這問題而言，明代郝敬《儀禮節解》專述敖說，清初蔡德晉《禮經本義》

轉據郝説,乾隆元年刊姜兆錫《儀禮經傳參義》則專據注疏,至於張爾岐《鄭注句讀》乃全書都述注疏而已。要之,都没有並提注疏説和郝説,討論兩説的得失。所以《義疏》的這種説法或許可以視爲以後左還右還問題混亂的開端。

## 6. 褚寅亮説

褚寅亮自序《儀禮管見》説:"郝氏之意似不專主解經,而維在與康成立異。究之以郝氏之説深按經文,穿鑿支離,破碎滅裂,實彌近似而大亂矣。"其實《管見》一書中,也有捨鄭從郝的,也有暗述郝説的,這並不是專門攻擊郝氏的書。但也可以肯定褚氏的精力主要放在辨定郝説的得失,權衡鄭郝兩説上。《欽定義疏》的態度是鄭郝並重,擇善而從,而且實際上多傾向於郝。幾十年之後風氣就大不一樣,王鳴盛序都敢説"經義宜宗鄭康成,此金科玉條斷然不可改移者",也許屬於極端,但褚氏之意固然也在於闡明鄭説。所以凡是鄭説可通而郝説不同的地方,褚氏就要述鄭駁郝,只有鄭説不甚通而郝説可通的情況下纔引述郝説。

褚氏研究《儀禮》時經常參考《欽定義疏》,這是有據可言的。只是因爲出於"欽定",不便加以批評,所以《管見》中没有明説《義疏》而已。上文介紹《義疏》就《燕禮》司正右還左還的問題説:"如注疏則左右相反也。"現在褚氏説"郝氏謂由觶東,則與經文左右適相反矣",將《義疏》的話又倒過來了。知其一而不知其二,失與《義疏》同。褚氏接着又説:"日月五星右還,亦自北向西,自西向南也。天左還,亦自南向西,自西向北也。郝氏如何以右還爲自北而東,左還爲自南向東耶!"天左旋、日月五星右旋,我們在第一節裏討論過,褚氏的理解固然不誤。

## 7. 盛世佐説

盛氏《儀禮集編》有其師桑調元乾隆十二年所作序,盧文弨《儀禮注疏詳校自序》也説乾隆十三年索觀其書,"已裒然成書"。那麼此書的撰成時間比《欽定義疏》稍早,或者説大約同時。盛氏搜羅先儒釋《儀禮》各説特別完備,可以認爲是清初以前《儀禮》學的集大成。他自己的看法與《義疏》相比更傾向於注疏,但不像褚寅亮那樣墨守,對郝繼公等説也没有故意排斥。另外也有不少他自己直接根據經文演繹出來的新觀點。可惜流傳不廣,雖然被《五禮通考》引用其説,《四庫全書》也著録過,但直到嘉慶九年纔有了刊本,所以在當時的影響就不能很大。後來胡培翬撰《儀禮正義》時也將它做爲重要的參考資料,特別是和左還右還問題有關的《鄉射》、《燕禮》、《大射》等篇胡培翬没能自己撰成,而由楊大堉補撰,《正義》的内容幾乎完全與盛氏《集編》重複。然而在其後的黄以周、曹元弼等研究《儀禮》,又將《正義》做爲主要的參考書,所以盛氏説對他們的影響就很大了。

　　盛氏對左還右還的理解是很獨特的。他在《鄉射禮》(經文見〈10〉)對左還右還下了明確的定義。

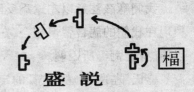

左還退反位東面

盛説

圖九

　　　〈17〉左還,向左而還也。敖云以左體向右而還,非。反位,反其福西東面之位也。蓋東面者以北為左,左還則面北矣。於是遂西轉,南向,至其故處,而仍東面焉。(圖九)

上射東面,以北爲左,左還則面北矣。這種動作按照我們的説法是右小還。盛氏的左還首先是反時針方向的小還,自然與敖説相反。

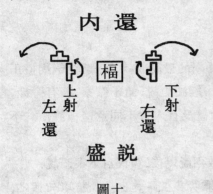

内還

上射左還　　下射右還

盛説

圖十

堂在北方,盛氏説上射東面,左還則鄉堂。這種動作按我們的説法是右小還。據〈17〉〈18〉二例可知,盛氏自己認爲他的説法可以闡述鄭玄的意思,而且與敖氏説正相反。如果按照我們的理解來評論,應該説盛氏對敖説的理解不錯,而對鄭説誤解了。

　　盛氏這樣誤解鄭説,主要的根據大概在於《燕禮》的注文。《燕禮》經文及注疏説見〈11〉〈12〉,敖説見〈16〉。盛氏在這關鍵地方並沒有多着墨,而只説:"右還説見《鄉射禮》。敖云從觶東,非。"其中"説見《鄉射禮》",指的是上引〈17〉的説法。他否定敖繼公從觶東的説法,則認爲當從觶西,如鄭玄所説。上文我們看到過盛氏以爲左還則向左而還,先作反時針方向的小還。綜合上述情形,我們可以

　　〈18〉《大射儀》"兼挾乘矢,皆内還,南面揖"。鄭注:"内還者,上射左,下射右。不皆右還,亦以君在阼,嫌下射故左還而背之也。上以陽為内,下以陰為内,因其宜可也。"敖氏説:"上射左還,下射右還,皆鄉内,故總以内言之。皆内還者,由便也。"

　　盛氏説:"内還者,先以身鄉堂而還也。上射東面,左還則鄉堂;下射西面,右還則鄉堂。凡敖氏所解左還右還皆與注説相反,今不從。"(圖十)

司正左右還

右還

左還

盛説

圖十一

推想盛氏是根據《燕禮》注"右還,將適觶南,先西面也"的説法,以爲右還而西面,則右還應該意味着順時針方向的小還。(圖十一)整部《儀禮》當中,可以説《燕禮》的司正繞着觶右還左還(《大射》同)是個關鍵,這一地方解釋通了,其他地方怎麼也可以説得過去。就像〈17〉〈18〉的例子,我們理解的鄭説與盛氏説轉向的方向完全相反,但這並不構成解釋上的明顯矛

盾。至於像〈9〉那樣按照盛氏的理解本來不能解釋好的地方,往往就略而不詳。

我們應該注意以左還爲反時針方向、以右還爲順時針方向的方向觀念,與現在我們的語言習慣相合,在禮學史上正從盛氏開始使用,而且爲後來黄以周、曹元弼等所因襲。

盛氏"左還,向左而還"的定義,雖然有些含混,綜合〈17〉〈18〉的説法來考慮,應該理解爲包括反時針方向 90 度的小還"向左"和其後的轉行"而還"。不過因爲小還以後的轉行容有不同的方向,不能説得很明確。依據(圖九)、(圖十)、(圖十一)等情況,製爲盛説左還概念圖(圖十二)。

左還

盛説

圖十二

## 8. 黄以周説

黄以周《禮書通故》成書於光緒四年。此書自是清代禮學的最高成就,可與孫氏《周禮正義》媲美。胡玉縉評論説:"發揚禮學,上自漢唐,下逮當世,經注史説,諸子雜家,義有旁涉,率皆甄録,去非求是,務折其中,是當'體大思精'四字。"大概没有人會不同意這種評價。不過,他對左還右還的理解是最複雜難懂的。

《射禮通故二》第三十四條,介紹上舉〈18〉《大射》鄭、敖兩説以後,黄氏自下案語説:

〈19〉此當以敖説爲長。内還者,向堂而還,即所謂以君在阼是也。既拾取矢捆之,兼挾,必皆北面向堂而還,與下"北面搢三挾一个"同,皆敬君也。敖説内還由便則誤。

黄氏比較二説而認爲敖説較長。其實鄭、敖都認爲上射左還,下射右還。兩家不同只在於對這種動作的含意的理解,我們現在可以不管它。黄氏説"内還者向堂而還",跟〈18〉盛氏説同,是認爲上射左還是由東面而北面,下射右還是由西面而北面。(參圖十)可見黄氏的左還是反時針方向,右還是順時針方向,同我們的理解左右正相反。按照我們的理解,敖氏説"由便"的意思本來很清楚。上射東面,下射西面,現在要回轉面朝南,上射左還(順時針方向)、下射右還(反時針方向)做 90 度的轉身是最簡便。黄氏因爲理解左還右還的方向與敖氏相反,並且採用了盛氏解釋"内還"的新説,結果只能認爲敖氏説"由便"爲誤。

《燕禮通故》第二十九條,介紹〈11〉的經文和鄭説、〈16〉的敖説以及我們在第六節檢討過的褚説以後,自下案語説:

〈20〉從鄭注,"右還"句絶,謂向右手而還也。南面右還,北面左還,皆由觶西。敖讀"右還北面"爲句,則往來由觶東,而左右適相反矣。褚説左右還亦似是而非。

黄氏説,鄭敖二説的不同在於經文的句讀——鄭玄讀:"右還。北面。"敖氏讀:"右還北面。"黄氏主張的無疑是小還、大還的不同。讀爲"右還。北面"。則右還和北面是兩回事,先右

還，後北面。換言之，"右還"專指右小還，而"北面"意味着到觶
南北面位的大還轉行。讀"右還北面"，則是一件事情，"北面"不
過是"右還"的結果，這"右還"自然意味着大還。那麼，按黃氏的
說法，鄭玄將經文"右還"理解爲小還，敖氏乃理解爲大還。這跟
我們的理解却完全相反。於是我們也可以知道，黃氏在這裏使
用的左還右還的概念仍然是以左還爲反時針方向，右還爲順時
針方向，與例〈19〉一樣。要之，黃氏對鄭敖兩家說的理解，在兩
個問題上都跟我們相反：一是左還右還的方向，一是大還小還的
差異。（圖十三）爲黃氏理解的敖繼公說，至於黃氏理解的鄭玄
說則與盛氏同，見（圖十一）。

圖十三

《喪禮通故三》第十八條乃有令人費解的内容：

〈21〉經：朝夕哭位，"主人拜賓旁三，右還，入門"。鄭玄云："先西面拜，乃南面拜，東
面拜也。"敖繼公云："先南面拜，乃東面拜，西面拜，既則右還入門。嫌其由便，故言右還
以明之。"

以周案：鄭注"右還"屬上讀，故下内位注云"主人右還拜之，如外位"。但玩下内位
經文，意主於分別尊卑，何得如外位右還而拜。外位意主於入哭，右還而拜，不論尊卑可
也。敖氏"右還"下屬。其說還法與鄭相反，既東面拜，西面拜，即右還向北，由便入門。
喪事遽，不嫌也。云"嫌其由便"，不解。

我們要理解敖氏"嫌其由便"的意思，並不困難。西面拜完了以後，要右還北面而入門。此時
必須右還，按着反時針方向做270度的轉身，不得直接按順時針方向做90度的轉身，所以說
"嫌其由便"。據黃氏說"西面拜，即右還向北，由便入門"，可知黃氏理解的敖氏說仍以右還
爲順時針方向。也是因爲如此，黃氏"不解"敖氏"嫌其由便"之意，這情況與上〈19〉相類。至
於黃氏對鄭玄說的理解，則我們還不敢確定。通過對〈19〉〈20〉的分析，我們知道黃氏認爲鄭
敖兩家說左還右還的方向都一致，左還是反時針方向，兩家不同在於大還與小還的差異。但
是，只有大還小還的差異而竟稱"還法相反"嗎？黃氏的意思，是否認爲這裏的鄭注也要按照
小還解釋，鄭玄解經文"右還"爲"先西面"，猶如〈11〉《燕禮》注的"先西面"？ 這些疑問，現在
沒有辦法再進一步推究，只好存疑。

《射禮通故二》第三十三條更爲神奥：

〈22〉鄭注《鄉射》下射左還云："少南行乃西面。"注《燕禮》"南面坐奠觶，右還"云：
"將適觶南，先西面。"注《士喪禮》"拜賓旁三，右還，入門"云："先西面拜，乃南面拜，東面
拜。内位，主人右還拜之如外位。"則右還者自西而南而東，逆行也；左還者，自南而西而

北,順行也。敖氏説左右還與鄭相反,未是。

案《鄉射禮》經文作"皆左還,上射於右",注説:"上射轉居右,便其反位也。下射左還,少南行乃西面。"開始的時候,上射與下射北面並立,上射在西,下射在東。於此左還,將要往西歸還,兩人要西面,並且南北並立。上射與下射西面並立,上射在北,下射在南,所以下射必須"少南行",才可以西面並立。這樣看來,"少南行"並不是"左還"的本來内涵,而只是一種特殊情況的説明。黄氏現在要討論"左還",却偏偏徵引"少南行乃西面"一句,其意何在?《燕禮》經注見上〈11〉,黄氏截取注文"先西面",不録"必從觶西,爲君之在東也"。這樣的話,黄氏的意思好象説鄭玄用"先西面"來解釋經文"右還",如在〈20〉我們看到過。既然這樣,難道他對《士喪禮》鄭注也認爲是鄭玄用"先西面"來解釋經文"右還",如上文提出的疑問? 如果認爲鄭説以右還爲順時針方向的小還,左還爲反時針方向的小還,《鄉射禮》的例子"左還"和"少南行"根本就是兩碼事了,不是更没有辦法理解了嗎? 然而最難理解的是,他説"自西而南而東,逆行",這無疑是反時針方向的旋轉;"自南而西而北,順行",無疑是順時針方向的旋轉。黄氏對左還右還方向的認識怎麼突然又跟我們一致了呢? 在黄氏立説没有自我矛盾的前提下,我們只能想到一種理解的可能性:在這一條中黄氏要説明的是,動作者做過小還以後的移動。黄氏認爲鄭玄用小還來解釋經文的左還右還。不過,在小還完了以後,緊接着也有大還的動作,雖然不見於經文。《鄉射禮》的下射做完"左還"(反時針方向的小還)後,"小南行乃西面",是順時針方向的大還。《燕禮》的司正做完"右還"(順時針方向的小還)後,還要"適觶南",是反時針方向的大還。《士喪禮》的主人"右還"(順時針方向的小還)"西面拜"了以後,又要"南面拜,東面拜",是反時針方向的大還。"右還者自西而南而東"是説,做完"右還"(順時針方向的小還)的人接着做反時針方向的大還;"左還者自南而西而北"是説,做完"左還"(反時針方向的小還)的人接着做順時針方向的大還。我們不敢斷定黄氏的意思必定如此,但暫且只好如此推測了。

　　順便指出,左還右還的問題也要關係到對"相左"、"相右"的解釋問題。鄭玄以後,歷代學者對《儀禮》中所説"相左"、"相右"的認識基本一致。然而黄氏就提出了與衆相反的解釋。在左還右還的方向以及相左相右的方位的認識上,儘管黄氏對鄭説的理解都和我們相反,但這在黄氏的理論體系中構成相輔相成的關係。

# 9.曹元弼説

　　黄以周的弟子曹元弼,在其《禮經校釋》卷六,專門討論左還右還的問題。他"將經注反復推求"的結果,又推出了新的觀點。他對左還右還的定義是:"左還者,向左而還也。"這是借用盛世佐的說法(見〈17〉),但其內含並不同盛氏說一樣。盛氏的定義主要着眼於小還,而曹氏的定義則是就大還而言的。盛氏的"向左而還",可以理解爲轉向左方,然後還行;曹氏的"向左而還",乃是向左方轉行的意思。還有一個重要的特點是,按曹氏說,轉行的人要向斜前方或斜後方旁行,現在將曹氏所論各種情況綜合起來,作一概念圖應當如(圖十四)。

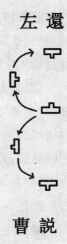

圖十四

我對曹氏說只是覺得過於穿鑿。首先這種動作,特別像向斜後方的旁行,太不自然。其次,按曹說,他在這裏列舉的《鄉射禮》、《燕禮》等很多情況就算都可以說得通,但是其他地方,比如《大射》第三番射節注"樂正西面受命,左還東面命大師",還有如〈9〉的《聘禮》經文等都不好解釋,而且對這些地方曹氏都沒有任何交代。

## 10.現代諸家

古代的左還右還和現代的左轉右轉方向正相反,加之清代禮學家們也做過很多混亂的說解,結果現代學者對古典文獻中左還右還的理解也往往出現混亂。

上海古籍出版社《儀禮譯注》在《鄉射禮》三耦拾取矢節的注說"左還,謂向左轉身",在《燕禮》立司正節的注說"右還,向右轉",是用盛世佐說。盛說左右的方向與現代同,較易接受,但畢竟不是正解,難免自致破綻。比如《聘禮》的"公左還北鄉"(見上〈9〉),它翻譯爲"君向左轉成面朝北"。君原來是面朝西的,"向左轉"怎麼能"面朝北"? 至於《士冠禮》筮日節"筮人許諾,右還即席坐",翻譯爲"筮人答應了,從主人的右邊轉到席上坐下",根本沒有根據,疑或注譯者筆誤。

又如楊伯峻先生《春秋左傳注》:

《左傳》襄公十一年:"六月,諸侯會於北林,師於向。右還,次於瑣。"杜預注:"北行而西爲右還。"楊注說:"北林即棐,當在今新鄭縣北約四十里。向,據江永《考實》,在今河南尉氏縣西南四十里。右還者,諸侯之師從向又西北行,逼近鄭國都也。瑣,鄭地,在新鄭縣北僅十餘里。"

杜預說"北行而西",大概就自向往瑣兩地之間的移動而言。先北行而西行,是右還。楊注說"又西北行",好象就北林一向一瑣三地之間而言右還,就是北林在北,南行至向,又西北行至瑣,是爲右還。這樣的話,左右的方向就要跟我們的理解相反了。

襄公二十七年:"趙孟曰:吾左還,入於宋,若我何?"杜預注:"營在宋北,東頭爲上,故晉營在東。有急,可左迴入宋東門。"楊注說:"還與旋同,向左轉而行。"

杜注説的特別清楚。意思是説，此時晉衆駐扎在宋城的東北方，先南行而西行，就可攻入宋城東門，是爲左還。楊注不取杜注，也没有詳説，只泛言"向左轉"，是爲失。合觀二例，可以推測楊先生對左還右還的方向也没有正確的認識。

《漢語大詞典》有關的詞條有"左迴"和"左轉"，釋義都説"向左方旋轉"。這顯然也不妥當。"左迴"的書證有《晋書·天文志》，是我們在第一節看到過的〈1〉，由東而南而西的旋轉，難道可以説是"向左方旋轉"嗎？"左轉"的書證有《周禮·大宗伯》疏，其文曰："二十八宿隨天左轉爲經，五星左旋爲緯。"天左旋、日月五星右旋，我們都在第一節裏討論過。天左旋怎麽會是"向左方旋轉"？ 又，"五星左旋"的"左旋"自然是"右旋"之誤，是注疏刻本的錯訛字，也應該改正。

錢玄先生《三禮辭典》的説明倒是不錯的："古之右還，今謂之左轉；古之左還，今謂之右轉。還，通旋。因古以在外之手言，今以在内之手言。"不過僅據《辭典》的簡要説明，還不能够辨别歷代學者的不同説法，也不免會受到衆多異説的困擾。所以略談其事如上。

# 存　疑

《准南子·墜形訓》：

> 江出岷山，東流絶漢入海，左還北流，至於開母之北，右還東流，至於東極。

《道藏》本、劉文典《集解》本均如此，《集解》亦不言有異文。若如此文則左還爲往左轉，是反時針方向。不知是誤字，抑本亦有如此語法？

《晋書》《隋書》的《天文志》載葛洪駁《周髀》家説云：

> 桓君山曰："若如磨右轉，則北方道遠而南方道近，晝夜漏刻之數不應等也。"後奏事待報，坐西廊廡下，以寒故暴背。有頃，日光出去，不復暴背。君山乃告信蓋天者曰："天若如推磨右轉而日西行者，其光景當照此廊下稍而東耳，不當拔出去。拔出去是應渾天法也。"

又云：

> 若謂天磨右轉者，衆星日月宜隨天而迴，初在於東，次經於南，次到於西，次及於北，而復還於東，不應横過去也。今日出於東，冉冉轉上，及其入西，亦復漸漸稍下，都不繞邊北去。

依我們理解，"右"字皆當作"左"乃可。案《隋志》"若謂天磨右轉者"，"右"作"石"，則諸言"磨右轉"者皆當作"磨石轉"歟？ 抑"左"訛作"右"歟？

# 古代漢語詞尾研究

## 蔣 宗 許

　　縱觀漢語發展的歷史,單音詞向複音詞發展是一個非常突出的現象,極具研究價值。緣此,自三十年代以來,許多學者都對它傾注過不少心力。迄今,一些過去不甚了了的問題日見明朗,漢語史的研究和教學也有了比較豐富的可資借鑒的文獻材料。這是我們值得高興的事。然而,此間也還存在着一些缺憾,其中較爲突出的便是漢語附加式構詞的研究至今尚顯得蒼白。

　　王力先生曾説:"漢語複音詞的構成,可以分爲三大類:(一)連綿詞;(二)詞根加詞頭、詞尾;(三)仂語的凝固化。"可見漢語附加式構詞在構詞法中的重要地位。所謂附加式構詞,也就是在詞根上加上前綴或後綴即詞頭詞尾的問題。那麽,詞頭詞尾的研究理應與其它兩類構詞法研究齊頭並進才對,不然的話,就會在漢語構詞法研究上留下缺憾,給漢語史本身的科學構建和相關學科的認知造成一些不必要的失誤。①

　　分析研究有關材料,我們覺得,詞頭詞尾的研究不盡如人意體現在以下幾個方面,一是稱謂上的混亂,二是界定上的模糊,三是個性、共性上認識的不足。

　　基于上述想法,筆者打算對漢語詞頭詞尾作比較全面的探討。又,在研究過程中,筆者發現,詞頭詞尾雖同屬漢語構詞中的附加成份,但它們之間也還存在着若干不同,如果籠統地進行研究,則可能產生一些難以協調和不好解決的矛盾。因此,筆者擬分開進行討論,囿于水平,力不從心在所難免,但倘能多少地補苴一些罅漏,筆者也就至感欣慰了。兹先對詞尾試作探索。

## 一、關于詞尾的稱謂

　　對于詞尾,古人僅從其無義的特點把它與虛詞一總稱之爲助字、虛字、語助等,如元盧以緯《助語詞》、清袁仁林《虛字説》、劉淇《助字辨略》、王引之《經傳釋詞》皆然。到馬建忠《馬氏文通》,在詞尾的認識上才比前人大大進了一步,其《實字卷之六·狀字諸式之三》舉到我們今天稱爲詞尾的"然"、"若"、"忽"、"焉"、"爾"、"若"、"斯"等字,並認識到這些字的特點是在相關的語言環境中"爲殿而成狀字"。"爲殿"二字,揭示了詞尾在構詞上的功能,"而作狀字"則概括了部分帶詞尾的複音詞在句中的作用。在當時的條件下,馬氏能有這樣的認識水平是難能可貴的。再後來,王力、吕叔湘等先生在相關的著作中正式有了"詞尾"的提法。[2]八十年代以來,也有一些著述涉及到詞尾問題。就筆者接觸的材料看,除了肯定詞尾說外,大概有以下幾種具有代表性的意見:或者把詞尾和助詞混爲一談,如《中國語文》1980 年 4 期薛恭穆先生發表《〈楚辭〉中形容詞副詞的後綴》一文,文題明標"後綴",而全文皆稱"助詞"。[3]或者根本不承認上古漢語裏有詞綴存在,如《中國語文》1991 年 2 期白兆麟先生發表《襯音助詞再論》,認爲"上古漢語裏的'有、其、言、于、斯、思'等字,並非緊緊地依附于詞根,而是若即若離地運用于實詞前後,其使用也並非整齊劃一,而靈活多樣的。……應該建立並健全助詞這一類别,將上述這一類詞劃入'襯音助詞'"。或者稱之爲"自由構詞語素"。[4]等等。近幾年,雖然對"詞尾"認同者漸多,[5]問題的爭論也由概念轉移到具體的對象上。但我們覺得,不管是名稱的爭論還是具體詞例的分歧,原因仍在于對詞尾的界定缺乏深入的探討,也就導致了研究者未能從整個漢語的歷史着眼而只注意局部的甚至是個别的語言現象。可以說,無論是詞尾個案的剖析還是宏觀的認知都還存在着許多問題。

## 二、關于詞尾的界定問題

如上文所說,古人没有詞尾的名稱,籠統稱之爲助詞,那是由于時代的局限,當時没有系統的語法觀念而使之然。至于今天仍有人把詞尾稱之爲助詞甚而至于對"詞尾"的提法表示反對,除了過分墨守陳說外,關鍵還在對現象和本質的認識失之皮相,未遑細察。實際上,助詞和詞尾的區别是客觀存在的,這可以從語音、語法、詞彙三方面去審察它。從語音來說,詞尾同前邊的詞組成一個相對獨立的音步,助詞則不然,它音讀上不與前詞貼合,顯得松散游離。例如:"晨上散關山,此道當何難"(曹操《短歌行》)顯然,"此道當何難"即"此道何難","當"無義,它在這裏不過是起凑足五言的作用而已。其語音上的切分應是"此道/當/何難"。而"想君小時,必當了了"(《世說新語·言語》)之"必當了了"則應切分爲"必當/了了"("必當"猶"必然")。雖然二"當"字均無義可釋,但音讀的切分却明辨出前者是助詞,後者是詞尾;從語法看,助詞所依附的是一個句子或相對長的詞組,詞尾則是附著在一個單音詞或複音詞之後的,可以這樣說,助詞是屬于句子的,詞尾則是從屬于它所結合的詞的;從意義而言,詞尾通常不過是負載一個音節完成詞彙的雙音化(也有附綴在叠音詞後面的)而已,其本身已不具有詞彙意義。[6]助詞則對全句或某一意義單位的表達發揮着作用。于後兩條,我們只要把本文所列舉的詞尾和結構助詞"的、地、得",時態助詞"着、了、過"進行比較則昭然無疑,無煩贅舉其它例子。除此而外,還要考慮到構詞的類化問題,也就是説,注意一個詞綴的歷時演變。如果按照上述標準來檢視詞尾,就既不會如薛恭穆先生把《楚辭》中的"夜耿耿而不寐兮"、"年滔滔而自遠兮"、"壽冉冉而愈衰"的"而","老冉冉其將至兮"、"路漫漫其修遠兮"的"其",乃至于連綿詞後邊如"心嬋媛而傷懷兮"、"山蕭條而無獸兮"的"而"當作詞尾。因爲《楚辭》的三字狀語是其重要語言特徵之一,三個單音節組成一個獨立的音步,"而"、"其"在語音上是不前粘(也不後附)的;連綿詞是單純的合成詞,更不可能後附詞綴。也不會如白兆麟先生因爲一些例子的難以把握而全盤否定上古漢語中詞綴的存在。當然,白先生對"有、其、言、于、思、斯"等字的質疑也不無道理,如把"斯"看作詞綴就似欠妥當——雖然它是前賢們早已認定的。[⑦]因爲它例證太少,根本無"類化"可言。但是,像"然"、"爾"等則是從文言系統而至白話系統且延續到現代漢語中,僅據個別可商的語言現象而否定上古漢語的詞尾存在就失之偏頗了。至于稱爲"自由構詞語素",它在一定程度上已揭示出"詞綴"的特點即"類化"問題,只不過稍微顯得寬泛,其中也可指稱那種並未完全失去詞彙意義的成分。

當然,這是從理論上認識,在實際的辨識中,要鑒定是詞還是詞尾,有時會出現兩説均可的情形。一是有的作詞尾的字它獨立時有某一意義,而在組合成雙音詞時恰好與前一語素同義,我們既可因爲這個字常作詞尾而認定它爲後綴,也似可看作同義連文;二是有的字,它與前一單音詞組合而成雙音詞,但因爲這個字所記錄的詞其詞義系統中的某一義項與該語言環境可以聯繫起來,如果把它切分爲一個獨立的語義單位也未嘗不可,譬如近年來關于詞尾"自"、"復"的爭論便多與這種情形有關。面對古代文獻中的上述麻煩,我們已無法推知作者行文或叙説時的本真,爲了穩妥,我們不妨寧嚴勿寬,也就是説,凡是可以從實義角度分析的,我們姑且不看作詞尾。當然,在分析時我們還不能局限在某一單一的結構上,應該既不忘"例不十,法不立"的良箴,同時還要注意詞彙共時的,歷時的表現以及語言自身的變化規律。按照上述原則處理,可能更易于爲大家所接受。

## 三、關于宏觀把握的問題

究其實,這個問題與詞尾的界定有密不可分的關係。之所以過去對具體對象有是或非的爭議,或者是某一詞尾數量多寡上的懸殊,焦點便是對詞尾缺乏全面的分析研究,只是就現象而或是或非,當然也就不免見仁見智。我們覺得,語言研究必須建立在扎實的材料基礎上,缺少了詞尾個案的研究,也就不可能提煉出詞尾的共性特徵,更談不上相關的語法認知。緣此,筆者試圖按上述標準對古代漢語(包括文言和古白話)中的詞尾加以甄別和清理——詞尾到底有哪些,它的産生、發展、演變的情況如何,詞尾相互間有否外在和内在的聯繫,詞尾這一語言現象在古漢語這個空間範圍内的共性特點如何等,這些都是我們試圖進行探索的。不管我們的意見能否成立,但能給同行提供較全面系統的商榷或批評的材料是無疑的。若然,這也不失爲本文小小的價值。

以下標舉出我們認同的詞尾,每個詞尾酌情舉列例子,並適時予以必要的説明。

**若**

出涕沱若,戚嗟若。(《易·離·六五》)

有孚發若。(同上《兑·六二》)

不節若,則嗟若。(同上《兑·六三》)

曰肅時雨若,曰乂時暘若。(《書·洪範》)

桑之未落,其葉沃若。(《詩經·衛風·氓》)

六轡沃若。(同上《小雅·皇皇者華》)

夫子奔逸絶塵,而回瞠若乎後矣。(《莊子·田子方》)

力沛若有餘。(《公羊傳》文公十四年)

忽若去不信兮,至今九年而不復。(《楚辭·九章·哀郢》)

愀然改容,超若自失。(《史記·司馬相如列傳》)

山群披風方穆若,花時分袂更淒然。(唐劉兼《送文英大師》詩)

才高不少下,闊若與世疏。(宋歐陽修《哭曼卿》詩)

民充國亦富,粲若有條理。(同上《送朱職方表臣提舉運鹽》詩)

山川同一色,浩若涉大荒。(宋蘇軾《牛口見月》詩)

別來,無限恨,持杯欲語,恍若魂驚。(宋蔡伸《滿庭芳》詞)

恍若如臨異境,漾風沼岸闊,波净魚驚。(宋曹勛《松梢月》詞)

若,本義爲擇菜,上古茹毛飲血(茹毛,即茹苗,吃野草野菜),擇菜是日所必須,"若"是活躍于口頭的詞彙無疑,于是被借作詞尾,配合前邊的形容詞表示動作行爲的某種情狀。由于言文的日漸分離,詞尾"若"後來也多是出現在文言系統中,只作形容詞的後綴,且並無發展。

**如**

賁如皤如,白馬翰如。(《易·賁·六四》)

突如其來如,焚如,死如。(同上《離·九四》)

屯如邅如。(同上《屯·六二》)

婉如清揚。(《詩經·鄭風·野有蔓草》)

吉甫作頌,穆如清風。(同上《大雅·烝民》)

孔子于鄉黨,恂恂如也,似不能言者。(《論語·鄉黨》)

與下大夫言，侃侃如也；與上大夫言，誾誾如也；君在，踧踖如也。（同上）

孔子三月無君，則惶惶如也。（《孟子·滕文公下》）

而海内晏如。（《漢書·諸侯王年表序》）

意豁如也。（同上《高帝紀》）

明闡苴物，設官分職，宇宙穆如。（《抱朴子·詰鮑》）

臣在下土，聽聞歌謠，驕臣虐政之事，遠近呼嗟之音，竊爲辛楚，泣血漣如。（東漢劉瑜《舉賢良方正上書陳事》）

盤桓北闕下，泣泪何漣如。（魏曹植《精微篇》）

我思纏綿未紓，感時悼逝凄如。（晋陸機《上留田行》詩）

懷戀結好，心焉悵如。（晋摯虞《答杜育》詩）

夫人以仁孝偕生，以禮順偕長。始于家，純如也；終于夫族，穆如也。（唐柳宗元《亡姊前京兆府參軍裴君夫人墓志》）

去去百年外，身名同翳如。（《新唐書·韋玄暐傳》）

慷慨事功千載期，蕭如也。料行囊如水，只有新詩。（宋李曾伯《沁園春》詞）

如，本義爲“從隨”。語音近于“若”，同爲日母，若，鐸部；如，魚部。陰入可以對傳。由于“如”被借作詞尾，若、如語音既相近，且都有表示“象、似”的常見義，于是，“如”也被借作詞尾。二者比較，略有不同，“若”一般只用在單音詞後，“如”則還可以用在叠音詞和非叠音的雙音詞後。

**然**

履錯然，敬之無咎。（《易·離·初九》）

終風且霾，惠然肯來。（《詩經·邶風·終風》）

南有嘉魚，烝然罩罩（同上《小雅·南有嘉魚》）

夫子憮然。（《論語·微子》）

栩栩然蝴蝶也。（《莊子·齊物論》）

天油然作雲，沛然下雨，則苗勃然興之矣。（《孟子·梁惠王上》）

舉欣欣然有喜色。（同上）

文王聞之，喟然而嘆。（《趙策》）

上欣然而笑。（《史記·張丞相列傳》）

于是景帝默然良久。（同上《袁盎晁錯列傳》）

三乘佛家滯義，支道林分判，使三乘炳然。（《世說新語·文學》）

猶勝飽食昏睡，兀然端坐耳。（《顔氏家訓·雜藝》）

黯然情緒,未飲心先醉。(宋柳永《訴衷情近》二之一)

人貌老于前夕,風月宛然無異。(宋晏殊《謁金門》詞)

笑嫣然,舞翩然。當壚秦女,十五語如弦。(宋賀鑄《行路難》詞)

我這裏手難抬稱不起肩窩,病染沉疴,斷然難活。(《元曲選外編·西廂記》二本四折)

有孩兒也枉然,你爹娘倒叫別人看管。(明高明《琵琶記》五齣)

這陸賈秀才,端然帶了四方巾。(明湯顯祖《牡丹亭》六齣)

猛然驚醒,乃是一夢。(《醒世恒言》卷一)

好好一只燈船,爲何歇了笙歌,滅了燈火,悄然而去。(清孔尚任《桃花扇》九齣)

說着,便袖了這石,同那道人飄然而去。(《紅樓夢》一回)

　　然,本義爲燃燒,用火烤炙食物。上古火與人的生活息息相關,"然"字自然如"若"樣爲口語詞,"然"之作詞尾理同于"若"。不過反映在典籍中却區別甚大。"然"作詞尾開始並不比"若"、"如"活躍,例如《易》卦辭中詞尾"若"、"如"甚多,而"然"只一例,《詩經》中也只有十餘例。但從發展看,"然"却後來居上了,戰國時期的著作,"然"已在同一系列的詞尾中占了上風。有漢而下,更是勢不可當。如《毛傳》、《鄭箋》便不時把《詩經》中的原單音詞或複音詞加上一個"然"字來形象化。例如《陳風·衡門》:"東門之楊,其葉牂牂"毛傳:"牂牂然,盛貌。""昏以爲期,明星煌煌"鄭箋:"親迎之禮以昏時,女留他色不肯時行,乃至明星煌煌然。""然"主要用作形容詞詞尾,有時,也和動詞配合。當它附綴于動詞後時,則使原來的動詞變成了形容詞。可以說,整個古代書面語中,"然"都是作描寫性的詞尾,所以王力先生說:"'然'字的壽命最長;從《詩經》時代起,直到五四時代止,'然'字始終在書面語中用爲副詞的詞尾。"(《漢語史稿》中册 316 頁)其實,何止"五四"時代,現代漢語中仍習用不衰。

## 其

兄弟不知,咥其笑矣。(《詩經·衛風·氓》)

中谷有蓷,暵其干矣。(同上《王風·中谷有蓷》)

有女仳離,嘅其嘆矣。(同上)

言念君子,溫其如玉。(《詩經·秦風·小戎》)

言念君子,溫其在邑。(同上)

坎其擊鼓,宛丘之下。(《詩經·陳風·宛丘》)

單厥心,肆其靖之。(同上《周頌·昊天有成命》)

思言君子,溫其如玉。(魏郭遐叔《贈嵇康》詩)

嗟行伊久,慨其永嘆。(晋曹攄《答趙景猷》詩)

故人凄其相悲,同祖于今夕。(晋陶淵明《自祭文》)

窈而深,廓其有容。(唐韓愈《送李愿歸盤谷序》)

懿其休風,是煦是吹。父子熙熙,相寧以嬉。(唐柳宗元《貞符》詩)

"其"是"箕"的本字,被借作指代詞,進而虛化爲形容詞詞尾,組合後的雙音形容詞用以表示某種具體的情狀。這一點與詞尾"然"略同。但是它的運用範圍相對狹窄,見次率亦遠低于"然",先秦時僅見于《詩經》,後世並無大的發展。少許用例不過是先秦用法的襲用或模仿。再有,它只能與單音形容詞組合,不象"然"還可以和動詞組合且能附著在叠音詞的後邊。

**言**

静言思之,躬自悼矣。(《詩經·衛風·氓》)

薄言往訴,逢彼之怒。(同上)

睠言顧之,潸焉出涕。(《詩經·小雅·大東》)

永言保之,思皇多祜。(同上《周頌·載見》)

采采芣苢,薄言采之。(同上《周南·芣苢》)

思言君子,溫其如玉。(魏郭遐叔《贈嵇康》詩)

歡言酌春酒,摘我園中蔬。(晋陶淵明《讀〈山海經〉》詩之一)

静言孔念,中心悵而。(同上《榮木》詩)

眷言懷君子,沈痛迫中腸。(宋謝靈運《廬陵王墓下作》詩)

眷言王喬舄,婉孿故人情。(唐李白《淮陰書懷,寄王宗成》詩)

關于《詩經》中的"言",古今論者甚多,私意以爲胡適之說多對,胡適《詩三百篇"言"字解》(《胡適文存》卷二)把"言"字分爲三類而以"而"、"乃"、"之"訓之,並自云"除第三說尚未能自信,其它二說則自信爲不易之論也"。全面分析《詩經》中的"言"字,我們覺得可作四解,一是人稱代詞,猶"我"(《爾雅·釋詁》已提到),如"言采其蕨","言告言歸";二是連詞,猶"而",如"弋言加之,與子宜之"(《鄭風·女曰雞鳴》)"君子有酒,酌言嘗之"(《小雅·瓠葉》)"彤弓紹兮,受言藏之"(《小雅·彤弓》)"念彼共人,興言出宿"(《小雅·小明》)這種"言"字用于動詞後,起連接狀語和中心詞的作用,均可用"而"來替換它;三類猶指示代詞"之",如"唯此聖人,瞻言百里"(《大雅·桑柔》)"寤言不寐,願言則嚏"(《邶風·終風》)"捷捷幡幡,謀欲譖言"(《小雅·巷伯》)第四類便是如上所舉的詞尾(向熹《詩經詞典》已有此說),它的特點主要是用在形容詞後(上舉郭遐叔詩當是仿比而然),助成某種情狀。"言"作詞尾,並未推衍開來,後世偶見的不過是對先前的模仿。

**爾**

抑諺曰:"蕞爾國。"(《左傳·昭公七年》)

鼓瑟希,鏗爾。(《論語·先進》)

子路率爾而對曰。(同上)

嘑爾而與之,行道之人弗受;蹴爾而與之,乞人不屑也。(《孟子·告子上》)

居處言語飲食衎衎爾。(《禮記·檀弓上》)

或操觚以率爾,或含毫而邈然。(晋陸機《文賦》)

張驎酒後挽歌甚凄苦。桓車騎曰:"卿非田横門人,何乃頓爾至致。"(《世説新語·任誕》)

花外莊周蝶,松間禦寇風。古人漫爾説西東。(宋朱敦儒《風蝶令》詞)

爲有仙翁,正爾名喧蕃漢。眉壽比,聃彭更遠。(宋史浩《明月逐人來·壽仙翁》詞)

投老空山,萬松手種,政爾堪嘆。(宋辛棄疾《永遇樂·檢校停雲新生種杉松戲作》詞)

不競南風,忽爾三生六劫通。(宋沈瀛《減字木蘭花》詞)

天曰果然,事皆偶爾,鑿井得銅奴得翁。(宋陳仁杰《沁園春·天問》詞)

趕至天曉,倏爾風息,見有一座大山,十分險峻。(《西游記》九一回)

鄔梨見瓊英題目大難,把擇婿事遂爾停止。(《水滸傳》九八回)

宋江怒氣填寫胸,遽爾當先出馬。(同上一一七回)

姐姐既有此情,何復固爾拒我?(明劉兑《嬌紅記》一〇齣)

不想浙中魏廓園兄,竟爾獨先被逮。(清李玉《清忠譜》五齣)

況且覆巢之下,必無完卵,總然保全性命,家園定爾蕩費。(同上七齣)

事堪憎,嚴親蓦爾言詞硬,傳説愁將禍害攖。(同上)

　　"爾"作詞尾,用法略同于"然",從時間上來説,晚于"若"、"如"等;從地域觀察,似有一定的方言關係,如《墨子》、《莊子》、《荀子》、《公羊傳》、《穀梁傳》均未見有。周法高認爲是魯語習慣,是有道理的。但在後來,卻由方言變成了通語,且和"然"一樣,在歷史的進程中表現出極强的生命力,不管是文言還是白話系統都不乏用例。其用法上也大致與"然"相同,大多詞尾"爾"都可用"然"替換,如上所舉的例子可堪比較。只是從總的數量上比,是少于"然"的。在現代漢語中,詞尾"爾"除"偶爾"、"率爾"間或使用外,其他構形已被淘汰,更無法與"然"相比。

**而**

啓呱呱而泣。(《書·皋陶謨》)

舒而脱脱兮。(《詩經·召南·野有死麇》)

未幾見兮,突而弁兮。(同上《齊風·甫田》)

欣而長兮,抑若揚兮。(同上《猗嗟》)

宋忠、賈誼忽而自失,芒乎無色。(《史記·日者列傳》)

風雲淒其帶憤,石泉咽而下愴。(宋孔稚圭《北山移文》)

人亦有言,靡日不思,矧伊嬿婉,胡不淒而。(魏王粲《贈士孫文始》詩)

静言孔念,中心悵而。(晋陶淵明《榮木》詩)

閑襟超已勝,回路倏而及。(唐王灣《奉使登終南山》詩)

忽而與霄漢,寥落空南軒。(唐常建《張天師草堂》詩)

行雲遞崇高,飛雨靄而至。(唐杜甫《雨》詩)

俄而散漫,斐然虛無。翕然復搏,搏久而蘇。(唐皇甫湜《出世篇》詩)

把酒時伸奠,汨羅空遠而。(唐褚朝陽《五絲》詩)

中心悵而,似風雨,落花知。(宋辛棄疾《婆羅門引·用韻別郭奉道》詞)

"而"本義爲胡,通常借作連詞、代詞,進而挪作詞尾,作詞尾,也是用于形容詞或副詞之後。其作用一同于"然",凡詞尾"而",都可以用"然"替換。只是組合能力上遠不及"然"。比較同一系列的詞尾,"而"不太活躍,其頻率遠不如"然"、"爾",且多出現在韻文裏。

## 焉

我心憂傷,惄焉如擣。(《詩經·小雅·小弁》)

睠言顧之,潸焉出涕。(同上《大車》)

其興也淳焉。(《左傳》莊公一一年)

瞻之在前,忽焉在後。(《論語·子罕》)

孰弊弊焉以天下爲事。(《莊子·逍遥游》)

始舍之,圉圉焉,少則洋洋焉,攸然而逝。(《孟子·萬章上》)

無貴賤少長,秩秩焉莫不從桓公而貴敬之。(《荀子·仲尼》)

三難異科,雜焉同會。(《漢書·谷永傳》)

盤盤焉,囷囷焉,蜂房水渦,矗不知幾千萬落。(唐杜牧《阿房宮賦》)

憑軾訊古今,慨焉感興亡。(唐李嶠《奉使築朔方六州城率爾而作》詩)

儀充獻酌,禮盛衆禋。地察惟孝,愉焉饗親。(唐張齊賢《儀坤廟樂章》)

日月方向除,恩愛忽焉暌。棄置誰復道,但悲生不諧。(唐儲光羲《同王十三維偶然作十首》之六)

川路日浩蕩,惄焉心如擣。(唐陶翰《早過臨淮》詩)

間者闊焉今久矣,多少幽懷欲寫。(宋黃升《賀新郎·梅》詞)

但見這兩個道士:冰一般冷,石一般樣堅。儼焉兩個皮囊,塊然一雙寶體。(《二刻拍案驚奇》卷三七)

王呼妻出見,負敗絮,菜色黯焉。(《聊齋志異·王成》)

埒中有小狐首數枚,大如碗盞焉。(同上《周三》)

覺杖粗如五斗囊,凌空翕飛,潛捫之,鱗甲齒齒焉。(同上《仙人島》)

“焉”本鳥名,借用作指示代詞,相當于“于是”。因爲指示代詞“焉”通常用句末,其指代作用往往不太明顯或處于可有可無之間,略同于語氣詞,這種意義的虛化爲它作詞尾創造了條件。“焉”用法一同于“然”。通常是作形容詞詞尾,形容詞可以是單音的,也可以是複音的。末二例當是此用法的類化。

**乎**

確乎其不可拔。(《易·乾·文言》)

爲之歌《齊》,曰:“美哉,泱泱乎大風也哉。”(《左傳·襄公二年》)

周監乎二代,郁郁乎文哉!(《論語·八佾》)

師摯之始,《關睢》之亂,洋洋乎盈耳哉!(同上《泰伯》)

夫道,淵乎其居也。瀏乎其清也。(《莊子·天地》)

君子明于此十者,則韜乎其事心之大也,沛乎其爲萬物逝也。(同上)

夫道,覆載萬物者也,洋洋乎大哉!(同上)

孔子拘匡,昭昭乎其知之明也,郁郁乎其遇時之不祥也。(《荀子·賦篇》)

宋忠、賈誼忽而自失,芒乎無色。(《史記·日者列傳》)

儼乎其若思,茫乎其若迷。惟陳言之務去,戛戛乎其難哉(唐韓愈《答李翊書》)

忽忽乎余未知生之爲樂也,願脱去而無因。(同上《忽忽》詩)

屈指數別日,忽乎成兩年。(唐獨孤及《下弋陽舟中代書寄裴侍御》詩)

刻斯貞石,焕乎遺芳。地變陵穀,嶷列城隍。(唐《王承檢掘得墓銘》)

若再來犯我境界,斷乎不饒!(《西游記》二九回)

這聲調口氣,迥乎不像蘅蕪之體。(《紅樓夢》七〇回)

“乎”本身無實義,最常見的用法是在句末作語氣詞,緣此正好挪作詞尾。詞尾“乎”與詞尾“然”基本相同,多用作形容詞或副詞詞尾且都可以用在疊音詞後。它不同于“若”、“然”類的是,“若”、“然”類詞尾多用在叙述句中,一般不用在感嘆句中。“乎”則可用在感嘆句中且常與“哉”搭配。這當是詞尾“乎”本身就來源于句末語氣詞,而“乎”作句末語氣詞常表感嘆。因而在作詞尾時不免還留下一些原來色彩。這是就總體情況而言。如果從某一個詞的組合看,並不存在什麽差異。例如:《西游記》中,用“斷然”34 例,用“斷乎”13 例;《紅樓夢》中,用“**斷然**”5 例,用“**斷乎**”10 例;《醒世姻緣傳》中,二者都是 8 例。而《水滸傳》有 5 例“**斷然**”,却一個“**斷乎**”也没有。

**兮**

豫兮若冬涉川,猶兮若畏四鄰,儼兮其若客,煥兮若冰之將逝,敦兮其若樸,曠兮其若谷,混兮其若濁。(《老子》一五章)

井井兮其有理也,嚴嚴兮其有能敬己也,介介兮有其終始也,厭厭兮其能長久也。(《荀子·儒效》)

忽兮其極之遠也,攭兮其相逐而反也,卬卬兮天下之咸蹇也。(同上《賦篇》)

"兮"作詞尾與"乎"來源方式相同,且全部可用"然"替代,因此特徵非常明顯,易于辨識。不同的是,"乎"使用比較廣泛,"兮"則相對狹窄,《論語》、《墨子》、《莊子》等書均無,可能與方言有關。後世並未能廣泛推行開來。

子

譬如狗子,從大家得食不肯食之,反從作務者索食。(東漢支讖譯《般若道行品經》)

甲嚙下乙鼻,甲稱乙自嚙。吏曰:"夫人鼻高口低,豈能自嚙之乎?"甲曰:"他踏床子就嚙之。"(曹魏邯鄲淳《笑林》)

見一人擔擔,上有小籠子。(《荀氏靈鬼志》)

鳥子飛行在于虛空,寧有恐耶?(西晉竺法護譯《文殊師利現寶藏經》上)

妻嘗妒,乃罵秀爲貉子。(《世說新語·惑溺》)

鶹子滿天飛,群雀兩向波。(《樂府詩集·橫吹曲辭五·企喻歌辭一》)

何物漢子,我與官,不肯就。(《北齊書·魏蘭根傳》)

賊平之後,方見面子。(《舊唐書·張濬傳》)

今人只知道憚難,過了日子。(宋《朱子語類》卷二)

至午未間,家家無酒,拽下望子。(宋孟元老《東京夢華錄》卷八)

這梁鴻窮的怕人子哩。(《元曲選·舉案齊眉》一折)

我兒,你往那裏耍子,便去這半日?(《封神演義》一二回)

張員外道:"没在此間,把批子去我宅中質。"(《醒世恒言》卷三一)

也罷,身子困倦,且自略睡片時。(清洪昇《長生殿》四齣)

林黛玉扶着婆子的手,進了垂花門。(《紅樓夢》三回)

關于詞尾"子"產生的年代,王力先生在《漢語史稿》中認爲先秦"子"已有了詞尾化的痕迹,並認爲《禮記·檀弓》中"使二婢子夾我",只有把"子"認爲是詞尾,然後容易說得通。後來洪誠先生否定上例,肯定王力先生所舉"拜請百福,賜我喜子"中的"子"爲詞尾,並補充了見于西漢的"虎子"、"獅子",認爲"子"字詞尾化在西漢已經成熟。[8]1992年,駱曉平根據劉正琰、高名凱《漢語外來語詞典》指出"獅子"爲東伊蘭語的譯音,"喜子"依各本異文當作"善子"(或"嘉"),是王力先生對原文理解有誤,而"虎子"乃因便器作小虎狀而得名。[9]筆者以爲,

“子”作詞尾，當是由對人的尊稱虛化而來。至于產生年代，駱說近是，當是產生于東漢，發展于魏晋而日益廣泛的。（如《齊民要術》中“子”尾式構詞隨處可見）在唐代而下大量產生，例如《朱子語類》中便可見到諸如“輪子、鏡子、樣子、册子、本子、桌子、皮子”等六七十種詞例。在組合能力上，詞尾“子”也呈現出旺盛的生命力，可以作動詞、形容詞、代詞等的詞尾而使其名詞化。在明代的白話文獻中尤其如此。比較起來，“子”應是口語化最徹底且組合能力最強的詞尾之一。在現代漢語中，詞尾“子”更比比皆是。

**自**

　　郡國諸侯務自拊循其民。（《史記·吴王濞列傳》）

　　以此景帝再自幸其家。（同上《張湯傳》）

　　吾等後世，終自不如此長兒也。（《蜀志·楊戲傳》）

　　勤心養公姆，好自相扶將。（《孔雀東南飛》）

　　登岸周旋，庶自蘇息。（三國康僧會編譯《六度集經》）

　　既不修善，則無利益，唐自疲困。（三國支識譯《撰集百緣經》）

　　兄文章已自行天下。（晋陸雲《與兄平原書》）

　　文章實自不當多。（同上）

　　人言荆江狹，荆江信自狹。（劉宋鮑照《吴歌》）

　　二賢故自有才情。（《世説新語·賞譽》）

　　正爾在群形之中，便自知非常之器。（同上《容止》劉注引《嵇康别傳》）

　　帝王尚自降他，況復凡流下庶。（《敦煌變文校注·韓擒虎話本》）

　　但某雖自年幼，也覽亡父兵書。（同上）

　　隨人黄犬才前去，走到溪邊忽自回。（宋范成大《四時田園雜興》詩）

　　今日未彈心已亂，此心元自不由人。（宋沈括《夢溪筆談·藝文》）

　　迎門兒拜母親，猶兀自醉醺醺。（永樂大典本《小張屠》四折）

　　猶古自參不透風流調法。（《元曲選外編·西廂記》三本三折）

　　若我斷不出此事，枉自聰明一世。（《喻世明言》卷一〇）

　　兩家失國由妃子，落日行人漫自哀。（明張原《驪山》詩）

　　[雜]你看裴家姐姐，竟自揚鞭去了。[老旦]且自由他。（清洪昇《長生殿》六齣）

　　只見弄盞傳杯，傳杯處，驀自裏話兒唧噥。（同上七齣）

　　老子江湖漫自誇，收今販古是生涯。（清孔尚任《桃花扇》一〇齣）

　　白蘇都向此留題，二老才名本自齊。（清趙翼《西湖雜詩》之二）

**復**

何能愁怫郁，當復待來茲。(《漢樂府‧西門行》)

不見樹，亦無樹想；無復山，亦無山想。(東漢支讖譯《般若道行品經》)

神通真人猶復滅度。(東漢曇果、康孟祥譯《中本起經》下)

吾等將復誰化乎？(三國康僧會譯《六度集經》)

《咏德頌》甚復盡美，省之惻然。(晉陸雲《與兄平原書》)

君出，鄰海便無復人。(《世說新語‧政事》)

阿奴今日不復減向子期。(同上《品藻》)

使君且不顧，況復論秋胡。(唐李白《陌上桑》)

寂寂首陽山，白雲空復多(唐李頎《登首陽山》)

雖復沈埋無所用，猶能夜夜氣衝天。(唐郭震《寶劍篇》)

自笑堂堂漢使，得似洋洋河水，依舊只流東。且復穹廬拜，會向槀街逢。(宋陳亮《水調歌頭‧送章德茂大卿使虜》)

伏念微臣，初來有志，誦詩書，力學躬耕修己，不復貪榮利。(明高明《琵琶記》一六齣)

[外]凡事由來係夙因，[老]況復婚姻百世親。(明劉兌《嬌紅記》二四齣)

姐妹中皆隨便，或有一扇的，或有一字的，或有一畫的，或有一詩的，聊復應景而已。(《紅樓夢》六二回)

"自"和"復"都是產生于漢代且在用法上有許多近似處的詞尾。最早發現"自"、"復"虛義用法的是清人劉淇(見其《助字辨略》)，爾後呂叔湘、王鍈、蔣紹愚、江藍生、劉瑞明、朱慶之、蔣宗許等在有關的著作或論文中續有探索，目前已爲學界普遍認同。它們的基本特點是，主要用作副詞詞尾，產生于漢代，盛行于魏晉南北朝，具有鮮明的口語性。詞尾"自"至今還活躍在港臺作家的書面語中。在通常的現代漢語中，也有少許用例，如"枉自"、"妄自"、"徒自"等。詞尾"復"則在唐代以後便開始衰落，宋元而下只是偶見于一些白話文獻中，現代漢語中幾乎不見使用。[10]

**當**

命如鑿石見火，居世竟能幾時。但當歡樂自娛，盡心極其嬉怡。(《漢樂府‧滿歌行》)

何當此子，竟早隕滅，戲言遂驗乎？(《魏志‧朱建平傳》)

兄文方當日多，但文實無貴于爲多。(晉陸雲《與兄平原書》)

《感逝賦》愈前，恐故當小不。(同上)

戴會稽如是便發，分別悵然，一時名士唯當有此君耳。(陸雲《與楊彥明書》)

又女弱獨行，豈當有伴耶？(《搜神記‧李娥》)

太中大夫陳韙後至，人以其語語之，韙曰："小時了了，大未必佳。"文舉曰："想君小時，必

當了了。"(《世說新語·言語》)

時郗超爲中書,在直。引超入曰:"天命修短,故非所計,政當無復近日事不?"(同上)

常朝旦問訊,郗家法,子弟不坐,因倚語移時,遂及財貨事,郗公曰:"汝正當欲得吾錢耳!"(《世說新語·儉吝》)

縱由算當更無人,應須三寶慈悲力。(《敦煌變文校注·大目連冥間救母變文》)

善慶聞之,切須記當。(同上《廬山遠公話》)

時寶積等皆受維摩勸誘,記當居士教招,重整威儀,再排隊仵。(同上《維摩詰經講經文》)

如今必有辨浮沉、識淺深的漢,試出來定當水脉看。(《五燈會元》卷七《黃龍祖心禪師》)

知遠怒將洪信喝:"匹夫開眼覷吾當。"(金《劉知遠諸宮調》一二)

這些功勞,余當仗你兩個,不得有些辭怠。(同上)

但得新婦來管當家事,復何所覬?(《三希堂法帖》二一册趙孟頫《二哥帖》)

這場羞辱怎禁當,好叫我低首無言。(《元曲選外編·霍光鬼諫》二折)

大嫂,我死後,好看當這孩兒。(同上《金鳳釵》四折)

雖不能竊玉偷香,且將這盼雲眼睛兒打當。(同上《西廂記》一本二折)

放下一張飯床,上面都没擺當。(《元曲選·凍蘇秦》)

誰知小姐瞌睡,恰遇着夫人問當。(明湯顯祖《牡丹亭》一二齣)

猪有猪圈,羊有羊棚,後生無些樣當,弗見更個面光。(明馮夢龍《山歌·歪纏》)

劉淇在《助字辨略》中發現了"當"的虛義用法,舉例便有上第二例,只不過今本《三國志》作"何意"。爲此,丁聲樹、蔣禮鴻先生盡言劉誤,查嚴可均《全三國文》正作"何當",是知今本係後人妄改。丁聲樹《"何當"解》對"何當"幾乎作了窮盡式搜羅,但皆以"何時將"破解。張相《詩詞曲語辭匯釋》論及"助詞""當"甚多,蔣禮鴻《敦煌變文字義通釋》廣涉變文中的"當"。惜乎都未能全面考察。"當"本爲動詞,《說文·田部》:"當,田相值也。"段玉裁注:"值者,持也,田與田相持也。引申之,凡相持相抵皆曰當。"由此可見,"當"的本義是表示田地對當,其動詞性比較弱,它不像一般及物動詞那樣總是以另一物事作爲動作行爲的對象。因而,在先秦時,"當"的詞彙意義便開始虛化,作動詞者甚少。或者作形容詞,表示恰當、正確;或者作介詞,表示在某一時候或某一條件下如何;或者作助動詞,用在其它動詞之前來輔助表示動作行爲。到漢代,"當"由助動詞再虛化爲副詞,進而產生了詞尾的用法。從漢代到魏晋南北朝,主要作副詞詞尾,唐代而下則多爲動詞詞尾。其原因是因爲動詞的雙音化發展相對緩慢,客觀上需要以各種構詞方式來加快它的雙音化進程。而"當"用作詞尾的基礎以及它在音律上的優勢正適于動詞附加式構詞的需要,所以便被挪作動詞詞尾。至于少許用作代詞詞尾如"吾當"、"余當",這亦是類化的結果。⑪明清時,詞尾"當"逐漸衰落,現代漢語中已不再有。

## 为

譬如斷華,著日中即爲萎枯。(東漢支讖譯《般若道行品經》)

長者在樓上,極爲憂愁。(三國失譯《須摩提女經》)

問守門者曰:"長者今爲所在?"(同上)

往昔國王諸佛真人五通仙士,亦皆過去無能住者,空爲悲戚,以隕軀形。(西晋法炬、法立譯《法句譬喻經》)

沙門鳩摩羅迦葉大爲不可,不應作是說。(東晋僧伽提婆譯《中阿含經》)

世尊已作制限分齊竟,汝云何輕爲數數犯耶?(東晋佛陀跋陀羅、法顯譯《摩訶僧祇律》)

諸梵志書籍亦有此言:"如來出世,甚爲難遇。"(符秦曇摩難提譯《增一阿含經》)

無央數劫所未見聞,悉爲解決。(梁寶唱集《經律異相》)

"爲"作詞尾,一般只見于漢譯佛典中,以上例子均來自朱慶之《佛典與中古漢語詞彙研究》。又,朱書中尚有個別例子未妥,如"我當相爲料理",相,應是指代性副詞,相爲,猶言"爲你",比較《世說新語·賢媛》"到洛陽當相爲美談",《規箴》"賀出見之,辭之曰:'此不必見關,但爲君門情,相爲惜之。'"可見不當。"爲"作詞尾亦由動詞而介詞而語氣詞虛化所至。在《世說新語》中,尚時或可見"爲"的虛用,如:"人人有悦色,唯有臨海一客姓任及數胡人爲未洽。"(《政事》)"將讓河南尹,樂爲述己所以爲讓。"(《文學》)

## 頭

犯上頭四惡,復行是六事。(東漢安世高譯《一切流攝宗音經》)

身重骨節不隨,鼻頭曲戾,皮黑咤軒。(同上《道地經》)

乘大白象于四道頭街巷里陌處處勸化。(三國支謙譯《撰集百緣經》)

京師人謂粗屑爲紇頭。(《漢書·陳平傳》晋灼注)

士龍住東頭,士衡住西頭。(《世說新語·賞譽》)

相王好事,不可使阿訥在坐頭。(同上《輕詆》)

蓋頭上題盒字以示衆,衆莫能解。(同上《捷悟》)

膝頭似虎掌爪,常没水中,出膝頭,小兒不知,欲取弄戲,便殺人。(《水經注》卷八《污水》)

刮取車軸頭脂作餅子,著瘡上。(《齊民要術》卷六)

上廟參天今見在,夜頭風起覺神來。(唐王建《華岳廟詩》)

半夜燈前十年事,一時風雨到心頭。(唐杜荀鶴《旅館遇雨》詩)

當時群鹿止吟林，逼近清潭望海頭。(《敦煌變文校注·大目連冥間救母變文》)

净能承其帝命，抽身便起，只對殿西角頭一個劍南蠻畫瓮子，可授石已來，净能移心作法。(同上《葉净能詩》)

若理會得入頭，意思一齊都轉。(《朱子語類》卷八)

若不咬破，又恐裏頭別有多滋味在。(同上卷一八)

衆人只是樸實頭，不欺瞞人，亦謂之忠。(同上卷二一)

一一皆實，不虛頭説來。(同上卷二七)

忽于狼籍堆頭，拾得蜣蜋糞彈。(《五燈會元》卷一七《秘書吳恂居士》)

前頭兩句是平實話，後頭兩句是格外談。(同上卷一八《大溈祖瑃禪師》)

前後是二百八十五房頭，共有五百個度牒的和尚。(《西游記》三六回)

湯小春有什麼大名頭，要冒認他不成？(《醉醒石》三回)

宋仁立起身，往厨頭取了一對杯，排擺在桌上。(《歡喜冤家》一五回)

却畢竟不如嫁了個讀書人，到底不是個没望頭的。(《拍案驚奇》卷一〇)

我曉得多是孫英這叫化頭教他如此。(明徐㘊《殺狗記》二四齣)

賈母雖年老，却極有興頭。(《紅樓夢》八回)

黃昏告退，輒過齋頭，就燭誦經。(清蒲松齡《聊齋志異·嬰寧》)

關于詞尾"頭"的起源，王力先生認爲是在六朝，周法高先生發現晋灼注《陳平傳》例，朱慶之先生在《佛典與中古漢語詞彙研究》中羅列了東漢譯經中的不少例子。就目前研究現狀，我們認爲，詞尾"頭"是産生于東漢，發展于六朝，盛行于唐宋以後的詞尾。唐以前作方位詞頭爲常見，唐以下則更廣泛地用作名詞詞尾。例如宋代編輯的《五燈會元》中，便有近三十類例。同時，詞尾"頭"類化的速度加快，作動詞、形容詞、代詞之類的詞尾均不乏用例。不過，其實質仍是名詞性的，加上了詞綴"頭"，它就把原來的詞類變成了一個名詞性結構。現代漢語中，"頭"爲詞尾仍很常見。

**來**

比來天下奢靡，轉相仿效。(《魏志·徐藐傳》)

想今來得行，有緣待面耳。(晋陸雲《與兄平原書》)

亡來今已四年，爲鬼所妄殺。(舊題陶淵明《搜神後記·徐玄方女》)

西山朝來致有爽氣。(《世説新語·簡傲》)

吾幼來在家，恒聞如是。(《晋書·石勒傳》)

流水本自斷人腸，堅冰舊來傷馬骨。(唐盧思道《從軍行》)

昨來朱顔子，今朝白髮催。(唐李白《對酒》詩)

夜後戍樓月,秋來邊將心(唐戎昱《塞下曲》)

小來習性懶,晚節慵轉劇。(唐杜甫《送李校書二十六韻》)

賦來詩句無閑語,老去官班未在朝。(唐張籍《贈王秘書》詩)

日日都來總不織,夜夜調機告吉祥。(《敦煌變文校注·董永變文》)

男女病來聲喘喘,父娘啼得泪汪汪。(同上《故圓鑒大師二十四孝押座文》)

此寺先來貧虛,都無一物。(同上《廬山遠公話》)

小憐初上琵琶,曉來思繞天涯。(宋王安國《清平樂》詞)

又豈知,名宦拘檢,年來減盡風情。(宋柳永《長相思·京妓》詞)

好是漁人,披得一蓑歸去,江上晚來堪畫。(宋柳永《望遠行》詞)

[生末]大都有來能欠幾文。(永樂大典本《張協狀元》二四齣)

你看佛殿上沒人燒香呵,和小姐散心耍一回去來。(《元曲選外編·西廂記》一本楔子)

聞上刹幽雅清爽,一來瞻佛像,二來拜謁長老。(同上一本一折)

既不沙,却怎睃趁你頭上放毫光,打扮的特來晃。(同上一本二折)

這一個似卓氏般當壚滌器,這一個似孟光般舉案齊眉。說的來藏頭蓋脚多伶俐。(《元曲選·竇娥冤》二折)

近新來染得些症候,一半兒爲國憂民,一半兒愁花病酒。(同上《漢宮秋》二折)

黃卷看來消白日,朱弦動處引清風。(明高明《琵琶記》二二齣)

怎生來人怨語聲高?(明湯顯祖《牡丹亭》二二齣)

在這宣陽里中,四家府門相連,俱照大內一般造法。這一家造來,要勝似那一家的;那一家造來,又要賽過這一家的。(明洪昇《長生殿》一○齣)

"來"的通常意義表"去來"之來,從魏晋而後開始和形容詞、名詞、動詞及副詞結合而作詞尾,所結合的多爲單音詞,且多表時間,結合而成的雙音詞一般作句子中的時間狀語。與表總括的"都"之類結合爲數不多,但也是作狀語。在元代以下,"來"作詞尾類化較快,除了原來的用法外,還有與數詞、代詞結合的,以上例子可見一斑。另外,還有一種現象值得注意,即常常作語助詞。例如:《元曲選·竇娥冤》三折:"委的不是小婦人下毒藥來。"《元曲選·趙氏孤兒》一折:"你又忠我可也又信,你若肯捨殘生我也願把這頭來刎。"《牡丹亭》一三齣:"笑微微美懷,住秦臺、楚臺? 因甚的病患來?"《長生殿》七齣:"[老旦]妹妹喜也。[貼]有何喜來?"又一○齣:"客官,爲甚來這般作惱來?"顯然,這些"來"只是作爲一個音節助詞存在而已。在現代漢語中,"一來"、"二來"、"春來"、"秋來"等少許詞仍見使用。

## 馨

殷去後,乃云:"田舍兒,强學人作爾馨語。"(《世說新語·品藻》)

與何次道語,唯舉手指地曰:"正自爾馨!"(同上)

顧看兩王掾,輒翣如生母狗馨。(《世説新語·文學》)

冷如鬼手馨,强來捉人臂。(同上《忿狷》)

將刀來,破我腹,那得生如此寧馨兒。(《宋書·前廢帝傳》)

婀娜腰支細細許,瞵眵眼子長長馨。(唐張鷟《游仙窟》)

爲問中華學道者,幾人雄猛得寧馨。(唐劉禹錫《贈日本僧志藏》)

碧玉爲竿丁字成,駕鴦綉帶短長馨。(唐范攄《雲溪友議》引陸暢《雲安公主出降雜咏·坐障》)

生涯分付寧馨兒,西園手種閑花草。(宋陳著《踏莎行·壽季父吉甫》詞)

六朝興廢餘丘壠,空使奸雄笑寧馨。(宋蘇軾《平山堂次王居卿祠部韻》詞)

"馨"從宋洪邁《容齋隨筆》以來,論及者頗多,諸如宋吳曾《能改齋漫録》、金王若虛《謬誤雜辨》、清劉淇《助字辨略》、近人劉盼遂《世説新語校箋》等,或談其詞性,或辨其聲調。今賢涉及者更是枚不勝舉,徐震堮《世説新語校箋》,王雲路、方一新《中古漢語語詞例釋》,董志翹、蔡鏡浩《中古虛詞語法例釋》等不同過去稱之爲"語助"(或"助詞"),名之爲詞尾,並認同顧野王、段玉裁之説"馨"乃"𧿒"的借字。筆者以爲,顧、段説是,徐、王、董等有識。只是何以借"馨"爲"𧿒",尚須論説。

從文字構形來説,"𧿒"從"只""粵"聲,"只"爲語已詞,"从口,象氣下引之形,凡只之屬皆从只。"(《説文·只部》)"𧿒"爲聲也,即語末助詞正其本義,語末助詞用作詞尾本情理中事,但是,作爲文字,"𧿒"幾乎不見于書面材料,人們多不熟識,即或行文者本身知道,他也得考慮讀者能否接受。因此客觀上就需要找一個讀之而似其音,聞之足以相喻的字來完成有關(如上所列)詞語的組合。馨,本指稻黍之香,引申而指祭祀之香氣,古重祭祀,六朝之宗教、迷信泛濫,"馨"之爲人喜聞樂見自不待言,因而"馨"便被抓了差,代替陌生的"𧿒"字而作詞尾。至于何以六朝便有作"形"、"生"的("庾后以牙尺打帝頭云:'兒何以作爾形語?'"《古小説鈎沉·小説》)唐時便多作"生",筆者以爲,當是因爲"馨"雖爲常語,但畢竟筆畫太多,口語的記載總是力求簡捷,所以從唐代起除個別有意仿古外都以"生"表示。[12]

生

冰泉常若冰生。(《古小説鈎沉·幽明録》)

借問別來太瘦生,總爲從前作詩苦。(唐李白《戲杜甫》詩)

海鯨露背橫滄溟,海波分作兩處生。(唐元稹《俠客行》)

讓和尚曰:"子問太高生,向後人成闡提去"。(《祖堂集》卷四《石頭和尚》)

昨日今日事全殊,怎生得受菩提記。(《敦煌變文校注·維摩詰經講經文》)

其妻何似生？其妻容貌衆皆知。（同上《難陀出家緣起》）

問怎生禁得，如許無聊。（宋柳永《臨江仙》詞）

怕君不飲太愁生，不是苦留君住。（宋辛棄疾《御街行》詞）

只言此老渾無事，種竹移花作麼生。（宋楊萬里《題王季友主簿佚老堂》詩）

最憐小女太憨生。（宋魏了翁《虞美人》詞）

子路必待有車馬輕裘，方與物共，若無此物，又作麼生？（《朱子語類》卷二九）

若是再來討債時節，叫我怎生見他？（《元曲選·竇娥冤》二折）

今日暮春天氣，好生困人！（《元曲選外編·西廂記》一本楔子）

這場兒貽禍是伊誰？俺偏生見伊！俺偏生見伊！（明馮夢龍《精忠旗》三齣）

分付丫鬟，好生伺候娘娘。（清洪昇《長生殿》八齣）

筆者以爲，“生”或是“馨”的代寫，比較“馨”，其範圍有所拓展，形容詞、副詞、指示代詞、疑問代詞後都不少見，且還可以用在一個特殊結構後使原來的結構詞組化。如習見於禪宗語錄的“太高生、太低生、太孤峻生、太謙纖生、太孤危生”之類便是。詞尾“生”到元代開始衰落。例如元明清的戲曲中，除了早已習用不衰的“怎生”、“好生”外很少用例。在現代一些方言（如四川方言）中，“好生”（義猶“好好”）仍見使用。

## 取

不信比來長下淚，開箱驗取石榴裙。（唐武則天《如意娘》詩）

不信妾腸斷，歸來看取明鏡前。（唐李白《長相思》詩）

請君問取東流水，別意與之誰短長。（同上《金陵酒肆送別》詩）

古歌舊曲君休聽，聽取新翻楊柳枝。（唐白居易《楊柳枝》）

小于潘岳頭先白，學取莊周泪莫多。（唐元稹《六年春遣懷》詩）

美人倚欄獨語，悲嘆久之。注視不易，雙鬟笑曰：“憨措大，收取眼。”（唐裴鉶《傳奇》）

汝即有如是奇特當陽出身處，何不發明取？（《五燈會元》卷一八《玄沙師備禪師》）

人間誰敢更爭妍，鬥取紅窗粉面。（宋蘇軾《西江月》詞）

憑誰問取歸雲信，今在巫山第一峰。（宋晏幾道《鷓鴣天》詞）

倩何人喚取，紅巾翠袖，搵英雄泪。（宋辛棄疾《西江月》詞）

記取江州司馬，坐中最老。（宋黃庭堅《品令》詞）

知性便知天，當處便認取，更不可外求。（《河南程氏遺書》卷二上）

官居只似私居樣，管取寒松最後凋。（《朱子語類》卷二二）

看來只好學取長槍大劍，乘時作亂，較是活計。（《新編五代史平話·梁史》卷上）

依隨哥哥西川去，同共認取關將軍。（《新編全相說唱足本花關索出身傳》）

　　咎兩個説取一個牙疼誓。(《元曲選·黑旋風》第三折)

　　勸普天下前婚後嫁婆娘每,都看取我這般傍州例。(同上《竇娥冤》二折)

　　還將舊來意,憐取眼前人。(《元曲選外編·西廂記》四本三折)

　　無情何事管多情,任取春光自去來。(明高明《琵琶記》三齣)

　　娘言是,望爹行聽取。(同上四齣)

　　太平時車書已同,干戈盡戢文教崇。留取瓊林,勝景無窮。(同上一〇齣)

　　願取群賢盡貞忠,盡貞忠。管取雲臺畫形容,畫形容。(同上)

　　媳婦,都是我當初不合教孩兒出去,誤得你恁的受苦,我甘受折罰,任取尸骸露。(同上二三齣)

　　念取經年離別,跋涉萬里路程。(同上二六齣)

　　見神人囑付道:墳已成了,教奴家前往京畿,尋取丈夫。(同上二七齣)

　　且待明日徑投他家去,以乞丐爲由,問取消息。(同上三四齣)

　　我相公特差小人來請取太老爺、太夫人和那小夫人,一同到洛陽去。(同上三八齣)

　　捧泥金,攔門賀喜,表取故人心。(明劉兌《嬌紅記》三七齣)

　　"取"本爲動詞,義爲戰爭中割取敵耳以請功,後引申而凡有所獲得的動作行爲均可稱"取"。由于古漢語中動詞謂語句越來越多,"取"的使用也愈見普遍。隨着漢語詞彙雙音化的加快,"取"常常用在連動結構中充當並列動詞或在述補結構中作補語。頻繁的使用使它意義逐漸呈現虛化狀態,從東漢而下,它有時便在一個雙音節動詞中充當陪襯成份,只助音節,不表詞義,近乎于詞頭。朱慶之曾舉到佛典中"取決"、"取打"、"取利"、"取遣"等若干例子,王雲路舉中土文獻中"取吐"、"取悉"、"取樂"等。詞尾"取"正是在此基礎上形成的。"取"的詞尾用法元明清時仍作動詞詞尾,只不過其間也還有較大差異,在元代,詞尾"取"並不是十分活躍,見于全元散曲不過四十例左右,調查了《西廂記》、《望江亭》、《玉鏡臺》、《趙氏孤兒》、《青衫泪》等一百餘部元曲,詞尾"取"總共不足六十例。而明代的《琵琶記》則爲三十二例,《嬌紅記》三十三例,《精忠旗》二十例。清代的《長生殿》、《清忠譜》、《桃花扇》也遠較元曲詞例爲多。其原因是因爲詞綴本身便具有相當重的口語色彩,明代市民文學、民間文學的勃興促成了這種語言現象的發展。現代漢語中"聽取"、"領取"等是其遺意。

　　**手**

　　太祖苦頭風,每發,心亂目眩,佗針鬲,隨手而差。(《魏志·華佗傳》)

　　比見諸人水取石子,研丁香汁,拔訖,急手傅,孔中亦即生黑毛。(晉葛洪《肘後備急方》卷六)

　　率十石,著石灰一斗五升,急手抨之,一食頃止。(《齊民要術·種藍》)

春耕尋手勞,秋耕待白背勞。春既多風,若不尋勞,地必虛燥。(同上《耕田》)

軍達臨朐,與賊爭水,龍符單騎衝突,應手破散。(《宋書·孟龍符傳》)

急手除火,燒却前頭草。(《敦煌變校注·李陵變文》)

誅陵老母妻子了手,所司奏表于王。(同上)

念佛急手歸舍去,遲歸家中阿婆嗔。(同上《三身押座文》)

吾死不須哭,徒勞枉却聲。急手深埋却,臭穢不中停。(唐王梵志《詩》之二六一)

以上例子中的手字,顯然都與"手"的詞義没有關係。它附著在一些與時間概念有關的動詞、形容詞、副詞之後,凑足雙音節,兼對前一語素起强調作用。如"急手"猶言"急急"、"急忙","尋手勞"即立即榜。第四例前言"尋手勞"下則言"尋勞"正是對"手"的詞尾性的最好説明。又,"了手"又作"了首"(《李陵變文》)"急手"又作"急首"(王梵志《詩》之三)更可見"手"唯記音而已。宋、元以後,詞尾"手"日漸湮没。

## 兒

細雨魚兒出,微風燕子斜。(唐杜甫《水檻遣興》詩)

蘆笋穿荷葉,菱花胃燕兒。(唐王維《戲題示蕭氏外甥》詩)

打起黄鶯兒,莫教枝上啼。(唐金昌緒《春怨》詩)

君是輕薄子,莫窺君子腸。且須看雀兒,雀兒銜汝將。(唐盧仝《空谷蛺蝶》詩)

頗奈蝦蟆兒,吞我芳桂枝。(同上《月蝕》詩)

雀兒被禁數日,求守獄子脱枷。(《敦煌變文校注·燕子賦》)

有時穿入花枝過,無限蜂兒逐隊飛。(宋韓琦《柳絮詞》)

誰信道,些兒恩愛,無限凄涼。(宋蘇軾《雨中花慢》詞)

雖爲個侍婢,舉止皆奇妙,那些兒鶻鴒,那些兒掉。(金《董解元西廂記》卷一)

又有個小妮子,是自幼伏侍孩兒的,唤做紅娘;一個小廝兒,唤做歡郎。(《元曲選外編·西廂記》一本楔子)

今日至親則這三四口兒,好生傷感人也呵。(同上)

休説那模樣兒,則那一對小脚兒,價值百金之鎰。(同上一本一折)

燈兒又不明,夢兒又不成,窗兒外淅零零的風兒透窗櫺,忒楞楞的紙條兒鳴;枕頭兒上孤零,被窩兒裏寂静。你便是鐵石人,鐵石人也動情。(同上一本四折)

我則道拂花箋打稿兒,原來他染霜毫不構思。(同上三本一折)

插金花、飲御酒,游街兒耍子。(明高明《琵琶記》八齣)

我妹子還好躲得一步懶兒,你却是老爺時刻少你不得。(《鼓掌絶塵》四回)

櫻唇上調朱,蓮腮上臨稿,寫意兒幾筆紅桃。(清洪昇《桃花扇》二三齣)

“兒”原指小兒,引申而指生物之細小者或卑下不足道者。從魏晋南北朝,“兒”已開始虚化,到唐代演變而成詞尾。當然,唐代的“兒”也有人提出異議,認爲“兒”字都是附著在有生命的名詞後,或許仍有上述意義,很難説是詞尾,但我們比較盧仝詩的兩個例子,顯然與幼小卑下無關,看來上述擔心是多餘的。在唐代以後,“兒”作詞尾廣泛推衍,有生命無生命的東西,都不乏附以“兒”的例子,如宋孟元老《東京夢華録》之“鼓兒,鑼兒,馬兒,刀兒,槍兒,闌杆兒,棒槌兒”等。宋以後,詞尾“兒”更是十分活躍,上邊略舉了《西厢記》及明清時的幾個例子,已不難發現“兒”尾頻率之高以及類化之廣。其口語化程度與在文獻中的見次率與詞尾“子”當在伯仲之間。現代漢語中,“兒”尾詞仍非常普通。

## 家

王子猷説:“世目士少爲朗,我家亦以爲徹朗。”(《世説新語·賞譽》)

謝公問孫僧奴:“君家道衛君長云何?”孫曰:“云是事業人。”(同上《品藻》)

誇道自家能走馬,團走横過迷人看。(唐王建《宫詞》)

儂家自有麒麟閣,第一功名只賞詩。(唐司空圖《九疾山上吴村看杏花》詩)

忽見居士到來,盡被他家呵責。(《敦煌變文校注·維摩詰經講經文》)

遠道冥冥斷寂寥,兒家不慣長欲别。(同上《伍子胥變文》)

想得别來,舊家模樣,只是翠蛾顰。(宋柳永《少年游》詞一〇之五)

試問伊家,阿誰心緒,禁得恁無憀。(同上《少年游》詞一〇之七)

以此縈牽,等伊來、自家問道。(柳永《法曲第二》詞)

便直饒、伊家總無情,也拼了一身,爲伊成病。(宋歐陽修《洞仙歌令》)

人人盡道黄葵淡,儂家解説黄葵艷。(宋晏殊《菩薩蠻》詞)

主人瞋小,欲向東風先醉倒。已屬君家,且更從容等待他。(宋蘇軾《减字木蘭花·贈小鬟琵琶》詞)

人家蓋一個門樓,措大家又獻言語。(宋龔鼎臣《東原録》卷一五)

手取金釵把門打,君瑞問:“是誰家?”(金《董解元西厢記》三折)

俺家姓楊,被番兵困在虎口交牙峪裹。(《元曲選·昊天塔》一折)

那壁有人,咱家去來。(《元曲選外編·西厢記》一本一折)

大厮家包藏得險,友朋每講論得同。(《全元散曲·顧潤臣〈點絳唇·四友争春〉》)

心勞意攘,一會家情牽恨惹,一會家腹熱腸荒。(同上荆干臣《醉花陰北·閨情》)

儂家鸚鵡洲邊住,是個不識字漁父。(同上白賁《小令·鸚鵡曲》)

見他人兩口兒家携着手看燈夜,教俺怎生不感嘆傷嗟。(同上曾瑞《醉花陰·元宵憶舊》)

淹漸病晝夜家厮纏繳,相思鬼行坐裹常陪伴。(曾瑞《蝶戀花·閨怨》)

每日家笑呵呵,陶淵明不似我。(同上張養浩《新水令·辭官》)

是誰俊俏誰村拗,俺老人家不性索。(同上周浩《水仙子·答》)

夜深沉,人靜悄,低低的問如花,終是個女孩兒家。(同上關漢卿《新水令》)

娘子,年老爹娘,望伊家看承。(明高明《琵琶記》五齣)

俺家所轄,原有三十二路將官,番漢並用。(清洪昇《長生殿》一七齣)

"家"作詞尾,最早是呂叔湘先生揭示的。至于它在何時成爲詞尾,呂先生説:"非領格的用法是領格用法擴展的結果。"但語焉不詳。筆者以爲,"家"在漢魏而後,在口語中産生了近乎于"人"的新義,見于佛典有常附于職業動詞後,如"田家"、"陶家"、"梁家"、"門家"等,中土文獻則以後附名詞、代詞常見,如,"是家志不好樂,雖來無歡。"(《後漢書·皇后紀·明德馬皇后》,"此家疏誕,不中功曹。"(《魏志·杜畿傳》)"而敵家數道並進,已入心腹。"(《蜀志·法正傳》)象以上列舉的"家"字,在以它爲詞素組成的雙音詞中,義猶"人",但是,它必須依附于有關的詞素,單獨的"家"是没有"人"的意義的。實際上,它已近乎于詞尾了。所以,當單音節的人稱代詞需要雙音化的時候,它便順理成章地作了搭檔。再進而類化作名詞如"君"、"措大",時間詞"一會"、"晝夜"等的詞綴。在現代漢語中,"家"作詞尾仍很常見,如"女兒家"、"老人家"、"婦道人家"等。

## 價

追悔當初孤深願。經年價、兩成幽怨。(宋柳永《鳳銜杯》詞)

要見時時便是,一向價、只作尋常。(同上《滿庭芳》詞)

引將蜂蝶燕和鶯,成陣價、忙忙走。(同上《紅窗迥》詞)

一年價、把酒風花月,便山遥水遠分吴越。(宋朱敦儒《踏歌》詞)

這場煩惱捻著嚛,曉夜價,求天祝地。(宋石孝友《夜行船》詞)

形留神往,鎮日價、忘食應忘寐。(宋葛長庚《菊花新》詞)

日高花氣撲人來,獨自價、傷春無緒。(宋嚴仁《一絡索》詞)

我欲待登臨又不快,閑行又悶,每日價情思睡昏昏。(《元曲選外編·西廂記》二本一折)

一個價愁糊突了胸中錦綉,一個價泪揾濕了臉上胭脂。(同上三本一折)

一回價不冬冬的催軍鼓擂,響當當的助戰鑼敲。(《元曲選外編·三奪槊》二折)

急煎煎似上蚰蜒道,一會價心癢難揉。(《元曲選·誤入桃源》四折)

俺和你幾年價來往,傾心兒契合,則今日索分顔。(同上《望江亭》一折)

一群價飛鷹走犬相隨逐,都是些貂裘暖帽錦衣服。(同上《生金閣》一折)

俺也幾番價把爹連叫,只見他七魄悠然,三魂去杳。(同上《馮玉蘭》三折)

你一番價探望哥哥吃的來釅釅醉,你倆一番價見嫂嫂常只是衝衝氣。(同上《神奴兒》一

折）

　　佯呆着不瞅不覷,他却整塊價卷在包袱。(《全元散曲·劉時中〈端正好·上高監司〉》)

　　四時間如開錦綉,主人公能得幾遍價來往追游?(同上鄧學可《端正好》)

　　逐朝價密約幽期,每日價弄盞傳杯。(同上宋方壺《一枝花·妓女》)

　　鐵生見説得快活,放開了量,大碗價吃。(《拍案驚奇》卷三二)

　　知他何處夢兒多,每日價欠伸千個。(明湯顯祖《牡丹亭》二四齣)

　　一霎價心兒胃。原來是弄風鈴臺殿冬丁。(同上二七齣)

　　深深院,見簾幕低垂絲簧迭奏,鎮日價歌舞。(明劉兌《嬌紅記》三齣)

　　象那李衙内、張舍人,潑天價富貴的子弟可好麽?(同上四齣)

　　你兩番價違背親盟,自家斷送了香閨幼女。(同上四八齣)

　　也不學使酒的莽灌夫,一謎價痛飲興豪粗。(清洪昇《長生殿》一○齣)

　　一會價軟咍咍柳軃花欹,困騰騰鶯嬌燕懶。(同上二四齣)

　　平日價張着口把忠孝談,到臨危翻着臉把富貴貪。(同上二八齣)

　　俺特地采蘅蕪,踏穿閬苑,幾度價尋懷夢摘遍瓊田。(同上四六齣)

　　那閣子旁邊風聲呼呼價響,彷彿閣子都要搖動似的,天上雲氣一片片價叠起。(《老殘游記》一回)

　　"價"作詞尾晚于"家",始于宋詞。它應是詞尾"家"的音近替代字。蓋因爲"家"是平聲字,不合詞格的要求,于是換用"價"字來協律。後來則相沿成習,不完全是韻律的關係,如小説中以及戲曲中的對白類便是如此。再,初始時主要作時間詞的詞尾,後來便有如上之類的類化。比較詞尾"家","價"不能作代詞詞尾,而詞尾"價"可以用在詞組後邊,如《水滸傳》四九回:"説起槍棒武藝,如糖似蜜價愛。"《拍案驚奇》卷二二:"睡夢之中,忽聽得天崩地裂價一聲響亮。"這却又是詞尾"家"所不能的。在現代漢語中,詞尾"價"仍有用例。

　　見

　　長吁解羅帶,怯見上空床。(唐韓偓《春閨》詩)

　　今日歡笑獨惟悴,幾人憐見白髭鬚。(唐元稹《西歸絶句》)

　　怪見梅梢未暖,情知柳眼猶寒。(宋范成大《朝中措·丙年立春大雪》詞)

　　送君不憚遠,愁見獨歸時。(宋黃庭堅《放言》詩)

　　如今憔悴,風鬟霧鬢,怕見夜間出去。(宋李清照《永遇樂》詞)

　　兀誰可憐見我那裏。(金《董解元西厢記》三折)

　　天可憐見,早得回來,父子團圓,弟兄完聚。(《水滸傳》三六回)

　　"見"作詞尾,雖然習見于有唐而下,但它在六朝史乘中已透露出消息,最典型的便是用在"所"後湊足音節。于此,時賢已多有研究,此不贅說。⑬從結構上看,把"所見"的"見"說成詞尾未嘗不可,但一是類例太過單一,二是"所"本身是一個十分特殊的稱代詞,脫離了相關的結構並不具有獨立的意義,這和附加式構詞的詞根不同,因而我們把頗見于六朝等于"所"的"所見"之"見"仍看作助詞。明清以後,詞尾"見"漸漸湮没。

**于**

鳥子飛行在于虛空,寧有恐耶?(西晉竺法護譯《文殊師利現寶藏經》上)

當于李杜際,各輩或泝源。(唐皮日休《魯望昨以五百言見貽》詩)

爾時太子在于山中勇猛精進,修無上道。(《祖堂集》卷一《釋迦牟尼佛》)

師經于三日都不說法。(同上卷二《弘忍和尚》)

緣太子有于惠眼,漸漸更覓方便。(《敦煌變文校注·太子成道經》)

"于"作詞綴的用法,始見于漢譯佛經及以後與佛經相關的文獻,早期以用于動詞之後爲常見,唐五代有所發展。後來逐漸消亡。

**地**

忽地下階裙帶解,非時應得見君王。(唐王建《宮詞》)

直是不出門,亦是草漫漫地。(《筠州洞山悟本禪師語録》)

造化可能偏有意,故教明月玲瓏地。(宋李清照《漁家傲》詞)

若悠悠泛泛地過,則又不可。(宋《朱子語類》卷一三)

只恁地滔滔地說去(同上卷一六)

今人無事時,又却恁昏昏地。(同上)

善端雖是方萌,只是昭昭靈靈地。(同上卷之六二)

此心蕩蕩地,方與天相契。(同上卷八七)

我這裏躡脚潛踪,悄地聽咱。(《西廂記》三本三折)

你劃地犯了十惡大罪,受了典刑。(《元曲選·竇娥冤》四折)

默地游春轉,小試宜春面。(明湯顯祖《牡丹亭》一○齣)

没亂裏春情難遣,驀地裏懷人幽怨。(同上)

雖則鬼叢中姊妹不同行,窣地的把羅衣整。(同上二七齣)

俺姐姐和申生在此私語,見我們來時,驀地驚散了。(明劉兑《嬌紅記》一九齣)

前恨何時遣,忽地的重添幽怨。(同上三一齣)

魆地間心耿耿,猛想起我舊豐標,教我一想一泪零。(清洪昇《長生殿》三○齣)

猛地裏爆雷般齊吶起一聲的喊響,早子見鐵桶似密圍住四下裏刀槍。(同上三二齣)

怎生他陡地心如鐵,馬嵬坡便忍將伊負也。(同上四七齣)

只管慢騰騰地,不顧誤了大事。(清李玉《清忠譜》九齣)

關於唐代而後的"地、底",吕叔湘、王力先生都曾論及。不同的是,吕先生認爲"底"字的性質近于代詞,而"地"字近于詞尾,王力先生則將二者都歸之爲詞尾,並且認爲來源相同。我們覺得,吕先生的説法似更可從。"底(的)"與"地"有着很大的差異,底的後邊一般接續的是名詞,即或後邊没有接續,它也隱含着一個可補得出來的名詞成分,如:"王介甫家,小的不如大底,南陽謝師宰家,大底不如小底"(宋王銍《默記》卷中)"不知官職是誰底? 金碗是誰底?"(宋葉適《四朝聞見録》)這類結構,也就是現代漢語"的字結構"的源頭。從語法來説,大凡"底"後邊的名詞都受到"底"的制約,標明它所屬的對象或具有的性質,如:"若説到'我底學問如此,你底不是必爲人所攻。'"(宋陸九淵《象山先生集》)"底雪、活底花、嫩底柳。"(《南湖詩餘》)就詞義而言,"底"與句意詞意密切關聯。一般説來,"底"字結構若抽去了"底"意義便迥異,如:"這個是老僧底,大德底在什麽處?""亦是和尚底,亦是某甲底。"(《景德傳燈録》卷七《鄂州無等禪師》)倘去掉"底"便成了"這個是老僧,大德在什麽處""亦是和尚,亦是某甲"。變否不言而喻。也正因爲"底"在語法和詞義上都比較實在,故在音步上也顯得比較獨立,不好説"底"是附前還是依後(當然,若抽去了中心語,感覺上是依附于前的,這裏是説後邊有中心語的情況)。比較之下,"地"則完全不同于"底",如我們上邊所舉諸例,抽去"地"句意詞意基本不變,且都可以用"然"來置換它。尤其是"驀地裏"、"猛地裏"、"地的"、"地間"、"忽地的"更能説明問題,"地"附綴于前邊的形容詞表示某種情狀,其後再以詞綴貼附完成一個三音節的音步。這是"底"絕對不可能有的組合,文獻中是没有"～底裏"、"～底的"、"～底間"的(按,"底"爲代詞)。

至于詞綴"地"的來源,過去論者總是舉到《世説新語·方正》"使君如馨地,寧可鬥戰求勝!"(習慣皆如此斷句)而柳士鎮先生則不同意傳統索解,認爲這個句子應斷爲"使君,如馨地寧可鬥戰求勝?""如馨地"即"如馨之地",全句意爲"這樣的地方難道可以鬥戰求勝"。[⑭]筆者贊同柳氏的説法。又,有人還舉出《搜神記》卷五"吾今領兵三千,須卿,得度簿相付。如此地難得,不宜辭之"之"地"爲詞尾,[⑮]這是對原文理解有誤,"地"在魏晋而後,有"職位"一義,筆者在《世説新語辭典》下凡舉三例,請讀者參看。[⑯]依筆者愚見,詞尾"地"的來源並不與其它詞語相涉,也不過是"地"的意義虚化使然。如果我們注意一下"地"的詞義演變,便可印證上説。在先秦兩漢,"地"大概有以下義項:與天相對;地面、領土;屬地;地方、場所;地步、餘地;住地。顯然,"地"的義項已經不少,這當然是人們樸素的天地意識引發出若干的概念來。在魏晋而下,又增加了"底子"、"門地"、"職位"、"路程"、"面積"等,以及表心理活動的諸如"心地"、"見地"、"識地"等。義項的劇增自然提高了它在語言中的使用頻率,逐漸變成了一個口語詞彙,進而虚化,成爲語助詞,如唐詩宋詞中還常見的"坐地"、"掃地"、"立地"、"觸地"

等等。語助而詞尾,這本是中古而下許多詞尾演變的共同途徑,原不必別作它求。

"地"作詞尾,主要用在單音、叠音的形容詞、副詞或一個形容詞性的結構後邊。有時,它也用在指代詞後邊,使其前邊的指代詞具有形容性。所以我們可以說,"地"是形容詞詞尾。元代而下,"地"有時也寫作"的",如:"淹的呵下瑶階,將兩步作一步蹇,早轉過甚人來。"(《元曲選·張天師》第四折)"忽的呵陰雲伏地,淹的呵洪水滔天,騰的呵烈火騰空。"(《元曲選·柳毅傳書》第二折)"淹的轉身,吸的便咽,森的消魂。"(《全元散曲·張鳴善〈齊天樂·遇美〉》)(上文所舉"窣地的"、"忽地的"也是)這些"的"字都是不能用"底"字來替換的。所以說,它只能是"地"的變寫而不是早期"底"的沿續。

# 四、漢語詞尾的成因及其消長演變

上文,我們按照基本能爲大家接受的標準對古代漢語詞尾作了較全面的展示。我們羅列的只是書面語(包括文言、白話)通語中的詞尾,象有的太方言化、太俚俗的詞尾則未予臚陳。如元曲中的"支刺"、"支沙"、"支煞"、"支支",宋元時市語行話中的"老"等。還有,如果僅見于某一類文獻中的詞尾,我們也持保留態度暫不納入,例如王雲路先生舉列的漢魏六朝詩歌中的"已"、"云"、"應"等。⑰下邊,我們試圖對漢語詞尾的成因及消長演變妄作尋繹。

作爲古代漢語的詞尾,其形成的主要原因當然是漢語詞彙雙音化的必然趨勢而造成的,但是深入探索其自身的發展變化,如上的解釋却顯得太過粗率籠統。縱觀詞尾全貌,同樣可分爲兩個系統,一個是文言系統中的,一個是白話系統中的。文言系統以先秦"若"、"然"之類爲代表,口語系統則以中古興起的"子"、"自"、"復"、"兒"之類爲代表。我們所謂文言系統,只是相對白話而言,其實就這個系統的詞尾本身看,在它所處的時代還是口語化的,只是後來文白分家,歷代模仿先秦的書面語便成了"文言"。不管是文言還是白話中的詞尾,它們都來自于當時的常用詞,由常用詞虛化而變作詞尾,這幾乎可以算作一個定式。

文言系統中的詞尾其用法大體相同,差不多都是用于動詞、形容詞或副詞之後。"若""然"等在時間上要早于來自于語氣詞的"乎"、"兮",它們在《周易》的經文中和《詩經》中多已出現。《周易》的經文中,"若"出現 11 次,7 次爲詞尾;"如"36 次,26 次爲詞尾;"然"1 次,爲詞尾。頻率如此之高,可以說是古代典籍中絶無僅有的現象。認識這種現象,恐怕應考慮到《周易》本身的内容。我們知道,《周易》的經文(卦辭,爻辭)主要是一種長期流傳的有靈驗的兆頭辭,也就是過去了的一些卜筮記録。卜筮本來具有相當濃厚的神秘色彩,因而它的語言不僅不能直白,而且還需要閃爍迷離,以便給人們留下思索猜想的空間。特別的對于具體情狀,它本身的性質以及當時書寫條件的制約,更不可能詳細描繪,于是就在動詞、形容詞後綴以"若"、"如"等，含蓄地表示某種情狀。比較起來，《詩經》中出現的詞尾最多，除《周易》經文中已出現的"若"、"如"、"然"外，又產生了"其"、"言"、"而"、"焉"等。筆者以爲，《詩經》中的詞尾很大程度上是爲了節奏和押韻的需要而產生的。因爲，《詩經》是天籟，它大多來自于民間，其用語有很大的隨意性，當詩人在有感而發的吟唱中，在對具體事物的描摹刻劃中，爲了節奏或押韻需要把某一單音詞變爲雙音詞，詩人本身一般不可能對當時的語言都有着深湛的修養，當然也就不會刻意地爲某一單音詞尋找一個意義上最爲合理的搭當——像後來詩人"二句三年得"似地去琢磨，于是就隨便地在自己的詞庫中拈來一個音節作爲配角，從而完成表達的需要。那麼，最常見的、最熟悉的也應莫過于現有的(如"若"、"如"、"然")和日常交際中的熟語。緣此，"其"、"爾"、"焉"之類代詞便又被挪用而失去了它原有的詞彙意義而僅作爲一個音節成分附著在某些單音詞後而作了詞尾，從而擴大了詞尾的家族。至于"爾"、"乎"、"兮"等，應是語言仿比類化而及，此不贅談。明白了上述道理，也就不會再去苦苦研索某個詞尾又來自某某了。比較起文言系列的詞尾，白話系統的詞尾就複雜得多。約略説來，可分四端。一、從總體看，以動詞、副詞詞尾居多，這是因爲，動詞謂語及其前後的修飾語，是語法發展中最活躍的因素，社會日益發展，生產力水平不斷提高，動詞謂語句也就越多；社會生活越豐富，語言要反映社會，自然也需要隨時創新，而這一切差不多都是圍着動詞及其修飾成分(主要是狀語)而展開的。這就是上述現象的基本成因。[18]當然，中古而下也產生了一些名詞、代詞詞尾，那主要是適應漢語詞彙雙音化所致。二、詞尾兼類較多。文言系統的詞尾一般比較固定，白話中的往往可作多種詞類的詞尾。于此，我們只要稍作定量分析便可解答，一般來説，某一個詞挪作某種詞尾仍是相對穩定，兼作其它，則是造詞的類比而產生的。"自"、"復"，在魏晉南北朝主要作副詞詞尾，其使用頻率極高，于是仿比類化，出現了少許作連詞、動詞、代詞等詞尾的例子。當然，其間也有大起大落的現象，如詞尾"當"，在魏晉南北朝主要作副詞詞尾，在唐代而後則以動詞詞尾居多，筆者在《論詞尾"當"》中有詳細論説，請參看。三、呈現出鮮明的口語性。縱覽有關詞尾的材料，顯而易見它們基本反映在口語性極強的如漢譯佛典、書柬雜帖、民歌、變文、詩詞曲、小説等文獻材料中。例如筆者在《也談詞尾"復"》中，曾談到在陸雲的書柬中，詞尾"復"五十餘見，而其它文言作品總字數遠多于書柬，詞尾"復"僅三見且爲同一詞；其兄陸機今存文章多于陸雲，但基本上都是文言作品，詞尾僅見"聊復"一例。[19]又如上文筆者所論及詞尾"取"在明代尤其活躍，也可謂此説的有力證據。四、穩定性較文言系統的詞尾差。從先秦產生的"然"、"若"之類(個別除外)詞尾，可以説貫穿于整個的漢語史中。原因正如上文言及，秦漢而下，書面語與口語分道揚鑣，後來的文言基本上是模仿先秦兩漢的語言，幾千年間絕少變化，譬如，清代一些文人寫的古文比先秦諸子文章還難讀，應是這個道理。也正因爲如此，文言系統的詞尾便從古而來今了。白話詞尾則不然,如果説,文言是静態語言,白話語言則是動態的,它反映了不同時期、不同地域、不同形式的口語面貌。社會一刻也未静止地變化着,白話則不可避免地折射出各種變化的影子,它涉及到民俗、方言、社會意識形態等方方面面,當然更與語言本身的傳承揚棄密不可分。牽涉面太廣而歷時又十分久長,自然導致中古而下的白話詞尾異彩紛陳,或不絶如縷,或曇花一現。例如同是中古而下的"自"、"復"、"當","自"一直到今天還活躍在港臺作家的書面語中,而"復"在宋元以後逐漸衰落,"當"則唐後大異其趣;又如,詞尾"爲"在唐以後則已消亡。于前者,筆者有專文論及,于後者原因大致相若,蓋佛典口語性極强,漢語雙音化的進程遠勝普通白話著作。正如我們前文所論,作爲詞尾的那些字往往都屬于語言中的常用詞,頻繁的使用促使它們日漸虚化。這個道理很簡單,譬如我們日常的口語交流,有的口頭禪完全與意向的表達無關一樣。爲,從先秦起便是一個很活躍的詞彙,出現頻率非常高,作動詞、作准繫詞、作介詞、作連詞都可派上用場。在佛典的翻譯過程中順便拉上這樣一個"老朋友"來作某一單音詞的搭檔,應是情理中事。至于何以並未廣泛推行開來,這與漢譯佛典與通常的白話差異有關。因爲,漢譯佛典的語言一般説來比同時代的任何中土傳統文獻的語言更接近口語,也就是説,從共時的角度衡量,漢譯佛典與普通白話文獻還有一定距離,那麼,後世的白話書面語對前代語言的繼承揚棄必然以通語爲主,僅見于佛典的某些詞尾不被接受或被忽略而漸趨消亡便成爲不可避免的事實。同樣,其它詞尾的消長也屬于語言發展的必然。本文不再一一展開討論。

## 參考文獻

劉　淇《助字辨略》

馬建忠《馬氏文通》

王　力《漢語史稿》中册

吕叔湘《漢語語法論文集》

　　　《近代漢語指代詞》

張　相《詩詞曲語辭匯釋》

王　鍈《詩詞曲語辭例釋》

周法高《中國古代語法·構詞編》

江藍生　曹廣順《唐五代語言詞典》

袁賓等《宋語言詞典》

李崇興等《元語言詞典》

朱慶之《佛典與中古漢語詞彙研究》

柳士鎮《魏晋南北朝歷史語法》

董志翹　蔡鏡浩《中古虛詞語法例釋》

蔣驥騁《近代漢語詞彙研究》

王雲路《漢魏六朝詩歌語言論稿》

顧之川《明代語言研究》

李文澤《宋代語言研究》

① 由于研究的不足,現行古代漢語教材關于詞頭詞尾的介紹便歧異甚多;今出的古代漢語詞典包括斷代漢語詞典對詞頭詞尾的認識也常常游移失照。

② 參吕叔湘《漢語語法論文集》,王力《漢語史稿》中册。

③ 此並非薛先生肇始。楊樹達先生《高等國文法》即把“語尾”(即“詞尾”)歸之爲“助詞”。我們覺得,就今天的認知看來,把“詞尾”稱爲“語尾”似不太貼切。但楊著出版于三十年代,無可厚非。

④ 參朱慶之《佛典與中古漢語詞彙研究》。

⑤ 本文所列的參考文獻中如蔡、董、顧、蔣、李諸君的著作均如是稱。請讀者參看。

⑥ 我們所謂無詞彙意義,是説它並不帶着自身本有的某一義項去“加盟”某一個詞。例如“好生將息”猶言“好好將息”,並不是“生”具有“好”義,而是它組合後使其“語法化”的結果。

⑦ 見楊樹達《高等國文法》第九章,周法高《中國古代語法·構詞編》。

⑧ 《王力〈漢語史稿〉語法部分商榷》,《中國語文》,1964 年 3 期。

⑨ 《魏晋六朝漢語詞彙雙音化三題》,《古漢語研究》,1990 年 4 期。

⑩ 參蔣宗許《再説詞尾“自”和“復”》,《中國語文》1994 年 6 期。《詞尾“自”再説》,《古漢語研究》1992 年 3 期。《詞尾“自”“復”續説》《綿陽師專學報》,1997 年 3 期。

⑪ 請參拙文《論詞尾“當”》,《古漢語研究》將于近期刊出。

⑫ 這個説法未敢自必,僅供討論。不過,從所有作詞綴的字來看,没有不是常見的、筆劃比較少的字。據此,筆者的臆斷也許可備一説。

⑬ 參吳金華《“R”爲“A”所見 V 式》,《中國語文》,1983 年第 3 期,《試論“R 爲 A 所見 V”式補正》,《中國語文》,1984年第 1 期。張永言《“爲……所見”和“香”“臭”對舉出現時代的商榷》,《中國語文》1984 年 1 期。

⑭ 參柳士鎮《魏晋南北朝歷史語法》139—141 頁。

⑮ 見殷正林《〈世説新語〉中反映的魏晋時期的新詞和新義》。北大中文系編《語言學論叢》第十二輯。

⑯ 四川人民出版社 1992 年版。主編張永言,“A—H 及 Z”所轄條目爲本人撰寫。

⑰ 參王雲路《中古詩歌附加式雙音詞舉例》,《中國語文》1999 年 5 期。

⑱ 參何樂士《〈史記〉語法特點研究》,載《兩漢語言研究》,山東教育出版社,1984 年。

⑲ 見《中國語文》1990 年 4 期。

# 《巽齋先生四六》作者辨疑

## 楊　世　文

北京圖書館藏有宋刻本《四家四六》。所謂四家，即壺山、臞軒、後村、巽齋。在宋代，別號巽齋者至少有危積和歐陽守道二人。《中國叢書綜録》將其中的《巽齋先生四六》的作者確定爲歐陽守道。這是存在問題的。

我們先看看歐陽守道的生平。歐陽守道（1209—?）字公權，初名巽，字迂父，吉州廬陵人。少孤貧，自力於學，以德行爲鄉郡儒宗。淳祐元年（1241）舉進士，授雩都主簿。丁母憂。服除，調贛州司户。吴子良聘爲岳麓書院副山長，後還吉州。江萬里薦爲史館校勘，召試館職，授秘書省正字。遷校書郎兼景憲府教授，遷秘書郎，以言罷。咸淳三年（1267）特旨與祠。以吕文德薦，添差通判建昌軍。遷著作佐郎兼崇政殿説書、兼權都官郎官，遷著作郎，卒。見《宋史》卷 411 及《巽齋文集》附録《巽齋先生傳》。著作有《巽齋先生文集》傳世，其中四六文達數卷之多，竟無一篇與《巽齋先生四六》中的文章相同者，此《巽齋先生四六》之作者可疑，一也。從《巽齋先生四六》的内容來看，是作者在浙江、廣東和福建作官時與上司、同僚、屬官的往還書啓。如《賀浙漕程郎中》云：“某幸居末屬，彌激慶悰”《賀陳郎中改除浙西倉》云：“某得趨下風，不惟今日”表明曾在浙西作小官；《賀胡檢正除浙西憲》云：“徒以枌榆，接清蔭之孔邇；繼之芹藻，沾剩馥以居多”表明曾在浙西作過教官。《漳守通泉州章郎中》云：“丹霞照嶼，分竹使之符”《通潮州沈卿》云：“訪晦庵之舊游，實慚假守；望昌黎之故壘，何幸依仁”《回寄居陳守》云：“訪朱文公之舊游，實慚假守”以及《回趙惠》、《回楊宰》、《回顏知録》等篇表明作者曾知潮州、漳州。而歐陽守道的仕履中無此經歷，此《巽齋先生四六》之作者可疑，二也。《賀浙西漕》云：“某冰氏之子，坎井其天。方二十五而擢第春官，雖未愧退之之敏；今十九年而不離學校，亦僅同士丐之衰。”表明作者二十五歲舉進士，與歐陽守道的及第年（三十三歲）不符，此《巽齋先生四六》之作者可疑，三也。《通王總領》稱這位王總領（即王居安，見後文）“方逆臣之僭叛，見烈士之忠誠”，當用的是韓侂胄、吴曦之事，此乃開禧時事，歐陽守道生於嘉定二年，應不及見，此《巽齋先生四六》之作者可疑，四也。

即然别號“巽齋”的歐陽守道可能不是《巽齋先生四六》之作者，我們是否可以假設另外一位"巽齋"？宋代號"巽齋"的尚有危積。我們先看看危積的仕履。危積字逢吉,撫州臨川人。舊名科,淳熙十四年舉進士,孝宗更名積。調南康軍教授,爲轉運使楊萬里所嘆獎。調廣東帳司,未上,服父喪,免,調臨安府教授。丁母憂,免,幹辦京西安撫司公事。入爲武學諭,改太學錄。明年遷武學博士,又遷諸王宮教授,充宗學博士。遷秘書郎、著作佐郎,兼吳益王府教授。升著作郎兼屯田郎官。因柴中行去國,危積賦詩送之,迕宰相,出知潮州。尋以通金華徐僑書論罷,提舉千秋鴻禧觀。久之,知漳州,有惠政。後自請以歸。久之,提舉崇禧觀,與鄉里耆艾七人爲率真會。卒,年七十四。著作有《巽齋集》,今僅存《巽齋小集》一卷、《巽齋小集補遺》一卷。《宋史》卷 415、《宋史新編》卷 155、《南宋書》卷 54 等俱有傳。危積的仕履,與《巽齋先生四六》的作者非常相似。但僅憑這一點,似乎還不足以證明危積就是作者。不過我們可以通過假設來進行證明,看看假設是否成立。

及第年是判斷作者是誰的一個重要標志。假設作者是危積,則及第年是淳熙十四年(1187),那麼文章中提到的同年進士及第也應該是這一年。我們遍查《巽齋先生四六》,發現至少有三人與危積是同年。一是王居安。《與王總領》云:"王人序諸侯之上,孰不歸依;同年雖四海之人,少希甄異。"查《宋史》王居安本傳,其及第年正是淳熙十四年！二是羅仲舒。《賀羅倉部除閩倉》云:"昔聯雁塔之名,復同鴻序;今忝龍溪之牧,密邇驪車。"羅倉部即曾任秘書郎、著作佐郎、著作郎,出爲福建提舉的羅仲舒(見《南宋館閣續錄》卷 8),其及第年又是淳熙十四年！三是朱權。《回惠州朱郎中》云:"兩轓相望,幸聯分牧之榮;十部寵臨,猶篤同年之好。"朱權曾以朝散郎官知惠州(見《洺水集》卷 11,《新安文獻志》卷 85《朱惠州行狀》),其及第年也是淳熙十四年！如此看來,這就不僅僅是巧合了,我們認爲作者是危積的假設是可以成立的。

另外還有一個非常重要的旁證。《巽齋先生四六》中的許多文章又見於宋人所編的《翰苑新書續集》之中,如《通西外趙宗判》又見於該書卷 14,《回林主簿》見於卷 21,《回陳教授》見於卷 19,都署名爲"危巽齋",而不是"歐陽巽齋"。

至此,關於《巽齋先生四六》的作者問題似乎已經解決了。可是,我們在北京大學圖書館發現了另外一種《巽齋先生四六》,係清初抄本,署名危昭德,核其篇目、内容,與宋刻本完全一致。後來,我們又在中山大學圖書館又發現了署名危昭德的《春山文集四六抄》,分爲二卷,也是清初抄本。我們將該本與《巽齋先生四六》作了核對,發現除該本前面多出十篇文章以及偶有錯簡外,其他文章篇目内容基本上相同。

危昭德的傳記材料見於《宋史》卷 425、《宋史新編》卷 156、《史質》卷 42、《南宋書》卷 58、《南宋館閣續錄》卷 8、《宋詩紀事》卷 67 等。據以上材料可知,危昭德字子恭,邵武人,寶祐元年(1253)進士,歷官史館檢閱校勘、武學諭、宗正寺簿兼崇政殿説書,遷秘書郎。進兼侍講,遷起居舍人兼國史編修、實録檢討,尋遷殿中侍御史。權工部侍郎兼同修國史實録院。乞致仕,特轉一官。所著有《春山文集》。《宋史》本傳没有記載危昭德的字號,既然所撰有《春山文集》,按古人的慣例,應號春山先生。可是《春山文集四六抄》前面所附的《巽齋危先生列傳》却説:"先生姓危,名昭德,字巽齋。"這就把"危巽齋"當成了危昭德。不僅如此,祇有宋人編的《翰苑新書續集》收文署名"危巽齋",而明人編的《啓雋類函》、《八代四六全書》、清人編的《宋四六選》都署名"危昭德"。這就又出現一個問題:《巽齋先生四六》的作者到底是危積還是危昭德? 也就是"巽齋先生究竟是誰"的問題。

首先,從《宋史》本傳來看,危積的文集名《巽齋集》,危昭德的文集名《春山文集》,這就告訴我們,危積號巽齋,危昭德號春山。

其次,從二人的仕履來看,危積顯然與《巽齋先生四六》所反映的相合,危昭德則否。

再次,《春山文集四六抄》多出的十篇文章中,《賀瑞慶節》、《賀誅吳曦》又見於《翰苑新書後集》;《漳州到任謝宰相》、《除秘書郎謝宰相》、《除武諭謝丞相》、《通楊安撫》、《賀李參政》、《賀錢參政除資學赴經筵》、《賀魏右史》、《賀趙總卿被召》又見於《翰苑新書續集》。以上文字都署的是"危巽齋"。而到漳州做官的是危積。瑞慶節、誅吳曦皆寧宗時事,李參政(壁)、錢參政(象祖)、魏右史(了翁)、楊安撫(萬里)皆與危積同時,危昭德當不及見到。另外,《通楊安撫》又見於《五百家播芳大全文粹》卷49,署名"危昭德"。但《五百家播芳大全文粹》約成書於宋光宗時,比危昭德生活的時代早,不可能收危昭德的文字。《五百家播芳大全文粹》歷經後人傳抄剜改,極可能是後人把"危巽齋"改爲"危昭德"。

綜上所述,我們可以推論:後人誤以爲巽齋先生即危昭德,遂把文獻中所見的"危巽齋"都改爲"危昭德"。由於《春山文集》早已亡佚,清人將《巽齋先生四六》及其他文獻中所見"危巽齋"之文收集在一起,名之曰《春山文集四六抄》。事實上可以斷定,危巽齋即危積,無論宋刻本《巽齋先生四六》還是清抄本《春山文集四六抄》,作者都是危積。

# 説"天在山中"

## 陳 立 柱

"天在山中",語出《易·大畜》卦象辭,曰:"天在山中,大畜。君子以多識前言往行,以畜其德。"以常識言,天在山中不通,天高高在上,也在山之上。是以易學家們多以卦象解之,所謂"乾上艮下,乾爲天,艮爲山,故説天在山中"。顧炎武引張湛《列子》注別爲之解:"自地以上皆天也。"①張湛的話甚玄虛,顧氏未作一個字的説明,祇怕也是無解而解之。張清子云:"天在山中,畜其氣也。凡山中有雷雨雲風之氣皆天也。"②把雷雨風雲視爲天畜於山中,似乎有些道理。但雷雨風雲雖在天上,與天並不等同,視之爲一未免輕率,何況實際上兩者迥爲二事。其它説法還有一些。我以爲弄明白"天在山中"及其與卦曰"大畜"的關係,關鍵在於對"天"與"山"字的本意要有正確的釋讀。以下試爲之解。

《説文》:"天,顛也,至高無上,從一、大。""天"字從大,甲骨金文無有例外。大又是什麼呢? 甲骨文的"大"字象人正面立身,雙臂伸張而稍垂,正是一大人物的形象。《説文》訓大象人形,《夬部》也云"大,人也",與甲骨文"大"字形意一致。甲骨文的人形還有一種就是側身的人,正面立身的人身份高貴,往往是指巫師、王室成員或貴族,而側身的人則多指人牲與衆人,身份地位低下。於此前人論述已多,不贅。"大"即大人,是大人物的象形字。事實上,"大"字的造製與上古領袖人物多爲高大勇健之人相關聯。

文獻記載上古人君領袖多爲形體魁偉、孔武有力者。如説"堯身長十尺",③禹"身長九尺二寸",④"文王十尺,湯九尺",⑤殷紂王"才力過人,手格猛獸",⑥都是形體偉岸、壯健多力者。河南舞陽西水坡出土的人骨架,據説長1.84米以上,⑦不少學者曾考證他就是五帝之一的帝顓頊。其它時期許多大墓也常有這種高大人物的骨架出土。這些人物稱爲"大人"可謂名符其實。

事實上,"大人"也是古之統治者的稱號。上古時期生產力低下,主要依靠人之體能征服自然,獲取食物,保護部落,管理部落。是以早期民族部落大都崇拜、推尊高大勇健之人,立以爲部酋,名之曰"大人"。一直到了中古,在一些少數民族中還有表現。如中國北部的烏桓人,"有勇健能決鬥訟者,推爲'大人'",⑧南匈奴八部首領都稱作"大人"。⑨鮮卑人檀石槐"勇健有智略,……遂推爲'大人'……東西部大人皆歸焉"。⑩據説蘇美爾人的"王",原文爲LUGAL,直譯即"大人"。⑪華夏民族也是如此,如成書甚早的《周易》中,"利見大人"、"貞大人吉"一類稱領袖人物爲"大人"的語詞隨處可見。《易·文言》曰:"大人與天地合其德,與日月合其明,與四時合其序,與鬼神合其吉凶。"荀子也説,"明參日月,大滿八極,夫是之謂'大人'"。⑫這些所謂的"大人",大都處在"神道設教"的文明早期,文獻又作"聖人",所謂"聖人南面治天下"。是以《風俗通義》直言"聖人即大人也"。上古所謂"聖人"、"大人"皆指三皇五帝三代明王之類,所謂"大人世及以爲禮",⑬"大人之器威重"者。⑭故其有天下也就被説成"懋建大命",⑮"丕顯文王受天有大命"。⑯統治者的名號曰"大人",寫爲字則作"大",如《書·甘誓》曰"大戰於甘",《史記·夏本紀》云"未戰,作《甘誓》",皮錫瑞《今文尚書考證》解"大戰於甘"曰"未戰而稱'大'者,天子親征之師也",即是説號爲"大"的夏主未與敵戰而作《甘誓》,誓言全軍。《尚書大傳》載伊尹面諫夏桀曰"'大'命亡無日也"可以與之互證。商初幾位直系先王的日干名前都有一"大"字,如大乙、大丁、大甲、大庚、大戊等,以前不見有,以後也少見。我認爲這"大"稱是商人取代夏主繼承而來的君主稱號,以後則改曰"王"。周之王儲曰"世子"、"太子",太、大古同字,太子即大子,他正是待時王升天、繼位爲王爲大者,故周天子之誥又曰《大誥》,天子之祭曰"大享"、"大祀",天子之社曰"大社",天子之命曰"大命",天子之繼嗣曰"大子"等等。總之,上古人君號爲"大人",字作"大",文獻言之鑿鑿,似可徵信無疑。

那麼,"大人"死後的情形又如何呢?

依據古文獻,上古人君死後都要升天的。《竹書紀年》把自黃帝以來至於周王的"死"都以"陟"稱。陟,《說文》訓"登也",《爾雅·釋詁》曰"升也",韓愈《黃陵廟碑》云:"帝王之没皆曰'陟',陟升也,謂升天也。"《玉篇》也云"陟,高也","陟"字之意即天子、王者升高至天。甲骨文的"陟"字從阜從雙足,象人兩足由下而上登級向上之形,正所謂升天也。另一個甲骨文字"陵",從阜從大,象一大人循級向上登升之形,可謂是大人死而升天的形象描繪。"陵"字後有大陵、陵寢之意正由此演化而來。《禮記·曲禮》曰:"天子崩……告喪,曰'登假'",《釋文》云"假音遐","登假"即是登高去遠,所謂"登天"也,與甲文"陵"、"陟"之形意正相符契。

但是我們知道,所謂"登天"是後來人的說法,殷商時期還没有指示天空之義的專字,"天"字在甲骨文中主要作大解,非指天空。那麼天子"登假"去了什麼地方呢?《禮記·禮運》言:"山川,所以儐鬼神也。"古時人死,神靈即儐居山川。這就難怪《山海經》中有許許多多的冢山,如華山、玉山、少室、太室、堵山、堯山、苦山、升山等等,又或叫做"神山"、"帝山",正是神靈儐居之所。其實,彝人直到晚近時期尚有人死歸諸祖山昆侖的觀念。在彝人那裏,昆侖是衆神所居的高山、祖山、神山。[17]我們知道,昆侖也是上古華夏民族衆神所居的高山、聖山,《山海經·西山經》云:"昆侖之丘,實惟帝之下都。"《海內西經》也說昆侖爲"百神之所在"。《淮南子·原道訓》言:"經紀山川,蹈騰昆侖,排閶闔、淪天門。"意思是說,經過許多山川,飛騰到達昆侖,排開天門的機關進入天界。原來古人所謂的天門、天界即在昆侖之中。《淮南子·天文訓》及《昆侖說》[18]還說昆侖分爲三級(層),一曰板桐;二曰玄圃;三曰天庭,第三層的"天庭"是爲"太帝之居",能進到這一層則可以爲神。《山海經·大荒西經》言夏后啓"上三嬪於天,得《九辯》與《九歌》",即是說他乘兩龍上到第三重天,敬進於天庭,獲有《九歌》、《九辯》,說明他是大巫、神巫,能够上至於天,神通廣大。前言"陟"、"陵"字所從之阜,甲骨文作、、,正所謂三級梯狀。《爾雅·釋山》曰"山三襲,陟",郭注"襲亦重",邢昺疏云"山之形若三山重累者曰'陟'",則山體三重曰"陟",可以爲升天之級。顯然昆侖山正是這樣的山體,是以酈道元看見三累山,"其山層密三成",而要疑曰"斯山豈亦昆侖丘乎"[19]了,而"陟"字之寓意可謂是對於昆侖三級的字形描劃。

人死都要儐居山上,又是怎樣升於其上的呢?這就是通過河流。古人看到凡河皆源於山,所謂"兩山之間必有川焉,大川之上必有塗(途)焉"。[20]古書皆言河出昆侖,酈道元曾總結道:"余考群書,咸言河出昆侖,重源潛發,淪於蒲昌,出於海水。"[21]對此學者們尚未予以充分的注意。緯書《春秋説題辭》曰:"河之爲言菏也,菏精分布,懷陰引渡也。"[22]《古今韻會舉要·庚韻》云"精,靈也",《增韻》也言"精,真氣也",河的寓意爲懷陰引渡靈魂,即升天的道路。緯書的這個説法在甲骨文中得到了證實,甲骨文的"河"字正作負荷而涉河,象人引渡而去,可謂是"人主之精上通於天"[23]的象形。河爲"水之伯"、"四瀆之精",[24]昆侖是衆山的宗主,自然成爲天子死後神靈的去所。《大戴禮·誥志》曰:"天子崩,步(布)於四川,代於四山。"就是説天子死了要詔告天下的名山大川,告知天子要升往神山了。這就難怪商人經常祭於河,"舞河暨岳",[25]周人懷柔百神,也要"及河喬岳"[26]了。《國語·楚語》記白公諫楚王語,其中説殷武丁"致於神明,以入於河,自河徂亳",殷王武丁即是通過河致敬於神明的。這就難怪歷代統治者要擁有天命,都得築壇於河,求上神恩賜了,所謂"堯壇於河,受《龍圖》,作《握河記》。逮虞、夏、商,咸亦受焉"。[27]周原甲骨有"大出於河"(H11:9)的占辭,正是周人自認爲成爲天下之"大"是老天爺的安排,所謂"有命自天"。[28]

　　明瞭以上,再來看從大從一的"天"字便易懂了,"天"字正是大人死而登假上升之象形,上面的橫劃是上面、在上之義的符號,如甲骨文中的帝、示、元等字,上部都從一,即表示其都與上面、在上之義相關。甲骨文的"雨"字作⻗,其上的橫劃即是表示雨點從上面落下來。甲骨文的"天"字上部寫法凡有三種,或者爲圓形象天圓(方形爲契刻方便由圓形而來),或者兩橫劃如上字(甲骨文上字作二),或者爲一橫劃表示上面、頂部。可以看出甲骨文的"天"字寫法雖還没有定形,但上部都是上面、在上之意的表示符號,下部都是大,大人死了登假在上就是"天"了。其實古人也非不知天爲君主,如《爾雅·釋詁》云"天,君也",毛傳《詩·大雅·蕩》也説"天,君"。祇是後來天指天空、上蒼,與人君之意相去甚遠,人們便想不到他是由人君而來的了。"天道多在西北",[29]"天"是西方民族的神靈,前人論述已多。殷人的至上神曰"帝",殷商甲骨文中的"天"字自然祇能是"大"字的別寫而没有神明的含義了。如此,則"天在山中"便容易理解了,它正是説的大人、天子死後魂靈償居於山成爲"天",他的兒子繼位爲王,自然就是天之子、"天子"了。武王時器《天亡簋》銘文云"文王德在上",《詩·大雅·文王》也有文王"在帝左右",《廣雅·釋詁三》云"德,得也",《説文》云"德,升也",桂馥《説文解字義證》言"古升、登、陟、德、得五字義皆同"。《山海經·西山經》有"天之九德",郭注"九德,九氣所生",德也氣。周文王奠下周人代商的基業,功德無過,"山爲積德"[30]之所,其魂氣償居於山,正所謂"德在上",這不正是説的大人、天子死後升養於山上嗎?《廣雅·釋詁一》云"畜,養也","大畜"正是對大人、天子死後償居於山的精煉而又恰當的概括。這樣來説"天在山中"曰"大畜",應該更在理一些吧。

① 《天在山中》，《日知録》卷一。
② 轉引自《易學大辭典》，華夏出版社 1992 年，第 99 頁。
③ 《北堂書鈔》卷一引《孔叢子》。
④ 《史記·夏本紀》之"正義"引《帝王世紀》。
⑤ 《孟子·告子》；又《太平御覽》卷八三引《帝王世紀》。
⑥ 《史記·殷本紀》。
⑦ 《河南濮陽西水坡遺址發掘簡報》，《文物》1988 年第 3 期。
⑧ 《後漢書·烏桓鮮卑傳》。
⑨ 《後漢書·南匈奴列傳》。
⑩ 《後漢書·烏桓鮮卑傳》。
⑪ 《世界上古史綱》上册，人民出版社 1979 年，第 160 頁。
⑫ 《荀子·解蔽》。
⑬ 《禮記·禮運》。
⑭ 《禮記·表記》。
⑮ 《尚書·盤庚》。
⑯ 盂鼎銘文。
⑰ 劉堯漢：《彝族文化研究叢書總序》，見《通天人之際的彝巫"臘摩"》，雲南民族出版社 1994 年。
⑱ 《水經注》卷一引。
⑲ 《水經注》卷四。
⑳ 《周禮·考工記·匠人》。
㉑ 《水經注》卷一。
㉒ 《水經注》卷一引。
㉓ 《淮南子·天文訓》，傳本"精"作"情"，《太平御覽》引作"精"，"精"、"情"本相通，見朱駿聲《説文通訓定聲·鼎部》。
㉔ 《水經注》卷一引。
㉕ 《甲骨文合集》，34295。
㉖ 《詩·周頌·時邁》。
㉗ 《水經注》卷一。
㉘ 《詩·大雅·文王》。
㉙ 《左傳》襄公十八年。
㉚ 《淮南子·地形訓》。

# 疑義簡識二則

## 章　毅

### 百姓以仁遂焉

《禮記·緇衣》，"禹立三年，百姓以仁遂焉，豈必盡仁"。傳統注家訓"遂"爲"達"或"成"。鄭玄《注》，"遂，達也"；孔穎達《正義》，"遂，達也"；孫希旦《集解》，"遂，成也"。但郭店楚簡

《緇衣》作"禹立三年,百姓以仁道,豈必盡仁"。可知此處"遂"應作"道"解,也可理解爲"導",意爲"循仁義之路"。鄭注孔疏均似不甚準確。

"遂"作"達"、"成"解是文獻的常訓。《廣雅·釋詁》,"遂,竟也";《玉篇》,"遂,進也";《廣韻》,"遂,達也、進也、成也、從志也"。但除此之外,文獻中"遂"釋爲"道"的地方也不少見。

《商君書·算地》,"都邑遂路足以處其民",同書《徠民》篇,"都邑蹊道足以處其民","遂路"即爲"蹊道",《廣雅》曰,"蹊,道也",則"遂"亦當"道"解。《詩經·載馳》,"大夫跋涉",陸德明《釋文》稱,"不由蹊遂而涉曰跋涉"。《史記·蘇秦傳》,"擒夫差于干遂",《索隱》曰,"遂者,道也"。這些都是例證。"遂"與"道"相比,含義大同而略有區別。"遂"具有"溝"的意思,窄而深。如《考工記·匠人》稱"廣二尺深二尺謂之遂",鄭玄即注"遂"爲"小溝",所以這個含義的"遂"又常寫做"隧",如《荀子·大略》,"溺者不問遂",楊倞《注》,"遂謂徑隧,水中可涉之徑也"。《禮記·曲禮》,"出入不當門隧",陸德明《釋文》,"隧音遂"。《莊子·馬蹄》,"山無蹊隧,澤無舟梁",成玄英《疏》,"隧,道也"。另朱駿聲《説文通訓定聲》"遂"條有例證數十條也可以爲證。

文獻中"遂"還經常和"術"、"述"通用,也頗能説明"遂"和"道"的關係。

《春秋·文公十二年》,"秦伯使術來聘",《公羊傳》作"遂"。《禮記·學記》,"家有塾,黨有庠,術有序,國有學"。陸德明《釋文》曰,"術音遂";孔穎達《疏》,"術,遂也"。《禮記·月令》,"審端經術",鄭玄《注》,"術,《周禮》作遂"。《墨子·非儒》,"伏尸以言術數",孫詒讓《閒詁》曰,"術當讀爲遂"。這些都是"遂"和"術"互通的例子。

"遂"和"述"也可通用。《墨子·耕柱》篇,墨子駁公孟"述而不作"之言時稱,"古之善者不遂,已有善則作之",孫詒讓《閒詁》曰,"遂即述"。《商君書·靳令》,"聖君獨有之,故能述仁義於天下",高亨曰,"述當讀爲遂"。今本《老子》,"功遂身退,天之道",郭店楚簡《老子》作"功述身退,天之道也"(甲·三九)。今本《老子》,"功成事遂,百姓皆謂我自然",郭店《老子》作"成事述功,而百姓曰我自然也"(丙·二)。

按照《説文》的解釋,"術,邑中道也",所以"術"即是"道"已不待言。而"述"的解釋是"循",朱駿聲説,"由故道爲述",因此"述"也有"道"義。而且事實上文獻中"述"和"術"兩者本身也可以混用。如《詩經·日月》,"報我不述",《釋文》曰,"述,本亦作術"。王先謙《詩三家義集疏》又引《士喪禮》鄭玄《注》稱,"古文述皆作術"。又如《史記·樂書》,"識禮樂之文者能術",《集解》所引鄭玄《注》中"術"即作"述"。

因此,"遂"和"術"、"述"三者的通用,又爲"遂"作"道"解提供了詞義轉訓上的證據。

最後從文意上來説,"道"義較之"達"、"成"也更加圓通。《緇衣》中此節意旨在於説明上爲仁則下好之的道理,即所謂"百姓效禹爲仁"(鄭注)。所以如果説禹立三年,百姓都能步入仁道是講得通的,而如果説禹立三年百姓就能達仁或成仁顯然於理有過了。孔《疏》在"百姓以仁遂焉"下解説"禹立三年,百姓悉行仁道",這一説法本已自足,但爲了把"遂,達也"也納入解釋,孔《疏》又在"仁道"之後平添了"達於外内"一句,反使説解變得没有依托。孫希旦把"以仁遂"解釋爲"言民之仁無不成",相形之下則更顯得突兀了。

## 隆禮義而殺《詩》、《書》

荀子《儒效》篇"隆禮義而殺《詩》、《書》"一句前後兩見。唐楊倞《注》未加説解,郝懿行《補注》却以爲"殺"字應當是"敦"之誤,王念孫、王引之父子以及俞樾等人對此均無説詞。王先謙《集解》引郝氏説但未加評議,可能即以郝説爲然。

"殺"的古文字字形爲"𣪠"(《説文》篆文)、"𣪠"(《説文》古文)或"𢽤"(《包山楚簡》)。"敦"的字形爲"𣀌"(《説文》篆文)或"𢼄"(《陳侯釜》)。兩者字形相去甚遠,轉寫訛誤或者脱漏筆畫的可能性不大。兩者古音相去亦遠("殺"生母月部,"敦"端母文部),也没有假借的可能。郝氏説"殺"爲"敦"之誤恐怕缺乏根據。

《荀子》書中"殺"字多見,字義或爲"殺生",或爲"减降"。作"减降"解時又常常與"隆"對舉,如《禮論》稱,"禮者……以貴賤爲文……以隆殺爲要";又稱"文理繁,情用省,是禮之隆也;文理省,情用繁,是禮之殺也";又稱"故三年以爲隆,緦、小功以爲殺",均是明證。可見"隆殺"在《荀子》書中是習語,"殺"在此處當與"敦"無涉。所以"隆禮義而殺《詩》、《書》"一句正常的訓解應當是"尊隆禮義而减殺《詩》、《書》"。

郝氏的改讀,今天看來固然有其訓讀失當的一面,但主要的問題恐怕還不在於訓詁本身,其中似乎有着爲先賢避諱的意味,王、俞等人不加評語可能也與此相關。

荀子是戰國末期的儒家大師,在周秦之際的經傳承遞中有着極其重要的位置。據陸璣《毛詩草木蟲魚疏》則《毛詩》源於荀子,據《漢書·儒林傳》則《魯詩》也出自荀子,而且《荀子》書中又特別擅長徵引《詩》、《書》。既然如此,荀子本人又怎麽會非毁《詩》、《書》呢? 要解釋這個矛盾,似乎只好懷疑文本本身的字句有訛誤了。郝氏改"殺"爲"敦"正有這一層含義在。

"敦"字雖然可釋爲"怒"(《説文》),輾轉也可以訓爲"憎疾"(《方言》),但是它的常訓却是"厚"(《詩·毛傳》)、"大"(《廣雅·釋詁》)。如果把"殺"改讀爲"敦",再把"敦"釋爲"敦厚",那麽荀子的這句話就可以理解爲"尊崇禮義而敦厚《詩》、《書》",就可以化解"尊隆禮義"和"减殺《詩》、《書》"之間的矛盾了。

但是如果細繹原書,我們可以發現,在荀子書中,"禮義"和"《詩》、《書》"並非是完全一致的關係,它們有着明確的主次之分,的確是有矛盾的。在荀子看來,《詩》、《書》之所以重要,之所以需要誦習,那是因爲其中包含了可以治世示人的禮義。而《詩》、《書》文句本身並不值得讓人們汲汲以求,要研究的是其中的大義。荀子把那些不究禮義而斤斤於尋章摘句的人稱爲"陋儒"。如《勸學篇》所説,"上不能好其人,下不能隆禮,安特將學雜志(據王引之説刪'識'字),順《詩》、《書》而已耳,則末世窮年,不免爲陋儒";"不道禮憲,以《詩》、《書》爲之,譬之猶以指測河也,以戈舂黍也,不可以得之"。在荀子的觀念中,如果能由《詩》、《書》明禮義進而臻於治道,當然"《詩》、《書》"、"禮義"二者兼及,但如果"辭"將害"意"的話,後者將是首選。

再回到《儒效》篇的原文,"略法先王而足亂世術,繆學雜舉,不知法後王而一制度,不知隆禮義而殺《詩》、《書》,……是爲俗儒者也";"法後王,一制度,隆禮義而殺《詩》、《書》,其言行已有大法矣,……是雅儒者也"。可見在荀子看來,能否"隆禮義","殺《詩》、《書》"正是區別"俗儒"、"雅儒"的一條重要標準。這裏的"俗儒"也就是《勸學》篇所説的"陋儒",文意題旨是前後一貫的。我們並不需要改讀"減殺"爲"敦厚"來爲荀子和後世儒家思想的不同之處曲加彌合。

二〇〇〇年仲春於滬西

# "再始以著往,復亂以飭歸"解

## 張　燕　嬰

"再始以著往,復亂以飭歸"一句,出自《禮記·樂記》"樂象"篇,原文曰:

> 樂者,心之動也;聲者,樂之象也。文采節奏,聲之飾也。君子動其本,樂其象,然後治其飾。是故先鼓以警戒,三步以見方,再始以著往,復亂以飭歸。奮疾而不拔,極幽而不隱。獨樂其志,不厭其道;備舉其道,不私其欲。是故情見而義立,樂終而德尊。君子以好善,小人以聽過。故曰:生民之道,樂爲大焉。

《正義》以爲:"前經論志也、聲也、容也,三者相將,故此經廣明舞之義理與聲音相應之事。"此注大約不錯。音樂發自人心,聲音就是音樂的形象,再用文采節奏加以修飾。君子作樂,本於内心,發爲聲音,然後着力於文采節奏的修飾。隨後《正義》説:"自此以下,記者引周之《大武》之樂以明此三者之義。是故先鼓以警戒者謂作武王伐紂,《大武》之樂欲奏之時,先擊打其鼓,聲以警戒於衆也。三步以見方者謂欲舞之時,必先行三步;以見方謂方將欲舞,積漸之意也。"此説顯然是據鄭玄注"'再始以著往',武王除喪,至盟津之上,紂未可伐,還歸。二年乃遂伐之。《武》舞再更始,以明伐時再往也。'復亂以飭歸',謂鳴鐃而退,明以整歸也"張本，並進而發揮爲：

> "再始以著往"者，謂作《大武》之樂，每曲一終而更發始爲之，凡再更發始以著明往伐紂之時。初發始爲曲象十一年，往觀兵於盟津也；再度發始爲曲象十三年往伐紂也。"復亂以飭歸"者，亂，治也。復謂舞曲終，舞者復其行位而整治，象武王伐紂既畢整飭師旅而還歸也。

這樣的解說顯然是符合《正義》"疏不破注"的注釋原則的。但通觀全篇文意，這種解釋的正確性却頗值得懷疑。"樂象"篇主要論樂的特徵，提出"聲音，樂之象也"的命題。其文曰：

> 凡奸聲感人，而逆氣應之；逆氣成象，而淫樂興焉。正聲感人，而順氣應之；順氣成象，而和樂興焉。倡和有應，回邪曲直，各歸其分；而萬物之理，各以其類相動也。
>
> 是故君子反情以和其志，比類以成其行。奸聲亂色，不留聰明；淫樂慝禮，不接心術。惰慢邪辟之氣不設於身體，使耳目鼻口、心知百體皆由順正，以行其義。然後發以聲音，而文以琴瑟，動以干戚，飾以羽旄，從以簫管。奮至德之光，動四氣之和，以著萬物之理。是故清明象天，廣大象地，終始象四時，周還象風雨。五色成文而不亂，八風從律而不奸，百度得數而有常。小大相成，終始相生。倡和清濁，迭相爲經。故樂行而倫清，耳目聰明，血氣和平，移風易俗，天下皆寧。

開篇先分析了受"逆氣"、"順氣"影響而發出的音樂的特點：前者是淫逸奸邪之樂，後者則是安詳和諧之樂。接着指出"君子"能够從其天賦性情的需要出發，並合以自己的心志，效法好的榜樣，用以成就自己的德行，自覺地"去奸聲，行正聲"（《禮記正義》語，下引未注明者皆出此），以便充分發揮"大樂之德"移風易俗、安寧天下的作用，實現音樂給人們帶來快樂的功用：

> 故曰：樂者樂也。君子樂得其道，小人樂得其欲。以道制欲，則樂而不亂；以欲忘道，則惑而不樂。

所以説：音樂，就是快樂。君子樂於通過聽音樂來提高修養，用道德來約束欲望，由此就能獲得真正的快樂；與之相反，小人只知道用音樂來滿足自己的聲色之欲，結果只能是被惑亂，反而會失去快樂。至此得出如下認識：

> 是故君子反情以和其志，廣樂以成其教，樂行而民鄉方，可以觀德矣。德者，性之端也。樂者，德之華也。金石絲竹，樂之器也。詩言其志也，歌詠其聲也，舞動其容也。三者本於心，然後樂氣從之。是故情深而文明，氣盛而化神。和順積中而英華發外，唯樂不可以爲僞。

因此就需要保持天賦性情，平和心志，推廣樂，以成就樂的教化之功，使百姓皆"歸向仁義之道"。德行是性的正端，音樂是德行的外現，金石絲竹是音樂得以表現的介質。詩句表達它的心志、歌曲涵詠它的聲音、舞蹈體現它的儀容。心志、聲音、儀容三者相因,自人心中生發,構成完整的音樂所需要的"言詞"("詩")、"音曲"("歌")、"舞蹈"("舞")才能隨之自然流瀉出來。音樂必然是性情氣質的自然流露,人力不可以左右它。

隨後就是文章開篇時引述過的有"再始以著往,復亂以飭歸"句的那一段。接着則是:

> 樂也者施也;禮也者報也。樂,樂其所自生;而禮,反其所自始。樂章德,禮報情反始也。所謂大輅者,天子之車也。龍旂九旒,天子之旌也。青黑緣者,天子之寶龜也。從之以牛羊之群,則所以贈諸侯也。

對於這段文字的歸屬,前人早有過質疑,《史記·樂書》就將這段話移至"樂施"篇之末。筆者也以爲將這段文字附於此處似與通篇文意不相連屬,恐是錯簡於此(《禮記義疏》、孫希旦《禮記集解》均支持這種觀點)。

徵引至此,我們不禁起了疑心:"樂象"篇泛論音樂的形象特點,通篇没有一語涉及到《大武》樂,爲何獨獨"再始"、"復亂"兩句就與《大武》樂發生了關係呢?可見鄭注、孔疏解此二句之説來得實在有些蹊曉。

## "始""亂"解析

筆者以爲對於"樂象"篇中"始"、"亂"兩字的理解,歷來存在着脱離音樂的構成,而一味地執著於義理、本事上的引申或發揮的誤區。其實,作爲樂曲構成部分的"始"與"亂"的涵義,當與《論語·泰伯》中的"師摯之始,《關雎》之亂,洋洋乎盈耳哉"是相同的。鄭玄注此以爲"始,猶首也";朱熹《詩集傳》則説:"亂,樂之卒章也。"

關於什麽是"亂",還可以從楚辭作品中找到答案。東漢王逸注《楚辭·離騷》説:"亂,理也。所以發理詞指,總撮其要也。屈原舒肆憤懣極意陳詞,或去或留文采紛華,然後總括一言,以明所起之意也。"此解頗有見地。而清人蔣驥的《山帶閣注楚辭·餘論》中的解釋就更爲周全確切了。他説:

> 舊解亂爲總理一賦之終。今案《離騷》二十五篇,亂詞六見,惟《懷沙》總申前意,小具一篇結構,可以總理言。《騷經》、《招魂》則引歸本旨,《涉江》、《哀郢》則長言詠嘆,《抽思》則分段叙事,未可一概論也。余意:亂者,蓋樂之將終,衆音畢會,而詩歌之節亦與相赴,繁音促節,交錯紛亂,故有是名耳。孔子曰"洋洋盈耳",大旨可見。

這樣意義上的"亂"字還有一證,《國語·魯語下》載:"昔正考父校商之名《頌》十二篇於周大師,以《那》爲首,其輯之亂曰:'自古在昔,先民有作。温恭朝夕,執事有恪。'"這裏所引的詩句正好是《詩經·商頌·那》篇的最後幾句。

"亂"的字意明晰後,與之相對應的"始"作爲一首樂曲的開篇來理解也就不言而喻了。

需要說明的問題則是，好好的樂曲演奏着，爲何要"再始"和"復亂"。我們都知道，周代的雅樂，由於它帶有很大的禮儀性質，必然是動作緩慢、聲調平和的，因此音樂的表現手法就以重復爲主。而"再始"和"復亂"就是指兩次演奏樂曲的開始和結束部分。究其用意，一方面大抵是爲了製造莊重典雅的效果，引起人們肅穆的情緒；另一方面則可以提示聽衆：音樂即將開始或音樂就要結束。這種手法在歷來的樂曲創作中屢見不鮮。就以《詩經》中的作品爲例來看，三百餘篇都是"周樂"（即《左傳·襄公二十九年》吳公子季札"請觀於周樂"的"周樂"）的唱辭，其中詩句重叠復沓，反復吟詠的篇什大量存在，雖其所配音樂今人已不得而知了，但不難推測它們所用的樂調也是回旋往復的，這種曲式在我國上古音樂中最爲常見。因材料都是大家熟知的，兹不再贅舉（詳可參看：楊蔭瀏先生在《中國古代音樂史稿》一書中對《詩經》所包含的各種曲式的總結概括）。

## 《大武》樂的分析

知道了"始"、"亂"分別是指樂曲的首、尾，我們再回頭來看看《大武》樂是否有"再始"（兩次演奏開頭）和"復亂"（兩次演奏結尾）的結構吧。關於《大武》樂的形製、構成，《樂記》"賓牟賈"篇中有詳細的記載：

> 賓牟賈侍坐於孔子，孔子與之言及樂，曰："夫《武》之備戒之已久，何也？"對曰："病不得衆也。""詠歎之，淫液之，何也？"對曰："恐不逮事也。""發揚蹈厲之已蚤，何也？"對曰："及時事也。""武坐致右憲左，何也？"對曰："非武坐也。""聲淫及商，何也？"對曰："非《武》音也。"子曰："若非《武》音，則何音也？"對曰："有司失其傳也。若非有司失其傳，則武王之志荒矣。"子曰："唯！丘之聞諸萇弘，亦若吾子之言是也。"賓牟賈起，免席而請曰："夫《武》之備戒之已久，則既聞命矣。敢問：遲之遲而又久，何也？"子曰："居！吾語汝。夫樂者，象成者也；總干而山立，武王之事也；發揚蹈厲，大公之志也。《武》亂皆坐，周、召之治也。（鄭玄注：成，謂已成之事也。總干，持盾也。山立，猶正立也，象武王持盾正立待諸侯也。發揚蹈厲所以象威武時也。《武》舞象戰鬥也。亂謂失行列也，失行列則皆坐，象周公召公以文止武也。正義曰：自此以下孔子爲賓牟賈說《武》樂之意，並廣明克殷以後之事。此一經爲賓牟賈說其將舞之事。夫樂者象成者也，言作樂者放象其成功者也。總干而山立者，言將舞之時，舞人總持干盾以正立似山不動搖，象武王持盾以待諸侯之至也。發揚蹈厲大公之志也者，言《武》樂之舞發揚蹈厲，象大公威武鷹揚之志也。《武》亂皆坐周召之治也者，亂謂失行列。作此《武》舞，回移轉動亂失行列。皆坐，所以坐者，象周公、召公以文德治之，以文止武，象周召之治也。）且夫《武》，始而北出，再成而滅商。三成而南，四成而南國是疆，五成而分周公左召公右，六成復綴以崇。

（鄭玄注：成，猶奏也。每奏《武》曲一終爲一成。始奏，象觀兵盟津時也；再奏象克殷時也；三奏象克殷有餘力而反也；四奏象南方荆蠻之國侵畔者服也；五奏象周公、召公分職而治也；六奏象兵還振旅也，復綴反位止也，崇，充也。凡六奏以充《武》樂也。正義曰：此一經孔子爲賓牟賈説《武》樂六成之意。上説三者之事已訖，更別廣説《武》樂，故云且夫《武》始而北出者，謂初舞位最在於南頭，從第一位而北出者，次及第二位，稍北出者。熊氏云則前云"三步以見方"。見一成也，作樂一成而舞，象武王北出觀兵也。再成而滅商者，謂作樂再成，舞者從第二位至第三位，象武王滅商，則與前文"再始以著往"爲一也。三成而南者，謂舞者從第三位至第四位，極北而南反，象武王克紂而南還也。四成而南國是疆者，謂《武》曲四成，舞者從北頭第一位却至第二位，象武王伐紂之後南方之國於是疆理也。五成而分周公左召公右者，從第二位至第三位，分爲左右，象周公居左、召公居右也。六成復綴以崇者，綴謂南頭初位，舞者從第三位南至本位，故言"復綴以崇"。崇，充也，謂六奏充其《武》樂，象武王之德充滿天下。此並熊氏之説也，而皇氏不云次位，舞者本在舞位之中，但到六成而已，今舞亦然，義亦通也。）天子夾振之而駟伐，盛威於中國也。分夾而進，事早濟也，久立於綴，以待諸侯之至也。……"

根據此段描述，我們可以大概了解《大武》樂的内容和演奏程式。音樂初起之時有很長一段時間的擊鼓，同時伴隨着聲調永長的吟唱，舞者則手持盾牌，威武地站立着，象徵武王處於中央位置，指揮一切的氣魄。第一段描寫舞隊向北面來，象徵武王的軍隊出發征討商紂。第二段表現消滅商紂的戰爭取得勝利；其間舞者有節奏地揮動兵器，象徵武王的軍隊征戰於四方。第三段舞者們的隊列回過頭來向南，反映軍隊滅商後凱旋而歸。第四段表示鞏固了南國的疆域，南方諸國都樂意歸服。第五段舞者分爲兩個舞行，象徵周公、召公分列左右輔理朝政。第六段表演者各歸原位，表現對周天子的尊崇。其中有的舞者長時間地靜立於"南頭初位"（"綴"）不動，象徵武王靜待諸侯來服。仔細分析之後，不見其中有"再始"、"復亂"的程式。知"樂象"篇所言之"再始以著往，復亂以飭歸"非指《大武》樂而言。更何況，孔子以爲《武》樂"盡美矣，未盡善也"（《論語·八佾》），《論語注疏》曰："謂'《武》盡美矣，未盡善也'者，《武》，周武王樂，以武得民心，故名樂曰《武》。言《武》樂音曲及舞容則盡極美矣，然以征伐取天下不若揖讓而得，故其德未盡善也。"可見，《大武》樂也不合於"樂象"篇中"樂終而德尊"的評價。順便説一下，鄭玄解"《武》亂皆坐，周、召之治也"一句時説"亂謂失行列也，失行列則皆坐，象周公召公以文止武也"，這也是歧解。其實所謂"《武》亂皆坐"是指《大武》樂演奏到結束之時，衆舞者都跪下，顯示衆人對武王的尊崇，這正是周公、召公興禮作樂、平息武事的治理結果，亦與"周、召之治也"正合符節。

　　總結以上分析,筆者以爲"樂象"篇中的"再始"、"復亂"都是指音樂本身的構成部分而言,應當屬於"樂象"篇中歸納爲"聲之飾"的"文采節奏"一類的內容。而所謂"再始以著往,復亂以飭歸"當是指兩次演奏樂曲的開篇,以昭示舞者作好準備開始舞蹈表演;兩次演奏樂曲的收尾部分,使舞者能從容地整理隊形,復歸原始的位置。這恰好就是"治其飾"的努力。其實此誤元人陳澔早已看出,他在《禮記集説》中説:"動其本,心之動也。心動而有聲,聲出而有文采節奏,則樂飾矣。樂之將作,必先擊鼓以聳動衆聽,故曰先鼓以警戒。舞之將作,必先三舉足以示其舞之方法,故曰三步以見方。再始,謂一節終而再作也。往,進也。亂,終也,如云《關雎》之亂。歸,舞畢而退就位也。再始以著往者,再擊鼓以明其進也。復亂以飭歸者,復擊鐃以謹其退也。此兩句,言舞者周旋進退之事。拔,如拔來赴往之拔,言舞之容,雖若奮迅疾速,而不過於疾也。樂之道雖曰幽微難知,而不隱於人也。是故君子以之爲己,則和而平,故獨樂其志。不厭其道,言學而不厭也。以之爲人,則愛而公,故備舉其道。不私其欲,言誨人不倦也。情見於樂之初,而見其義之立;化成於樂之終,而知其德之尊。君子聽之而好善,感發其良心也。小人聽之而知過,蕩滌其邪穢也。故曰以下,亦引古語結之。此章諸家皆以爲論《大武》之樂,以明伐紂之事,且以再始爲十一年觀兵,十三年伐紂,此誤久矣。愚謂此特通論樂與舞之理如此耳,故曰生民之道,樂爲大焉。豈可以生民之道,莫大於戰伐哉?"其説至爲合理,惜乎今近之人竟不眯也。

**參考文獻:**

1．[漢]鄭玄[唐]孔穎達《禮記正義》,中華書局《十三經注疏》本,1980年。

2．[元]陳澔《禮記集説》,中國書店《新刊四書五經》本,1994年。

3．[魏]何晏[宋]邢昺《論語注疏》,中華書局《十三經注疏》本,1980年。

4．蔡仲德《〈樂記〉〈聲無哀樂論〉注譯與研究》,中國美術學院出版社,1997年。

5．楊蔭瀏《中國古代音樂史稿》,人民音樂出版社,1981年。

# 馮夢龍傳奇《萬事足》之藍本《萬全記》探考

## 李　金　松

　　馮夢龍(1574—1646)晚明時期著名的通俗文學家,非常重視小説、戲曲等通俗文學,編寫並刊行了許多這方面的著作,對當時及此後的社會影響很大。他曾刪改並更定了湯顯祖、李玉、袁于令等人的戲曲傳奇多種,被定名爲《墨憨齋定本傳奇》。《墨憨齋定本傳奇》共十六種,其中有一種爲《萬事足》。

　　《萬事足》今存多個版本,有《古本戲曲叢刊二集》據以影印的明崇禎年間墨憨齋原刻本,明末刻《墨憨齋新曲十種》本,明末刻清初印《墨憨齋定本十種傳奇》本,明末刻清鐵瓶書屋印《墨憨齋定本十種傳奇》本,明末刻清乾隆五十七年(1792)重修《墨憨齋新曲十種》本;中國戲劇出版社1960年出版的《墨憨齋定本傳奇》影印本,上海古籍出版社1993年出版的由魏同賢主編的《馮夢龍全集》影印本,江蘇古籍出版社1993年刊行的《馮夢龍全集》校點本(該書戲曲部分由俞爲民校點)。全劇分上下兩卷,共36折。清高奕《新傳奇品》與黃文暘《曲海總目提要》均予以著錄。郭英德根據該劇卷末收場詩"山城公署喜清閑,戲把新詞信手編"這兩句作者自叙,考定該劇爲馮夢龍撰成於知福建壽寧縣令時,約在崇禎七年至十一年(1634—1638)之間。①但是,《萬事足》並非完全出自於馮夢龍的獨創,而是對明代的傳奇《萬全記》的改寫。

　　《萬全記》今已佚,祁彪佳(1602—1645)《遠山堂曲品》作了著錄,未署著者。祁彪佳云《萬全記》"傳陳相國循、高相國谷,掇拾遺事,至於不經。此等識見,欲以自命作者,難矣!"②因此,黃文暘《曲海總目提要》卷九引"總評"謂《萬事足》云:"舊有《萬全記》,詞多鄙俚,調復不叶。此記緣飾情節而文之。"③這兩則材料告訴我們:《萬事足》這本傳奇不過是馮夢龍以《萬全記》爲藍本創作出來的,在很大的程度上是馮夢龍對《萬全記》的改寫。而至遲在明末時期,作爲《萬事足》的創作藍本《萬全記》還存在,甚至還被演出。祁彪佳至少是讀過《萬全記》這本傳奇的。儘管《萬全記》文本今已不存,我們無法了解其具體劇情,但這並不等於我們對她的了解僅只限於祁彪佳《遠山堂曲品》與黃文暘《曲海總目提要》中所云。事實上,《萬全記》的劇情還是被保留下來了,只不過是一些學者未能窮盡典籍,因而對其所知有限。其實,如果我們考稽群籍,就會發現署名"西周生"所著的明末章回長篇小說《醒世姻緣傳》④第六十二回中的一段叙述高谷與陳循故事的文字,當是文本已佚的《萬全記》的劇情。只要我們將《萬事足》的劇情與《醒世姻緣傳》中的這節文字作一比較,自然能見出端倪。爲了論證的方便,我們現將《萬事足》的劇情叙述如下。

　　馮夢龍的傳奇《萬事足》的劇情是:江西泰和人陳循,號方洲,與南直隸興化人高谷(字崇本)爲同窗好友,求學於宿儒周禮門下。陳循篤於夫妻之情,家庭生活十分幸福。陳循的同窗好友高谷從江西回鄉赴南京參加鄉試。途中夜宿安慶禮豐鄉古廟,聽到女子哭聲,問後得知該女子名柳新鶯,係其父母無力繳納官銀,而將之賣爲祭神。高谷將柳新鶯救出,並殺死前來成親的邪神獨脚大王。柳新鶯不願回家,而要求跟從高谷,高谷無奈,於是納她爲妾。由於慮及妻子邸氏奇妒,高谷將柳新鶯送至望江縣流雲觀寄居,並割下題詩一聯的衫襟,爲日後相認的憑證。高谷中舉後與陳循相偕至京城會試，陳循中了狀元，高谷以第三名被點爲探花，兩人迎取家眷至京。這時，在流雲觀已育有一子的柳新鶯被當地一員外胡謅逼娶，因而訟於安慶府。安慶府推官顧愈，爲高谷之同窗兼同年，他驗明柳新鶯持有的衫襟詩句確爲高谷所題，責罰胡謅，並看覷柳新鶯。高谷由於懼內，不敢將柳新鶯母子接回家中，修書一封遣柳新鶯別嫁。一天，高谷回朝頗早，邀陳循前來下棋，當兩人話及娶妾事，躲在書房門外竊聽的高妻邝氏大聲詬罵。陳循大怒，以棋枰撲打邝氏，並以七出之條嚇唬邝氏。邝氏懼怕，方允許高谷納妾。不久，顧愈行取入京，攜帶柳新鶯母子同行，高谷終於同柳新鶯母子團聚。

　　就以上所叙述的劇情梗概來看，《萬事足》基本上是一部家庭生活劇。作家在劇中設計了兩條主綫：陳循與高谷。通過陳循幸福的家庭生活，反襯出高谷的家庭生活的不幸福，突出了"有子萬事足"這一主題。與馮夢龍的《萬事足》相較，《醒世姻緣傳》第六十二回所叙述的陳循與高谷的故事却有比較大的出入。在《醒世姻緣傳》中，陳循與高谷的故事是：窮秀才高谷前往省城應試，日暮來至一村，發現合村男女忙個不迭，他打探原因。村人告訴他，"這村中有一個烏大王的廟。這烏大王極有靈聖，每年的今月今日，要合村的人選一個美貌女子，穿著的甚是齊整，用笙簫細樂，彩轎花紅，送到廟裏，與那烏大王爲妻……"高谷聽説，表示也要到廟中觀看。等到三更的時候，烏大王坐着八擡大轎來到廟中，看到高谷在內，也不理睬，昂然坐在殿上，與新夫人坐在一起。高谷在席間侑觴，並趁用匕首爲烏大王切鹿脯之際，"將那匕首照着烏大王的手，盡力使那匕首一刺，正中右手"。那烏大王化做"一陣狂風，不知所往"。烏大王等群妖逃走之後，高谷一邊狂飲大嚼，一邊問那與烏大王成親女子的來歷。那女子告訴高谷，一"是輪該到他身上合做烏大王的夫人，二則也因是繼母貪圖衆家的六十兩財禮，情願賣到死地"。五更的時候，合村的人"都頂了香燭"，來到廟中"與烏大王慶賀新婚"。可是，當他們發現殿上沒有烏大王，感到很詫異。而當新夫人把夜來之事告訴了衆人，衆人紛紛責備高谷，那新夫人的父親郎德新與繼母暴氏也同樣埋怨，並要打高谷。經過高谷分辯後，衆人拿了"長槍朴刀"等兵器，和高谷一起，順着血迹尋找那烏大王。尋到二十多里外的一座山上的深洞之中，衆人發現"裏邊睡着一個極大的雄猪，正在那裏鼾鼾的掇氣"。見到衆人來到，那雄猪"並了力猛然撲將出來。終是受傷太重，力量不加，被人一頓刺斫，登時死在地上"。後來，衆人將那雄猪（即烏大王）擡回莊中，"剝了皮，把肉來煮得稀爛"，攢出錢來，沽酒置席，予以慶賀，並作主將郎氏配與高谷。郎氏與高谷成親後，一反當初"見了烏大王，嚇得魂不附體"，而"見了高相公，就如閻王降小鬼一樣"。"高相公當了烏大王，偏會一刀刺死，當了那烏大王降伏的夫人，抖搜成一塊，嚇得只溺醋不溺尿。若不是後來撞見了一個吃生鐵的陳循閣老，替高相公把那夫人教誨了一頓，高相公幾乎絕了血祀。這樣懼內的相公也比比皆是，不止高相公一人"。這是《醒世姻緣傳》第六十二回中對陳循與高谷故事的叙述。

　　兩相對照，我們即可見出《醒世姻緣傳》第六十二回所叙述的陳循與高谷的故事是以高谷作爲中心人物，與馮夢龍的《萬事足》在劇情上出入很大，令人很難相信這段故事即《萬事足》之藍本《萬全記》。但是，只要我們細細體味，即可發現《醒世姻緣傳》中的這段故事，與祁彪佳所看到的"傳陳相國循、高相國谷，掇拾遺事，至於不經"的《萬全記》是相一致的。因爲這段故事中對鄉中祭神的叙述，正是祁彪佳所説的"至於不經"。故事中郎氏之父"郎德新"這一名字，正是"狼的心"的諧音。鄉野廟中的祭神，高谷率領鄉民追殺烏大王，鄉民攢錢沽酒、做饃饃置席等情節，充滿了濃烈的鄉野氣息。這與《曲海總目提要》對《萬全記》的評價"詞多鄙俚"相一致。而《萬事足》之所以與《萬全記》在關目上有較大的差别，這只不過是馮夢龍根據自己的審美趣味以及表達主題的需要，對《萬全記》已有的劇情進行"緣飾情節而成"罷了。另外，我們還應該注意到，《醒世姻緣傳》的作者"西周生"對明代的戲曲傳奇極爲熟悉。因爲在《醒世姻緣傳》中，他提到了大量的明代戲曲傳奇。如小説的第一回，晁源與珍哥出去打獵，曾爲戲子的珍哥説"每次人家出殯，我不去妝扮了馬上馳騁？不是《昭君出塞》，就是《孟日紅破賊》"（後者即《葵花記》，今有殘本兩種存，均藏國家圖書館）。第八十六回，小説的女主人公素姐突然心神失常，作家描述她"吃燒酒，舞木棍，口裏胡説白道。只等唱完了《魚籃》整戲。又找了一齣《十面埋伏》、《千里獨行》、《五關斬將》，然後燒紙退神"，作家在這裏提到了四本戲曲的劇名。此外，作者在"弁語"中"家有不賢妻，單慕陳門柳"及第九十七回，暗用或借人物之口提到明汪廷訥的家庭喜劇傳奇《獅吼記》。⑤ 可見，《醒世姻緣傳》的作者對當時演出的戲曲是何等之諳熟了。同樣富有喜劇色彩並表現懼内主題的《萬全記》的劇情，作爲烘托小説主題的輔助故事被"西周生"引入到《醒世姻緣傳》裏，自然是在情理之中了。

　　所以，由以上的分析，我們完全可以確定，《醒世姻緣傳》第六十二回中所叙述的陳循、高谷的故事，基本上是已佚的明傳奇《萬全記》的劇情。換言之，《醒世姻緣傳》中的這段文字，在保存明傳奇《萬全記》劇情的原貌上比馮夢龍的《萬事足》更爲逼近，爲我們考見《萬全記》提供了極爲珍貴的原始資料。根據這段文字，我們可以了解到《萬事足》之藍本明傳奇《萬全記》劇情的大致原貌。因此，《醒世姻緣傳》中這段關於陳循、高谷故事的叙述文字，像馮夢龍的《萬事足》一樣，同樣具有極爲重要的戲曲文獻價值，彌足珍貴。

① 　郭英德《明清傳奇綜録》(石家莊：河北教育出版社，1997 年)，第 341 頁。
② 　祁彪佳《遠山堂曲品》，見《中國古典戲曲理論集成》(北京：中國戲劇出版社，1959 年)，第 88 頁。
③ 　黄文暘《曲海總目提要》(董康輯，天津古籍出版社，1992 年)，第 390 頁。
④ 　關於《醒世姻緣傳》的成書年代，學術界的看法有明末與清初之不同。筆者認爲曹大爲在《醒世姻緣的版本源

流和成書年代》一文中運用大量内證,考定此書成書於明末,是可信的。曹文見《文史》第 23 輯(中華書局,1984 年 11 月),第 217 至 238 頁。

⑤　在《醒世姻緣傳》的第九十七回中,小説的主人公狄希陳被妻子素姐用熨斗燙傷後,狄希陳的幕僚周景楊憤憤不平,痛駡素姐。他對素姐發作道:"我就殺你,除了這世間兩頭蛇的大害,也是陰騭! 我這不爲扯淡! 古人這樣的事也盡多! 蘇東坡打陳慥的老婆,都是我們這俠氣男子幹的事! 殺你何妨! 我想狄友蘇也奇得緊,何所取義把個名字起做狄希陳! 却希的是哪個陳? 這明白要希陳季常陳慥了! 陳季常有什麽好處,却要希他? 這分明是要希他怕老婆! 且是取個字號又叫是甚麽友蘇,是要與蘇東坡做友麽? 我就是蘇東坡,慣打柳氏不良惡婦!"周景楊的這段話"慣打柳氏不良惡婦",用的是《獅吼記》中的俗典。因爲在《獅吼記》的第十一齣"諫柳"中,劇中的小生(扮演蘇軾這一角色)勸諫陳慥的妻子柳氏,並威脅要打她。

圖書在版編目（CIP）數據

文史.第 59 輯,2002 年.第 2 輯/中華書局編輯部編.—北京：
中華書局,2002
ISBN 7－101－03235－4

Ⅰ.文… Ⅱ.中… Ⅲ.文史—研究—中國—叢刊
Ⅳ.K207－55

中國版本圖書館 CIP 數據核字(2002)第 052403 號


# 文　史

2002 年第 2 輯
總第五十九輯
中華書局編輯部編

＊

中 華 書 局 出 版 發 行
(北京市豐臺區太平橋西里 38 號　100073)
北 京 冠 中 印 刷 廠 印 刷

＊

787×1092 毫米 1/16·18 印張·334 千字
2002 年 7 月第 1 版　2002 年 7 月北京第 1 次印刷
印數：1－3000 冊　　定價:32.00 元
ISBN 7－101－03235－4/K·1409